Museumsführer
Niedersachsen
Bremen
2001

# Museumsführer

## Niedersachsen
## Bremen

Herausgegeben durch den Museumsverband
für Niedersachsen und Bremen e.V.
und die Niedersächsische Sparkassenstiftung

7. Auflage 2001

Verlag H. M. Hauschild GmbH, Bremen

RISTO REX·PI
S.OSWALD

Reich und vielgestaltig ist die Museumslandschaft in Niedersachsen und Bremen. Mehr als 560 Einrichtungen geben Fachleuten und Laien Gelegenheit, sich ein anschauliches Bild über Geschichte, über Leben und Arbeiten in Vergangenheit und Gegenwart, über Natur und Technik, über alte und moderne Kunst zu machen.

Damit sich die Besucher in diesem vielfältigen Angebot orientieren können, geben der Museumsverband für Niedersachsen und Bremen e.V. und die Niedersächsische Sparkassenstiftung am Anfang des neuen Jahrtausends zum zweiten Mal gemeinsam einen Führer zu den Museen beider Bundesländer heraus. Die Niedersächsische Sparkassenstiftung unterstreicht durch diese Mitherausgeberschaft ihre besondere Verbundenheit mit dem kulturellen Leben Niedersachsens und seinen Museen.

In den letzten sechs Jahren seit Erscheinen der 6. Auflage des Museumsführers haben sich die Museen in Niedersachsen und Bremen erfreulich weiterentwickelt. Einiges ist hinzugekommen, bereits Bestehendes stellt sich in neuem Gewand dar.

Acht fachkundige Autorinnen und Autoren stellen die Museen vor. Eine kurze Darstellung der Sammlungsschwerpunkte und der Ausstellungen, vervollständigt mit Bildern, gibt dem Besucher einen ersten Eindruck von den verschiedenen Häusern.

Erstmalig werden in diesem Museumsführer die Orte nicht von A bis Z behandelt, sie sind vielmehr in acht Regionen gegliedert. Diese Gliederung bietet den Benutzern eine schnellere Orientierungsmöglichkeit und die Chance, interessante Museumsangebote in unmittelbarer Nachbarschaft zu entdecken. Der Übersichtlichkeit halber wurden die Angaben zu Öffnungszeiten und andere Servicedaten stärker zusammengefasst und um neue Informationen, wie Internetadressen, ergänzt. Im Hinblick auf die Umstellung auf den Euro wurden die Eintrittspreise bereits umgerechnet angegeben. Durch dieses neue Konzept soll der Museumsführer zu einem unentbehrlichen Handbuch für die Freizeit- und Urlaubsplanung werden.

An dieser Stelle möchten wir nicht versäumen, allen an diesem Museumsführer beteiligten Personen zu danken. Ein besonderer Dank gilt Herrn Dr. Heinz Schirnig, der als ehemaliger Geschäftsführer der Niedersächsischen Sparkassenstiftung den Anstoß für diese Neuauflage und das veränderte Konzept gab.

Wir hoffen, dass der Museumsführer mit seinen Anregungen den Museen zahlreiche interessierte Besucher und den Museumsbesuchern viele und eindrückliche Kulturerlebnisse bescheren möge.

Dr. Sabine Schormann
Niedersächsische
Sparkassenstiftung

Hans-Walter Keweloh
Museumsverband für
Niedersachsen und Bremen e.V.

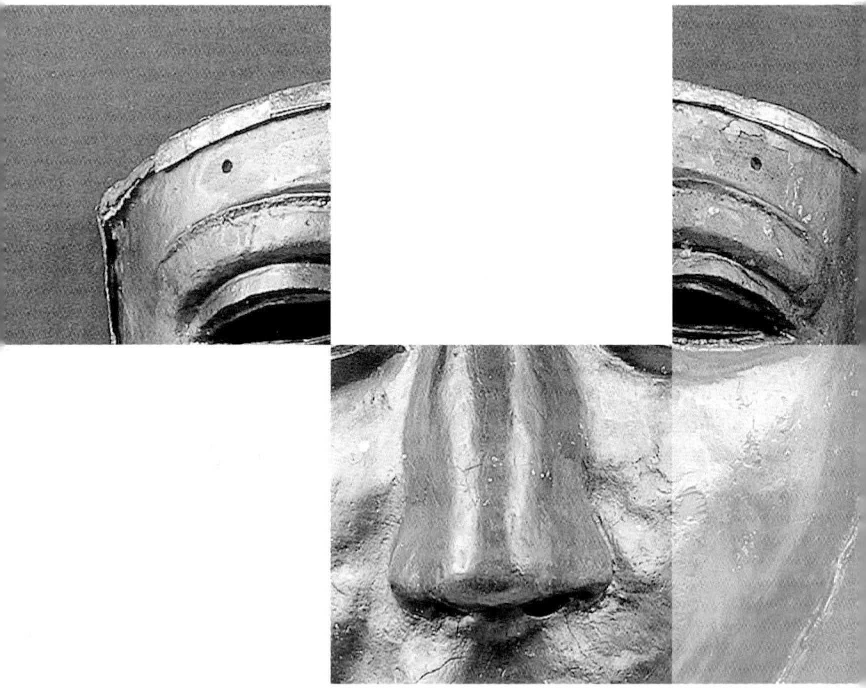

Osnabrück, Bentheim, Emsland

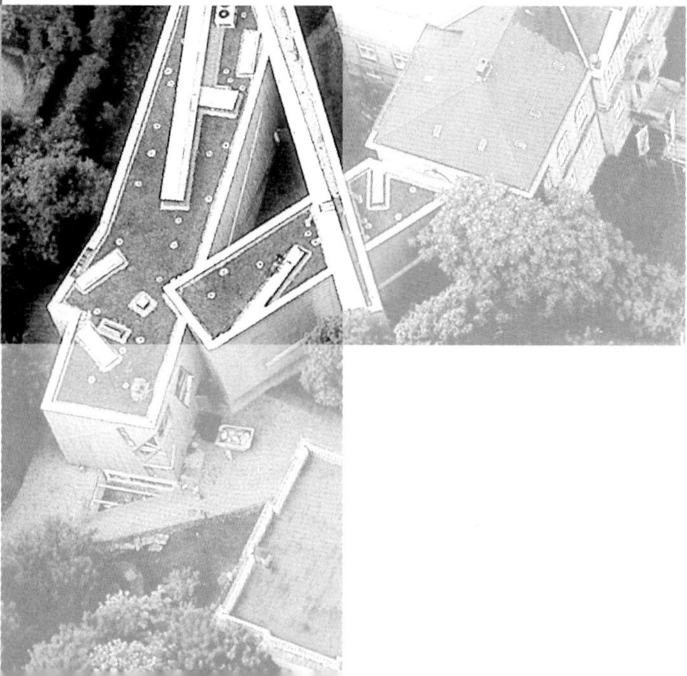

## Burgmuseum Bad Bentheim

Schloss, 48455 Bad Bentheim **Telefon** (0 59 22) 50 11
**Internet** www.fuerstbentheim.de **Geöffnet** März – Okt. Mo. – So. 10 – 18, Nov., Jan., Febr. Sa., So. 10 – 17 Uhr **Eintritt** 5,– DM (~ 2,56 €); Ermäßigungen **Service** Café
**Träger** Fürst zu Bentheimische Domänenkammer **Leiter** Oskar Prinz zu Bentheim

Die Territorialgeschichte der Grafschaft Bentheim ist das Thema der Präsentation in einem Flügel der Burg. Ausgestellt werden diverse Exponate aus dem Besitz des Fürstenhauses Bentheim-Steinfurt. In der neogotischen „Kronenburg" geben die restaurierten Repräsentationsräume einen Einblick in die Selbstinszenierung des Adels. Museum und Burg sind nur gemeinsam zu besichtigen. JL

## Museum für Radio- und Funkgeschichte Bad Bentheim

Schloßstraße 18, 48455 Bad Bentheim **Telefon** (0 59 22) 50 98 (Verkehrsamt)
**Fax** (0 59 22) 73 54 (Stadtverwaltung) **Geöffnet** Mi. 10.30 – 12.30, Sa. u. So. 14.30 – 17.30 Uhr **Eintritt** 2,– DM (~ 1,02 €); Ermäßigungen **Träger** Museum für Radio- und Funkgeschichte Bad Bentheim e.V.

Das kleine aber feine Museum bietet in informativer und anschaulicher Form einen Querschnitt durch die Geschichte des Radios und der Radiotechnik. Neben dem nostalgischen Blick, z.B. auf das Kofferradio der 1950er Jahre, wird die gesellschaftliche Bedeutung des Mediums dargestellt, auch seine Benutzung als Propagandainstrument nicht verschwiegen. Ein Rundgang bietet nicht nur Vergnügen beim Anblick verflossenen Industriedesigns, sondern gestaltet sich aufgrund der gut lesbaren Texte informativ. JL

Museum für Radio- und Funkgeschichte Bad Bentheim

Sandsteinmuseum
Bad Bentheim,
romanischer Taufstein,
12./13. Jh.

## Sandsteinmuseum Bad Bentheim

Funkenstiege 5, 48455 Bad Bentheim **Telefon** (0 59 22) 99 42 77 o. 9 83 30 (Verkehrsamt) **Geöffnet** März – Okt. Di. – So. 14 – 18, Nov. – Febr. 14 – 17 Uhr **Eintritt** 3,– DM (~ 1,53 €); Ermäßigungen **Service** Behindertenzugang **Träger** Förderverein für das Museumswesen in der Obergrafschaft e.V.

Das Museum ist in einem historischen Ankerbalkenhaus mit neuem Anbau untergebracht. Der Bentheimer Sandstein, dessen Abbau für lange Zeit ein wichtiger Wirtschaftszweig war, wird dem Besucher facettenreich nahe gebracht. Die Geologie des Raumes und die geologischen Funktionen des Gesteins als Öl- und Wasserspeicher werden ebenso gezeigt wie die Verwendung des Sandsteines als Bau- und Werkstein weit über die Region hinaus. Ebenso wird die Sozialgeschichte des Sandsteinabbaues betrachtet, romanische Taufsteine (Bentheimer Typ) veranschaulichen die Verwendung des Materials als Kunstträger. JL

## Geologisches Freilichtmuseum

Am Steinbruch, 48455 Bad Bentheim-Gildehaus **Geöffnet** ganzjährig **Eintritt** frei **Service** frei zugänglich **Träger** Verkehrs- und Verschönerungsverein für Gildehaus und Umgebung

In einem ehemaligen Steinbruch werden mit Schautafeln die Geologie des Bentheim-Gildehauser Raumes, die Technik des Sandsteinbrechens und die fossilen Funde erläutert. Eine Vielzahl von verschiedenen Gesteinsarten führt den Besucher Jahrmillionen in die Erdgeschichte. Bei einem Spaziergang ist der benachbarte Steinbruch zu sehen. JL

Otto-Pankok-Museum, Otto Pankok, Selbstbildnis, 1936

## Otto-Pankok-Museum

Neuer Weg 7 (Altes Rathaus), 48455 Bad Bentheim-Gildehaus **Telefon** (0 59 24) 61 28 während der Öffnungszeiten, sonst (0 59 24) 99 04 95 (Wilhelm Hoon) **Fax** (0 59 24) 99 04 27 (Wilhelm Hoon) **E-Mail** w.hoon@hoon.de **Internet** www.pankok-museum.de **Geöffnet** Mi. 15 – 17, Sa. u. So. 14 – 17 Uhr **Eintritt** 3,– DM (~ 1,53 €); Ermäßigungen **Träger** Verein Otto-Pankok-Gildehaus e.V. **Leiter** Wilhelm Hoon

Der expressionistische Maler Otto Pankok lebte 1936 in Gildehaus und schuf hier über 100 Arbeiten mit Motiven des Ortes und seiner Umgebung. Das Museum im „Alten Rathaus" wurde 1996 eingerichtet. Es enthält eine Sammlung der Gildehaus-Bilder und präsentiert in Wechselausstellungen weitere Arbeiten des Künstlers unter thematischen Gesichtspunkten. Diese Ausstellungen werden durch persönliche Hinterlassenschaften des Künstlers ergänzt. JL

## Münzmuseum im Schloß

49186 Bad Iburg, **Telefon** (0 54 03) 40 16 12 (Kurverwaltung) **Geöffnet** Mai – Okt. Fr., Sa., So. 14 – 18 Uhr **Eintritt** 2,– DM (~ 1,02 €); Ermäßigungen **Träger** Schlossverein **Leiter** N.N.

Nach erfolgter Umgestaltung wird das Museum im Sommer 2001 öffnen. Dann werden verschiedene Aspekte der Landesgeschichte in wechselnden Ausstellungen präsentiert und die Bedeutung der Iburg aus historischer und kunsthistorischer Sicht dokumentiert. JL

## Uhrenmuseum Bad Iburg

Am Gografenhof 5, 49186 Bad Iburg **Telefon** (0 54 03) 28 88 **Geöffnet** Mo. – So. 10 – 18 Uhr **Eintritt** 3,50 DM (~ 1,79 €); Ermäßigungen **Service**: Café im Haus **Träger** und **Leiter** Peter Taschenmacher

In einem Haus aus dem Jahre 1820 bieten mehr als 700 Uhren einen Querschnitt durch die Technikgeschichte der Zeitmessung, von der Autouhr über die Turmuhr mit Außenpendel bis zur größten Taschenuhr der Welt. Hinzu kommen Ausstellungsstücke rund um die Uhr, insgesamt eine Menge, die die Wichtigkeit der Zeit(messung) mehr als deutlich werden lässt, wenn auch in der Präsentation das Technische der Exponate, die manchmal erst nach aufwändigen Restaurierungen ihrer Aufgabe nachkommen konnten, im Vordergrund steht. JL

## Heimatmuseum Bad Laer

Kesselstraße 4, 49196 Bad Laer **Telefon** (0 54 24) 29 11 12 **Geöffnet** März – Okt. Mi. 15.30 – 18, So. 10 – 12 Uhr **Eintritt** frei **Träger** Gemeinde Bad Laer **Leiter** Ludwig Wahlmeyer

Ein Webstuhl und die Arbeitsabläufe bei der Leinenherstellung sind die Beigaben zu einer besonderen Attraktion. Die so genannten „Piepsteine" sind rund 10 000 Jahre alte röhrendurchzogene Gesteinsbrocken, entstanden infolge der Verkalkung von Pflanzen. Ergänzt wird diese geologische Besonderheit von einer Sammlung am Ort gefundener eiszeitlicher Geschiebe. JL

## Dr.-Bauer-Heimatmuseum

Wellengartenstraße 10, 49214 Bad Rothenfelde **Telefon** (0 54 24) 6 94 23 o. 22 31 86 (Gemeindeverwaltung) **Geöffnet** Di. u. Do. 16 – 18 Uhr **Eintritt** 3,– DM (~ 1,53 €); Ermäßigungen **Träger** Gemeinde Bad Rothenfelde **Leiterin** Jutta Stieve

Die Entwicklung des Ortes zum Heilbad hat vielerlei Spuren hinterlassen, vom Trinkglas bis zum kitschigen Andenken. Anschaulich wird die

Dr.-Bauer-Heimatmuseum, Gradierwerksmodell

Verbindung von Salzgewinnung und Heilbad bei der Vorführung des Salzsiedens in einem extra konstruierten Apparat vor einem detailgenauen historischen Modell des „Alten Gradierwerkes". Ein Erwerbszweig vortouristischer Zeit, die Hollandgängerei, brachte sehenswerte Fayencen und holländische Keramik nach Rothenfelde. Die archäologische Abteilung gibt eine ansprechende systematische Übersicht der Vor- und Frühgeschichte der Umgebung. JL

## Brasilienmuseum im Kloster Bardel

Klosterstraße 11, 48455 Bad Bentheim **Telefon** (0 59 24) 78 72 - 48 **Fax** (0 59 24) 78 72 - 50 **Geöffnet** nach Vereinbarung **Eintritt** frei **Träger** Kloster Bardel **Leiter** Pater Klemens Diekmann

Die Franziskaner des Klosters Bardel sind seit Jahrzehnten im Nordosten Brasiliens in der Mission tätig. Die zurückgekehrten Brüder brachten Zeugnisse der Volkskunst und der Lebensweise mit, die Exponate zeigen Arbeits- und Lebensweisen der dortigen indianischen Bevölkerung. Die Ausstellung erschließt sich dem Besucher erst völlig bei einer engagierten Führung der betreuenden Brüder, die diese nach ihren zeitlichen Möglichkeiten gerne durchführen. JL

## Briefmarkenmuseum im Kloster Bardel

Klosterstraße 11, 48455 Bad Bentheim **Telefon** (0 59 24) 78 72 - 48 **Fax** (0 59 24) 78 72 - 50 **Geöffnet** nach Vereinbarung **Eintritt** frei **Träger** Kloster Bardel **Leiter** Pater Klemens Diekmann

Nicht nur Philatelisten kommen bei einem Besuch des Briefmarkenmuseums auf ihre Kosten. Geordnet nach religiösen Themenkreisen bieten Tausende von Briefmarken aus aller Welt den Beweis, dass christliche Motive seit Erfindung der Briefmarke verwendet wurden. Die Sammlung, begonnen in den Jahren vor dem Zweiten Weltkrieg, ist heute die wohl repräsentativste ihrer Art. Wie beim Brasilienmuseum gewinnt die Ausstellung bei einer persönlichen Führung. JL

## Museum des Landkreises Osnabrück

Stiftshof 4, 49593 Bersenbrück **Telefon** (0 54 39) 4 41 **Geöffnet** Di. – Fr. 9 – 12 u. 14 – 17, Sa. u. So. 14 – 17 Uhr **Eintritt** 1,– DM (~ –,51 €); Kinder frei **Träger** Landkreis Osnabrück **Leitung** Kulturreferat des Landkreises Osnabrück

Die engagierte Sammeltätigkeit des seinerzeitigen Landrates hat zu Beginn dieses Jahrhunderts eine große Anzahl heute nur sehr selten anzutreffender Zeugnisse der ländlichen – insbesondere der Artländer – Kultur in den Besitz des Museums gebracht. Besonders bemerkenswert ist die in das Museumsgebäude eingebaute Diele eines Heuerhauses. Seit einigen Jahren richtet sich die Sammeltätigkeit auf den gesamten Landkreis Osnabrück. Ausgehend von regionalen Bezügen widmen sich einzelne Ausstellungseinheiten übergreifenden Themen: dem Kinder-

Museum des Landkreises Osnabrück

leben mit der Präsentation von Spielzeug und Schule, den Veränderungen der Haushaltsgerätschaften und der Technik der Lebensmittelkonservierung im Wandel der Zeit. Zwei Münzschätze des 17. Jh. mit insgesamt über 800 Münzen illustrieren die Geschichte des Dreißigjährigen Krieges und seine bis heute spürbaren Auswirkungen für das Osnabrücker Land. Im Remter des ehemaligen Zisterzienserinnenklosters befindet sich eine für Nordwesteuropa einmalige Sammlung von Porträts der Komture der ehemaligen Kommende der Johanniterritter Lage. Im Hof der Anlage befindet sich ein aus Anlass der 350-Jahr-Feier zum Westfälischen Frieden angelegter „Friedensgarten", in dem Pflanzen und Stauden in symbolische Beziehung zueinander gesetzt sind. In einer translozierten Artländer Doppeldurchfahrtscheune wird die Entwicklung der Landwirtschaft thematisiert. JL

## Stiftsmuseum

Stift Börstel, 49626 Börstel **Telefon** (0 54 35) 8 98 **Geöffnet** während der Führungen April – Okt. Di. – So. 10, 11, 15, 16 Uhr **Eintritt** 3,50 DM (~ 1,79 €) **Träger** Stift Börstel **Leiterin** Äbtissin Joanne von Bodelschwingh

Das heutige freiweltliche Damenstift, eine Gründung der Zisterzienserinnen im 13. Jh., zeigt in einer kleinen Ausstellung die 750-jährige Geschichte des Klosters und bemerkenswerte sakrale Figuren. Dem Flair der Anlage, einsam im Börsteler Wald gelegen, kann sich kaum ein Besucher entziehen. Auf einer Vielzahl von ausführlichen Tafeln werden die ehemaligen Funktionen der Gebäude, die Zusammenhänge der Klosterwirtschaft und das spirituelle Leben erklärt. JL

Tuchmacher-Museum Bramsche, Spinnereisaal mit den Maschinen der Jahrhundertwende

## Tuchmacher-Museum Bramsche

Mühlenort 6, 49565 Bramsche **Telefon** (0 54 61) 94 51 - 0 **Fax** (0 54 61) 94 51 - 15 **E-Mail** Tuchmachermuseum@Bramsche.de **Internet** www.bramsche.de **Geöffnet** Di. – Fr. 10 – 18, Sa. 14 – 18, So. 10 – 18 Uhr **Eintritt** 5,– DM (~ 2,56 €); Ermäßigungen **Service** Behindertenzugang, Restaurant „Dat Wüllker Hus", Telefon (0 54 61) 88 05 33, Shop **Träger** Stadt Bramsche **Leiterin** Dr. Susanne Meyer

Im Zuge des allgemeinen Sterbens der deutschen Textilindustrie verschwand die Woll- und Leinenverarbeitung in den 1960er Jahren auch an ihrem traditionellen Standort im Bramscher Mühlenort. Deren Bedeutung für den Ort war Anlass genug, 1990 ein Museum zu gründen. Das Tuchmacher-Museum in Bramsche in den Gebäuden der Tuchmacher-Innung steht im Herzen einer völlig sanierten Textilstadt mit Wohnhäusern und dem ehemaligen Mühlenviertel. An in Betrieb befindlichen historischen Maschinen werden die einzelnen Produktionsschritte der Tuchherstellung hautnah vorgeführt und von Museumstechnikern detailliert erklärt. Beeindruckend sind der raumfüllende Selfaktor mit 240 Spindeln und der mit ohrenbetäubendem Lärm arbeitende Jaquard-Webstuhl. Die vollständige Darstellung der 18 notwendigen Arbeitsgänge der frühindustriellen Produktion von Wollstoffen ist in der Bundesrepublik bisher nur hier zu sehen. Die Angebote des Museums sind aber noch vielfältiger. Der Besucher kann sich über andere textile Rohstoffe informieren, wobei kleine Versuche möglich und erwünscht sind. In der Färberei ist eine Einführung in die Chemie des 19. Jh. möglich, die „Offene Werkstatt für Handweberei" verfügt über zehn Webstühle, davon sechs historische. Fast ein „Nebenprodukt" ist die Dokumentation der Vielfalt der Antriebskräfte für die Maschinen: Wasserräder, Turbinen, Dampfmaschinen und Lokomobile, Gas- und Dieselmotoren, selbst Pferdegöpel und natürlich Menschenkraft trieben die Maschinen an. Wem die auditive Begegnung mit Lebensläufen der Tuchmacher nicht genug Entspannung ist, hat die Möglichkeit, in einem dem Museum angegliederten Restaurant seine Eindrücke Revue passieren zu lassen. JL

## Stadtmuseum Damme

Lindenstraße 20, 49401 Damme **Telefon** (0 54 91) 46 22 (Friemerding) **Geöffnet** Mi. u. So. 15 – 18 Uhr; Gruppen n.V. (Telefon 46 22 u. 29 14) **Eintritt** 1,– DM (~ –,51 €); Kinder bis 14 J. frei **Träger** Stadt Damme / Heimat- und Verschönerungsverein „Oldenburgische Schweiz" zu Damme e.V. **Leiter** Wolfgang Friemerding

Gezeigt werden in dem umgestalteten Bahnhof Schwerpunkte der Stadtgeschichte, darunter der jahrhundertelange Hoheitsstreit der Fürstbischöfe zu Münster und Osnabrück sowie der Dammer Eisenerzbergbau 1939 – 1967. Von überraschendem Unterhaltungswert ist die Darstellung des Dammer Karnevals seit dem Mittelalter und der „Dammer Carnevalsgesellschaft von 1614". JL

## Museum Villa Stahmer

Carl-Stahmer-Weg, 49124 Georgsmarienhütte **Telefon** (0 54 01) 4 07 55 **Geöffnet** Di. u. Do. 9 – 12 u. 15 – 18, So. 10 – 13 u. 15 – 18 Uhr **Eintritt** frei **Träger** Stadt Georgsmarienhütte **Leiterin** Inge Becher M.A.

Die im Jahre 1900 auf einer Anhöhe gut sichtbar errichtete Villa der Fabrikantenfamilie Stahmer wurde zunächst als klassisches Heimatmuseum für die Stadt Georgsmarienhütte mit bäuerlichen Gerätschaften und Zeugnissen bürgerlicher Wohnkultur eingerichtet. Soweit erhalten bzw. rekonstruierbar, wurden in den letzten Jahren der ursprüngliche Raumzuschnitt wiederhergestellt und in einigen Zimmern Zeugnisse großbürgerlichen Wohnens präsentiert. Thematische Ausstellungseinheiten, z.B. Spielzeug, dienen der Verdeutlichung sozialer Unterschiede. Für technisch Interessierte ein Muss ist die umfangreiche Sammlung von Schienen, wie sie in den letzten knapp 170 Jahren im Eisen- und Straßenbahnbau Verwendung fanden. Eine umfangreiche Leihgabe seltener historischer Musikinstrumente (Sammlung Kreienbrink) bereichert den Fundus. JL

Museum Villa Stahmer, orientalisches Badezimmer

Emsland-Moormuseum, Ottomeyer-Dampfflug, größter Pflug der Welt

## Emsland-Moormuseum

Geestmoor 6, 49744 Groß Hesepe **Telefon** (0 59 37) 18 66 **Fax** (0 59 37) 23 58 **Internet** www.moormuseum.de **Geöffnet** Di. – So. 10 – 18 Uhr **Eintritt** 5,– DM (~ 2,56 €); Ermäßigungen **Service**: Ausstellungshalle behindertenzugänglich, Restaurant „Torfstäkerhuus" **Träger** Heimat- und Verkehrsverein Groß Hesepe e.V. **Leiter** Joachim Mertens

Die mächtigen Tiefpflüge der Fa. Ottomeyer weisen dem Besucher den Weg in das Moormuseum mit gut 20 ha Freigelände. In der Ausstellungshalle werden mit Maschinen die Torfverarbeitung und -verwendung sowie mit weiteren Ausstellungsstücken das Leben und der Alltag der arbeitenden Menschen dokumentiert. Eindrücklich wird der Unterschied der Moorerschließung des 20. Jh. im Vergleich zur Moorkolonisation früherer Jahrhunderte in mühevoller Handarbeit im Emsland und in den Niederlanden gezeigt. Der Weg über den federnden Grund des lebenden Moores vermittelt noch den Eindruck der früheren Naturlandschaft. Ein angelegter Lehrpfad gibt Auskunft über Flora und Fauna, ein Buchweizenfeld und der Schafstall stehen für die landwirtschaftliche Nutzung des Moores. Die funktionierende Feldbahnanlage macht den Einbruch der Technik deutlich. Die ausflugstaugliche Gastronomie, reichlich Parkplätze und die freizeitparkähnlichen Angebote des Museums ermöglichen, neben dem Naturerlebnis, eine ganztägige Ausflugsplanung. JL

## Mühlenmuseum Haren (Ems)

Mühlenberg, 49733 Haren (Ems) **Telefon** (0 59 32) 61 96 (Museum), (0 59 32) 82 25 (Fremdenverkehrsamt) **Internet** www.haren.de/heimat.htm **Geöffnet** Mai – Okt. Di. – Do. 14.30 – 17, Fr. u. Sa. 14.30 – 16, So. 14.30 – 17.30 Uhr **Eintritt** 3,– DM (~ 1,53 €); Ermäßigungen **Service** Behinderten-WC, Café im Mühlenkeller, Shop **Träger** Heimatverein Haren (Ems) **Leiter** Wilhelm Menke

Am Rande der Stadt auf einem historischen Mühlenstandort befinden sich hierher verbrachte ländliche Gebäude mit der 1825 errichteten, wieder voll funktionstüchtigen Kappenwindmühle als Mittelpunkt. Ver-

Mühlenmuseum Haren (Ems), Baudenkmal Mersmühle

schiedene bäuerliche Gerätschaften und Handwerkzeug in den Nebengebäuden, darunter eine Stellmacherwerkstatt und eine Anzahl Landmaschinen, vermitteln ausschnittsweise Arbeiten und Leben auf dem Lande. Wie es sich für ein Mühlenmuseum gehört, wird der Weg „Vom Korn zum Brot" gezeigt, daneben gibt es eine Fotoausstellung zum Säen und Ernten. Eine Sammlung von 20 maßstabsgerechten Mühlenmodellen macht die Konstruktion der verschiedenen Mühlentypen auch für technisch interessierte Laien deutlich. JL

## Schiffahrtsmuseum Haren (Ems)

Kanalstraße, 49733 Haren (Ems) **Telefon** u. **Fax** (0 59 32) 58 43
**Internet** www.haren.de/heimat.htm **Geöffnet** Mai – Okt. Di., Do., Fr., Sa. 14 – 17, Mi. 10 – 12 u. 14 – 17, So. 14.30 – 17.30 Uhr **Eintritt** 3,– DM (~ 1,53 €); Ermäßigungen
**Träger** Heimatverein Haren (Ems) e.V. / Stadt Haren **Leiter** Reinhard Wessels, Gerd Schepers

Für eine recht weit im Landesinneren liegende Stadt erstaunlich, hat die Seeschifffahrt Jahrhunderte das Leben in Haren bestimmt. Die am Ufer des Haren-Rütenbrock-Kanals vertäuten Museumsschiffe sind zwar zum Teil Nachbauten ohne ganz genaue Berücksichtigung der originalen Maße, sie lassen aber dennoch einen Einblick in die Schiffbautechnik zu. Die Geschichte der Schiffe und das Leben der Schiffer präsentiert eine Ausstellung im Laderaum der Pünte „Haren 1". Die Sammlung historischer nautischer Geräte im Laderaum der Spitzpünte „Helene" ist für den

Schiffahrtsmuseum Haren (Ems), Museumsschiffe HELENE, HAREN 1 und THEA-ANGELA

Liebhaber alter Geräte jedenfalls ein ästhetischer Genuss. Die am Ufer aufgereihten Schiffsmaschinen und Zubehör vermitteln vor allem einen Eindruck von den Dimensionen der im Schiffbau verwendeten Bauteile. Eine nur wenige Schritte entfernte alte Schleuse vervollständigt das maritime Ensemble. JL

## Freilicht- und Heimatmuseum Haselünne

Lingener Straße, 49740 Haselünne **Telefon** (0 59 61) 5 09 33 (Stadtverwaltung) o. 50 22 89 **Geöffnet** Führungen Mai – Okt. Mi., Sa., So. 15 Uhr **Eintritt** 3,– DM (~ 1,53 €); Ermäßigungen **Service** Behindertenzugang **Träger** Heimatverein Haselünne e.V. **Leiter** Friedrich Berentzen

Das zu einer Hofanlage arrangierte Ensemble der sieben Gebäude, darunter eine Schmiede, ein Backhaus und ein Doppelheuerhaus, birgt verschiedenes bäuerliches Kulturgut des Emslandes. Die Innenräume sind teilweise in historischer Form wiederhergestellt bzw. dienen als Ausstellungsräume. Die Anlage ist nur mit Führungen zugänglich.
Auf dem Gelände der Firma Berentzen an der Bahnhofstraße kann im Rahmen einer Führung und Werksbesichtigung das Brennereimuseum mit Exponaten zur Kulturgeschichte des Brennereiwesens und des Trinkens besucht werden, Auskunft: Telefon (0 59 61) 50 25 56. JL

## Museum und Park Kalkriese

Venner Straße 69, 49565 Bramsche-Kalkriese **Telefon** (0 54 68) 92 04 13 **Fax** (0 54 68) 92 04 45 **E-Mail** kontakt@mupk.de **Internet** www.museumundparkkalkriese.de o. www.geschichte.uni-osnabrück.de/projekt/start.html **Geöffnet** ganzjährig Di. – So. 10 – 18 Uhr **Eintritt** 6,– DM (~ 3,07 €); Führungen So. 11 u. 15 Uhr u. auf Anfrage, Telefon (0 54 61) 6 18 26 **Service** Behindertenzugang, Café, Shop **Träger** Museum und Park Kalkriese GmbH **Geschäftsführer** Christian Jaletzke

Auf dem Gebiet der Kalkriese-Niewedder Senke am Nordhang des Wiehengebirges ergraben Archäologen seit mehreren Jahren ein antikes Schlachtfeld. Nachgewiesen sind mittlerweile die Anwesenheit römischer Legions- und Hilfstruppen sowie des dazugehörigen Trosses. Die ergrabe-

Museum und Park Kalkriese, Modell des neuen Museums

nen Gegenstände und ihre Fundumstände ermöglichen eine Datierung in die ersten Jahre nach Christus, ein Zusammenhang mit der „Schlacht im Teutoburger Wald" ist wissenschaftlich anerkannt. Um den archäologischen Laien die Ausgrabungstechniken und -ergebnisse nahe zu bringen, ist in unmittelbarer Nähe des Ausgrabungsfeldes eine Ausstellung mit den bisherigen Ergebnissen der Forschung entstanden. Die ästhetisch gestaltete Präsentation gibt Einblick in das tägliche Leben der römischen Legionäre und der Germanen. Die teilweise sehr kleinen Funde werden auf anschauliche Art zum Sprechen gebracht, die Erkenntnisse der archäologischen Forschung auf manchmal überraschende Art visualisiert.
Auf einem Teil des ehemaligen Schlachtfeldes bietet ein archäologischer Park dem Besucher mittels Befundrekonstruktionen die Möglichkeit, sich mit der Arbeitsweise der Archäologen vertraut zu machen. Ein ebenfalls rekonstruiertes Stück Altlandschaft versetzt ihn 2000 Jahre zurück. Pavillons ermöglichen eine besondere Annäherung an die Geschichte und das Schlachtfeld. Als Ergebnis eines internationalen Wettbewerbs wird derzeit ein Museumsgebäude neu errichtet. Die Architektur des Hauses selbst und die Gestaltung der Einrichtung werden höchsten Ansprüchen genügen. JL

Museum und Park Kalkriese, Ziernägel

## Emslandmuseum Lingen

Burgstraße 28a/b, 49808 Lingen (Ems) **Telefon** (05 91) 4 76 01
**E-Mail** Museum.Lingen@t-online.de **Geöffnet** Di. – So. 14.30 – 17.30 Uhr
**Eintritt** 2,– DM (2,– €); Ermäßigungen, Schulklassen frei **Service** Behindertenzugang, Behinderten-WC, Shop **Träger** Emslandmuseum Lingen e.V.
**Leiter** Dr. Andreas Eiynck

Die Exponate der Einrichtung spiegeln die typischen Sammelgebiete eines ursprünglich heimatkundlich ausgerichteten Museums. Als eines der Schwerpunktmuseen des Emslandes gelingt es dem Lingener Museum in der Dauerausstellung, den Besuchern die Geschichte der Stadt und des Emslandes nicht nur chronologisch und anhand ausgesuchter Exponate nahe zu bringen, sondern durch vielfältige – auch textliche – Querverbindungen ein mehrdimensionales Bild früherer Zeiten entstehen zu lassen. Eine Reise in die Vergangenheit ohne den Anspruch der Vollständigkeit, aber mit der Möglichkeit des Entdeckens von scheinbar Nebensächlichem, Vergleichen mit eigenen Kenntnissen und – nebenbei – des Lernens. Die umfangreichen Bestände an emsländischem Zinn sowie niederländischen Fayencen und Wandfliesen sind im Nachbargebäude, dem Gesindehaus, ausgestellt. Das Museum verfügt über ein anspruchsvolles Sonderausstellungsprogramm.

Der Kunstverein Lingen (Universitätsplatz 5) stellt regelmäßig in- und ausländische Kunstschaffende vor.
Direkt nebenan ist im „Theatermuseum für junge Menschen" die Kulturgeschichte des Theaters anhand verschiedenster Exponate – vom Drehbuch bis zur asiatischen Schattenspielfigur – aufbereitet.
Das Kunststoff-Additiv-Museum der Dr. Michael-Rosental-Stiftung in einem für diese Zwecke gestalteten Gebäude der Fa. Bärlocher (Industriepark Süd) gibt Auskunft über die Geschichte der Firma und ihre Produkte (geöffnet Mi. 15 – 19, So. 14 – 17 Uhr). JL

Emslandmuseum Lingen, Inszenierung eines jüdischen Sabbatabends

Industrie Museum Lohne

## Industrie Museum Lohne

Küstermeyerstraße 20, 49393 Lohne **Telefon** (0 44 42) 73 03 80 **Fax** (0 44 42) 73 03 81 **E-Mail** info@industriemuseum-lohne.de **Internet** www.industriemuseum-lohne.de **Geöffnet** Di. – So. 14 – 18 Uhr **Eintritt** 4,– DM (~ 2,05 €) **Service** Café, Shop **Träger** Industrie Museum Lohne e.V. **Leiter** Helmut Göttke-Krogmann, Ulrike Hagemeier

Der lichte, 1999 fertig gestellte Neubau hat, dem Schwerpunkt des Museums angemessen, Anklänge an Industriearchitektur. Durch geschickte Raumaufteilung fühlt sich der Besucher gleichsam in die Ausstellung hineingezogen. Die Thematik der Dauerausstellung ist aus der Geschichte der Stadt Lohne als Industriestandort entwickelt. Die ortsspezifische Herstellung von (Schreib-)Federn, Pinseln und Bürsten wird ebenso dargestellt wie die Tabakverarbeitung und die Anpassung dieser Industriezweige an die gesamtwirtschaftliche Entwicklung. Neben der horizontalen thematischen Gliederung der Ausstellung nach Branchen ermöglicht eine vertikale Gliederung den Besuchern den Zugang. Im Mittelpunkt der Darstellung stehen der arbeitende Mensch, die Nutzung der verschiedenen Energiequellen und die Frage nach der Notwendigkeit der Entwicklung der Logistik für ein Funktionieren der Produktion und des Absatzes. Diese drei Aspekte werden immer wieder aufgenommen und ermöglichen es in hervorragender Weise, wichtige Entwicklungslinien zu entdecken. Ein umfangreiches museumspädagogisches Programm und die Möglichkeit, Tagungen im Haus abzuhalten sowie den „Museumstreff" zu nutzen, machen das Industrie Museum Lohne zu einer beispielhaften Einrichtung. JL

## Geschichte auf Rädern – Automuseum Melle

Pestelstraße 38–40, 49324 Melle **Telefon** (0 54 22) 4 68 38 **Geöffnet** Sa. u. So. 10 – 18 Uhr **Eintritt** 7,– DM (~ 3,58 €), Ermäßigungen **Service** Café **Träger** Automuseum Melle GmbH **Leiter** Heiner Rössler

Erstklassige Fahrzeuge werden im ständigen Wechsel auf drei Fabriketagen gezeigt. Der Bestand des Hauses wird durch die Präsentation von Leihgaben akzentuiert. Eine reichhaltige Ausstellung mit verschiedenen Exponaten rund ums Auto illustriert die Geschichte der Automobilisierung. JL

## Grönegau-Museum Melle

Friedrich-Ludwig-Jahn-Straße 8/12, 49324 Melle **Telefon** u. **Fax** (0 54 22) 54 25 **Geöffnet** April – Okt. Mi., Sa. u. So. 15 – 17 Uhr **Eintritt** frei, Führungen 30,– DM (~ 15,34 €) **Service** Restaurant auf dem Heimathofgelände **Träger** Heimatverein Melle e.V. **Leiter** Hartmut Wippermann

Inmitten einer Ansammlung hierher versetzter historischer Gebäude, dem Heimathof Grönegau, steht der als Museum genutzte, 1771 erbaute Kornspeicher. Die umfangreiche Sammlung der reich bestickten, in der Ausgestaltung sehr differenzierten Frauenhauben sowie die Exponate zur bürgerlichen und bäuerlichen Wohnkultur sind über Stiegen bei Vermeidung baubedingt niedriger Balken zu erreichen. Zum Museum gehören auf demselben Gelände ein Heuerlingshaus von 1655 mit weiteren Ausstellungsflächen, eine Remise und ein in das 16. Jh. zu datierendes Backhaus. JL

## Ausstellungszentrum für die Archäologie des Emslandes

An der Koppelschleuse 19a, 49716 Meppen **Telefon** (0 59 31) 66 05 o. 4 44 44 (Kreisverwaltung) **Fax** (0 59 31) 4 43 21 **E-Mail** landkreis@emsland.de **Internet** www. emsland.de **Geöffnet** Di. – Sa. 14 – 18, So. 11 – 18 Uhr **Eintritt** 2,– DM (1,– €); Ermäßigungen **Service** Aufzug, auf Voranmeldung Führungen für Blinde **Träger** Landkreis Emsland **Leiterin** Dr. Andrea Kaltofen

Das in einem neuerrichteten Gebäude untergebrachte Museum ist eines der sechs emsländischen Schwerpunktmuseen. Die Dauerausstellung hat die kulturgeschichtliche Entwicklung des Emslandes von der Steinzeit bis zum Mittelalter zum Thema. Zahlreiche Funde, aber auch Modelle und Inszenierungen veranschaulichen die wichtigsten Forschungsergebnisse. Der Mensch in seiner Zeit, mit seinen gesellschaftlichen Bezügen und religiösen Vorstellungen, steht im Mittelpunkt der Präsentation. Daneben wird die Arbeitsweise der Archäologen vermittelt.
Im Kunstzentrum Koppelschleuse, An der Koppelschleuse 19, finden neben Kunstkursen regelmäßig Ausstellungen des Meppener Kunstkreises statt. JL

Ausstellungszentrum für die Archäologie des Emslandes

## Stadtmuseum Meppen

Obergerichtsstraße 7, 49716 Meppen **Telefon** (0 59 31) 10 86 **Geöffnet** Di. – Do. 10 – 12 u. 14 – 17, Fr. 10 – 12 u. 14 – 16, So. 15 – 18 Uhr, feiertags geschlossen **Eintritt** 2,– DM (~ 1,02 €); Ermäßigungen **Träger** Heimatverein Meppen e.V. **Leiter** Friedrich Hoegen

Nach Untergang des in den 1930er Jahren gegründeten Vorläufers am Ende des Zweiten Weltkrieges wurde vom Heimatverein das Stadtmuseum Meppen 1990 in der ehemaligen „Arenbergschen Rentei" wieder begründet. Die Dauerausstellung des Museums dokumentiert die Kultur- und Stadtgeschichte. Ein Schwerpunkt ist die Geschichte der Festung, deren Bestand über Jahrzehnte das Leben in Meppen bestimmte. JL

## Stadtmuseum Povelturm

Kokenmühlenstraße 18 / Vechteaue 2, 48529 Nordhorn **Telefon** (0 59 21) 72 15 00 (Verwaltung) **Fax** (0 59 21) 99 08 02 **Geöffnet** Di. – Sa. 14 – 18, So. 11 – 18 Uhr **Eintritt** 3,– DM (~ 1,53 €); Ermäßigungen **Service** Aufzug, Museumscafé **Träger** Museumsverein für die Grafschaft Bentheim e.V. **Leiter** Werner Straukamp M.A.

Im 1906 errichteten Treppenturm der ehemaligen Spinnerei der Textilfabrik Povel werden die Geschichte der einstmals bedeutenden Nordhorner Textilindustrie und die damit eng verbundene Stadtgeschichte präsentiert. Dabei wird nicht nur Wert auf einen chronologischen Abriss gelegt, sondern im Mittelpunkt stehen Querschnittsthemen wie Sozialtopografie der Stadt, Lebensläufe von Unternehmern und Arbeitern. Besonders beeindruckend ist der Blick vom 26 m hoch gelegenen Museumscafé unter dem Glasdach des Turmes. In der ehemaligen Webereihalle

(Vechteaue 2, 300 m entfernt) ist in dem heutigen Kulturzentrum „Alte Weberei" eine Maschinenhalle mit Textilmaschinen der 1960er und 1970er Jahre nachgestellt. Der Produktionsgang der Baumwollaufbereitung ist bei Vorführungen live zu erleben.
Die seit Jahrzehnten in der Kunstszene etablierte Städtische Galerie Nordhorn ist ebenfalls im Kulturzentrum „Alte Weberei" untergebracht. Sie zeigt regelmäßig internationale Kunstausstellungen als Einzelpräsentationen oder Themenausstellungen und verleiht einen Kunstpreis für jüngere, richtungweisende Kunstproduktionen.
Mit dem Projekt „kunstwegen" (www.kunstwegen.nordhorn.de) ist in der deutsch-niederländischen Region des Vechtetales eines der größten „offenen Museen" Europas zu sehen. Mit 80 Kunstwerken in diesem grenzüberschreitenden Erfahrungsraum von Landschaft, Architektur und Geschichte gibt „kunstwegen" einen Überblick über das Schaffen renommierter in- und ausländischer Künstler. JL

Stadtmuseum Povelturm mit der Kunstinstallation
Liquid Relief / Light Relief von Georg Herold

Domschatzkammer und Diözesanmuseum, St. Michael als Seelengeleiter, westfälisch, um 1320

## Domschatzkammer und Diözesanmuseum

Kleine Domsfreiheit 24, 49074 Osnabrück **Telefon** (05 41) 3 18 - 4 80/4 81 **Fax** (05 41) 3 18 - 482 **Geöffnet** Di. – Fr. 10 – 13 u. 15 – 17, Sa. u. So. 11 – 14 Uhr **Eintritt** 3,– DM (~ 1,53 €); Ermäßigungen **Träger** Domkapitel Osnabrück / Bischöflicher Stuhl **Leiterin** Dr. Marie-Luise Schnackenburg

Das im Kreuzgang des Osnabrücker Domes befindliche Museum bewahrt bedeutende Zeugnisse der sakralen Kunst aus der Geschichte des von Karl dem Großen gegründeten Bistums Osnabrück. Hervorzuheben ist die Skulpturensammlung mit Exponaten vom 12. – 18. Jh., u.a. mit spätgotischen Werken des „Meisters von Osnabrück" und Heinrich Brabender. Daneben finden sich kostbare Paramente, kirchliches Mobiliar, westfälische Tafelmalerei und niederländische Gemälde des 16. und 17. Jh. In der angeschlossenen Domschatzkammer befinden sich ein in das 11. Jh. datiertes Kapitelkreuz, Reliquienschreine sowie Beispiele der hoch entwickelten Goldschmiedekunst seit dem 12. Jh. Die traditionelle Aufstellung der Exponate in den historischen Räumlichkeiten erfährt in kleinen thematischen Sonderausstellungen Kontrast und Ergänzung. JL

Felix-Nussbaum-Haus, Felix Nussbaum, Mein Vater, 1926 (?), © VG Bild-Kunst, Bonn 2000

## Felix-Nussbaum-Haus

Lotter Straße 2, 49078 Osnabrück **Telefon** (05 41) 3 23 - 22 37 o. 22 07 **Fax** (05 41) 3 23 27 39 **E-Mail** Huesemann@osnabrueck.de **Internet** www.osnabrueck.de/fnh **Geöffnet** Di. – Fr. 11 – 18, Sa. u. So. 10 – 18 Uhr **Eintritt** 8,– DM (~ 4,09 €); Ermäßigungen **Service** Behindertengerechte Ausstattung, Cafeteria (mit Selbstbedienung), Shop **Träger** Stadt Osnabrück **Leiterin** Inge Jaehner

Für die Bilder des 1904 in Osnabrück geborenen jüdischen Künstlers Felix Nussbaum und seiner jüdisch-polnischen Ehefrau Felka Platek – ebenfalls Malerin – wurde vom amerikanischen Architekten Daniel Libeskind das Felix-Nussbaum-Haus als Erweiterungsbau des Kulturgeschichtlichen Museums entworfen. Der den Prinzipien des Dekonstruktivismus verpflichtete Baukörper des „Museums ohne Ausweg" ermöglicht es, in einer besonderen, eindringlichen Weise den Lebensstationen und Situationen des Künstlers Felix Nussbaum nachzuspüren. Dem architektonischen Entwurf liegt ein System von Bezugslinien zugrunde, das die ständige Bewegung, Versuche der Orientierung im Leben Felix Nussbaums symbolisiert. Von beiden Künstlerpersönlichkeiten besitzt das Museum die weltweit größte Sammlung, deren Bilder international große Beachtung finden. Die meisten Exponate befinden sich im Eigentum der Niedersächsischen Sparkassenstiftung. JL

## Kulturgeschichtliches Museum Osnabrück

Lotter Straße 2, 49078 Osnabrück **Telefon** (05 41) 3 23 - 22 37 o. 22 07 **Fax** (05 41) 3 23 27 39 **E-Mail** Huesemann@osnabrueck.de
**Internet** www.osnabrueck-net.de/kultur/kulturmuseum.html
**Geöffnet** Di.–Fr. 11–18, Sa. u. So. 10 – 18 Uhr **Eintritt** 8,– DM (~ 4,09 €); Ermäßigungen
**Service** Behindertengerechte Ausstattung, Cafeteria (mit Selbstbedienung), Shop
**Träger** Stadt Osnabrück **Leiterin** Dr. Eva Berger

Geschichte und Kultur der Stadt sowie des ehemaligen Fürstbistums Osnabrück bilden die Ausstellungsschwerpunkte, deren Grundlage eine bereits 1879 begonnene Sammlung des „Museumsvereins für den Landdrosteibezirk Osnabrück" ist. Zahlreiche Donate des Bürgertums bewirkten, dass in den Jahren 1888/89 das heutige Hauptgebäude errichtet wurde. Im Laufe der Jahre wurden weitere, in unmittelbarer Nähe befindliche Gebäude in den Museumskomplex einbezogen. So die Villa Schlikker von 1900/01, das Akzisehaus von 1817 und das in der historischen Altstadt hinter dem Heger-Tor befindliche Drei-Kronen-Haus. Zu den regional ausgerichteten Beständen gehören archäologische, stadtgeschichtliche und volkskundliche sowie die Grafik-, Porzellan-, Silber-, Glas- und Münzsammlungen. Ferner zählt dazu die Stüve-Sammlung mit niederländischen und flämischen Gemälden des 16. und 17. Jh.
Die Osnabrücker Museumsmeile findet ihren Abschluss in der Kunsthalle Dominikanerkirche, in der überregional bedeutende Kunstausstellungen durchgeführt werden, und im Foyer der Dominikanerkirche, Veranstaltungsort kleinerer Präsentationen, sowie in der wenige Meter entfernten Stadtgalerie.
In einem Gebäude der Stadtbibliothek am Markt wird in einer Dauerausstellung dem in Osnabrück geborenen Schriftsteller Erich-Maria Remarque gedacht. JL

Kulturgeschichtliches Museum Osnabrück, das Hauptgebäude des Felix-Nussbaum-Hauses und die Schlikkersche Villa des Kulturgeschichtlichen Museums Osnabrück aus der Vogelperspektive, © Amt für Kultur und Museen

## Museum am Schölerberg Natur und Umwelt – Planetarium

Am Schölerberg 8, 49082 Osnabrück **Telefon** (05 41) 5 60 03 - 0 **Fax** (05 41) 5 60 03 37 **E-Mail** schulze.a@osnabrueck.de **Internet** www.physik.uni-osnabrueck.de~haenel
**Geöffnet** Di. 9 – 20, Mi. – Fr. 9 – 18, Sa. 14 – 18, So. 10 – 18 Uhr, Planetarium gesonderte Öffnungszeiten **Eintritt** Museum: 2,50 € **Service** Behindertenzugang **Träger** Stadt Osnabrück **Leiter** Dr. Dietmar Grote

Der Versuch, Inhalt und Form eines Museums in Übereinstimmung zu bringen, scheint beim 1988 errichteten Neubau für die naturwissenschaftliche Sammlung des städtischen Museums weitgehend gelungen. Über verschiedene Ebenen in dem wie eine Spindel gedrehten Haus bewegt sich der Besucher durch thematisch gegliederte und sorgfältig aufbereitete Ausstellungseinheiten. Nicht selten wird er zum Handeln aufgefordert. Schubfächer, Klappen und versteckte Einblicke geben dem Neugierigen zusätzliche Informationen. Wert wird insbesondere auf die Vermittlung von Lebenszusammenhängen, Strukturveränderungen und die daraus entstehenden ökologischen Probleme gelegt. Im Mittelpunkt des Gebäudes befindet sich ein lebendes Hochmoor zur Beobachtung, ein Wasserlauf verbindet den Innenraum mit dem Außenbereich. Hier finden sich eine Wurzelraumkläranlage und Biotope. Das Museum ist mit einem Gründach abgeschlossen.
Zum Angebot gehört ein kleines Planetarium mit festen Vorführungszeiten. Im Haus befindet sich das „Naturparkzentrum" mit Informationen zum Naturpark „Nördlicher Teutoburger Wald-Wiehengebirge".
Neben dem Museum ist der Eingang zum Zoo, nur wenige Schritte sind es zum Erlebnispark Boden. JL

Museum am Schölerberg – Natur und Umwelt, Spindelbereich des Museums

Museum Industriekultur Osnabrück

## Museum Industriekultur Osnabrück

Süberweg 50 a, 49090 Osnabrück **Telefon** (05 41) 9 12 78 45 **Fax** (05 41) 9 12 78 47 **E-Mail** museum.industriekultur.os@t-online.de **Geöffnet** Mi. – So. 10 – 18 Uhr **Eintritt** 6,– DM (~ 3,07 €); Ermäßigungen **Service** Café **Träger** Museum Industriekultur Osnabrück gGmbH **Leiter** Rolf Spilker

Über mehrere Jahrhunderte wurde am Piesberg, gelegen am nördlichen Stadtrand Osnabrücks, Bergbau betrieben. Heute befindet sich ein großräumiger Steinbruch an diesem Standort. Besonders die industrielle Nutzung der Bodenschätze im 19. Jh. hat vielfältige, nicht nur architektonische Zeugnisse hinterlassen. Im ehemaligen Haseschachtgebäude wird die Geschichte der Frühindustrialisierung der Region gezeigt. Neben zwei in Betrieb zu nehmende Dampfmaschinen wird den Besuchern durch übersichtlich präsentierte Dokumente, Modelle o.ä. ein Einblick in die Produktionsbedingungen, deren gesellschaftlichen Bedingungen und Veränderungen in diesem Zeitraum vermittelt. Große Sonderausstellungen werden im sog. Magazingebäude gezeigt, das sich vom Haseschachtgebäude aus unter Tage – durch einen 260 Meter langen Bergwerkstollen – erreichen lässt.
Das weitläufige Industriegelände ist mit Wegen erschlossen und kann mit dem Fahrrad oder zu Fuß erkundet werden. Erst dann werden die Dimensionen und die ständigen Veränderungen der Gesamtanlage und deren Bedeutung erlebbar. JL

## Dokumentations- und Informationszentrum Emslandlager (DIZ)

Wiek Rechts 22, 26871 Papenburg (Postfach 11 32, 26851 Papenburg)
**Telefon** (0 49 61) 91 63 06 **Fax** (0 49 61) 91 63 08 **E-Mail** mail@diz-emslandlager.de
**Internet** www.diz-emslandlager.de **Geöffnet** Di. – Fr. u. So. 10 – 17 Uhr, 23. Dez. – 1. Jan. sowie Ostern und Pfingsten geschlossen **Eintritt** 3,– DM (~ 1,53 €); Ermäßigungen **Service** Behindertenzugang **Träger** Aktionskomitee für ein Dokumentations- und Informationszentrum Emslandlager e.V. **Leiter** Kurt Buck

Das Dokumentationszentrum zeigt die Geschichte der ab 1933 von den Nationalsozialisten errichteten 15 Konzentrations-, Straf- und Kriegsgefangenenlager im Emsland in beeindruckenden Bild- und Textdokumenten mit verschiedenen Originalexponaten. Es füllt damit eine Lücke, die andere Einrichtungen bisher bestehen ließen. Das DIZ versteht sich als „arbeitende Gedenkstätte" und legt besonderen Wert auf die Vermittlung seiner Forschungen, z.B. durch Publikationen, Sonderveranstaltungen, Führungen und Fahrten an die Orte des Geschehens. JL

## Emslandmuseum Papenburg Museum für Industrie und Technik Ölmühle

Ölmühlenweg 21, 26871 Papenburg **Telefon** (0 49 61) 99 22 66 **Fax** (0 49 61) 58 40
**E-Mail** emslandmuseum-papenburg@ewetel.net **Geöffnet** Di. – So. 11 – 17 Uhr
**Eintritt** 2,– DM (~ 1.02 €); Ermäßigungen **Service** Behindertenzugang
**Träger** Landkreis Emsland **Leiter** Dr. Claus Veltmann

Dieses Schwerpunktmuseum des Emslandes zeigt in dem im 19. Jh. als Ölmühle errichteten und später als Werftmagazin genutzten Gebäude Aspekte der Industrie- und Technikgeschichte der Region. Im Mittelpunkt

Emslandmuseum Papenburg

steht die Geschichte des Papenburger Schiffbaues – insbesondere der Meyer-Werft – von den Anfängen in vorindustrieller Zeit bis heute. Anhand von Schiffsmodellen, alten Schiffsbauwerkzeugen und Schiffsbaumaschinen zeichnet die Ausstellung die technische Entwicklung des Schiffbaues vom hölzernen Segler bis zum Luxusliner nach. Darüber hinaus werden allgemeine Fragen der Energiegewinnung und -nutzung in der Region in der Dauerausstellung thematisiert. In großen Sonderausstellungen werden historische und technikgeschichtliche Themen präsentiert. JL

## Heimatmuseum Papenburg

Hauptkanal rechts 13, 26871 Papenburg **Telefon** (0 49 61) 91 64 16 **Fax** (0 49 61) 91 64 17 **Geöffnet** April – Nov. Di. – So. 14.30 – 17.30 Uhr **Eintritt** 2,– DM (~ 1,02 €); Ermäßigungen **Service** Café nur für Gruppen auf Anfrage **Träger** Stadt Papenburg / Heimatverein Papenburg e.V. **Leiter** Franz Freerichs

Das neu eingerichtete Museum präsentiert die liebevolle Sammeltätigkeit des Heimatvereins zu den Themen Moor und Torfabbau, Schifffahrt und Wohnkultur. Ist gerade keine Aufsichtskraft bereit, eine persönliche Führung zu geben, erfährt der Besucher nur sehr wenig über die ausgestellten Exponate und kann sich nicht immer sicher sein, ob die Gegenstände noch museal sind oder zur Ausstattung des gastronomischen Raumes gehören, der einen größeren Teil des Museums einnimmt.

Im Ausstellungszentrum Gut Altenkamp im Stadtteil Aschendorf werden wechselnde Ausstellungen der Stiftung Preußischer Kulturbesitz gezeigt (geöffnet: Di. – So. 10 – 17 Uhr, Telefon [0 49 61] 8 23 08, Fax [0 49 61] 8 23 30).

Die „Von-Velen-Anlage" (Splittingkanal links) vereinigt eine Anzahl wieder aufgebauter und eingerichteter Häuser, die zusammen mit einer nachgebauten Schleuse und einer Bootshelling dem Besucher einen Eindruck von den früheren Lebensverhältnissen der Papenburger vermitteln sollen. JL

## Stadtmuseum Quakenbrück

Markt 7, 49610 Quakenbrück **Telefon** (0 54 31) 67 77 **Geöffnet** Do. u. Sa. 15 – 18, So. 10.30 – 17 Uhr **Eintritt** 2,– DM (~ 1,02 €); Ermäßigungen **Träger** Verkehrs- und Heimatverein Quakenbrück e.V. **Leiter** Heinrich Böning

Die engagierte Arbeit eines Heimatvereins hat es vermocht, innerhalb von nur 20 Jahren eine überwältigende Anzahl von Sachzeugen städtischen Lebens zu sammeln und spannend in ihrer Vielfältigkeit zu präsentieren. Neben dem Handel und Gewerbe einer Ackerbürgerstadt widmet sich die Dauerausstellung u.a. Themen wie Stadt- und Kirchengeschichte sowie Schule und Spielzeug. Die Einrichtung einer Apotheke und eines Kaufladens lässt für den Besucher die Vergangenheit greifbar werden. Ein

Stadtmuseum Quakenbrück im alten Handelshaus am Markt

gut geführtes Archiv einschließlich einer volkskundlichen und regionalgeschichtlichen Bibliothek ist eingerichtet. Die Dauerausstellung entfaltet ihren Charme insbesondere bei einer Führung. JL

## Landwirtschaftsmuseum Rhede (Ems)

Emsstraße 15, 26899 Rhede (Ems) **Telefon** u. **Fax** (0 49 64) 18 00 **Geöffnet** Di. – So. 10 – 18 Uhr **Eintritt** 3,– DM (~ 1,53 €); Ermäßigungen **Service** Café **Träger** Gemeinde Rhede (Ems) **Leiter** Albert Vinke

Das 1995 eröffnete Museum zeigt die Landwirtschaft im Emsland in den 100 Jahren von 1850 – 1950. Schwerpunkt ist insbesondere die Arbeit mit Muskelkraft. Untergebracht in einem renovierten Bauernhof erwartet den

Landwirtschaftsmuseum Rhede (Ems)

Besucher kein nachempfundenes Idyll, in dem lediglich gerade die Tiere zufällig nicht da sind. Vielmehr werden die Probleme der Landwirtschaft und die Leistung der in ihr Tätigen anschaulich demonstriert. Eine „Bauernfamilie" führt den Besucher durch das Museum und seine Ausstellung, in der „begreifen" erwünscht ist. An Kinder ist mit einer Erfahrungsecke ebenso gedacht wie an Erwachsene, die in einer „Duftabteilung" ihre Wahrnehmung erweitern können. Ein kleiner Tante-Emma-Laden rundet das Angebot dieses sehenswerten kleinen Museums ab. JL

## Feuerwehrmuseum Salzbergen

Overhuesweg 16-18, 48499 Salzbergen **Telefon** (0 59 76) 9 43 93 **Fax** (0 59 76) 9 44 65 **E-Mail** Feuerwehrmuseum-Salzbergen@gmx.de **Internet** www.salzbergen-online.de/fwms **Geöffnet** März – Okt. So. 9 – 12 Uhr, Gruppen ab 15 Personen n.V. **Eintritt** 3,– DM (~ 1,53 €); Ermäßigungen **Service** 75 % der Ausstellungsfläche für Rollstuhlfahrer zugänglich **Träger** Feuerwehrmuseumsverein Freiwillige Feuerwehr Salzbergen e.V., Ansprechpartner Hermann Arens, Telefon (0 59 76) 92 91

Nicht nur die Sammlung von Feuerwehrtechnik, sondern auch die sachgerechte Restaurierung alter Aggregate und Fahrzeuge sind das Ziel des von den Mitgliedern der Freiwilligen Feuerwehr getragenen Museumsvereins. Zunächst nur auf die Region ausgerichtet, werden Exponate des In- und Auslandes aufgenommen, wenn diese in die Konzeption passen. Besondere Beachtung verdient die Sammlung von über 180 Feuerwehrhelmen. Weiterhin werden überwiegend voll funktionstüchtige Fahrzeuge, Löschtechnik und Feuerwehrkleidung verschiedener Epochen gezeigt. Bemerkenswert die tüv-geprüfte und mit Betriebserlaubnis versehene Dampfdruckspritze von 1901. JL

## Emslandmuseum Schloß Clemenswerth

Schloß Clemenswerth, 49751 Sögel **Telefon** (0 59 52) 93 23 25 **Fax** (0 59 52) 93 23 30 **E-Mail** schloss@clemenswerth.de **Internet** www.clemenswerth.de **Geöffnet** April – Okt. Di. – So. 10 – 12.30 u. 14 – 18 Uhr **Eintritt** 8,– DM (4,– €); Ermäßigungen **Service** Historischer Wildkeller **Träger** Landkreis Emsland / Emsländischer Heimatbund e.V. **Leiter** Eckard Wagner

Der westfälische Architekt Johann Conrad Schlaun baute in den Jahren 1737–1747 das Jagdschloss Clemenswerth als barocke Zentralanlage. Um ein Zentralschloss errichtete er acht Pavillons auf einem achteckigen Jagdstern. Auftraggeber war der Landesherr, Clemens August von Bayern, Kurfürst und Erzbischof von Köln, Fürstbischof in Münster, Paderborn, Hildesheim und Osnabrück sowie Hochmeister des Deutschen Ordens. Einige der Pavillons tragen die Namen der Bistümer. Nachdem der Landkreis Emsland die gesamte Anlage aus dem Besitz der Herzöge von Arenberg erwarb, ist in allen Gebäuden das Emslandmuseum Schloß Clemenswerth untergebracht. Die Schausammlung repräsentiert die Geschichte des Schlosses, die Persönlichkeit seines Erbauers, die Bedeutung des Deutschen Ordens unter seinem Hochmeister Clemens August

Emslandmuseum Schloß Clemenswerth

ebenso wie die Jagd und das jagdliche Brauchtum im 18. Jh. sowie emsländische Wohnkultur. Auch das Haus Arenberg wird gewürdigt. Die Rekonstruktion des Schlossinventars ist ein Anliegen des Museums. Tapisserien, Möbel, Fayencen, Gemälde und Meißener Porzellan vermitteln einen Eindruck der barocken Hofhaltung eines bedeutenden weltlichen und Kirchenfürsten. Die Schlossanlage einschließlich der im Stil des Rokoko ausgestatteten Kapelle und des allerdings nur mit Führung zugänglichen Klostergartens ist zu allen Jahreszeiten ein lohnendes Ziel. Das Schloss beherbergt ein modernes Keramikmuseum, in der Ausstellungsreihe „Forum Form Clemenswerth" werden Tendenzen moderner Kunst gezeigt. JL

Emslandmuseum Schloß Clemenswerth, große Suppenterrine aus dem Clemenswerther Jagdservice, Fayence, Straßburg, 1750

## Museum im Zeughaus

Zitadelle 15, 49377 Vechta **Telefon** (0 44 41) 9 30 91 **Fax** (0 44 41) 9 30 94 **Internet** www.vechta.de/museum.html **Geöffnet** Di. – So. 14 – 18 Uhr **Eintritt** 3,– DM (~ 1,53 €); Ermäßigungen **Service** Behindertenzugang, Caféteria So. 14.30 – 17.30 Uhr, Shop **Träger** Stadt Vechta **Leiter** Axel Fahl-Dreger

Das Zeughaus der ehemaligen Zitadelle von 1698 ist das älteste noch erhaltene militärische Nutzgebäude aus der Zeit des ehemaligen Fürstbistums Münster. Mit ausgewählten Exponaten und mit attraktiven Inszenierungen wird das Alltagsleben in der Zitadelle dargestellt. Die Geschichte des Gebäudes als Arbeitshaus und Gefängnis aufnehmend, ist eine Abteilung mit originalen, bis 1991 benutzten Gefängniszellen dem Strafvollzug in Niedersachsen gewidmet. Ein Überblick über die Lokalgeschichte ergänzt die Dauerausstellung, in der „anfassen" ausdrücklich erlaubt ist. Weitere Teile der Festungsanlage sind bei einem Spaziergang im Parkgelände zu erobern. JL

Museum im Zeughaus, eine Verteidigungsstelle und Bewaffnung im Dreißigjährigen Krieg

# Ostfriesland, Oldenburg

## Museum Moorseer Mühle

Butjadinger Straße 132, 26954 Nordenham-Abbehausen **Telefon** (0 47 31) 8 89 83 **Internet** www.nordenham.de/mmuehle.htm **Geöffnet** April – Okt. Mo. – Sa. 10 – 17, Nov., Dez. u. März Mi. u. Sa. 14 – 17 Uhr, Jan. u. Febr. geschlossen **Eintritt** 3,– DM (~ 1,53 €); Ermäßigungen **Service** bedingt zugänglich für Behinderte (Untergeschoss), Café, Mittwochnachmittag Kuchen aus eigener Produktion **Träger** Rüstringer Heimatbund e.V. / Landkreis Wesermarsch **Leitung** Dr. Timothy Saunders (Museum Nordenham), Hans-Gerd Gerdes (Rüstringer Heimatbund e.V.)

Die Moorseer Mühle, ein dreistöckiger Galerieholländer mit doppelter Windrose, ist Mittelpunkt des Fachmuseums für Müllerei und regionale Mühlengeschichte. Eine neu eingerichtete, klar strukturierte Ausstellung informiert in anschaulicher Weise über die Mühlengeschichte der Wesermarsch, die Entwicklung der Mühlentechnik und die Mühlentypen anhand präziser gangbarer Modelle. Auch die Werkstatt des Mühlenbauers, der 1904 die Moorseer Mühle nach einem Brand wiedererrichtete, ist integriert. In die kenntnisreiche Arbeit des Müllers, die Funktions- und Konstruktionsdetails der Windmühle gibt ein Videofilm umfassend Einblick. Des Weiteren zu sehen sind landwirtschaftliche Geräte zur Kornbearbeitung sowie eine Bäckerei (Di. und Mi. Backtag), in der Kinder nach Voranmeldung mitbacken können. Ha

Museum Moorseer Mühle

## Schinkenmuseum / Historische Schinkenräucherei Meyer

Hauptstraße 212, 26689 Apen **Telefon** (0 44 89) 65 01 **Fax** (0 44 89) 65 02 **Geöffnet** Mi. – Sa. 9 – 13, Do. auch 15 – 20 Uhr **Eintritt** 5,– DM (~ 2,56 €) **Träger** und **Leiter** Arnd Müller

Kein Museum im eigentlichen Sinne, aber eine historische Produktionsstätte gibt Einblick in die besonderen Anforderungen einer Manufaktur nach bäuerlicher Tradition. Arnd Müller, Nachfahre der Familie, die seit 1748 hier eine Schinkenräucherei betreibt, gibt dazu im Rahmen von Führungen fundierte Erklärungen. Kern der Anlage sind die alten Reiferäume, deren fein dosierter natürlicher Luftzug – entscheidend für die Qualität – vom Besucher selbst empfunden werden kann. Ha

Historisches Museum Aurich, Infotheken zur „Blütezeit der Bürger"

## Historisches Museum Aurich

Burgstraße 25, 26603 Aurich **Telefon** (0 49 41) 1 83 11 **Fax** (0 49 41) 6 62 85 **Internet** www.ostfriesische-museen.de **Geöffnet** Di. – Fr. 9 – 13 u. 15 – 18, Sa. u. So. 11 – 17 Uhr **Eintritt** 5,– DM (~ 2,56 €); Ermäßigungen **Träger** Stadt Aurich / Museumsverein Aurich (Ostfriesland) e.V. **Leiterin** Brigitte Junge

Die „Alte Kanzlei", an der Haupteinkaufsstraße gelegen, beherbergt das in jüngster Zeit gänzlich neu gestaltete Museum. Aurich zeigt sich hier mit seiner für die Herrschaft Ostfriesland bedeutsamen Geschichte. Bis 1744 war der Ort Residenz der ostfriesischen Grafen und Fürsten. Weit davor liegt der Ursprung der ländlichen Siedlungen auf der mittelostfriesischen Geest. Aurich wurde und blieb ihr Handelszentrum. Für die Zeit nach 1744 wird die Geschichte der Stadt im Wirken allgemeingeschichtlicher Ereignisse veranschaulicht. Dabei reicht die Darstellung bis in die Mitte des 20. Jh. Der Rundgang folgt der Chronologie. Integriert ist auch ein ostfriesisches Herbarium.

Über die lebendig gestaltete Präsentation hinaus regen Infotheken, Spiele und audiovisuelle Medien zum aktiven Entdecken an. Dazu finden regelmäßig Sonderausstellungen und Aktionen statt. Ein MachMitMuseum für Kinder ist als selbstständige Abteilung in Verbindung mit der Kunstschule Aurich im Frühjahr 2000 hinzugekommen (Telefon [0 49 41] 18 00 89, Fax [0 49 41] 18 00 05).

Wer als Einzelbesucher eine Stadterkundung anschließen möchte, kann dazu im Museum eine Tonbandführung ausleihen. Ha

Mühlenfachmuseum Stiftsmühle Aurich

## Mühlenfachmuseum Stiftsmühle Aurich

Oldersumer Straße 28 (Post: Am Deich 11), 26603 Aurich **Telefon** (0 49 41) 1 89 89 o. 39 86 (Reuß) **Fax** (0 49 41) 39 86 (Reuß) **Internet** www.ostfriesische-museen.de **Geöffnet** April – Okt. Di. – Sa. 11 – 17, So. 15 – 17 Uhr, Führungen Di. u. Fr. 15 Uhr **Eintritt** 3,– DM (~ 1,53 €); Ermäßigungen **Service** Kluntje-Teestube **Träger** Heimatverein Aurich e.V. **Leiter** Hillrich Reuß

Die fünfstöckige „Stiftsmühle" von 1858 ist Ostfrieslands höchster, noch voll funktionsfähiger Galerieholländer. Der Heimatverein pachtete sie 1977, um sie vor dem Verfall zu retten, und richtete ein Museum ein, das sich bewusst auf die Mühlenthematik beschränkt: Auf den fünf Böden befinden sich die vollständig erhaltenen vier Mahlgänge sowie alle zum Betrieb erforderlichen Geräte und Maschinen. Anhand von Zeichnungen, Modellen, Dokumenten und Bildern werden die technische Entwicklung, die wirtschaftliche Bedeutung, die Einbindung der Mühlen und Müller in Staat, Wirtschaft und Gesellschaft dargestellt. Eine besondere Attraktion für Besucher ist es, wenn sich bei genügender Windstärke die Flügel drehen und der große Mahlgang sich in Bewegung setzt. An Aktionstagen wird in einem torfbeheizten Backofen Brot gebacken. Ha

## Freilichtmuseum „Ammerländer Bauernhaus"

Am Hogen Hagen, 26160 Bad Zwischenahn **Telefon** (0 44 03) 20 71 **Fax** (0 44 03) 18 76 **Internet** www.ammerlaender-bauernhaus.de **Geöffnet** Bauernhaus April – Sept. täglich 10 – 18 u. März, Okt. 10 – 17, übrige Häuser April – Sept. 15 – 18, Mühle u. Dweersack zusätzl. Sa. u. So. 10 – 12, Museum Specken Sa. 14 – 17 u. So. 11 – 17 Uhr **Eintritt** Ammerländer Bauernhaus u. Museum Specken 2,– DM (~ 1,02 €); Ermäßigungen; Mühle, Dweersack u. Heuerhaus 1,– DM (~ –,51 €); Schmiede u. Einraumhaus frei **Service** eingeschränkt zugänglich für Behinderte, Restaurant im „Spieker" **Träger** Verein für Heimatpflege e.V. Bad Zwischenahn / Heimatmuseum Ammerland e.V. **Leitung** N.N.

In unmittelbarer Nähe zum Zwischenahner Meer gelegen befindet sich das 1910 eingerichtete Freilichtmuseum „Ammerländer Bauernhaus", im Kern ein Bauerngehöft aus dem 17. Jh. Um das Haupthaus, ein reetgedecktes niedersächsisches Zweiständerhaus, gruppieren sich die Nebengebäude und die Hofanlagen, zu denen der Hopfengarten, der Obstgarten, „de Kruthoff" (Kräuter- und Gemüsegarten) und „de Bleekerwisch" (Leinenbleiche) gehören. Einige weitere Gebäude veranschaulichen Haustypen und Entwicklungsstufen des ammerländischen Hausbaus. Die Gebäude sind reichlich mit Mobiliar, Hausrat und landwirtschaftlichem sowie handwerklichem Gerät ausgestattet.
In dem seit 1994 neu eingerichteten „Museum Specken" werden weitere Sammlungsbestände (u.a. Kutschen, Truhen, Schränke) und Sonderausstellungen präsentiert. Ha

Freilichtmuseum „Ammerländer Bauernhaus", Schmiede

## Museum Ostdeutsche Heimatstube

Auf dem Winkel 8, 26160 Bad Zwischenahn **Telefon** (0 44 03) 41 30
**Geöffnet** Mo. – Fr. 15 – 18 Uhr **Eintritt** 3,– DM (~ 1,53 €); Ermäßigungen
**Service** behindertengerechter Zugang **Träger** Ostdeutsche Heimatstube e.V.
**Leitung** Sigrun Grieser, Dr. med. Gerd Burmeister

Die Ostdeutsche Heimatstube zeigt Erinnerungsstücke von Vertriebenen sowie Bild- und Kartenmaterial aus den ehemaligen deutschen Gebieten Ost- und Westpreußen, Danzig, Pommern, Schlesien und unterhält ein Archiv mit Dokumenten zur Landesgeschichte. Ha

## Ostfriesen Bräu – Historische Landbrauerei und Biermuseum

Voerstad 8, 26629 Großefehn-Bagband **Telefon** (0 49 46) 2 03 0. 91 29 64
**Fax** (0 49 46) 10 55 **Geöffnet** Führungen n.V. **Eintritt** 5,– DM (~ 2,56 €);
Ermäßigungen **Service** Brauereigaststätte
**Träger** und **Leiter** Georg Lechner u. René Krischer

Unter Verwendung alter Brauereigeräte und -vorrichtungen wird in Ostfriesland seit 1999 wieder Bier nach historischer Art gebraut. Besucher können im Rahmen von Führungen mit dem Braumeister die einzelnen Stationen und Besonderheiten kennen lernen. Daneben gibt es umfangreiche Sammlungen und Archivmaterial (z.B. die Brauer- und Hopfenzeitung ab 1884, Bierflaschenetiketten und Bierdeckel sämtlicher deutscher Brauereien über etwa 100 Jahre, Brauereikrüge sowie Reklameschilder). Ha

## Moor- und Bauern-Museum

Zu den Birken 15, Hof Berg, 26203 Wardenburg-Benthullen **Telefon** (0 44 07) 83 02
**Internet** www.wardenburg.de/sehenswu/moormuseum.htm **Geöffnet** n.V.
**Eintritt** 3,– DM (~ 1,53 €); Ermäßigungen **Service** eingeschränkt zugänglich für Behinderte **Träger** Bürger- und Heimatverein Benthullen-Harbern
**Leiter** Gerhard Geisler

Die Ortschaft Benthullen wurde 1934 als siedlungspolitische Maßnahme unter Mitwirkung des Reichsarbeitsdienstes am Rande des Fehnemoores gegründet. Die 50-Jahr-Feier des Dorfes war Anlass zur Dokumentation der eigenen Geschichte. Seit 1998 wird diese durch den Bürger- und Heimatverein in einem Museum präsentiert. Eine umfangreiche Sammlung zu Landwirtschaft und Handwerk, zum Wohnen und Leben (mit Betonung der Neuerungen in den 1950er Jahren) soll den Wandel verdeutlichen. Ha

## Wald- und Moormuseum

Kirchweg 1 a, 26532 Großheide-Berumerfehn **Telefon** (0 49 36) 5 26
**Internet** www.ostfriesische-museen.de **Geöffnet** Mi., Sa., So. 10 – 18, Mai – Sept. täglich 10 – 18 Uhr **Eintritt** 1,50 DM (~ –,77 €); Ermäßigungen
**Träger** Gemeinde Großheide **Leiter** Martin Behnke

Wald- und Moormuseum, Mäusebussarde

Der Aufbau des Wald- und Moormuseums Berumerfehn begann 1964 in der alten Schule des Ortes. In Dioramen und Schaukästen sind Präparate heimischer Waldtiere sowie Vögel aus Wald und Moor ausgestellt, wobei die Abhängigkeit verschiedener Lebewesen voneinander beispielhaft aufgezeigt wird. Neben einer Sammlung von Holzproben werden Flugbilder von Vögeln sowie ausgewählte Fährten, Spuren und Geläufe dargeboten, ferner typische Fraßbilder von Waldinsekten. Die Entwicklung Berumerfehns kann aus Reliefkarten abgelesen werden. Für Gruppen stehen ein Medienraum und museumspädagogische Materialien zur Verfügung. Im gegenüberliegenden Berumerfehner Wald befindet sich ein Forstlehrpfad. Ha

## Nordwestdeutsches Schulmuseum Friesland

Wehdestraße 97, 26340 Zetel-Bohlenbergerfeld **Telefon** (0 44 53) 13 81 o. 26 71 (Wacker) **Fax** (0 44 53) 93 82 75 **E-Mail** schulmuseum.zetel@t-online.de **Internet** www.schulmuseum.de o. www.ostfriesische-museen.de **Geöffnet** April – Okt. Di. – Fr. 14 – 16.30, Sa., So. u. feiertags 14 – 18 Uhr sowie März – 15. Dez. n.V. **Eintritt** 4,– DM (~ 2,05 €); Ermäßigungen **Service** Kaffee und Kuchen n.V. **Träger** Heimatverein Zetel e.V. **Leiterin** Ursel Wacker

Das 1978 zunächst in kleinem Rahmen eröffnete Museum nutzt mittlerweile fast das gesamte Gebäude der ehemaligen Landschule in Bohlenbergerfeld. Kernstück ist ein inszenierter Klassenraum, wie er etwa um 1910 und auch später noch auf dem Lande üblich war. Besucher können in den Bänken Platz nehmen für historische Schreib- und Leseübungen und dabei die Vergangenheit nachempfinden. In weiteren Ausstellungsräumen werden Lehr- und Lernmittel, Schulwandbilder und Exponate, auch aus der Zeit von 1933–1945, gezeigt. Besonders hervorzuheben sind physikalische Geräte, die auf Knopfdruck zu bedienen sind. Ein umfangreiches Archiv enthält u.a. Lehrmittel, eine Bücherei, Landkarten und eine große Sammlung von Schulwandbildern, Schulfilmen und Dias (Benut-

Nordwestdeutsches Schulmuseum Friesland, Blick in den Klassenraum

zung n.V.). Eine ergänzende Ton-Bild-Schau zur Einführung in die Schulgeschichte und wechselnde Schwerpunktausstellungen unterstreichen den didaktischen Ansatz dieses Museums. Im Außenbereich befindet sich ein Schulhof mit alten Spielgeräten. Für Gruppen wird (nach Voranmeldung) eine Unterrichtsstunde im Stil von um 1914 abgehalten. Ha

## Heimatmuseum „Dykhus"

Roeloff-Gerritz-Meyer-Straße, 26757 Borkum **Telefon** (0 49 22) 48 60 o. 5 55 (Zühlke) **Internet** www.ostfriesische-museen.de **Geöffnet** Mitte März – 31. Okt. u. Mitte Dez. – Anfang Jan. Di. – So. 10 – 12 u. 15 – 17, Mitte Jan. – Mitte März u. 1. Nov. – Mitte Dez. Di. u. Sa. 15 – 17 Uhr **Eintritt** 6,– DM (~ 3,07 €); Ermäßigungen
**Träger** Heimatverein Borkum e.V. **Leiter** Dr. med. Helmer Zühlke

Nahe des alten Leuchtturms in einem der ältesten Häuser der Insel befindet sich seit 1958 das Heimatmuseum. 1910 als „Naturalistisches Kabinett"

Heimatmuseum „Dykhus", Walhalle

gegründet, zeigt es heute vor allem Begebenheiten des Insellebens, des Strandes und der nahen See. Im Vordergrund stehen die Lebens- und Wohnbedingungen der Insulaner und Gäste, Erinnerungen an Schiffsstrandungen, Teile der Ladungen und Ausrüstungsgegenstände. Umfangreich ist die Sammlung von Vogelpräparaten, Einrichtungsgegenständen der Häuser und Schiffsmodellen. Seit 1999 verweist in einem Erweiterungsbau das imposante Skelett eines 15 m langen Pottwalbullen auf die Borkumer Walfangtradition. Ha

## Schiffahrtsmuseum der oldenburgischen Weserhäfen

An der Kaje und Breite Straße 9, 26919 Brake (Unterweser) **Telefon** (0 44 01) 43 83 o. 67 91 **Fax** (0 44 01) 52 66 **Internet** www.brake.de/a01.htm **Geöffnet** April – Okt. Di. – So. 10 – 17, Nov. – März Di. – Sa. 10 – 12 u. 14 – 17, So. 10 – 17 Uhr **Eintritt** 4,50 DM (2,40 €); Ermäßigungen **Träger** Landkreis Wesermarsch; Städte Elsfleth, Brake und Nordenham **Leitung** Klaus Müller (kommissarisch)

Direkt am Weserufer liegt das Stammgebäude des Museums: ein Telegraphenturm aus dem Jahre 1846, ehemals Bestandteil einer optischen Telegraphenlinie, die von der Nordsee nach Bremen führte. 1960 wurde hier das Schiffahrtsmuseum der oldenburgischen Weserhäfen eröffnet, das sich in seinen umfangreichen Sammlungen auf die lokale Schifffahrtsgeschichte dieses Raums bezieht. Gezeigt werden Schiffsmodelle, Schiffsporträts, nautische Instrumente, Werkzeuge der Schiffbauer und Segelmacher; breiter Raum ist der seemännischen Volkskunst gewidmet. Das obere Turmgeschoss ermöglicht einen hervorragenden Rundblick auf die heutigen Schiffsbewegungen der Weser sowie die Hafenanlagen von Brake.
In einem alten Kaufmanns- und Reederhaus an der Breiten Straße sind seit 1985 weitere Teile der Sammlung untergebracht: u.a. ein kompletter Schiffsausrüsterladen der Jahrhundertwende, alte Fliesen mit Schiffsdarstellungen, der Wohnsalon von Admiral Brommy und vieles mehr. Ha

Schiffahrtsmuseum der oldenburgischen Weserhäfen, Modell der Schonerbrigg NELLY

## Ostfriesisches Landwirtschaftsmuseum

Krummhörner Landstraße, 26736 Krummhörn-Campen **Telefon** (0 49 27) 12 82 **Fax** (0 49 23) 89 65 (Gemeinde Krummhörn) **Internet** www.ostfriesische-museen.de **Geöffnet** 15. Mai – 15. Okt. Di. – Fr. 10 – 13 u. 14 – 17, Sa. u. So. 14 – 17; Oster- u. Herbstferien je zwei Sonntage 14 – 17 Uhr **Eintritt** 4,– DM (~ 2,05 €); Ermäßigungen **Service** zugänglich für Behinderte außer Stallböden **Träger** Gemeinde Krummhörn **Leitung** N.N.

In zwei nebeneinander liegenden Bauernhöfen am Rande der Dorfwarft wurde 1991 ein regionales Landwirtschaftsmuseum eröffnet. Ausgangspunkt war ein Forschungsprojekt zum Wandel in Landwirtschaft und Landhandwerk zwischen 1850 und 1950, das auch das Sammeln und Sichern von alten Geräten umfasste. Die museumsdidaktisch aufbereitete agrartechnische Sammlung gibt in großzügiger Weise einen Überblick über die Entwicklung von Landarbeit und Landtechnik. Dabei wird anhand der Geräte und Maschinen auch auf die unterschiedlichen Bodenverhältnisse und Anbauweisen der Region eingegangen. Beeindruckend in der Technisierung sind für viele Besucher besonders die großen Antriebsmaschinen wie die Lokomobile und die verschiedenen Traktorentypen. Daneben bietet das Museum die Möglichkeit, einen großen Gulfhof – das charakteristische Bauernhaus Ostfrieslands – in seiner baulichen Originalsubstanz von 1905 kennen zu lernen. Ha

Ostfriesisches Landwirtschaftsmuseum, Raupenschlepper „Hanomag", um 1940

Deutsches Sielhafenmuseum in Carolinensiel, Blick auf das Groot Hus

## Deutsches Sielhafenmuseum in Carolinensiel

Pumphusen 3, 26409 Wittmund-Carolinensiel **Telefon** (0 44 64) 4 56
**Fax** (0 44 64) 84 33 **E-Mail** info@deutsches-sielhafenmuseum.de
**Internet** www.deutsches-sielhafenmuseum.de **Geöffnet** Mitte März – Anfang Nov. u. Weihnachtsferien täglich 10 – 18 Uhr **Eintritt** 5,– DM (~ 2,56 €); Ermäßigungen
**Service** eingeschränkt zugänglich für Behinderte
**Träger** Zweckverband Deutsches Sielhafenmuseum **Leiter** Manfred Sell M.A.

Ein einmalig erhaltenes Ensemble in Carolinensiel ist seit 1978 Ausgangspunkt für den Aufbau eines Sielhafenmuseums. Sielhäfen gibt es vor allem entlang der deutschen und niederländischen Nordseeküste. Sie entstanden an den Sielen, d.h. Bauwerken in den Deichen, die dem Entwässern der tief liegenden Küstenlandstriche dienen.
Die Museumsentwicklung folgt einem dezentralen Konzept, welches das denkmalgeschützte Hafenensemble sowie die Entwicklung der vorgelagerten Orte Friedrichsschleuse und Harlesiel mit einbezieht. Zu der Anlage gehören heute, neben dem Museumshafen in der Ortsmitte mit den schwimmenden Oldtimern, drei historische Gebäude. Im Groot Hus, einem Kornspeicher von 1840, sind die umfangreichen Sammlungsbestände zu Deich- und Sielbau, regionaler Schifffahrtsgeschichte, Fischerei und Handwerk ausgestellt. Im Zuge des Museumsausbaus wird in der Alten Pastorei das Thema „Schiffbau und Handwerk" präsentiert. Aspekte zum Leben in einem Sielhafenort werden im Kapitänshaus gezeigt, u.a. eine Hafenapotheke, eine Seemannskneipe, ein Kapitänszimmer sowie

Deutsches Sielhafenmuseum in Carolinensiel, Modell der Seemannschen Werft am Hafen Carolinensiel

Seemannsmitbringsel. Von Carolinensiel führt ein Museumsweg zum nahe gelegenen Harlesiel, an dem historische Situationen erläutert werden. Auf der Harle verkehrt auf gleicher Strecke der Nachbau des historischen Raddampfers CONCORDIA.
Der Museumshafen ist historischen Wasserfahrzeugen und typgerechten Nachbauten vorbehalten; hier liegen u.a. die museumseigenen Schiffe. Unter den zahlreichen Aktionen des Museums sei besonders auf das Treffen der Traditionssegler, auch aus den Niederlanden, hingewiesen, die alljährlich im August den alten Hafen mit Leben füllen. Ha

## Spielzeugmuseum „Dat ole Huus van 1866"

Wittmunder Straße 6, 26409 Wittmund-Carolinensiel **Telefon** (0 44 64) 12 60 **Internet** www.ostfriesische-museen.de **Geöffnet** März – Nov. Mo., Di., Fr. 10 – 12 u. 15 – 18, Mi., Sa. 10 – 13 Uhr **Eintritt** 2,50 DM (~ 1,28 €) **Service** zugänglich für Behinderte **Trägerin** und **Leiterin** Karin Pemöller

In Verbindung mit einem kleinen Laden wird eine reichhaltige Spielzeugsammlung präsentiert, wobei antike Puppen und deren Zubehör den Schwerpunkt bilden. Die ausgestellten Exponate reichen von der ersten Hälfte des 19. Jh. bis zur Mitte des 20. Jh. Des Weiteren zu entdecken sind Puppenküchen, Kaufläden, Bauernhöfe, Blechspielzeug, Zinnfiguren, Baukästen, Dampfmaschinen usw. Ha

## Museumsdorf Cloppenburg
## Niedersächsisches Freilichtmuseum

Bether Straße 6, 49661 Cloppenburg (Postfach 13 44, 49643 Cloppenburg)
**Telefon** (0 44 71) 94 84 - 0 **Fax** (0 44 71) 94 84 74 **E-Mail** museumsdorf@nwn.de
**Internet** www.museumsdorf.de **Geöffnet** März – Okt. täglich 9 – 18, Nov. – Febr. täglich 9 – 16 Uhr **Eintritt** 8,– DM (~ 4,09 €); Ermäßigungen **Service** zugänglich für Behinderte, Restaurant Dorfkrug (im Museumsdorf), Telefon (0 44 71) 27 26, Fax 8 43 15, Rasthaus (am Parkplatz), Telefon (0 44 71) 8 29 44
**Träger** Stiftung Museumsdorf Cloppenburg – Niedersächsisches Freilichtmuseum
**Leiter** Dr. Uwe Meiners

Der Gedanke, Freilichtmuseen zum Erhalt bedrohter Bauwerke einzurichten, kam bereits Ende des 19. Jh. in Skandinavien auf. Der Aufbau des ersten deutschen Freilichtmuseums wurde 1934 in Cloppenburg begonnen. Mit dem Anspruch, ein Museum für Alltagsgeschichte und Volkskultur zu schaffen, gelang es, bedeutende Sachzeugen der ländlichen Architektur nach Cloppenburg zu translozieren.
Alle Landschaften Niedersachsens sind mit typischen Bauwerken im so entstandenen „Dorf" vertreten. Repräsentative Wohnbauten reicher Großbauern findet der Besucher ebenso wie die Behausung unterbäuerlicher Schichten und die für die ländliche Wirtschaftsweise notwendigen Zweckbauten. Allein die Dimension der Gebäude, die Gliederung der Innenräume machen unmittelbar soziale Schichtungen und die differenzierten Anforderungen an die Lebens- und Produktionsweise erlebbar. Die Gebäude können betreten werden, bei der Ausstattung mit Gerätschaften und Mobiliar ist im Gegensatz zu vergleichbaren Einrichtungen Zurückhaltung gewahrt worden. Der Gesamteindruck wird nur durch wenige zusätzliche Informationen beeinflusst.
Ein weiterer Schwerpunkt der Sammlung neben der Bau- und Wohnkultur ist die Dokumentation zur Geschichte und Sachkultur des „Landhandwerkes". Ziel ist es, viele und typische Beispiele alter Handwerksbetriebe in möglichst geschlossener Einheit zu sammeln und betriebsfä-

Museumsdorf Cloppenburg, Müllerhaus mit Kappenwindmühle

Museumsdorf Cloppenburg, Dreschtag im Museumsdorf

hig einzurichten. Zukünftig sollen den Besuchern die Arbeitsabläufe demonstriert werden. Das Museum verfügt über große Magazinbestände und ist somit in der Lage, ständig wechselnde Ausstellungen zu Schwerpunktthemen zu erarbeiten und den Besuchern auf weitläufigen Sonderausstellungsflächen in der Zehntscheune und der Ausstellungshalle am Eingang des Museumsgeländes vorzustellen. Es ist ein Verdienst des Museumsdorfes, traditionelle Themenbereiche unter neuen Fragestellungen zu attraktiven Präsentationen zusammenzustellen. Neben volkskundlichen und kulturgeschichtlichen Themen werden überregionale Fragestellungen behandelt. Eine umfangreiche Palette von Schriften bietet Interessierten die Möglichkeit, den Besuch nachzubereiten.
Die 54 historischen Gebäude vom 16. – 19. Jh. befinden sich auf einer Fläche von 15 Hektar, ein Besuch ist daher zu allen Jahreszeiten zumindest ein lohnenswerter „Dorf"-Spaziergang, auf dem nebenbei gelernt werden kann. Die häufigen Sonderausstellungen als Ergebnis der intensiven Forschungen des Museums erhöhen die Attraktivität zusätzlich. JL

Museumsdorf Cloppenburg, Bauerngarten im Museumsdorf

Franz Radziwill Haus, Blick in das Atelier

## Franz Radziwill Haus

Sielstraße 3, 26316 Varel-Dangast **Telefon** und **Fax** (0 44 51) 27 77
**Internet** www.ostfriesische-museen.de **Geöffnet** Do. – Sa. 15 – 18, So. 11 – 18 Uhr
**Eintritt** 5,– DM (~ 2,56 €); Ermäßigungen **Träger** Franz-Radziwill-Gesellschaft e.V.

Zu sehen ist das Wohnhaus mit Atelier des Malers Franz Radziwill (1895–1983), in dem er 60 Jahre lebte und die Mehrzahl seiner etwa 800 Werke entstanden. Es wurde in seiner originalen Einrichtung belassen. Wechselnde Ausstellungen zu verschiedenen Themen werden gezeigt. Im benachbarten Künsterhaus Dangast (Sielstraße 5) befindet sich ein Archiv. Weitere Werke dieses Künstlers zwischen Expressionismus und Neoromantik, Neuer Sachlichkeit und Magischem Realismus sind im nahe gelegenen → Landesmuseum Oldenburg / Augusteum zu sehen. Ha

## Fabrikmuseum Nordwolle

Am Turbinenhaus 12, 27749 Delmenhorst **Telefon** (0 42 21) 99 24 69 o. 99 24 77 o. 99 24 25 (Führungen) **Fax** (0 42 21) 99 29 43 **E-Mail** info@museen.delmenhorst.de
**Internet** www.nordwolle.de **Geöffnet** Di. – So. 10 – 17 Uhr, Führungen n.V.
**Eintritt** 4,– DM (~ 2,05 €); Ermäßigungen **Service** zugänglich für Behinderte
**Träger** Stadt Delmenhorst **Leiter** Dr. Gerhard Kaldewei

Auf dem Gelände der ehemaligen Norddeutschen Wollkämmerei und Kammgarnspinnerei – eine Ende des 19. Jh. entstandene Fabrikanlage, die einst zu den größten einheitlich gestalteten Industriekomplexen Europas zählte – wurde 1996 das Fabrikmuseum Nordwolle eröffnet. Nachdem der Betrieb durch den rapiden Strukturwandel in der Textilindustrie 1981 stillgelegt und die Produktionsmaschinen bereits verkauft und verschrot-

Fabrikmuseum Nordwolle, Industrieassemblage „Gestern-heute-Zukunft" von Traud´l Knoess, 1996

tet waren, konnten dank der Initiative eines Förderkreises Reste der Gebäude gesichert werden.
Das Museum besteht aus dem Turbinenhaus und einem angrenzenden Shedriegel mit früheren Werkstatträumen. Es dokumentiert anhand der Geschichte der Nordwolle einen zentralen Aspekt Delmenhorster Industriegeschichte. Im Mittelpunkt stehen die Arbeit und das Leben in einer Fabrikanlage, die als „Stadt in der Stadt" bezeichnet wurde. Die Dauerausstellung in dem lang gestreckten Shed führt durch die Geschichte des Unternehmens und durch die Abläufe der Wollverarbeitung von der Lagerung und Sortierung bis hin zum fertigen Garn. Zahlreiche Modelle und Inszenierungen lassen die Vergangenheit deutlich werden, wobei das Augenmerk insbesondere auf die Situation der Arbeitskräfte – vor allem Zuwanderer aus verschiedenen europäischen Regionen – gerichtet wird.
Architektur und Technik prägen das besondere Ambiente der 1902 für die 2500 PS starke Dampfmaschine gebauten sog. „Kathedrale der Arbeit", vom Museum besonders für experimentelle Veranstaltungen genutzt.
Ein Außenrundgang auf dem ehemaligen Areal der Nordwolle erschließt mit Hilfe von Bild/Text-Stelen den Gesamtkomplex. Themenspezifische Führungen, auch mit ehemaligen Betriebsangehörigen, bringen die Ausstellung nahe. Ha

## Stadtmuseum Delmenhorst

Am Turbinenhaus 10, 27749 Delmenhorst **Telefon** (0 42 21) 99 24 25 u. 99 29 42 (Führungen) **Fax** (0 42 21) 99 23 43 **Geöffnet** Di. – So. 10 – 17 Uhr, Führungen n.V.
**Eintritt** 4,– DM (~ 2,05 €); Ermäßigungen
**Träger** Stadt Delmenhorst **Leiter** Dr. Gerhard Kaldewei

Das 1997 neu eröffnete Stadtmuseum liegt in unmittelbarer Nachbarschaft zum Fabrikmuseum und ist eingerichtet im ersten Maschinenhaus der Nordwolle von 1884, der späteren „Lichtstation". Es präsentiert in fünf Abteilungen einen abwechslungsreichen Rundgang durch die Geschichte der Stadt Delmenhorst und der früheren Grafschaft, wobei als Schwerpunkte die Residenzstadt im 15. – 17. Jh. und die Industriestadt seit dem 19. Jh. stehen. Ein Jahrhundert lang war der Name Delmenhorst mit der Jute- und Wollverarbeitungsindustrie sowie Linoleumherstellung verknüpft. Zugleich war die Stadt Brennpunkt von Wanderungsbewegungen im Nordwesten des Deutschen Reiches.
Das Museum legt viel Wert auf eine moderne Vermittlung. Dazu bedient es sich sehr vielfältiger museumsbezogener Medien wie Videofilmen, CD-Einspielungen und Computeranimationen, z.B. kann der Besucher virtuell die Burg erleben, an einer Computer-Datenbank Informationen zur Auswanderung nach Amerika abrufen oder in einer Videoaufnahme ein Interview mit einer der ersten spanischen Gastarbeiterinnen bei der Nordwolle verfolgen. Ha

Stadtmuseum Delmenhorst, Anker-Linoleum-Pavillon, Oldenburg 1905, von Peter Behrens

Städtische Galerie Delmenhorst Haus Coburg – Sammlung Stuckenberg

## Städtische Galerie Delmenhorst Haus Coburg – Sammlung Stuckenberg

Fischstraße 30, 27749 Delmenhorst **Telefon** (0 42 21) 1 41 32 **Fax** (0 42 21) 1 41 92 **E-Mail** info@staedtische-galerie-delmenhorst.de **Internet** www.staedtische-galerie-delmenhorst.de **Geöffnet** Di. – So. 10 – 17, Do. 10 – 20 Uhr **Eintritt** 5,– DM (~ 2,56 €); Ermäßigungen **Träger** Stadt Delmenhorst **Leiterin** Barbara Alms

Die Städtische Galerie Delmenhorst Haus Coburg, seit 1974 eine Einrichtung der Stadt, ist in einer ehemaligen Bürgervilla von 1905 untergebracht. Die Ausstellungstätigkeit bezieht sich einerseits auf Positionen der Klassischen Moderne, andererseits auf die Präsentation zeitgenössischer Kunst.
Das 1998 gegründete Kunstmuseum „Sammlung Stuckenberg" stellt die avantgardistischen Strömungen der ersten Jahrzehnte des 20. Jh. in Paris und Berlin vor mit Werken des wieder entdeckten Malers Franz Stuckenberg (1881–1944), der in Delmenhorst beheimatet war, sowie seiner Kollegen und Freunde Wassily Kandinsky, Heinrich Campendonk, Paul Klee u.a. Ha

## KASKADE – Infohaus Wasser

Bäderstraße 2, 26349 Jade-Diekmannshausen (Post: OOWV, Postfach 13 63, 26913 Brake) **Telefon** (0 44 01) 9 16 - 1 56 (Voranmeldung) **Fax** (0 44 01) 91 61 74 (OOWV) **E-Mail** oowv.brake@t-online.de **Internet** www.oowv.de **Geöffnet** Do. 14 – 17, So. 11 – 17 Uhr **Eintritt** frei **Service** Kaffeetafel n.V.
**Träger** Oldenburgisch-Ostfriesischer Wasserverband, Brake

Das zum Infohaus Wasser umgebaute ehemalige Speicherpumpwerk, in seiner Anlage vollständig als technisches Denkmal erhalten, präsentiert in sehr anschaulicher Form die Wasserversorgung in der Region aus geschichtlicher, technischer und ökologischer Sicht. Angesprochen werden Themen wie Wasser im Haushalt, Hygiene des Wassers, Brunnen und

KASKADE – Infohaus Wasser

Brunnenbau, Wasserschutz und Landwirtschaft, Technik der Wasserversorgung u.a.m. Eine Ton-Bild-Schau, eingebaut in die plätschernde Kaskade, schärft die Wahrnehmung für die vielfältige Erscheinung des Wassers in der Natur. Themenspezifische Führungen und museumspädagogische Materialien gibt es auf Anfrage. Ha

## Gedenkstätte Synagoge Dornum

Kirchstraße 6, 26553 Dornum **Telefon** (0 49 33) 3 42 (Leiter)
**Internet** www.ostfriesische-museen.de **Geöffnet** April – Okt. Fr., Sa. u. So. 15.30 – 18 Uhr **Eintritt** frei **Service** zugänglich für Behinderte
**Träger** Verein Synagoge Dornum e.V. **Leiter** Georg Murra-Regner

In der einzigen nicht zerstörten und 1991 restaurierten Synagoge Ostfrieslands werden Bilder und Exponate aus dem jüdischen Leben gezeigt. Die Ausstellung umfasst die Geschichte der jüdischen Gemeinde in Dornum, eine Einführung in die allgemeine jüdische Geschichte, Religion, Tradition und das Brauchtum. Ergänzend hierzu bietet sich ein Besuch im → August-Gottschalk-Haus, Esens, an. Ha

## Oma-Freese-Huus

Gartenstraße 1, 26553 Dornum **Telefon** (0 49 33) 13 43 (Leiter)
**Internet** www.ostfriesische-museen.de **Geöffnet** Pfingsten – Sept. So., Di. u. Do. 11 – 12 u. 15 – 17 Uhr **Eintritt** frei **Service** zugänglich für Behinderte
**Träger** Heimatverein Dornum e.V. **Leiter** Hermann Rector

In einem restaurierten Kleinbürgerhaus nahe der Beninga-Burg präsentiert der Heimatverein seit 1987 eine kleine ortsgeschichtliche Sammlung (u.a. Gemälde der Gebrüder Ludwig und Georg Kittel, Exponate zum schriftstellerischen Werk Enno Hectors). Ha

Moor- und Fehnmuseum

## Moor- und Fehnmuseum

Oldenburger Straße 1, 26676 Barßel-Elisabethfehn **Telefon** (0 44 99) 22 22
**Fax** (0 44 99) 7 44 77 **E-Mail** moor-u.fehnmuseum@t-online.de
**Internet** touristik.freepage.de/moor.und.fehnmuseum **Geöffnet** Di. – So. u. feiertags 10 – 18 Uhr **Eintritt** 4,– DM (~ 2,05 €); Ermäßigungen **Service** Teestube
**Träger** Orts- und Verschönerungsverein Elisabethfehn e.V.
**Leiter** Dr. Gustav Schünemann

Das in einem ehemaligen Kanalwärterhaus und einem weiteren Fehnhaus eingerichtete Museum befindet sich in einer für Fehnkolonien typischen Ortslage. Es präsentiert, um ein 1,5 ha großes Freigelände ergänzt, viele Aspekte zum Thema Moor, Fehn, Moorkolonisation und -archäologie. Die umfangreiche Sammlung von Maschinen des Torfabbaues (u.a. Lokomobile) und die Gebäude sowie die Präsentation im Innern des Hauses lassen nur bedingt eine Ahnung von der Härte der Lebensbedingungen („Dem Ersten den Tod, dem Zweiten die Not, dem Dritten das Brot") aufkommen. Der Moorlehrgarten und die künstlich angelegten Hoch- und Niedermoore zeigen viel vom spezialisierten Pflanzenleben lebender Hochmoore. JL

## Das Bunkermuseum

Holzsägerstraße 6, 26721 Emden (Postfach 11 64, 26691 Emden)
**Telefon** (0 49 21) 3 22 25 **Fax** (0 49 21) 94 21 62 **E-Mail** das@bunkermuseum.de
**Internet** www.bunkermuseum.de o. www.ostfriesische-museen.de
**Geöffnet** Mai – Okt. Di. – Fr. 10 – 13 u. 15 – 17, Sa. u. So. 10 – 13 Uhr **Eintritt** 3,– DM (~ 1,53 €); Ermäßigungen **Träger** Das Bunkermuseum e.V.
**Leitung** Vorstand des Arbeitskreises „Das Bunkermuseum"

Emden zählte bei Kriegsende zu den meistzerstörten Städten in Europa. Zum Schutz der Bevölkerung wurde ab 1940 eine große Anzahl von Bunkern errichtet. Noch heute prägen 31 dieser unübersehbaren Beton-

Das Bunkermuseum

bauten das Gesicht der Stadt. In einem davon – nicht weit vom Rathaus gelegen – wurde anlässlich des 50. Jahrestages des Kriegsendes im Mai 1995 ein Museum eröffnet. Der Sinnspruch an der Außenfassade „AUSSEN WELTEN – INNEN WELTEN" deutet bereits die Konzeption an. Eingefügt in den gesamtpolitischen Hintergrund wird an ausgewählten Objekten, Dokumenten und Abbildungen, die sehr sinnstiftend präsentiert und z.T. inszeniert werden, u.a. eingegangen auf den Bunkerbau, das Leben im Bunker, das Leben und Wohnen im Dritten Reich, die zerstörte Stadt und die Nachkriegszeit. Eine professionelle Ton-Bild-Schau ergänzt die Ausstellung, die in Teilbereichen jährlich erneuert wird. Dank eines engagierten Arbeitskreises ist das Museum nicht nur Stätte der Dokumentation und des Erinnerns, sondern auch der Begegnung, u.a. mit Zeitzeugen, die das Museum täglich betreuen. Ha

## Johannes a Lasco Bibliothek – Große Kirche Emden

Kirchstraße 22, 26721 Emden **Telefon** (0 49 21) 91 50 - 0 **Fax** (0 49 21) 91 50 50 **E-Mail** lasco@jalb.de **Internet** www.jalb.de **Geöffnet** Di. – Fr. 11 – 18, Sa. 11 – 13.30 u. 14.30 – 17, So. 14.30 – 17, Führungen Sa. 11 u. 14.30, So. 14.30 Uhr **Eintritt** 4,– DM (~ 2,05 €); Ermäßigungen **Service** zugänglich für Behinderte, Café für Gruppen auf Anfrage **Träger** Stiftung Johannes a Lasco Bibliothek – Große Kirche Emden **Leitung** Walter Schulz (Stiftung), Corinna Roeder (Bibliothek)

Die Ruine der 1944 zerstörten Großen Kirche in Emden – Mutterkirche des reformierten Protestantismus – wurde in den Jahren 1992–1995 kombiniert mit moderner Architektur zu einer wissenschaftlichen Bibliothek sowie Studien- und Kulturstätte ausgebaut. Sie beinhaltet die älteste Bibliothek Ostfrieslands (begründet 1559) und umfasst u.a. umfangreiche

Johannes a Lasco Bibliothek, Alexander Sanders, Die Vorsitzenden der Emder Hussittenden-Diakonie, Emden 1665

und wertvolle Buchbestände des 16. und 17. Jh., der Zeit von Reformation und Humanismus, Bücher aus dem Besitz berühmter Gelehrter, mittelalterliche Handschriften und Inkunabeln. Zwischen Backsteinbögen und funktionalem Interieur lädt eine ständige Ausstellung mit Gemälden, ausgewählten Werken der Buchkunst sowie einer modernen Grafiksammlung von Otto Rohse zum Besuch ein. Wechselnde Ausstellungen, Konzerte und Lesungen ergänzen das Programm. Ha

## Kunsthalle in Emden – Stiftung Henri und Eske Nannen und Schenkung Otto van de Loo

Hinter dem Rahmen 13, 26721 Emden **Telefon** (0 49 21) 97 50 50
**Fax** (0 49 21) 97 50 55 **E-Mail** kunsthalle@kunsthalle-emden.de
**Internet** www.kunsthalle-emden.de **Geöffnet** Di. 10 – 20, Mi. – Fr. 10 – 17, Sa., So. u. feiertags 11 – 17 Uhr **Eintritt** 9,– DM (~ 4,60 €); Ermäßigungen **Service** zugänglich für Behinderte, Restaurant „Museums-Stube" u. Bistro mit Sommerterrasse am Emder Stadtgraben, Telefon (0 49 21) 45 00 41, Museums-Shop
**Träger** Stiftung Henri und Eske Nannen und Schenkung Otto van de Loo
**Leitung** Geschäftsführerin Eske Nannen / Wissenschaftl. Leiter Dr. Achim Sommer

„Hinter dem Rahmen" – die passende Adresse für ein Kunstmuseum, das sich hier in einem sehr ansprechenden Rahmen präsentiert. Die „Stiftung Henri Nannen" wurde 1983 ins Leben gerufen mit dem Zweck der „Förderung des Verständnisses für bildende Kunst des 20. Jh. und der Gegenwart". Dazu wurde die 1986 eingeweihte Kunsthalle errichtet. Sie verfügt über einen Bestand von Gemälden, Grafiken und Plastiken, die neben dem Gebäude von Henri Nannen der Stiftung übereignet wurden.
Der deutsche Expressionismus mit Vertretern der Künstlergemeinschaften „Brücke" und „Blauer Reiter" bildet einen der Sammlungsschwerpunkte (Kirchner, Heckel, Schmidt-Rottluff, Pechstein, Jawlensky, Münter, Marc, Macke u.a.), ferner die zum Expressionismus zählenden Einzelgänger (Paula Modersohn-Becker, Rohlfs, Nolde). Künstler der „Neuen Sachlichkeit" wie Katz, Hofer, Scharl, Kanoldt und Radziwill setzen einen

zweiten Akzent der Sammlung. Mit Künstlern wie Salomé, Kuckei, Vernunft und Altmeppen wird ein Stilpluralismus der 1980er Jahre repräsentiert, der mit den Bildern zeitgenössischer russischer Künstler den dritten Schwerpunkt ausmacht. Zur Kunsthalle gehört auch ein Skulpturenhof mit Werken von Seitz, Marcks, Kasper u.a.
Regelmäßig wechselnde Ausstellungen knüpfen thematisch an die Inhalte der eigenen Sammlung an. In der Sommerferienzeit ist jeweils die „Sammlung Henri Nannen" zu sehen.
Dem Museum ist eine Malschule für Kinder und Jugendliche angegliedert, in der auch Kurse für Urlauber angeboten werden. Des Weiteren gibt es vielfältige museumspädagogische Angebote.

Kunsthalle in Emden – Stiftung Henri und Eske Nannen, Franz Marc, Die blauen Fohlen, 1913

Im Jahr 2000 wurde die Kunsthalle baulich erweitert, um die großzügige Schenkung des Münchner Sammlers und Galeristen Otto van de Loo mit rund 200 Werken aufzunehmen. Arbeiten von Künstlern der Gruppe CoBrA wie Jorn, Appel und Alechinsky, von Mitgliedern der Gruppe SPUR – Fischer, Prem, Sturm und HP Zimmer – sowie von wichtigen Vertretern des internationalen Informel wie Tàpies, Saura und Schumacher, außerdem von Einzelgängern wie Arnulf Rainer und Miriam Cahn ergänzen den Bestand in idealer Weise. Ausgewählte Werke der Sammlung Henri Nannen und der Schenkung van de Loo sind parallel zu den Wechselausstellungen ganzjährig zu sehen. Ha

Kunsthalle in Emden, Schenkung Otto van de Loo, Asger Jorn, Paradanar, 1959

## Museumsschiffe im Emder Ratsdelft (Georg-Breusing-Promenade)

### Museumsfeuerschiff AMRUMBANK / DEUTSCHE BUCHT

Georg-Breusing-Promenade, 26725 Emden **Telefon** (0 49 21) 2 32 85 (Museum) o. 3 32 36 **Fax** (0 49 21) 3 32 03 **E-Mail** info@amrumbank.de
**Internet** www.amrumbank.de **Geöffnet** April – Okt. Mo. – Fr. 10.30 – 13 u. 14.30 – 17, Sa. u. So. 11 – 13 Uhr **Eintritt** 3,– DM (~ 1,53 €); Ermäßigungen (Maschinenvorführung kostet extra) **Service** Restaurant im Kapitänssalon **Träger** Arbeitskreis Museumsfeuerschiff AMRUMBANK / DEUTSCHE BUCHT e.V. **Leiter** Hartwig Bakker

Seit 1984 liegt das ehemals in der Deutschen Bucht beheimatete Feuerschiff (ein schwimmender Leuchtturm) im Emder Ratsdelft. Außer zur Seezeichentechnik gibt es auf dem Wohndeck kleine Wechselausstellungen zu sehen. Bei Voranmeldung können die Maschinen in Betrieb gezeigt werden. Ha

### Museumslogger AE 7 STADT EMDEN

Georg-Breusing-Promenade (Post: Petkumer Straße 220), 26725 Emden
**Telefon** (0 49 21) 5 12 12 **E-Mail** info@heringslogger.de
**Internet** www.heringslogger.de **Geöffnet** April – Okt. Mo. – Fr. 10 – 13 u. 15 – 17, Sa., So. u. feiertags 11 – 13 Uhr **Eintritt** 3,– DM (~ 1,53 €); Ermäßigungen
**Träger** Arbeitskreis Museumslogger e.V. **Leiter** Johannes Sonntag

Seit 1995 verweist der hölzerne Segellogger AE 7 STADT EMDEN im Ratsdelft auf die Zeit der „Großen Heringsfischerei" in Emden. Er entspricht in allen Teilen und Maßen dem Typ von 1872 und wurde in möglichst originalgetreuer Weise restauriert. Im ehemaligen Laderaum ist eine Ausstellung zur Geschichte der Emder Heringsfischerei mit entsprechenden Filmvorführungen zu sehen. Ha

### Seenotkreuzer GEORG BREUSING

Georg-Breusing-Promenade, 26725 Emden **Telefon** (0 49 21) 2 05 41 o. 4 48 58 (Leiter) **E-Mail** info@georg-breusing.de **Internet** www.georg-breusing.de
**Geöffnet** April – Okt. täglich 10 – 13 u. 15 – 17 Uhr **Eintritt** 3,– DM (~ 1,53 €); Ermäßigungen **Träger** Förderkreis Seenotkreuzer „Georg Breusing" e.V.
**Leiter** Helmut Müller

Der 1988 ausgemusterte Seenotkreuzer GEORG BREUSING war 25 Jahre lang im Bereich der Emsmündung im Einsatz. Der Name erinnert zugleich an den Gründer, der 1861 in Emden den „Verein zur Rettung Schiffbrüchiger in Ostfriesland" schuf, ein Vorläufer der heutigen „Deutschen Gesellschaft zur Rettung Schiffbrüchiger". Das Schiff vermittelt einen Eindruck von den besonderen Bedingungen und Anforderungen im Seenotrettungsfall. Nach Voranmeldung können die Maschinen in Betrieb gezeigt werden. Ha

Ostfriesisches Landesmuseum, zwei Fenster aus dem Glasfensterzyklus des alten Emder Rathauses, links Moses, rechts Justitia, 1576

## Ostfriesisches Landesmuseum / Emder Rüstkammer

Rathaus am Delft, Neutorstraße 7 – 9 und Pelzerstraße 11 – 12 (Pelzerhäuser)
26721 Emden **Telefon** (0 49 21) 87 20 58 **Fax** (0 49 21) 87 20 63
**E-Mail** info@landesmuseum-emden.de **Internet** www.landesmuseum-emden.de
**Geöffnet** April – Sept. Di. – So. 11 – 17, Okt. – März Di. – So. 11 – 16 Uhr
**Eintritt** 6,– DM (~ 3,07 €); Ermäßigungen **Service** Restaurant im Pelzerhaus, Shop
**Träger** Stadt Emden / Gesellschaft für bildende Kunst und vaterländische Altertümer **Leiter** Dr. Friedrich Scheele

Das Emder Rathaus am Delft, auf den Fundamenten des 1944 zerstörten Renaissance-Rathauses wiedererrichtet, beherbergt die Sammlungen der 1820 gegründeten „Gesellschaft für bildende Kunst und vaterländische Altertümer" und der städtischen Rüstkammer. Das Ostfriesische Landesmuseum unterhält damit heute die älteste museale Sammlung in Ostfriesland.

Einen Schwerpunkt bildet die Gemäldesammlung, insbesondere niederländische Gemälde des 17. Jh., die teilweise aus dem Besitz alter ostfriesischer Familien stammen. Sie sind Ausdruck der engen Verflechtung Ostfrieslands mit den Niederlanden. Die sieben erhaltenen Glasfenster des Emder Rathauses von 1576 zählen zu den prächtigsten Beispielen manieristischer Glaskunst im niederdeutschen Raum. Das grafische Kabinett enthält u.a. eine umfangreiche Sammlung ostfriesischer Stadtansichten und Stadtpläne sowie ostfriesischer Land- und Seekarten. Bedeutsam ist auch die Silberabteilung mit ostfriesischer, insbesondere Emder Gold- und Silberschmiedekunst des 17. bis 19. Jh.; dazu das kostbare Ratssilber mit Augsburger, Antwerpener, Straßburger und Emder Arbeiten des 16./17. Jh. Weiterhin hervorzuheben sind das Münzkabinett mit fast 4000 Münzen, die Sammlung von Schiffsmodellen sowie die Objekte

Ostfriesisches Landesmuseum, Isaack Luttichuijs, Spaziergang nach Sandtvoort, 1642

zur Ur- und Frühgeschichte Ostfrieslands, wobei die Moorleiche eines jungen Mannes aus dem frühen Mittelalter ein besonderer Anziehungspunkt für Besucher ist. Gegenwärtig wird abschnittsweise die vollständige Neugestaltung der Dauerausstellung vorgenommen, die voraussichtlich 2004 abgeschlossen wird.
Die städtische Rüstkammer zählt zu den größten stadteigenen Waffensammlungen in Deutschland. Im 16. Jh. (nach Loslösung der Stadt vom Grafenhaus) zur Ausrüstung der städtischen Bürgerkompanien eingerichtet, wurde sie bis Ende des 18. Jh. auf dem Laufenden gehalten. Hier finden

Ostfriesisches Landesmuseum / Emder Rüstkammer, Trabharnisch des Emder Bürgermeisters Gerhard Bolardus sich Reiterharnische, prunkvolle Feuerwaffen, kunstvoll geätzte Hellebarden, Schwerter (darunter Richtschwerter der Stadt) und vieles mehr.

Pelzerhaus
Die Pelzerhäuser – einziges nach dem letzten Krieg erhalten gebliebenes Renaissance-Bürgerhaus in Emden im flämisch-niederländischen Stil (um 1585) sowie sein historistisches Pendant – bieten neben dem Rathaussaal Platz für Wechselausstellungen des Ostfriesischen Landesmuseums, insbesondere für einheimische Künstler (Pelzerstraße 11 und 12). Ha

## August-Gottschalk-Haus
## Gedenkstätte und Ausstellung zur neueren Geschichte der Juden in Ostfriesland – Jüdisches Museum

Burgstraße 8, 26427 Esens **Telefon** (0 49 71) 23 06 (Ritter) o. 76 61 (Becker-Bertau) **Fax** (0 49 71) 23 06 **Internet** www.ostfriesische-museen.de **Geöffnet** April – Okt. Di., Do. u. So. 14 – 17 Uhr o. n.V. **Eintritt** 3,– DM (1,50 €); Ermäßigungen **Service** zugänglich für Behinderte **Träger** Ökumenischer Arbeitskreis Juden und Christen in Esens e.V. **Leiter** Wolfgang Ritter

Das in seiner baulichen Substanz erhalten gebliebene ehemalige jüdische Gemeindehaus umfasst neben dem früheren Schulzimmer und der Lehrerwohnung noch das Ritualbad. Die Spuren der Mesuot an einigen Türpfosten geben Hinweis darauf, dass hier einst gläubige Juden gelebt haben. 1990 wurde das Gebäude als Gedenkstätte eingerichtet. Es dokumentiert in Bild und Text die neuere Geschichte der ostfriesischen Juden bis zu ihrer Vertreibung und Vernichtung. Eine kleine Sammlung zur Religion und Alltagsgeschichte bereichert die Ausstellung. (Ergänzend zu dieser Einrichtung bietet sich ein Besuch der Synagoge im nahe gelegenen → Dornum an.) Ha

August-Gottschalk-Haus, ehemaliges jüdisches Gemeindehaus (heute August-Gottschalk-Haus), um 1910

## Bernstein Huus – Museum

Herdestraße 14, 26427 Esens **Telefon** (0 49 71) 22 78
**Internet** marktplatz-ost-friesland.de/kultur_und_vereine/wittmund
**Geöffnet** März – Nov. Mo. – Fr. 9.30 – 18, Sa. 9.30 – 13 Uhr **Eintritt** 3,– DM (~ 1,53 €)
**Träger** und **Leiter** Siegfried von Esmarch

Bernsteinfunde an der Nordseeküste üben eine besondere Faszination aus; die Inselmuseen verfügen über entsprechende Exponate. In Ergänzung eines Schmuckgeschäftes vermittelt seit 1997 eine kleine Dauerausstellung anschaulich die Entstehung dieses Harzes, weltweite Lagerstätten, den historischen und aktuellen Abbau bis hin zu ausgefallenen Schnitzereien. Mit Hilfe entsprechender Lupen können Besucher das Innere der Steine ergründen und Einschlüsse von Pflanzen oder Tieren erkennen. Ha

## Museum „Leben am Meer"

Bensersieler Straße 1 (Peldemühle), 26427 Esens **Telefon** (0 49 71) 52 32 o. 25 23 (Heinze) **Fax** (0 49 71) 25 23 (Heinze) **E-Mail** axelheinze@djh-freeweb.de
**Internet** www.ostfriesische-museen.de **Geöffnet** März – Okt. Di. – So. 10 – 12 u. 14 – 17 Uhr, Führungen Mi. 15 Uhr **Eintritt** 3,50 DM (1,80 €); Ermäßigungen
**Service** weitgehend barrierefrei **Träger** Heimatverein für Amt und Stadt Esens e.V.
**Leiter** Axel Heinze

Seit 1989 präsentiert sich das Museum in einer interessanten Neukonzeption in den Räumlichkeiten der Peldemühle und dem Müllerhaus. Mit der jüngst erfolgten Umbenennung von „Heimatmuseum" in Museum „Leben am Meer" sollen die gezeigten Inhalte für Besucher auch nach außen greifbarer gemacht werden. Dokumentiert wird die erdgeschichtliche Entwicklung der Region im Zusammenhang mit der Siedlungsent-

Museum „Leben am Meer", mittelalterlicher Fassbrunnen aus dem Watt

wicklung in den Naturräumen Marsch und Geest. Schwerpunkte sind die Darstellung der Besiedlung der Marsch anhand von Siedlungsfunden im Watt aus der Zeit von 200 v. Chr. bis 1600 n. Chr., der Besiedlung der Geest am Beispiel des Eschdorfes Dunum und der Entwicklung der Stadt Esens als Kirch- und Marktort sowie als Bindeglied zwischen beidem. Eine Besonderheit sind Funde eines Gräberfeldes des frühen 5. Jh., das im heutigen Watt liegt.
Ein Medienraum steht für Gruppen zum Arbeiten zur Verfügung. Weitere Räume dienen kleinen Kunstausstellungen. Ha

## Turmmuseum St. Magnus

Am Kirchplatz 5 – 7, 26427 Esens **Telefon** (0 49 71) 91 97 12
**Internet** www.ostfriesische-museen.de **Geöffnet** Mai – Sept. Di. u. Do. 15 – 17, So. 11 – 12 Uhr **Eintritt** frei **Träger** Ev.-luth. Kirchengemeinde Esens **Leiter** Walter Klix

Das im Turm der St.-Magnus-Kirche eingerichtete kleine Museum informiert in ansprechender Weise über die Baugeschichte der Kirche, über Einrichtungs- und Gebrauchsgegenstände (vom Fußbänkchen über Kollektenkästen, Liedtafeln, Orgelpfeifen bis hin zu Fahne und Uhrwerk). Bei guter Sicht Blick aus den Schallluken bis zu den vorgelagerten Inseln. Ha

## Nationalpark-Haus / Museum Butjadingen

Am Hafen 4, 26969 Butjadingen-Fedderwardersiel **Telefon** (0 47 33) 85 17
**Fax** (0 47 33) 85 50 **E-Mail** nlph.museum.fed-siel@nwn.de **Geöffnet** 15. März – Okt. täglich 10 – 18, Nov. – 14. März Di. – So. 10 – 18 Uhr **Eintritt** 3,– DM (~ 1,53 €); Ermäßigungen **Träger** Förderkreis Museum Butjadingen e.V. **Leiter** Ewald Deharde

Das 1994 eröffnete Nationalpark-Haus / Museum Butjadingen, eingerichtet im ehemaligen Zollhaus von 1846, stellt in seiner Kombination ein völlig neues Konzept dar. Die Ausstellung verbindet den Naturraum Wattenmeer (mit Meerwasseraquarien, Gezeitenmodell, Dioramen der Lebens-

Nationalpark-Haus / Museum Butjadingen, Modell des Sielhafens

räume im Watt) mit denen der Kulturlandschaft Butjadingens (wie Archäologie, Fischerei, Küstenschutz, Be- und Entwässerung, Handelshafen um 1860, Wohnküche um 1900). Ein Entdeckungspfad durch Hafen und Außengroden behandelt neben kulturhistorischen Themen Fauna, Flora und Besonderheiten des Wattenmeeres. Vielfältige museumspädagogische Programme, eine Aktionsecke zum Basteln und Lesen sowie ein neuer Seminarraum ergänzen das Angebot. Ha

Ostfriesisches Schulmuseum Folmhusen, historisches Klassenzimmer, um 1910

## Ostfriesisches Schulmuseum Folmhusen

Leerer Straße 7 – 9, 26810 Westoverledingen-Folmhusen **Telefon** und **Fax** (0 49 55) 49 89 **E-Mail** Schulmuseum@westoverledingen.de
**Internet** www.ostfriesisches-schulmuseum.de **Geöffnet** März – Nov. Mi., Fr. u. So. 15 – 17, Dez. – Febr. nur So. 15 – 17 Uhr, Gruppen ganzjährig n.V. **Eintritt** 3,– DM (~ 1,53 €); Ermäßigungen **Service** zugänglich für Behinderte **Träger** Verein Ostfriesisches Schulmuseum e.V. / Heimat- u. Verkehrsverein Westoverledingen **Leiter** Karl Reuer

Das Schulmuseum ist in zwei nebeneinander liegenden Gebäuden untergebracht und dokumentiert das niedere Schulwesen in Ostfriesland. In einem zweiklassigen Schulhaus mit Glockenturm aus dem Jahre 1904 befindet sich die Schulklasse aus der Kaiserzeit, in der auch für Besucher eine „historische Schulstunde" abgehalten wird. Der zweite Klassenraum zeigt eine Ausstellung zur ostfriesischen Schulgeschichte (u.a. Schulsituation nach der Reformation, Schulbauten, Lehrmittel). Im Nachbargebäude ist die Wohn- und Arbeitssituation eines Lehrers um 1800 inszeniert. Hier befinden sich auch das umfangreiche schulgeschichtliche Archiv (Schulchroniken, Fotosammlung, Schulakten, Schüler- und Lehrerarbeiten, Schulbücher etc.) sowie ein Raum für Sonderausstellungen. Die Außenanlagen umfassen einen Schulgarten mit einem Gartenhäuschen (Dokumentation „Arbeitsschule und Schulgarten in den 1920er Jahren"), ein Aborthäuschen („Hygiene um 1900") und einen Schulhof mit Sport- und Spielgeräten, auf dem historische Spiele ausprobiert werden können. Ha

## Heimatkundliches Museum

Hauptstraße 60, 26446 Friedeburg **Telefon** (0 44 65) 2 19 **Fax** (0 44 65) 94 29 19 **Internet** www.ostfriesische-museen.de **Geöffnet** April – Sept. Di. – Do. 15 – 17, So. 10 – 12 Uhr, Führungen n.V. **Eintritt** 2,– DM (~ 1,02 €); Ermäßigungen **Service** zugänglich für Behinderte **Träger** Heimatverein Altes Amt Friedeburg / Gemeinde Friedeburg **Leiterin** Heidrun Hilbert

Seit 1997 befindet sich das kleine heimatkundliche Museum in großzügiger Neugestaltung im Bürger- und Gästehaus zentral im Ort gelegen. Es dokumentiert die Geschichte des Friesischen Heerweges von der jüngeren Steinzeit bis zur Gegenwart, die Entwicklung Friedeburgs als Grenzfestung bis zu deren Abriss und die Geschichte der Klöster Reepsholt und Hopels (u.a. archäologische Funde, Grabungsprofil, Zeichnungen und Fotos). Ha

## Museumsmühle Hasbergen

Hasberger Dorfstraße 1, 27751 Delmenhorst-Hasbergen **Telefon** (0 42 21) 4 18 03 (Führungen) 0. 99 24 25 **Fax** (0 42 21) 99 29 43 **E-Mail** info@museen.delmenhorst.de **Geöffnet** Sa. u. So. 14 – 16, April – Sept. So. 10 – 12 u. 14 – 18 Uhr **Eintritt** 1,– DM (~ –,51 €); Ermäßigung **Träger** Stadt Delmenhorst / Dörfergemeinschaft Hasbergen **Leiter** Dr. Gerhard Kaldewei

Die Wassermühle Hasbergen, im Norden von Delmenhorst an dem Flüsschen Delme gelegen – ehemals von einem unterschlächtigen Wasserrad, seit 1950 von einer Turbine getrieben –, war bis 1986 in Betrieb. Seit 1991 dient sie als Museum. Im alten Mühlengebäude dokumentieren die noch betriebsbereite Kornmühle sowie zahlreiche Arbeitsgeräte und Werkzeuge den Arbeitsplatz des Müllers; im Anbau befinden sich Exponate, Dokumente und Bilder zur Geschichte der Mühle, zum Müllerhandwerk und zur Entwicklung vom Wasserrad zur Turbine. Ha

Museumsmühle Hasbergen

## Internationales Muschelmuseum

Lange Straße 17 (am Alten Hafen), 26434 Wangerland-Hooksiel
**Telefon** (0 44 61) 65 79 **Internet** www.ostfriesische-museen.de **Geöffnet** April – Okt. u. Weihnachtsferien täglich 11 – 17 Uhr **Eintritt** 3,– DM (~ 1,53 €); Ermäßigungen, Führungen bis 20 Pers. n.V. **Träger** und **Leiter** Georg Hempfling

Seit 1994 befindet sich am Alten Hafen von Hooksiel ein kleines Spezialmuseum mit Muscheln und Schnecken. Anhand einer großen Weltkarte werden Vorkommen und Verteilung dieser Tiere in den Weltmeeren veranschaulicht, wobei der Nordseeküste als Teilbereich ein besonderer Ausschnitt gewidmet ist. Die klar geordnete Sammlung umfasst eine enorme Artenvielfalt, deren Schutz ein Anliegen dieses Museums ist. Zur Biotopdarstellung dienen zwei tropische Aquarien. Ha

## Sammlung zur Klostergeschichte

Von Witzleben-Allee (neben der Klosterruine), 27798 Hude **Telefon** (0 44 08) 17 16 o. 68 29 **Fax** (0 44 08) 17 16 **Geöffnet** Mai – Sept. Sa. u. So. 15 – 17 Uhr, ganzjährig Führungen n.V. **Eintritt** 1,– DM (~ –,51 €), bei Führungen 2,– DM (~ 1,02 €)
**Service** zugänglich für Behinderte **Träger** Verein der Freunde des Klosters Hude e.V.
**Leiter** Hartmut Stöver

In Ergänzung zu den restaurierten Anlagen der Klosterruine informiert eine kleine Ausstellung anhand von Grabungsfunden, Modellen und Karten über die Geschichte dieses Zisterzienserklosters, die Bautechnik der Zisterzienser (u.a. bedeutende Fliesenornamentik), den Orden und das Leben im Kloster. Eine Computeranimation ermöglicht auch einen virtuellen Spaziergang durch das Kloster. Ha

## Blaudruckerei im Kattrepel

Kattrepel 3, 26441 Jever **Telefon** und **Fax** (0 44 61) 7 13 88
**E-Mail** webmaster@blaudruckerei.de **Internet** www.blaudruckerei.de
**Geöffnet** Mo. – Fr. 10 – 12 u. 14 – 18, Sa. 10 – 13 Uhr, Gruppen n.V. **Eintritt** frei
**Service** zugänglich für Behinderte **Träger** und **Leiter** Georg Stark

Seit 1985 fertigt Georg Stark als Blaudrucker Stoffe in der Art und Weise, wie es in zahllosen Werkstätten der Region im 18./19. Jh. noch alltäglich war. Besucher können beim Drucken und Färben zuschauen und so ihr „blaues Wunder" erleben. Etwa 400 Druckstöcke belegen die Vielfalt der Muster, darunter seltene Model des Barock bis zum Art Déco. Eine kleine Dauerausstellung – die durch eigene Forschungen und Archivmaterialien bereichert wird – informiert u.a. über die Geschichte des Handdrucks und die blauen Textilfarbstoffe. Ha

## Brauereimuseum

Elisabethufer 18, 26441 Jever **Telefon** (0 44 61) 13 - 7 11 **Fax** (0 44 61) 1 37 04
**E-Mail** info@jever.de **Internet** www.jever.de **Geöffnet** nur mit Führung n.V.
**Eintritt** 10,– DM (~ 5,11 €) (einschließlich Verkostung und Erinnerungskrug)
**Träger** Friesisches Brauhaus zu Jever GmbH u. Co. KG

Das Friesische Brauhaus zu Jever – so der offizielle Name seit 1998 – geht zurück auf einen Brauereibetrieb von 1848. Besonders weiches Wasser, das seit rund 100 Jahren aus einem 25 Meter tiefen Brunnen nahe Jever sprudelt, lässt einen hohen Hopfenanteil zu, der diesem Bier den heute tradierten besonders herben Geschmack verleiht.
Die Besichtigung des Museums ist nur mit Führung möglich. Diese bietet nicht nur einen fundierten Zugang zu einer historischen Brauereieinrichtung und dem Werdegang des Bieres um 1900, sondern gibt auch Einblick in die Geschichte des Bierbrauens und Biertrinkens allgemein bis hin zur heutigen Produktion mit dem Besuch des hochmodernen Sudhauses. Ha

## Schlossmuseum Jever – Kulturhistorisches Museum in Friesland

Schloßplatz (Postfach 11 35) und Hooksweg (Schlachtmühle), 26435 Jever
**Telefon** (0 44 61) 21 06 **E-Mail** schlossmuseum.jever@ewetel.net
**Internet** www.schlossmuseum.de **Geöffnet** Di. – So. 10 – 18, Juli u. Aug. täglich (Schlossmuseum), März – Okt. Di. – Sa. 10 – 13 u. 15 – 17, So. 11 – 13 u. 15 – 17 Uhr (Mühle) **Eintritt** 5,– DM (~ 2,56 €); Ermäßigungen (Schlossmuseum); 2,– DM (~ 1,02 €); Ermäßigungen (Mühle) **Service** zugänglich für Behinderte (Aufzug), Museumscafé zum Schlossgarten **Träger** Zweckverband Schloss- und Heimatmuseum Jever **Leiterin** Dr. Antje Sander

Bereits seit 1921 ist das Museum mit den bedeutenden Sammlungen des Jeverländischen Altertums- und Heimatvereins im Schloss Jever untergebracht. Das Gebäude, dessen mächtiger Turm mit seiner barocken Zwie-

Schlossmuseum Jever, Ansicht des Bergfrieds mit barocker Zwiebelhaube (1736)

Schlossmuseum Jever, Gobelinsaal mit flämischen Tapisserien (um 1690)

belhaube weithin sichtbar ist, geht auf eine Wehranlage des späten 14. Jh. zurück. Unter der letzten friesischen Regentin Maria von Jever (1500–1575) wurde es zu einer repräsentativen Vierflügelanlage ausgebaut. Die Oldenburger Grafen und Herzöge sowie die Anhalt-Zerbster Fürsten nutzten das Schloss als Nebenresidenz. Der musealen Präsentation ist durch die historische architektonische Gliederung, die innere Struktur der Räume und die zahlreichen Zeugnisse der ursprünglichen Ausstattung ein fester Rahmen gegeben. Darauf wird auch bei der gerade abgeschlossenen Überarbeitung und Neukonzeptionierung eingegangen.
Im Mittelpunkt der Darstellung stehen die landes- und kulturgeschichtliche Entwicklung Frieslands und die besondere Stellung Jevers als Residenz. Einen Schwerpunkt bildet das Thema historische Wohnkultur, es reicht von den fürstlichen Räumen des Schlosses mit der künstlerisch herausragenden Kassettendecke (Mitte 16. Jh.), mit flämischen Tapisserien (spätes 17. Jh.), den kostbaren Ledertapeten (Ende 17. Jh.) und Wandmalereien des frühen 19. Jh., der Einrichtung eines Zimmers der Biedermeierzeit, über Inszenierungen von Wohnensembles im ländlichen Bereich des 18./19. Jh. bis hin zur Präsentation farbiger Möbel in Friesland. In vielen Bereichen lässt sich ablesen, wie sehr äußere Einflüsse die kulturelle Entwicklung Frieslands mitgeprägt haben. Das zeigt sich z.B. in den Produkten der jeverschen Fayence-Manufaktur, der Zinngießer sowie der Gold- und Silberschmiede. Interessant ist unter diesem Aspekt auch die neu präsentierte Abteilung Kleidung und Mode des 18./19. Jh. Innerhalb der mittelalterlichen Geschichte wird zu Kirche und Frömmigkeit ein vielschichtiges Bild damaliger Glaubensvorstellungen veranschaulicht. Vielfältige Angebote unterstreichen die Besucherorientierung dieses Museums; u.a. gibt es für Blinde eine Führung zu ausgewählten Objekten sowie eine in die Präsentation integrierte Kinderführung.

Schlachtmühle
Mit der Mühle und Scheune des Gebäudekomplexes „Schlachtmühle Jever" stehen dem Schlossmuseum seit 1989 geeignete Räumlichkeiten zur Präsentation seiner landwirtschaftlichen Gerätesammlung zur Ver-

Schlachtmühle, Ansicht des Müllerhauses, des Galerieholländers und Landwirtschaftsmuseums (im Hintergrund)

fügung. Das Landwirtschaftsmuseum in der Scheune nimmt Ausstellungen zur ländlichen Regionalgeschichte auf. Es werden Arbeitsgeräte sowie Maschinen zur Getreideproduktion und -verarbeitung sowie eine vollständige Schlosserwerkstatt aus der Zeit um 1900 gezeigt. Eine ergänzende Ton-Dia-Schau zeichnet den Weg von der Arbeit mit dem Dreschflegel bis hin zum modernen Mähdrescher nach. Ha

## Küstenmuseum Juist

Loogster Pad, 26571 Juist **Telefon** (0 49 35) 14 88 o. 99 00 77 **Fax** (0 49 35) 99 00 77 **Internet** www.ostfriesische-museen.de **Geöffnet** April – Okt. Mo. – Fr. 9 – 12 u. 14 – 18, Sa. 9 – 12, Nov. – März Di. u. Do. 14 – 17 Uhr **Eintritt** 4,– DM (~ 2,05 €); Ermäßigungen **Service** zugänglich für Behinderte **Träger** Inselgemeinde Juist **Leiter** Hans Kolde

Küstenmuseum Juist, Modell einer ostfriesischen Seetjalk

Den Grundstock des Museums bildete die Lehrmittelsammlung der 1934 aufgelösten „Schule am Meer" Martin Luserkes. Nach einer Neukonzeptionierung und didaktischen Neugestaltung in den letzten Jahren bietet es heute detaillierte Informationen zu folgenden Themenbereichen: Geomorphologie des Nordseeküstenraumes, Gestalt und Strukturwandel der Insel Juist, Meeresbiologie, Tier- und Pflanzenwelt der Insel, Juister Inselgeschichte, Gezeiten und Küstenschutz, friesische Warfensiedlungen, friesische Schifffahrt, Seezeichenwesen, Fischerei, Erdgas- und Erdölgewinnung. Zudem finden jährlich wechselnde Ausstellungen in der angegliederten Kunstgalerie statt. Ha

## Schiffahrtsmuseum mit Nordsee-Aquarium

Haus der Insel, Kurstraße 1, 26465 Langeoog **Telefon** (0 49 72) 6 93 - 2 11 **Fax** (0 49 72) 6 93 - 1 16 **E-Mail** kurverwaltung@langeoog.de **Internet** www.langeoog.de o. www.ostfriesische-museen.de **Geöffnet** April – Okt., Weihnachtsferien Mo. – Do. 10 – 12 u. 15 – 17, Fr. u. Sa. 10 – 12 Uhr **Eintritt** 3,– DM (~ 1,53 €); Ermäßigungen **Service** bedingt zugänglich für Behinderte, Café-Bistro **Träger** Kurverwaltung Langeoog **Leiter** Hans Uwe Paap

Das 1981 gegründete kleine Schiffahrtsmuseum zeigt Gegenstände der See- und Küstenschifffahrt, Schiffsmodelle der Marine, Schiffszubehör, Seemannshandwerk sowie Dokumente zur Inselschifffahrt. Neu eingerichtet ist ein Aquarium zur heimischen Unterwasserwelt. Ha

## Heimatmuseum Leer

Neue Straße 12 – 14, 26789 Leer **Telefon** und **Fax** (04 91) 20 19 **Internet** www.ostfriesische-museen.de **Geöffnet** Di. – Fr. 10 – 17, So. 11 – 12.30 Uhr **Eintritt** 3,– DM (~ 1,53 €); Ermäßigungen **Service** Gruppen können n.V. mit Tee nach ostfriesischer Art bewirtet werden **Träger** Verein für Heimatschutz und Heimatgeschichte e.V. **Leiter** Herbert Oppermann

Heimatmuseum Leer, Kaufmannsladen aus dem 18. Jh.

Erstmals 1912 eingerichtet, befindet sich das Museum heute in zwei Patrizierhäusern (von 1791 und 1855) im Kern der Altstadt. Nach großzügigen Umbaumaßnahmen stellt es sich seit 1992 auf erheblich vergrößerter Fläche dar. Hauptschwerpunkt ist die ostfriesische Wohnkultur (u.a. Wohnräume mit Fliesenkaminen, Uhren, Hausrat, Kleidung, Schmuck); weitere Bereiche sind: Vor- und Frühgeschichte (u.a. Aktionsraum mit nachgebauten jungsteinzeitlichen Arbeitsgeräten), Fluss- und Küstenschifffahrt (u.a. letzte originale Binnentjalk Ostfrieslands), Ortsgeschichte (neu aufgenommen die Leeraner Heringsfischerei), Weberei, Kaufmannsladen (Krüdeneerswinkel) aus dem 18. Jh., Gemälde und Grafiken ostfriesischer Maler (insbesondere von Ernst Petrich), dazu ein Raum für Wechselausstellungen.
Im Außengelände wurde bei der alten Anlegestelle vor dem historischen Waagegebäude für Traditionsschiffe ein Hafen eingerichtet. Ha

## Kirchenmuseum Marienhafe

Am Markt, 26529 Marienhafe **Telefon** (0 49 34) 3 74 0. 41 66 (Pastorei) **Internet** www.ostfriesische-museen.de **Geöffnet** April – Sept. Mo. – Fr. 10 – 12 u. 14 – 17, So. 14 – 17 Uhr **Eintritt** 1,50 DM (~ –,77 €); Ermäßigungen **Träger** Ev.-luth. Kirchengemeinde Marienhafe **Leitung** Kirchenvorstand, Pastor Wohlberg

Die Marienkirche (Anfang 13. Jh.) war bis zu ihrer Verkleinerung (wegen Einsturzgefahr und Geldmangel) im Jahre 1829 der größte und bedeutendste Sakralbau Ostfrieslands. Fragmente des außergewöhnlichen Bilderschmucks sowie die zeichnerische Rekonstruktion der Friesbilder und Nischenfiguren geben zusammen mit Modell und Abbildungen einen Eindruck davon. Ha

## Mühlenmuseum Mitling-Mark mit Sammlung „Omas Küche"

Marker Mühlenweg 2, 26810 Westoverledingen-Mitling-Mark
**Telefon** (0 49 55) 88 72 **Fax** (0 49 55) 92 00 41
**E-Mail** Gemeinde@Westoverledingen.de **Internet** www.westoverledingen.de
**Geöffnet** April – Okt. Mi., Fr. u. So. 14.30 – 17.30 Uhr, Nov. – März n.V. **Eintritt** 2,– DM (~ 1,02 €); Ermäßigungen **Service** Müllerhaus für Behinderte zugänglich
**Träger** Gemeinde Westoverledingen **Leitung** Familie Brink

Die heutige Emsdeichmühle in Mitling-Mark – 1843 als einstöckige Holländerwindmühle erbaut – wurde 1984 von der Gemeinde erworben und restauriert. Sie konnte 1990 als Mühlenensemble eröffnet werden. Im Müllerhaus wird eine originelle Sammlung von historischen Küchengegenständen mit Mühlenmotiven gezeigt (ca. 800 Exponate). In einem Backhaus finden nach Absprache Brotbackkurse statt. Ha

Moormuseum Moordorf, kleine Lehmhütte mit Grasdach

## Moormuseum Moordorf

Victorburer Moor 7 a, 26624 Südbrookmerland-Moordorf **Telefon** (0 49 42) 27 34 **Fax** (0 49 42) 53 46 **E-Mail** Moormuseum_Moordorf@t-online.de **Internet** home.t-online.de/home/moormuseum_moordorf o. www.ostfriesische-museen.de **Geöffnet** Frühlingsanfang – 31. Okt. Di. – So. u. feiertags 10 – 18 Uhr, Führungen n.V. **Eintritt** 4,– DM (~ 2,05 €); Ermäßigungen **Service** zugänglich für Behinderte, Teestube **Träger** Moormuseum Moordorf e.V. **Leiterin** Cornelia Schallmaier

1979 wurde der „Verein Moormuseum" gegründet in dem Bestreben, die denkwürdige Geschichte Moordorfs vor dem Vergessen zu bewahren. 1984 konnte dann das im Charakter eines Freilichtmuseums angelegte Moormuseum eröffnet werden. Am Rande eines Hochmoores gelegen, stellt es die Entwicklungsgeschichte des Ortes sowie den Lebens- und Arbeitsbereich der Moorkolonisten dar: Wohnweisen, Torfabbau, Moorbrandkultur, Handwerks- und Arbeitstechniken. Die nach Archivmaterialien und Zeitzeugenberichten rekonstruierten Lehmhäuser spiegeln anhand einzelner Wohnbeispiele insbesondere die Armut der Bewohner wider. Das Freigelände wird ergänzt durch ein Ausstellungsgebäude mit u.a. begleitender Ton-Dia-Schau. In den Sommermonaten besteht an Aktionstagen und für Gruppen Gelegenheit, Arbeitstechniken kennen zu lernen, wie sie für das Leben der früheren Moorbewohner typisch waren: Mattenflechten und Besenbinden sowie Lehmbau. Ha

Dörpmuseum Münkeboe, Stellmacherei, Schmiede, Bäckerei

## Dörpmuseum Münkeboe

Mühlenstraße 3 a, 26624 Südbrookmerland-Münkeboe **Telefon** (0 49 42) 6 46 o. 39 88 (Broer) **Geöffnet** April – Okt. Di. – So. u. feiertags 10 – 17.30 Uhr **Eintritt** 3,– DM (~ 1,53 €); Ermäßigungen **Service** zugänglich für Behinderte, Teestube **Träger** Dorf-Arbeitsgemeinschaft Münkeboe e.V. u. Verein zur Erhaltung der Windmühle Münkeboe e.V. **Leitung** Ewald Broer, Rolf Diekmann

Als Ergebnis jahrelanger Aktivitäten der Dorf-Arbeitsgemeinschaft und des Vereins zur Erhaltung der Windmühle wurde 1992 ein „Dörpmuseum" eröffnet. Auf einem neu geschaffenen Dorfmuseumsplatz in einer wieder aufgebauten Windmühle und einer Scheune zeigt es vielfältige Einrichtungsgegenstände, Geräte und Maschinen zum ländlichen Leben und Arbeiten (z.T. in Werkstattensembles). Das Museum will eine Einrichtung zum Anfassen sein; jeden ersten Sonnabend im Monat werden verschiedene Bereiche in Aktion gezeigt, z.B. Bäckerei und Kolonialwarenladen, Schmiede, Stellmacherei, Sägerei, Holzschuhmacherei, Schule. Ha

## Heimatmuseum Schloß Neuenburg und Rauchkate

Schloß Neuenburg (Post: Karl-Bunje-Straße 3), 26340 Zetel-Neuenburg **Telefon** (0 44 52) 72 03 o. 13 01 (Verkehrsbüro) o. 71 35 (Leiter) **Fax** (0 44 52) 5 05 77 (Gemeinde) **Internet** www.ostfriesische-museen.de **Geöffnet** Mai – Sept. Sa., So. 15 – 17.30 Uhr, Führungen Telefon (0 44 52) 5 88 **Eintritt** 1,– DM (~ –,51 €); Ermäßigungen **Service** zugänglich für Behinderte **Träger** Heimatverein Neuenburg e.V. **Leiter** Detlef Osterthun

Angrenzend an das Schlossgelände befindet sich eine kleine bäuerliche Freilichtanlage mit einem ca. 400 Jahre alten niedersächsischen Bauernhaus (Rauchkate) nebst Scheunen, Backhaus und Ziehbrunnen. Die Sammlungen umfassen bäuerliche Haus- und Wirtschaftsgeräte. Im Schloss (derzeit nur bei Führungen zu besichtigen) sind in einigen Räumen u.a. Möbel eines Herrenzimmers von 1919 und eine

Heimatmuseum Schloß Neuenburg, die Rauchkate

vogelkundliche Sammlung mit Gelegen von rund 200 heimischen Vogelarten zu sehen. Ha

## Buddelschiff-Museum

Am Hafen Westseite 7, 26427 Neuharlingersiel **Telefon** (0 49 74) 2 24
**Fax** (0 49 74) 7 02 (Hotel Janssen) **Internet** www.ostfriesische-museen.de
**Geöffnet** März – Okt. u. Weihnachtsferien täglich 10 – 13 u. 14 – 17 Uhr
**Eintritt** 2,50 DM (~ 1,28 €); Ermäßigungen **Service** zugänglich für Behinderte
**Träger** und **Leiter** Jürgen Landmann

Das 1971 gegründete kleine private Museum soll die Tradition des Buddelschiffbaus pflegen und bewahren. Gezeigt werden Buddelschiffe des 19. Jh., die teils an Bord von Windjammern entstanden, weiterhin in ca. 150 Flaschen von 0,5 – 60 Litern Größe maßstabsgetreue Schiffsmodelle vom Einbaum bis zum Atomschiff; außerdem ca. 50 Schiffsporträts (sog. Kapitänsbilder) sowie Hinterglasbilder. Ha

## Heimatmuseum Neustadtgödens

Brückstraße 19, 26452 Sande-Neustadtgödens **Telefon** (0 44 22) 41 99 o. 7 50 (Arnold) o. 95 88 - 0 (Gemeinde) **E-Mail** gemeinde-sande@nwn.de
**Internet** www.sande.de **Geöffnet** April – Okt. Mi. u. So. 15 – 18 Uhr **Eintritt** 2,50 DM (1,30 €); Ermäßigungen **Träger** Gemeinde Sande **Museumswartin** Hilke Arnold

In dem als Landrichterhaus (bis 1836 Sitz des Patrimonialgerichts) bezeichneten Gebäude wurde 1986 ein Heimatmuseum eröffnet. Ausgehend von den Besonderheiten der Ortsgeschichte und des Gebäudes informiert es schwerpunktmäßig über den historischen Deichbau und die Küstenentwicklung dieses Gebietes (Schwarzes Brack, Ellenser Damm), die Religionsgeschichte (fünf Glaubensgemeinschaften) und über friesisches Recht zwischen Ems und Jade im Zeitraum von 800 bis 1809. Ha

## Heimatmuseum Norden und Das Ostfriesische Teemuseum

Am Markt 39, 26506 Norden (Postfach 2 41, 26492 Norden) **Telefon** (0 49 31) 1 21 00 o. 1 28 92 **Internet** www.ostfriesische-museen.de **Geöffnet** März – Okt. Di. – So. 10 – 16 Uhr **Eintritt** 5,– DM (~ 2,56 €); Ermäßigungen **Service** Teetafel für Gruppen (ab 10 Pers.) nach Anmeldung **Träger** Heimatverein Norderland e.V. **Leiter** Friedrich Backer

Das Heimatmuseum Norden wurde 1920 im alten Rathaus, einem Backsteinbau von 1542, eröffnet. Eindrucksvoll ist besonders der große Saal, der sog. „Rummel", mit den historischen Deckenbalken. Das Museum enthält Bestände zur Vor- und Frühgeschichte, zur Geschichte der Stadt und des Altkreises, zu Handel und Handwerk (Großhandelskontor, Kaufmannsladen, Zinngießerwerkstatt mit Laden und Küche, Schuhmacher- und Schneiderwerkstatt, Blaufärberei), seit jüngstem auch zur Norder Eisengießerei, des Weiteren zur Wohnkultur (u.a. eine Sammlung von Tran- und Petroleumlampen, friesischen Uhren, niederländischen Wandfliesen, Wäsche und Handarbeiten).

Das Ostfriesische Teemuseum
Im Nachbargebäude des Heimatmuseums Norden (Zugang und Öffnungszeiten wie dort) wurde 1989 das Ostfriesische Teemuseum eröffnet. Damit wurde die Museumslandschaft Ostfrieslands um die Darstellung eines Themas von besonderer Bedeutung für die regionale Kulturgeschichte bereichert.
Im zehnten Jahr seines Bestehens ist das Museum neu strukturiert und um bis dahin weniger berücksichtigte Aspekte erweitert worden. Hauptthema bleibt die weltumspannende Kulturgeschichte des Tees – dokumentiert u.a. an Gerätschaften aus China, Japan (mit Inszenierung eines japanischen Teehauses nebst Garten), England, Russland und Deutschland mit Schwerpunkt Ostfriesland. Neu ins Blickfeld gerückt sind die Niederlande und deren Handelsbeziehungen zu Ostfriesland sowie der

Heimatmuseum Norden, Blick in den „Rummel"

Das Ostfriesische Teemuseum, Teller, Delft, 1760, mit Teebaummotiv, und Teekanne, Delft, 1742

Bereich „Ostfriesland und das Thüringer Porzellan". Hier wird besonders eingegangen auf das populär gewordene Teegeschirr mit der „Ostfriesischen Rose", deren Vorbild in der chinesischen Päonie (Pfingstrose) liegt. Im Kellergeschoss des Gebäudes kann der Tee von der Pflanze bis zur Welthandelsware verfolgt werden, die Aufbereitung auf den Plantagen der Anbauländer, die Handelswege („Teewege nach Europa") bis hin zur Entstehung der Ostfriesischen Mischung. Ergänzend dazu gibt es eine Ton-Bild-Schau (für kleine Kinder ein Spielhaus), und in einer Wohnküche können Besucher (nach Anmeldung) die ostfriesische Eigenart der Teezubereitung und des Teetrinkens kennen lernen. Eine Erweiterung in einem angrenzenden Gebäude ist geplant. Ha

## Muschel- und Schneckenmuseum

In der Gnurre 40 (Mühle), 26506 Norden **Telefon** (0 49 31) 1 26 15 o. (01 71) 1 43 45 66 **Internet** www.ostfriesische-museen.de **Geöffnet** April – Okt. Di. – Fr. 14.30 – 18 Uhr **Eintritt** 2,50 DM (~ 1,28 €); Ermäßigungen **Trägerin** und **Leiterin** Helga Wiltfang

In der Frisia-Mühle, am Südeingang von Norden, wird seit 1994 eine kleine Privatsammlung mit über 800 Muscheln und Schnecken aus allen Weltmeeren gezeigt. Die Faszination an den unterschiedlichen Arten und Formen wird unterstützt durch eine liebevolle Präsentation und die persönliche Vermittlung durch die Sammlerin. Ha

Museum Nordenham

## Museum Nordenham

Hansingstraße 18, 26954 Nordenham **Telefon** (0 47 31) 8 88 31 **Fax** (0 47 31) 92 39 04 **E-Mail** museum.nordenham@nwn.de **Internet** www.nordenham.de/musnord.htm **Geöffnet** Di. – Sa. 14 – 17, So. u. feiertags 10 – 12 u. 14 – 17 Uhr **Eintritt** 2,– DM (~ 1,02 €); Ermäßigungen **Träger** Rüstringer Heimatbund e.V. / Stadt Nordenham **Leiter** Dr. Timothy Saunders

Das Museum in Nordenhams alter Südschule wurde 1978 eröffnet; Grundstock waren die über 70 Jahre alten heimatkundlichen Sammlungen des Rüstringer Heimatbundes. Gegenwärtig befindet es sich in einer Neukonzeptionierung. Zentrales Thema der Dauerausstellung ist die Nordenhamer Stadt- und Industriegeschichte, darin enthalten z.B. ein Diorama der Stadt um 1895 als Auswandererhafen des Norddeutschen Lloyd. Ein sog. Friesenzimmer mit Möbeln des 18./19. Jh., Hausgerät und niederländischen Fliesen soll auf großbäuerliche Wohnkultur verweisen und die kulturellen Bezüge zum friesischen Siedlungsraum unterstreichen. Im sehr umfangreichen, gut erschlossenen und öffentlich zugänglichen Archiv finden sich u.a. biografische Materialien zu Heimatschriftstellern, -forschern und -malern (z.B. zu Hermann Allmers und Alma Rogge). Ha

## Alt-Norderneyer Fischerhaus

Im Argonnerwäldchen (Post: Oderstraße 14), 26548 Norderney **Telefon** u. **Fax** (0 49 32) 17 91 **Internet** www.ostfriesische-museen.de **Geöffnet** April u. Okt. Di., Do., Sa. 15 – 17, Mai – Sept. Mo. – Sa. 15 – 17, So. u. feiertags 10 – 12, Nov. – März Fr. 15 – 16 Uhr **Eintritt** 3,– DM (~ 1,53 €); Ermäßigungen **Service** Teeseminare n.V. **Träger** Heimatverein Norderney e.V. **Leiter** Johann Visser

Das 1937 gegründete Museum ist in einem Gebäude untergebracht, das dafür im Stil eines Fischerhauses aus dem 17. Jh. erbaut wurde. Es enthält Sammlungen zur Entwicklung und Geschichte der Insel mit dem ältesten deutschen Seebad an der Nordsee (1797), reichhaltige Bestände zur Wohnkultur der Inselbewohner, Kleidung; außerdem zeigt es die Bereiche Fischfang (u.a. sämtliche Geräte für den Angelschellfischfang) und Schifffahrt (Kopien von Schiffsporträts, Mitbringsel aus dem Nord- und Ostseeraum, goldene Ohrringe von Seefahrern). Ha

## Horst-Janssen-Museum

Am Stadtmuseum 4 – 8, 26121 Oldenburg **Telefon** (04 41) 2 35 - 28 91 **Fax** (04 41) 2 35 33 50 **E-Mail** info@horst-janssen-museum.de **Internet** www.horst-janssen-museum.de **Geöffnet** Di. – So. 10 – 18 Uhr u. für Gruppen n.V. **Eintritt** 7,– DM (~ 3,58 €); Ermäßigungen **Service** zugänglich für Behinderte, Museumscafé, Museumsshop **Träger** Stadt Oldenburg **Leiter** Prof. Dr. Ewald Gäßler

Im Herbst 2000 wurde in einem ansprechenden Neubau in Verbindung mit dem Stadtmuseum ein Zentrum für die Erforschung und Präsentation der künstlerischen Arbeit des international anerkannten Zeichners und Grafikers Horst Janssen (1929 – 1995) eröffnet, der in Oldenburg aufwuchs und auch hier als Ehrenbürger der Stadt begraben liegt.
Grundlage für die ständige Präsentation ist ein Sammlungsbestand von rund 2000 Zeichnungen, Druckgrafiken, Objekten und Dokumenten, die

Horst-Janssen-Museum, Knabe Oldenburg, Horst Janssen, 1978

um Leihgaben ergänzt werden. Den Kernbestand bildet die Sammlung C. & C. Vogel der Claus-Hüppe-Stiftung. In mehreren Abteilungen werden die Biografie des Künstlers und die einzelnen Werkabschnitte in den Bereichen der Zeichnung, der Lithografie, des Holzschnitts, der Radierung, der Illustration und der Plakatkunst vorgestellt. Wechselnde Ausstellungen sollen eine Einordnung in die Geschichte grafischer Kunst seit dem 16. Jh. ermöglichen, wobei ein besonderer Schwerpunkt auf der zweiten Hälfte des 20. Jh. liegen wird. Ein umfangreiches Begleitprogramm ergänzt die Präsentation. Ha

## Landesmuseum für Kunst und Kulturgeschichte – Schloss und Augusteum

Schlossplatz 1 / Elisabethstraße 1 (Augusteum) (Verwaltung: Schlossplatz 26), 26122 Oldenburg **Telefon** (04 41) 2 20 - 73 00 **Fax** (04 41) 2 20 73 09 **E-Mail** info@landesmuseum-oldenburg.de **Internet** www.landesmuseum-oldenburg.de **Geöffnet** Di., Mi., Fr. 9 – 17, Do. 9 – 20, Sa. u. So. 10 – 17 Uhr **Eintritt** 4,– DM (~ 2,05 €); Ermäßigungen **Service** zugänglich für Behinderte, Museums-Café im Schloss **Träger** Land Niedersachsen **Leiter** Dr. Bernd Küster

Schloss

Im Oldenburger Schloss, der ehemaligen Residenz Graf Anton Günthers (1583–1667) und der Großherzöge von Oldenburg bis 1918/19, befindet sich heute ein Museum für Kunst und Kulturgeschichte.

Die Großherzoglichen Sammlungen (u.a. seit 1804 mit der Sammlung des Malers Johann Heinrich Wilhelm Tischbein) bilden einen wesentlichen Grundstock für das heutige Landesmuseum im Schloss. Hervorzuheben ist die Galerie „Alte Meister" mit überwiegend italienischen und niederländischen Meistern vom 16. bis 18. Jh. sowie europäischer Malerei des 18./19. Jh. Der Oldenburger Hofmaler und erster Galerieinspektor Johann

Landesmuseum für Kunst und Kulturgeschichte, Schloss Oldenburg

Landesmuseum für Kunst und Kulturgeschichte, Ernst Wilh. Dietrich Willers, Gebirgslandschaft

Heinrich Wilhelm Tischbein (1751–1829) – der aufgrund seiner Freundschaft zu dem berühmten deutschen Dichter den Beinamen „Goethe"-Tischbein erhielt – hat im Auftrag Herzog Peter Friedrich Ludwigs im Oldenburger Schloss das „Homer"-Zimmer mit einem klassizistischen Bildprogramm ausgestattet und den „Idyllen"-Zyklus mit über 40 Gemälden ausgeführt.

Im Schloss wird auf drei Geschossen die Dauerausstellung „Kulturgeschichte einer historischen Landschaft" präsentiert, die die Vielfalt und die kulturhistorische Besonderheit des Oldenburger Landes im Verlauf der Jahrhunderte zeigt, ausgehend vom Mittelalter bis in die Lebenswelt des 20. Jh. Die Prunkräume des Schlosses sind in die Ausstellung einbezogen und dokumentieren die Inneneinrichtung des Schlosses als Residenz der oldenburgischen Großherzöge.

Im Marmorsaal und im Theatersaal sowie im Dachgeschoss finden ergänzend und begleitend Ausstellungen zu einzelnen Aspekten der Kulturgeschichte, aber auch aus anderen Bereichen, vom Kunsthandwerk bis zur Fotografie, statt.

Zwei Räume des Erdgeschosses dienen der Museumspädagogik, die hier, neben ihren vielfältigen Angeboten in Theorie und Praxis, auch eigene Wechselausstellungen durchführt.

Landesmuseum für Kunst und Kulturgeschichte, Augusteum, Franz Radziwill, Strand von Dangast, 1929

## Augusteum

Die Abteilung für moderne Malerei und Plastik des Landesmuseums Oldenburg befindet sich seit 1981 im Augusteum schräg gegenüber vom Schloss. Der 1865–1867 im Palazzo-Stil errichtete gelbe Ziegelbau diente ursprünglich als Ausstellungshaus des Oldenburger Kunstvereins und als Großherzogliche Gemäldegalerie. Das originalgetreu wiederhergestellte Treppenhaus mit Werken des Historienmalers Christian Griepenkerl (1839–1916) ist ein herausragendes Zeugnis monumentaler, architekturgebundener Dekorationsmalerei im Oldenburger Land.

Ein Schwerpunkt der Sammlung ist die Kunst des späten 19. und frühen 20. Jh., vor allem Werke der Worpsweder Künstler Fritz Mackensen, Heinrich Vogeler, Fritz Overbeck, Otto Modersohn sowie Paula Modersohn-Becker sind zu nennen. Ein herausragendes Bild mit Bezug zur nordwestdeutschen Region ist Max Beckmanns „Am Strand von Wangerooge". Gemälde von Max Liebermann, Max Slevogt und Lovis Corinth repräsentieren die Kunst der Berliner Sezession. Maler wie Karl Schmidt-Rottluff, Erich Heckel und Max Pechstein als Vertreter des deutschen Expressionismus sind mit Motiven aus Dangast und Umgebung vertreten. Auch Franz Radziwill, zum „Magischen Realismus" zählend, ist aufs Engste mit Dangast und dem Augusteum verbunden; von ihm befindet sich hier die bedeutendste Sammlung seiner Werke im öffentlichen Besitz (siehe auch → Dangast, Franz Radziwill Haus).

Für die Kunstströmungen der 20er bis 40er Jahre im 20. Jh. wie Konstruktivismus, Neue Sachlichkeit und Surrealismus stehen Namen wie Ernst Ludwig Kirchner, Christian Rohlfs, Otto Müller u.a. Deutsche Nachkriegskunst und Plastik des 20. Jh. mit Werken von Ernst Wilhelm Nay, Georg Meistermann, Willy Baumeister, Wolf Vostell, Clara Rilke-Westhoff, Wilhelm Lehmbruck, Alexander Archipenko u.a. runden die Präsentation ab. Ha

Landesmuseum für Natur und Mensch

## Landesmuseum für Natur und Mensch

Damm 38 – 44, 26135 Oldenburg **Telefon** (04 41) 92 44 - 3 00 **Fax** (04 41) 9 24 43 99 **E-Mail** museum@naturundmensch.de **Internet** www.naturundmensch.de **Geöffnet** Di. – Do. 9 – 17, Fr. 9 – 15, Sa. u. So. 10 – 17 Uhr **Eintritt** 3,– DM (~ 1,53 €); Ermäßigungen **Service** zugänglich für Behinderte, Shop **Träger** Land Niedersachsen **Leiter** Prof. Dr. Mamoun Fansa

Die Anfänge dieses Museums gehen auf das Jahr 1835 zurück, als Großherzog Paul Friedrich August eine Insekten- und Vogelsammlung ankaufen ließ. Ganz im Geist der Zeit entstand aus den großherzöglichen Sammlungen von „Naturalien und Altertümern" das Staatliche Museum

Landesmuseum für Natur und Mensch, ein Hochmoorglanzkäfer zum „Begreifen" in der neuen Moorabteilung

Landesmuseum für Natur und Mensch, das rekonstruierte „Naturalienkabinett"

für Naturkunde und Vorgeschichte, das heute in dem 1876–1879 errichteten spätklassizistischen Backsteinbau am Damm und in der ehemaligen großherzoglichen Landesbibliothek von 1846 untergebracht ist. Als Museum im Museum vermittelt das „Naturalienkabinett" einen Einblick in die Ausstellungsatmosphäre von vor hundert Jahren.
Der nordwestdeutsche Raum mit seinen vielfältigen Landschaften und archäologischen Schätzen steht im Zentrum des Museums. Die Ausstellungen „Lebensraum Salzwiese", „Edelsteine und Mineralien" sowie „Die Archäologie Nordwestdeutschlands" von der Steinzeit bis zum Mittelalter laden ein, die Landschaften Nordwestdeutschlands und ihre abwechslungsreiche Geschichte seit dem ersten Auftreten des Menschen kennen zu lernen.
Nach ca. 30 Jahren erfolgt seit 1998 eine vollständige Umgestaltung des Staatlichen Naturhistorischen Museums, deren Programm sich nicht zuletzt in der neuen Namensgebung „Landesmuseum für Natur und Mensch" widerspiegelt. Im Mittelpunkt steht der Wandel der Natur- zur Kulturlandschaft in den nordwestdeutschen Landschaften Moor, Geest und Küste. Das dynamische Wechselspiel zwischen Natur und Mensch wird erstmals von den Disziplinen Archäologie, Naturkunde und Kulturgeschichte gemeinsam konzipiert. Die Gestaltung der neu eröffneten Abteilung „Weder See noch Land: eine verlorene Landschaft" ist bestimmt durch den künstlerischen Blickwinkel. Ein massiver Moorblock (ver)führt den Besucher in den tiefen Untergrund eines in Jahrtausenden gewachsenen naturkundlichen, archäologischen und kulturhistorischen Archivs. Hier im Moorblock – symbolisch an ihren ursprünglichen Ort zurückgeführt – sind die Moorleichen eingebettet. Im Blick nach oben erfasst der Besucher Tier- und Pflanzenwelt der spröden Landschaft Moor. Der Mensch überwand die naturgegebenen Barrieren der Moore erst mit einschneidenden Kultivierungsmaßnahmen, die auch Anfang vom Ende der

Naturlandschaft waren – chronologisch visualisiert durch Miniaturmodelle und durch künstlerische Installation als Plädoyer für den Naturschutz. In ähnlicher Gestaltung folgt als nächstes die „Geestabteilung“. Das Museum bietet für Schulklassen und Gruppen jeder Altersstufe ein umfangreiches pädagogisches Programm an, das von Gesprächen bis zu Aktionen reicht. Originalobjekte und Nachbildungen werden zum wortwörtlichen Begreifen der Themen eingesetzt. Im Frühjahr 2002 wird voraussichtlich das neue Aquariumsgebäude eröffnet. Ha

## Oldenburger Kunstverein

Damm 2 a, 26135 Oldenburg **Telefon** (04 41) 2 71 09 **Fax** (04 41) 2 71 01
**E-Mail** okv@kunstverein-oldenburg.de **Internet** www.kunstverein-oldenburg.de
**Geöffnet** Di. – Fr. 14 – 17, Sa. 13 – 17, So. 11 – 17 Uhr, Gruppen n.V. **Eintritt** 4,– DM (~ 2,05 €); Ermäßigungen **Träger** Oldenburger Kunstverein
**Leitung** Peter A. Reimers, Dr. Corinna Otto

## Stadtmuseum Oldenburg

Am Stadtmuseum 4 – 8, 26121 Oldenburg **Telefon** (04 41) 2 35 - 28 81
**Fax** (04 41) 2 35 31 45 **E-Mail** steffens@uni-oldenburg.de
**Internet** www.oldenburg.de/ol-stadt **Geöffnet** Di. – Fr. 9 – 17, Sa. 9 – 12, So. 10 – 17 Uhr **Eintritt** 3,– DM (~ 1,53 €); Ermäßigungen **Service** eingeschränkt zugänglich für Behinderte, Museumscafé, Museumsshop **Träger** Stadt Oldenburg
**Leiter** Prof. Dr. Ewald Gäßler

Stadtmuseum Oldenburg, Weißer Salon der Theodor-Francksen-Stiftung

Stadtmuseum Oldenburg, Saal der Claus-Hüppe-Stiftung

Das Stadtmuseum Oldenburg wurde 1915 gegründet. Der Schwerpunkt der Sammlung besteht in der Präsentation städtischer Kultur des 17. – 20. Jh., die in zwei Villen des Museumskomplexes (Theodor-Francksen-Stiftung) gezeigt wird. Sie umfasst Kunst und Kunstgewerbe der Oldenburger Region, die in über 20 Raumensembles erlebt werden können, deren ursprünglicher Charakter zum Teil noch erhalten ist.
Die Räume der 1863 und 1877 erbauten Villen sind jeweils einem bestimmten historischen Stil zugeordnet. So sind z.B. der prunkvolle Weiße Salon im Sinne des Rokoko eingerichtet und der 1910/12 erbaute Zwischentrakt im antikisierenden französischen Stil des 17. und 18. Jh. Ausgewählte Bilder, Möbel und Einrichtungsgegenstände repräsentieren in den jeweiligen Räumen einen bestimmten Zeitabschnitt oldenburgischer Geschichte und Kultur. In einer dritten Villa wird der Nachlass des Oldenburger Malers Bernhard Winter (1871–1964) vorgestellt, der Einblicke in die künstlerische und bürgerliche Welt der Jahrhundertwende gewährt.
Eine stadtgeschichtliche Abteilung verdeutlicht anhand von Stadtmodellen und Exponaten räumliche Entwicklungen und soziale Veränderungen der Stadt Oldenburg.
Die grafische Sammlung (ca. 10 000 Druckgrafiken, Zeichnungen und Aquarelle) sowie ein Bild- und ein Planarchiv und die Bibliothek stehen zur Benutzung zur Verfügung.
In unregelmäßigen Abständen werden in der Neuen Galerie und im Saal der Claus-Hüppe-Stiftung Oldenburger Kunst des 19. und 20. Jh. gezeigt, außerdem in Sonderausstellungen regionale Kunst und Aspekte zur Stadtgeschichte. Ein reichhaltiges Veranstaltungsprogramm reicht von festen Führungszeiten für verschiedene Besucherkreise bis hin zur Bibliotheksstunde. Ha

## Norddeutsches Handwerkermuseum

Breite Straße 27, 26939 Ovelgönne **Telefon** (0 44 01) 8 19 89 **Geöffnet** wegen Umbau nur n.V. **Eintritt** 3,– DM (~ 1,53 €); Ermäßigungen **Träger** Heimat- und Kulturverein Ovelgönne e.V. **Leitung** Michael Folter, Manfred Frerichs

Das Norddeutsche Handwerkermuseum – ein etwas weitgefasster Name – wurde 1981 gegründet und befindet sich im 1773 erbauten Gebäude eines Landgerichtspedells. Es will Einblick geben in Handel und Handwerk der Wesermarsch im 19. Jh. anhand von nachempfundenen Werkstätten und Läden wie z.B. Schmiede, Hutmacher, Bäcker, Schuhmacher, Stellmacher, Frisör, Sattler u.a. Derzeit befindet es sich im Umbau. Ha

## Burgmuseum Pewsum

Drostenplatz (Post: P. G. Janssen, Rathausstraße 14), 26736 Krummhörn-Pewsum
**Telefon** (0 49 23) 71 06 (Janssen) **Fax** (0 49 23) 89 65 (Gemeinde Krummhörn)
**Internet** www.ostfriesische-museen.de **Geöffnet** 15. Mai – 15. Okt. Di. u. Do. 10 – 12.30 u. 15 – 17, Sa. u. So. 15.30 – 17.30 Uhr **Eintritt** 2,– DM (~ 1,02 €); Ermäßigungen
**Service** eingeschränkt zugänglich für Behinderte
**Träger** Heimatverein Krummhörn e.V. **Leiter** Alfred Fröhlich

Die Manningaburg, eine Wasserburg aus dem 15./16. Jh., wurde 1986 als Burgmuseum völlig neu gestaltet. Die didaktische Ausstellung geht ein auf die Geschichte dieser Burg und ihrer Bewohner, die Verbreitung der Burgen in Ostfriesland und ihre Typologie, die Herausbildung der Häuptlingsherrschaft, die Handelsbeziehungen und die Bedeutung des Zugangs zum Meer. Großformatige Farbreproduktionen aus dem Hausbuch des Unico Manninga belegen eindrucksvoll die reiche Kleidung der Häuptlingsfamilien um 1500. Der Stammbaum der Cirksena veranschaulicht den Aufstieg einer Häuptlingsfamilie in den europäischen Hochadel und die Bedeutung der Heiratspolitik. Eine professionelle Ton-Bild-Schau regt an zur Spurensuche nach Burgen und Schlössern in Ostfriesland. Ha

Burgmuseum Pewsum, Manningaburg

## Mühlenmuseum

Manningastraße 13 – 14, 26736 Krummhörn-Pewsum **Telefon** (0 49 23) 71 06 (Janssen) **Fax** (0 49 23) 89 65 (Gemeinde Krummhörn)
**Internet** www.ostfriesische-museen.de **Geöffnet** 15. Mai – 15. Okt. Di. u. Do. 10 – 12.30 u. 15 – 17, Sa. u. So. 15.30 – 17.30 Uhr **Eintritt** 2,– DM (~ 1,02 €); Ermäßigungen
**Träger** Heimatverein Krummhörn e.V. **Leiter** Alfred Fröhlich

Die Windmühle (Galerieholländer von 1843) mit anschließendem Lagerhaus enthält Sammlungen zum Landleben und Landhandwerk, u.a. eine komplette Stellmacherei einschließlich ihrer Produkte (von der Fußstove über den Ackerwagen bis zum Prunkschlitten). In der Mühle wird u.a. die Ölmüllerei einschließlich der Rapsernte vorgestellt. Ha

Mühlenmuseum, Prunkschlitten

## Druckereimuseum

Astruper Straße 42, 26209 Hatten-Sandkrug **Telefon** (0 44 81) 69 03
**Fax** (0 44 81) 65 38 **Internet** www.wardenburg.de/sehenswu/druck.htm
**Geöffnet** Di., Do. 10 – 13 u. 15 – 18, So. 14 – 18 Uhr, Gruppen täglich n.V.
**Eintritt** 3,– DM (~ 1,53 €); Ermäßigungen
**Träger** und **Leiter** Horst und Johanna Kolter

Das Museum wurde 1989 aus Beständen zweier Oldenburger Druckereien von 1889 und 1915 sowie Zukäufen und Stiftungen gegründet. Die Sammlung besteht aus einer im Stil einer Werkstatt eingerichteten Handsetzerei mit einem Fundus an Schriften, Druckstöcken und Setzmaschinen wie Linotype und Typograph; des Weiteren aus Geräten zum Reproduktionsbereich (Repro-Kameras, Kohlebogenlampe, Kopierrahmen), dem Druckbereich (Schnellpressen, Handtellertiegel, Tiegeldruckpressen) und Buchbindereimaschinen.
Im Rahmen der Erweiterung und Neupräsentation in einem neuen Gebäude wurde eine Galerie für junge Künstler angegliedert. Ha

Druckereimuseum, MAN-Schnellpresse – eine der 16 kleinen und großen Hochdruckmaschinen

## Inselmuseum Spiekeroog

Norderloog 1, 26466 Spiekeroog **Telefon** (0 49 76) 91 93 85 o. 9 10 18 (Leiter) **Fax** (0 49 76) 91 01 28 **Internet** www.ostfriesische-museen.de **Geöffnet** Mitte März – Okt. Mo., Mi., Fr. 15.30 – 17.30 Uhr **Eintritt** 3,– DM (~ 1,53 €); Ermäßigungen **Service** eingeschränkt zugänglich für Behinderte
**Träger** Museumsverein Spiekeroog e.V. **Leiter** Hans Wiethorn

Ein altes Insulanerhaus, das mit seinen typischen Veranden zugleich die Entwicklung des Fremdenverkehrs dokumentiert, beherbergt seit 1995 das wiedereingerichtete Museum. Es bietet vielfältige Aspekte zum Leben auf dieser Insel, erzählt von Kapitänen und Badewärtern, der tragischen Strandung eines Auswandererschiffes, der Entwicklung des Fährverkehrs, zeigt besondere Bernsteinfunde und anderes mehr. Dazu gibt es kleine Wechselausstellungen. Ha

## Museum Burg Stickhausen

Burgstraße 3, 26847 Detern-Stickhausen **Telefon** (0 49 57) 7 07
**Internet** www.ostfriesische-museen.de **Geöffnet** März u. April So. 14 – 18, Mai – Okt. Mo. – Sa. 10 – 11 u. 14 – 16, So. 14 – 18 Uhr **Eintritt** 2,– DM (~ 1,02 €); Ermäßigungen **Träger** Antje u. Hermann Lübbers-Ukena / Gemeinde Detern
**Leitung** Antje Lübbers-Ukena, Hermann Ukena

Von der 1453 als Grenzfeste im Süden Ostfrieslands errichteten Burganlage blieben nur Turm und Wall erhalten. Das 1969 im Turm eingerichtete Museum enthält u.a. Hausrat, Militaria, Vogelarten und eine Vogeleiersammlung von 1890; es bedarf dringend einer Renovierung und inhaltlichen Überarbeitung. Ha

## Geschichtswerkstatt Landarbeiterhaus Suurhusen

Smal Joed 5, 26759 Hinte-Suurhusen **Telefon** (0 49 25) 10 80 (Wenzel) **Fax** (0 49 25) 99 00 27 **Internet** www.ostfriesische-museen.de **Geöffnet** April – Okt. Do. 15 – 17 u. So. 15.30 – 17 Uhr **Eintritt** 2,– DM (~ 1,02 €); Ermäßigungen **Träger** Geschichtswerkstatt Landarbeiterhaus Suurhusen e.V. **Leitung** Vereinsvorstand

Nicht weit von der Kirche mit dem berühmten schiefen Turm sind in einem typischen kleinen Arbeiterhaus bzw. einer Haushälfte das Leben, die Arbeit und Kultur von Landarbeiterfamilien dokumentiert, deren Geschichte bislang in den Museen unterrepräsentiert blieb. Es stellt damit eine sinnvolle Ergänzung z.B. zum Landwirtschaftsmuseum in → Campen/Krummhörn dar. Ha

## Heimatmuseum Varel

Neumarktplatz 3, 26316 Varel **Telefon** (0 44 51) 12 61 14 (Stadt Varel) **Internet** www.ostfriesische-museen.de **Geöffnet** Mai – Okt. Do. u. So. 10 – 12 Uhr **Eintritt** 1,– DM (~ –,51 €); Ermäßigungen **Service** Gastronomie Schienfatt **Träger** Heimatverein Varel e.V. **Leiter** Hans-Georg Buchtmann

Die seit den 1920er Jahren angesammelten Bestände aus der Stadt Varel und dem südlichen Teil des Kreises Friesland werden seit 1952 in einem Bürgerhaus am Neumarkt aus dem 18. Jh. und einem angebauten Ausstellungsraum gezeigt. Sie umfassen die Vorgeschichte, die Stadtgeschichte, die Geschichte der Edlen Herrschaft Varel und der Herrlichkeit Kniphausen mit den Häusern Aldenburg und Bentinck, die Geschichte des Vareler Hafens und seiner Schiffe, des Badeortes Dangast sowie Möbel und Hausrat bäuerlicher und bürgerlicher Familien seit etwa 1750. Die Räume werden z.T. als Restaurant mitgenutzt. Ha

Heimatmuseum Varel

Mühlenmuseum Varel

## Mühlenmuseum Varel

Mühlenstraße 52, 26316 Varel **Telefon** (0 44 51) 76 88
**Internet** www.ostfriesische-museen.de **Geöffnet** Mai – Okt. Mi., Sa. u. So. 10 – 12, ganzjährig Sa. 10 – 12 Uhr, Gruppen n.V., Telefon (0 44 51) 12 61 14 (Stadt)
**Eintritt** frei **Träger** Heimatverein Varel e.V. **Leitung** der Aufsicht Karl-Hans Borchers

Die fünfgeschossige, voll betriebsfähige Holländerwindmühle von 1847 birgt eine umfangreiche heimatkundliche Sammlung aus Landwirtschaft, Fischerei, Handwerk und Hauswirtschaft. In einer Remise sind größere landwirtschaftliche Geräte und Fahrzeuge, Antriebs- und Produktionsmaschinen sowie Werkzeuge früherer Vareler Handwerks- und Industriebetriebe zu finden. Neu ist eine Dauerausstellung über die HANSA-Automobilfabrik in Varel (1905–1930) mit zwei restaurierten HANSA-Wagen und Erinnerungsstücken aus der Pionierzeit des norddeutschen Automobilbaues in Varel. Ha

## Vielstedter Bauernhaus

Am Bauernhaus 1 u. 3, 27798 Hude-Vielstedt **Telefon** (0 44 08) 3 69
**Geöffnet** Fr. – Mi. 15 – 18 Uhr **Eintritt** 1,– DM (~ –,51 €) **Service** Restaurant
**Träger** und **Leiter** Wilfried Strackerjan

Nachdem das 1936 als Museum eingerichtete Bauernhaus 1983 abbrannte, wurde 1985 ein anderes Zweiständerhaus nach hier versetzt. Der Dielenbereich dient vor allem Veranstaltungen der Dorfgemeinschaft; auf dem Dachboden Ausstellung zur Waldwirtschaft und kleine heimatkundliche Sammlung. Ha

## Inselmuseum „Alter Leuchtturm"

Zedeliusstraße 3, 26486 Wangerooge **Telefon** (0 44 69) 83 24 **Fax** (0 44 69) 9 91 14 (Gemeinde) **Internet** www.insel-wangeooge.de **Geöffnet** März – Okt. 10 – 12 u. 14 – 17 Uhr, Nov. – Febr. auf Anfrage **Eintritt** 3,– DM (~ 1,53 €); Ermäßigungen **Träger** Gemeinde Nordseeheilbad Wangerooge **Museumswart** Jan Gerdes

Der Alte Leuchtturm wurde 1855/56 erbaut und war bis 1969 in Betrieb. Seit 1980 befindet sich in ihm ein Museum; es zeigt die geschichtliche Entwicklung Wangerooges, Exponate zur Schifffahrt, Vogelwelt, Muscheln und Schnecken, Bernsteine u.a.m. Ha

## Heimatmuseum „Rheiderland"

Neue Straße 26, 26826 Weener **Telefon** (0 49 51) 18 28
**Internet** www.rheiderland.de o. www.ostfriesische-museen.de
**Geöffnet** April – Okt. Di., Sa., So. u. feiertags 15 – 18 Uhr **Eintritt** 3,– DM (~ 1,53 €); Ermäßigungen **Service** Teetafel für Gruppen ab 15 Personen nach Voranmeldung
**Träger** Heimatverein Reiderland e.V. **Leiterin** Margarethe von Glan-Hesse

Das 1919 gegründete Museum ist im „Gasthuis" untergebracht, einem 1791 nach holländischem Vorbild geschaffenen Armenhaus. Nach mehreren Ausbauphasen – zuletzt 1983 – präsentiert das Museum heute die Kulturgeschichte des Rheiderlandes mit regional bedeutsamen Schwerpunkten. Die didaktisch aufbereitete Abteilung zur Vor- und Frühgeschichte veranschaulicht die Siedlungs- und Wirtschaftsentwicklung (u.a. Hinweise auf Haus- und Siedlungsformen, Ernährung, römische Belagerungen, mittelalterlichen Handel). Einen anderen Schwerpunkt bildet das Ziegeleiwesen einschließlich der Töpferei aufgrund der reichen Tonablagerungen entlang der Ems (umfangreiche Backsteinsammlung, Formen,

Heimatmuseum „Rheiderland", Holtgaster Altar

Töpferofen). Im Bereich Landwirtschaft spiegelt eine Fülle von Geräten und Fahrzeugen die Arbeit in Polder, Grünlandmarsch, Geest und Moor; spezielle Sammlung zur Milchverarbeitung. Außerdem sind zu sehen: Wohnkultur und Hauswirtschaft, Kleidung und Schmuck, Handel und Handwerk, Holtgaster Altar (um 1520).
In einer Außenstelle in Bunde, dem Dollartmuseum, wird die Entstehungsgeschichte des Dollart und des Deichbaus gezeigt (Rheiderlandstraße 3, 26831 Bunde, geöffnet Ostern – Ende Oktober Di., Sa. u. So. 15 – 18 Uhr u. n.V., Telefon [0 49 53] 91 08 30, Dieter Hunken). Ha

## Museum Alte Ziegelei Westerholt

Ziegeleiweg 7 (Post: Auf dem Kamp 6), 26203 Wardenburg-Westerholt
**Telefon** (0 44 07) 4 76 0. 68 03 **Internet** www.wardenburg.de/sehenswu/zm.htm
**Geöffnet** n.V. **Eintritt** frei **Träger** Museum „Alte Ziegelei" Westerholt e.V.
**Leiter** Gustav Lüschen

Dank der Initiative eines Fördervereins konnte die 1845 gegründete kleine Ziegelei vor dem endgültigen Abriss bewahrt werden; bis 1966 wurde hier im Ringofenverfahren produziert. Das Ofenhaus, das Maschinenhaus und die Trockenschuppen sind mittlerweile restauriert und museal hergerichtet. Neben den technischen Abläufen sollen auch die Arbeitsbedingungen und Lebensumstände der Ziegeleiarbeiter vorgestellt werden (z.B. die Brennmeisterbude auf dem Ofen, das Gewicht einer beladenen Steinschubkarre). Auf dem Gelände wird anhand eines nachgebauten Feldbrandofens ein früheres Brennverfahren veranschaulicht. Das Museum befindet sich weiterhin im Aufbau, eine Ausstellung zum Ziegeleiwesen ist geplant. Ha

## Fehnmuseum Eiland

Leerer Landstraße 59, 26629 Großefehn-Westgroßefehn **Telefon** (0 49 45) 13 33
**Fax** (0 49 43) 20 11 06 **Internet** www.ostfriesische-museen.de **Geöffnet** Ostern – Okt. Di. – So. 10 – 17 Uhr **Eintritt** 2,– DM (~ 1,02 €); Ermäßigungen **Service** Teestube
**Träger** Gemeinde Großefehn **Leiter** Joachim Rademacher

Unmittelbar am Ausgangspunkt des Großefehn-Kanals gelegen, eröffnete die Gemeinde 1991 ein ortsgeschichtliches Museum. Die Ausstellung geht ein auf Besiedlung, Kanal- und Schleusenbau, Torfgräberei, Torfschifffahrt, Schiffbau, Veränderung der Erwerbsverhältnisse und anderes mehr. Im Außenbereich ist ein Sägewerk mit Schmiede aufgebaut. In jüngster Zeit dient das Museum vor allem als Treffpunkt diverser Freizeitaktivitäten. Ha

Fehn- und Schifffahrtsmuseum

## Fehn- und Schifffahrtsmuseum

Rajen 5, 26817 Rhauderfehn-Westrhauderfehn **Telefon** u. **Fax** (0 49 52) 90 32 80 **Internet** www.ostfriesische-museen.de **Geöffnet** Mitte März – Mitte Jan. Mi. – Sa. 10 – 12 u. 14.30 – 17, So. u. feiertags 11 – 12.30 u. 14.30 – 18 Uhr (Mai – Sept. auch Di.) **Eintritt** 3,50 DM (~ 1,79 €); Gruppenermäßigung **Service** sonntags Teestube, Teetafel für Gruppen auf Anfrage **Träger** Heimatverein Overledingerland e.V. **Leiterin** Annegret Schmidt-Bonhuis

Das Museum wurde 1949 vom Heimatverein Overledingerland gegründet, Anfang der 1980er Jahre wesentlich erweitert und nach museumsdidaktischen Gesichtspunkten neu gestaltet. Es befindet sich in einer Jugendstilvilla mit anschließender Gulfscheune unmittelbar am Kanal gelegen. Die Ausstellung gliedert sich in die Abteilungen Fehnkultur, Schiffbau sowie Schifffahrt und gibt in exemplarischer Weise Einblick in die Entwicklung wie den Wandel von Strukturen und Lebensweisen einer Fehnsiedlung. Die wichtigsten Schwerpunkte sind: Flora und Fauna sowie Aufbau des Moores, Besiedlung des Moores und Torfabbau; das Handwerk des Schiffszimmerers, des Blockmachers, des Schmiedes, des Reepschlägers und des Segelmachers; Navigation, Ausbildung der Fahrensleute, Segelschiffstypen, Mitbringsel aus Übersee, Leben an Bord. Eine professionelle Ton-Bild-Schau ergänzt die Ausstellung. Ha

## Torf- und Siedlungsmuseum

Resedaweg 18, 26639 Wiesmoor **Telefon** (0 49 44) 91 98 - 0 o. 91 22 53 **Internet** www.ostfriesische-museen.de **Geöffnet** April – Okt. 10 – 18 Uhr **Eintritt** 2,– DM (~ 1,02 €) **Träger** Förderverein zur Erhaltung moorkundlichen Heimatgutes e.V. **Leiter** Harm Eilers

Wiesmoors Blütezeit und Bekanntheit beruhen auf dem industriellen Torfabbau und der Nutzung des Torfes zur Stromerzeugung. 1909 wurde hier das erste Kraftwerk in Ostfriesland eröffnet, dessen Abwärme der

Entwicklung großer Gewächshauskulturen diente. Das Museum geht auf diese Besonderheiten wenig ein, sondern versucht in historisierenden Kolonistenhäusern Leben und Arbeiten früherer Zeiten darzustellen und zeigt vor allem Gegenstände aus Haushalt, Landwirtschaft und Handwerk. Es ist eingebunden in touristische Aktivitäten der Gemeinde. Ha

## Dampfkornbranntweinbrennereimuseum

Wittekindstraße 2, 27793 Wildeshausen (Post: F. Wappler, Brauereiweg 26) **Telefon** (0 44 31) 17 44 (Wappler) 0. 36 67 (Kurth) **E-Mail** leo.kurth@t-online.de **Internet** www.brennerei-museum-wildeshausen.de **Geöffnet** 1. So. im Mai bis letzter So. im Sept. 15 – 18 Uhr u. ganzjährig n.V. **Eintritt** 2,– DM ( ~1,02 €); Ermäßigungen **Träger** Museumsverein für die Dampfkornbranntweinbrennerei **Leiter** Annegret Kurth

Nachdem die 1857 gegründete Kornbrennerei 1972 ihre Produktion eingestellt hatte und die Gebäude der „Schnapsfabrik" nicht mehr gewerblich genutzt wurden, bemühte sich der Museumsverein um die Erhaltung von Gebäude und Einrichtung dieses originalen Zeugnisses früher Industrialisierung. Dabei sind die wesentlichen Bestandteile der Anlage, u.a. die Einkolbendampfmaschine mit Pendelregulator, aus der Gründerzeit noch vorhanden. Die Besucher können anhand der vollständig erhaltenen Anlagen die Arbeitsabläufe einer Brennerei nachvollziehen. Ha

Dampfkornbranntweinbrennereimuseum

## Druckereimuseum

Bahnhofstraße 13, 27793 Wildeshausen **Telefon** (0 44 31) 9 89 11 20 **Fax** (0 44 31) 9 89 11 29 **Internet** www.brennerei-museum-wildeshausen.de/Druckerei-Museum/druckerei-museum.html **Geöffnet** Mo. – Do. 8 – 12.30 u. 14 – 17, Fr. 8 – 12.30 u. 13 – 15 Uhr **Eintritt** frei **Träger** Wildeshauser Zeitung

Ein kleines Museum in den ehemaligen Produktionsräumen der Wildeshauser Zeitung zeigt die Entwicklung der Buchdruckerkunst von 1850 bis zur Einführung des Fotosatzes anhand der Ausstattung dieses Betriebes (Druckmaschinen, Handsetzerei einschließlich Zeilengussmaschine und Setzmaschinen, Stereotypie, Buchbinderei). Ha

## Deutsches Marinemuseum

Südstrand 125, 26382 Wilhelmshaven **Telefon** (0 44 21) 4 10 61, 4 10 62 o. 45 58 65 (Kasse) **Fax** (0 44 21) 4 10 63 **E-Mail** marine-museum-wilhelmshaven@t-online.de **Internet** www.wilhelmshaven.de/marinemuseum **Geöffnet** April – Sept. täglich 10 – 19, Okt. – März täglich 10 – 17 Uhr **Eintritt** 11,– DM (~ 5,62 €); Ermäßigungen **Service** zugänglich für Behinderte, außer Schiffe, Shop **Träger** Förderverein Deutsches Marinemuseum e.V. **Geschäftsführer** Eberhard Kliem

Die Stadt Wilhelmshaven ist historisch aufs Engste mit der Marine verknüpft. 1998 wurde in einem der ältesten noch erhaltenen Werkstattgebäude der ehemaligen Kaiserlichen Werft (nahe der Kaiser-Wilhelm-Brücke) ein Museum eröffnet, das die Geschichte der deutschen Marinen in ihren politischen, technischen und sozialen Zusammenhängen aufzeigen möchte. Zentrales Thema ist der Weg von der Flotte des Deutschen Bundes 1848 bis zu den aktuellen Aufgaben im Rahmen der bundesdeutschen Außen- und Verteidigungspolitik. Das didaktische Konzept bietet Schwerpunktthemen, zu denen sich die Besucher je nach Interesse in sog. Vertiefungsschubläden weitergehend informieren können. Die ästhetisch ansprechende Präsentation sowie die Darstellung strategischer

Deutsches Marinemuseum

und technischer Entwicklungen lassen das menschliche Leid in Kriegsfällen dabei stark zurücktreten.
Ein Erweiterungsbau für Sonderausstellungen kam im Jahr 2000 dazu. Im Freigelände sind u.a. ein in jüngster Zeit außer Dienst gestelltes U-Boot und ein Minenjagdboot zu besichtigen. Eine marinehistorisch ausgerichtete Hafenrundfahrt ermöglicht die weitere Erkundung des ehemaligen Militärhafens und des heutigen Marinearsenals. Ha

## Heinrich-Gätke-Halle
## Institut für Vogelforschung „Vogelwarte Helgoland"

An der Vogelwarte 21, 26386 Wilhelmshaven **Telefon** (0 44 21) 9 68 90
**Fax** (0 44 21) 96 89 55 **E-Mail** ifv@ifv.terramare.de
**Internet** www.vogelwarte-helgoland.de **Geöffnet** Di. 8 – 13 u. Do. 13 – 17 Uhr
**Eintritt** frei **Träger** Land Niedersachsen **Leiter** Prof. Dr. Franz Bairlein

Am Nordrand Wilhelmshavens, in Rüstersiel, befindet sich seit 1971 in der Heinrich-Gätke-Halle die Sammlung des Instituts für Vogelforschung „Vogelwarte Helgoland", hervorgegangen aus dem Vogelzugmuseum auf der Insel Helgoland. Neben dem Thema Vogelzug und seiner Erforschung (u.a. Beringung von Vögeln, Heinrich Gätke als „Entdecker" der vogelkundlichen Bedeutung Helgolands, Sammlung seltener Vögel von dort) wird Einblick gegeben in Evolution und Abstammung der Vögel, Vogelordnungen der Erde, Vogelwelt im Watt und an der Nordseeküste, See- und Küstenvogelschutzgebiete Deutschlands u.a.m. Ha

## Kunsthalle Wilhelmshaven

Adalbertstraße 28, 26382 Wilhelmshaven **Telefon** (0 44 21) 4 14 48
**Fax** (0 44 21) 4 39 87 **E-Mail** kunsthalle-wilhelmshaven@t-online.de
**Internet** www.Kunsthalle-Wilhelmshaven.de **Geöffnet** Di. –,So. 11 – 17,
Do. 11 – 21 Uhr **Eintritt** 4,– DM (~ 2,05 €); Ermäßigungen
**Träger** Stadt Wilhelmshaven **Leiterin** Dr. Ute Riese

## Küsten-Museum

Jahn-Halle, Weserstraße (Post: Wilhelmshaven Projekt GmbH, c/o Stadt Wilhelmshaven, Postfach), 26380 Wilhelmshaven **Telefon** (0 44 21) 9 13 00 - 0 (Touristeninformation) **Geöffnet** (das Museum ist vorerst geschlossen, Wiedereröffnung voraussichtlich Ende 2001) **Träger** Wilhelmshaven Projekt GmbH
**Leiter** Dr. Rainer Halpaap

Den Grundstock bildeten das 1926 eröffnete „Rüstringer Heimatmuseum" mit einer volkskundlichen Sammlung sowie das 1935 eingerichtete „Marine- und Kolonialmuseum". Beide Museen erlitten erhebliche Kriegsverluste und wurden 1951 als „Heimat- und Küstenmuseum" zusammengeführt. Schwerpunkte der bis Ende 2000 im City-Haus gezeigten Sammlung bildeten auf die Nordseeküste bezogene Themen – im Mittelpunkt das Jadegebiet – sowie die besondere Geschichte der Stadt als Kriegshafen. Durch enge Kooperation mit dem Niedersächsischen Institut für historische Küstenforschung konnten Forschungsergebnisse zur

Landschafts- und Besiedlungsgeschichte einbezogen werden. Der für 2001 geplante Umzug in die ehemalige Jahn-Halle wird eine völlig neue Präsentation ermöglichen. Lo

## Nationalparkzentrum Wilhelmshaven / Das Wattenmeerhaus

Südstrand 110 b, 26382 Wilhelmshaven **Telefon** (0 44 21) 91 07 - 0 0. - 33 **Fax** (0 44 21) 91 07 12 **Internet** www.wattenmeerhaus.de **Geöffnet** April – Okt. täglich 10 – 18, Nov. – März Di. – So. 10 – 17 Uhr, 24. u. 31.12. geschlossen **Eintritt** 8,– DM (~ 4,09 €); Ermäßigungen **Service** zugänglich für Behinderte, Café, Shop **Träger** Stadt Wilhelmshaven u. Verein Nationalparkzentrum Wilhelmshaven / Das Wattenmeerhaus e.V. **Leiterin** Dr. Maria Röbbelen

Ungewöhnliche Einblicke in den Lebensraum Wattenmeer gewährt das 1997 eröffnete Nationalparkzentrum Wilhelmshaven / Das Wattenmeerhaus und lädt ein, auf Entdeckung zu gehen. Hinsehen, Hinhören, Anfassen und Ausprobieren sind hier nicht nur erlaubt, sondern gefordert. Spuren im Boden beispielsweise machen neugierig auf das Leben im Watt; wer sie verfolgt, kann ihre Verursacher aus der Nähe betrachten. Was es heißt, allein auf einer Hallig zu leben und Tausende von Seevögeln zu bewachen, erlebt der Besucher in der alten, originalen Vogelwärterhütte und kann einem Gespräch mit dem Vogelwärter lauschen. Im Salzwiesenraum bekommt ein präparierter Austernfischer Herzklopfen, wenn man ihm zu nahe kommt – ein unmissverständlicher Hinweis darauf, dass Vögel Ruhezonen brauchen. In einem Exkursionslabor können

Nationalparkzentrum Wilhelmshaven / Das Wattenmeerhaus

Funde untersucht werden, und eine Aussichtsterrasse bietet einen fantastischen Blick auf den Jadebusen.
Das Nationalparkzentrum Wilhelmshaven informiert übergreifend über den Nationalpark Wattenmeer. Die Beschriftung der Dauerausstellung ist z.T. zweisprachig in Deutsch und Englisch. Das Bildungsangebot umfasst vielfältige Veranstaltungen, und etwa viermal jährlich ist eine neue Wechselausstellung zu sehen. Im Jahr 2000 ist ein multimedialer Sturmerlebnisraum unter dem Motto „Im Auge des Sturms" eröffnet worden. Ha

## Freilichtmuseum „Tollhus up'n Wurnbarg"

Wittenberger Straße 14, 26188 Edewecht-Wittenberge **Telefon** (0 44 05) 69 65 o. 69 70 **Fax** (0 44 05) 93 90 31 **Geöffnet** ganzjährig n.V. **Eintritt** frei **Service** zugänglich für Behinderte, Café nach Voranmeldung **Träger** Heimatverein „Vergnögde Goodheit Westerscheps e.V." **Leiter** Jan-Dirk Meirose

Der Name „Tollhus up'n Wurnbarg" weist auf die frühere Bedeutung als Zollstation hin, und zwar zwischen dem Ammerland und dem Oldenburger Münsterland. Das 1958 hier eingerichtete Museum umfasst neben dem Heuerlingshaus eine Wagenremise, eine Scheune, einen Backofen sowie eine Bleicherhütte und zeigt schwerpunktmäßig alte Geräte und Maschinen aus Haushalt und Landwirtschaft. Ha

## Heimatmuseum Peldemühle

Esenser Straße 14, 26409 Wittmund **Telefon** (0 44 62) 52 79
**Internet** www.ostfriesische-museen.de **Geöffnet** April – Okt. Di. – Sa. 10 – 12.30 u. 14 – 17.30, So. 10 – 12.30; 1. Juli – 15. Aug. 10 – 17.30 Uhr; Mi. u. Fr. um 15 Uhr Führungen **Eintritt** 3,– DM (~ 1,53 €); Ermäßigungen
**Träger** Heimatverein Wittmund e.V. **Leiter** Erich Schüler

Das 1977 in der Peldemühle – ein voll funktionsfähiger Galerieholländer von 1741 – eingerichtete und später um einige Nebenräume erweiterte Museum bietet Beiträge zur Stadtgeschichte von Wittmund (u.a. Vereinswesen, Schloss) sowie Geschichte und Kultur des Harlinger Landes (u.a. archäologische Funde der Burg Uttel, Werkzeuge und Geräte aus Handwerk, Haus- und Landwirtschaft, Fahrzeuge, Feuerwehrspritze von 1904, Tankstelle um 1910). Im Außenbereich sind eine Schmiede und ein Backofen aufgebaut; an Aktionstagen wird Brot gebacken. Ha

# Elbe-Weser-Dreieck, Bremen

Schloß Agathenburg

## Schloß Agathenburg

Hauptstraße (B 73), 21684 Agathenburg **Telefon** (0 41 41) 6 40 11 **Fax** (0 41 41) 6 48 61 **E-Mail** info@schlossagathenburg.de **Internet** www.schlossagathenburg.de **Geöffnet** März – Okt. Di. – Sa. 14 – 18, So. 10 – 18, Nov. – Febr. Di. – Sa. 14 – 17, So. 10 – 17 Uhr **Eintritt** 2,– DM (~ 1,02 €) **Service** Café **Träger** Landkreis Stade **Leiterin** Bettina Roggmann M.A.

Das 1655 vom schwedischen Generalgouverneur Hans Christoph von Königsmarck erbaute Schloss wurde Anfang der 1990er Jahre als Kulturzentrum des Landkreises Stade eröffnet. Wechselnde Ausstellungen zeigen wichtige Tendenzen der Gegenwartskunst. Konzerte und Lesungen ergänzen das vielfältige Programm. Der das Gebäude umgebende Schlosspark ist attraktiver Ausstellungsort für die im Aufbau befindliche Skulpturensammlung der Kreissparkasse Stade. Den Königsmarcks als Gründern des Schlosses ist eine kleine Ausstellung im Eingangsbereich des Gebäudes gewidmet. Im Obergeschoss werden die Geschichte des Ortes und die Baugeschichte des Schlosses dargestellt. NBK

## Heimatstube Assel

Asseler Straße 42 A, 21706 Drochtersen-Assel **Telefon** (0 41 48) 52 71 (v. Busch) **Geöffnet** 1. u. 3. So. im Monat 15 – 18 Uhr **Eintritt** frei **Service** Café **Träger** Bürgerverein Assel e.V. **Leiter** Heino von Busch

Der Heimatverein bietet eine Sammlung diversen ländlichen Kulturguts von der Schuhmacherei bis zum Kochgerät. NBK

Glas-Museum Marienhütte und Teufelsmoor-Museum, Notgeldschein mit Glasbläsern der Marienhütte, 1921

## Glas-Museum Marienhütte und Teufelsmoor-Museum

Augustendorf Nr. 1, 27442 Gnarrenburg **Telefon** (0 47 63) 74 87 **Geöffnet** April – Okt. Sa. u. So. 10 – 18 Uhr u. n.V. **Eintritt** 3,– DM (~ 1,53 €) **Service** weitgehend zugänglich für Behinderte, Shop **Träger** Freundeskreis Glas-Museum Marienhütte e.V./Veronika und Hans-Werner Beissert **Leiter** Hans-Werner Beissert

Die 1846 gegründete Marienhütte, eine der vier seit 1750 um Gnarrenburg entstandenen Glashütten, war bis 1976 ein wesentlicher Wirtschaftszweig dieser Region. Die Erfindung des Tropfenzählers für Medikamente 1881 machte die Hütte unter Hermann Lamprecht zur Weltfirma. Im Glas-Museum sind Serien dieser berühmten Fläschchen ebenso zu sehen wie Ziergläser oder die bunten Glaskugeln, die die Arbeiter für den Eigenbedarf fertigten. Man erhält mit Gussformen, Rohlingen und Dokumenten Aufschluss über Arbeitsprozesse und die Geschichte der Hütte.
Im Teufelsmoor-Museum begegnet man vielfältigen Zeugnissen von der Lebenskultur der Moorbewohner. NBK

## Museumshof „Historischer Moorhof Augustendorf"

Augustendorf Nr. 11, 27442 Gnarrenburg **Telefon** (0 42 85) 5 13 (Leiterin)
**Fax** (0 42 85) 6 39 **E-Mail** Gieschen-Glinstedt@t-online.de
**Internet** www.kulturlandschaft.de/heimatverein_gnarrenburg.html
**Geöffnet** 1. Mai – Sept. So. 14 – 18 Uhr **Eintritt** 2,– DM (~ 1,02 €)
**Service** zugänglich für Behinderte **Träger** Heimatverein Gnarrenburg e.V.
**Leiterin** Margarete Gieschen

In diesem Freilichtmuseum wurde der 1853 gebaute Moorhof vollständig erhalten, wie er bis 1985 genutzt wurde. Das Rauchhaus macht zusammen mit Ställen, Schuppen, Brunnen, Erdkeller sowie Torfscheune und Torfkahn das Wirtschaftsgefüge eines Moorhofes anschaulich. Der

Museumshof „Historischer Moorhof Augustendorf", Torfstich

Backofen wird mit Torf gefeuert, der vor Ort gestochen wird. Am Platz des Torfstichs kann man die verschieden genutzten Schichten des Torfs vom oberen Weißtorf über den Bäckertorf, den man z.B. in der Gnarrenburger Glashütte nutzte, bis zum Schwarztorf, dem besten Heiztorf für den Export in die Städte, ablesen. NBK

## Museum Burg Bederkesa

Amtsstraße 17, 27624 Bad Bederkesa **Telefon** (0 47 45) 94 39 - 0 (Verwaltung) 0. 73 02 (Museumskasse) **E-Mail** info@burg-bederkesa.de
**Internet** www.burg-bederkesa.de **Geöffnet** Mai – Sept. Di. – So. 10 – 18, Okt. – April Di. – So. 10 – 17 Uhr **Eintritt** 4,– DM (~ 2,05 €); Ermäßigungen **Service** Restaurant **Träger** Landkreis Cuxhaven **Leiter** Matthias D. Schön M.A.

Die Burg Bederkesa ersetzte im 15. Jh. einen hochmittelalterlichen Vorgänger. Bis in das 17./18. Jh. wurde sie immer wieder ausgebaut. 1975 übernahm der Landkreis Cuxhaven das inzwischen verfallene Gebäude und ließ es wieder aufbauen. Es ist heute Sitz der archäologischen Denkmalpflege des Landkreises Cuxhaven.
Den Grabungen des Niedersächsischen Instituts für historische Küstenforschung in Wilhelmshaven auf der Geest um Flögeln mit Siedlungen seit der Jungsteinzeit und der nachchristlichen Marschen-Siedlung Feddersen-Wierde, der systematischen archäologischen Landesaufnahme und den Untersuchungen der Kreisarchäologen verdanken wir faszinierende Einsichten in die Siedlungsgeschichte der Region. Die modernen archäologischen Methoden erlauben Aussagen nicht nur über die detaillierte Nutzung der Häuser oder über Ackerfrüchte und Tierhaltung, sondern auch über den Wandel der Sozialstrukturen, über Fernhandel und Kulturaustausch – z.B. mit den Römern. Die Siedlungsgeschichte der Stein- und Bronzezeit und die der Altsachsen bis zu ihrer Auswanderung nach Britannien seit dem 5. Jh. wird mit Funden und Modellen anschaulich präsentiert. Besonders beeindruckend sind die Funde eines

Museum Burg Bederkesa

Gräberfeldes bei Wremen. Nicht nur gedrechselte Schemel und Tischchen fanden sich als Grabbeigaben: Einen Sitz, den „Thron aus der Marsch", kann man sich als Herrensitz in einer großen Halle vorstellen, wie sie auf der Feddersen-Wierde ausgegraben wurde. Begraben war dieser Herr in einem Boot, das neben einem zweiten Bootsgrab vollständig erhalten im Museum steht. Dank der glücklichen Verbindung von Museum und Kreisarchäologie erhalten Besucher immer wieder aktuelle Informationen über neue Befunde. Auch über die wechselvolle Geschichte der Burg erfährt man einiges im Museum. Der Roland aus dem Jahre 1602 im Burghof bezeugt die historische Bedeutung der Anlage. NBK

Museum Burg Bederkesa,
„Thron aus der Marsch"

## Museum des Handwerks Bad Bederkesa

Heubruchsweg 8, 27624 Bad Bederkesa **Telefon** (0 47 45) 18 19
**Geöffnet** Di. – So. 11 – 17 Uhr **Eintritt** frei **Träger** Verein Museum des Handwerks e.V.
**Leiter** Egon Wehmeyer

Die Innungen der Kreishandwerkerschaft Bremerhaven-Wesermünde haben sich zusammengetan, ihre Handwerke in historischer Sicht vorzustellen und auf Anfrage – etwa für Schulklassen – sowie an Vorführtagen in den im Museum vollständig eingerichteten Werkstätten bzw. Läden auch praktisch zu zeigen. Eine Buchdruckerei ist ebenso vorhanden wie Bäckerei und Schlachterei, Korbmacherei oder Sattlerei. Auch die Arbeit von Tischler, Schuhmacher und Uhrmacher, Frisör, Schneider, Dachdecker, Klempner, Elektriker, Schmied, Stellmacher, Autoschlosser und Maler lässt sich nachvollziehen. NBK

## Museumsbahn Bremerhaven–Bederkesa

Bahnhofstraße 16, 27624 Bederkesa (Post: Museumsbahn Bremerhaven–Bederkesa e.V., 27624 Bad Bederkesa) **Telefon** (0 47 45) 71 69 (Geschäftsstelle)
**Fax** (0 47 45) 93 13 87 **Internet** www.museumsbahn-bremerhaven-bederkesa.de
**Geöffnet** an Fahrtagen (s. örtl. Presse) **Eintritt** frei **Service** Behindertenzugang Freigelände, Erdgeschoss **Träger** Museumsbahn Bremerhaven–Bederkesa e.V.
**Ansprechpartner** H. W. Harden

Im restaurierten Bahnhof Bederkesa mit originalgetreuer Bahnhofsgaststätte ist eine Ausstellung zur Geschichte der 1896 eröffneten Bahnstrecke Bederkesa–Bremerhaven im Aufbau, außerdem werden Sonderfahrten mit dem Museumszug geboten. NBK

## Natureum Niederelbe – Natur- und Freilichtmuseum – Ökologische Station

Ostemündung, 21730 Balje **Telefon** (0 47 53) 84 21 10 **Fax** (0 47 53) 81 93
**E-Mail** info@natureum-niederelbe.de **Internet** www.natureum-niederelbe.de
**Geöffnet** April – Sept. Di. – So. 10 – 18, Okt. – März 10 – 17 Uhr **Eintritt** 6,– DM (~ 3,07 €); Ermäßigungen **Service** Behindertenzugang Gelände und Parterre, Café
**Träger** Stiftung Natureum Niederelbe **Leiter** Dr. Reinhard Kölmel

Die Ausstellung des Natureums thematisiert Landschaft und Lebensräume an der Niederelbe und im Elbe-Weser-Dreieck. Im 1988 – 1990 eingerichteten Museumsgebäude kommen die jahrhundertelangen Bemühungen der Menschen, Land und Häuser durch Wurten und Deiche vor dem Meer zu schützen, ebenso in den Blick wie die Umweltprobleme durch die Industrialisierung im Mündungsbereich der Flüsse. Die Vielfalt des Naturraums mit dem Wechsel von Süß- zu Salzwasser erschließt sich vor allem im unterschiedlichen Fischbesatz, der mit drei Aquarien gezeigt wird. Auch die Vogelwelt wird im Natureum vorgeführt.
Die Möglichkeit, neben Theorie und Präparaten auch die reale Natur einzubeziehen, ist ein lohnender Vorteil der etwas abseitigen Lage des Hauses im Mündungsgebiet der Elbe. Besonders reizvoll ist die direkte Beobachtung von Vögeln vom Turm des Museums und an besonderen

Natureum Niederelbe, ein verkleinertes Modell des Leuchtturmes am Osteriff kündigt den Besuchern die Ausstellungsabteilung über die Elbmündung und die Lebensräume Wasser und Watten an

Plätzen auf dem Freigelände. Ein begehbarer Rundweg entlang der Oste zeigt in Themenpavillons im Kontext zur Natur und in Feldversuchen Details über Ökologie, die Besonderheiten von Feuchtgebieten und der Marsch oder Pflanzen und Kleinlebewesen an der Niederelbe. Vor dem Museum wird der Besucher anschaulich in die Erdgeschichte des Elbmündungsgebietes vom Neandertaler rückwärts bis zum Perm geführt. Modelle und Fossilien veranschaulichen die Besonderheiten der Phasen der Erdgeschichte. Besonders beeindrucken im Sommer lebende Beispiele für die Fauna vom Schachtelhalm über die Araukarie bis zum Mammutbaum, die vor Tausenden von Jahren hier in der Region heimisch waren. Pädagogische Aktivitäten vertiefen regelmäßig die Einsicht in Naturvorgänge und Naturgeschichte. NBK

Natureum Niederelbe, aus der Beobachtungshütte „Ostemündung" kann man die Wasservögel im Watt beobachten

## Heimatstube Bliedersdorf

Hauptstraße 49, 21640 Bliedersdorf **Telefon** (0 41 63) 21 80 (Meyer)
**Geöffnet** So. 15 – 18 Uhr **Eintritt** frei **Service** Café für Gruppen n.V.
**Träger** Kulturgruppe Bliedersdorf **Betreuerin** Elfriede Meyer

Auf kleinstem Raum werden hier Gerätschaften, Hausrat und historische Fotos aus der Zeit vor der Technisierung der Landwirtschaft gezeigt und anschaulich erläutert. NBK

## Bremer Rundfunkmuseum

Findorffstraße 22 – 24, 28215 Bremen **Telefon** (04 21) 35 74 06 o. 35 37 97 (Budde)
**Geöffnet** Mo. – Fr. 9 – 17 Uhr **Eintritt** 3,– DM (~ 1,53 €); Ermäßigungen
**Träger** Bremer Rundfunkmuseum e.V. **Leiter** Bernhard Budde

Dieses Museum, aus der Privatsammlung radio- und funkbegeisterter CB-Funker hervorgegangen, ist eine Fundgrube für Freunde der Technik- und Mediengeschichte. Auf engstem Raum bietet die Ausstellung einen Querschnitt durch die Entwicklung von Funk, Rundfunk und sonstiger Unterhaltungselektronik. Detektoren sind ebenso vorhanden wie frühe Röhrengeräte, Volksempfänger und die Entwicklungen nach 1945. Außerdem findet man einen Überblick über Schallplatten-, Tonband- und Seefunkgeräte. Mit Kinder- und Jugendgruppen werden regelmäßig alte Radiotechniken geübt. NBK

## Dom-Museum

St.-Petri-Dom, 28195 Bremen (Post: Sandstraße 10 – 12, 28195 Bremen)
**Telefon** (04 21) 3 65 04 - 44 (Leitung) o. - 75 (Museum) **Fax** (04 21) 3 65 04 25
**Internet** www.bremen.de **Geöffnet** Sa. 10 – 13.30, So. 14 – 17, Mai – Okt. Mo. – Fr. 10 – 17, Nov. – April 11 – 16 Uhr **Eintritt** 2,– DM (~ 1,02 €); Ermäßigungen
**Träger** Stiftung Bremer Dom e.V. **Leiterin**: Dr. Ingrid Weibezahn

Dom-Museum,
Krümme eines Bischofsstabes, um 1200

Das Museum, 1987 in Nebenräumen des Domes eingerichtet und 1995 erweitert, stellt mit seinen Gewölbemalereien, mit Skulpturenfragmenten, Bildern und Texten die Baugeschichte des Domes von der Gründung im 9. Jh. über die Bauten und Umbauten vom 11.–19. Jh. bis heute ebenso vor wie die Bistumsgeschichte. Altargerät des 15.–20. Jh., Gemälde und historische Kollektengefäße führen in die sich wandelnde Frömmigkeitsgeschichte ein. Höhepunkt der Ausstellung sind Funde aus den Gräbern der Bremer Erzbischöfe. Vor allem mittelalterliche Textilien – etwa ein Schuhpaar aus Elefantenstoff aus der Zeit um 1000, bestickte Handschuhe des 11./12. Jh., Mitren und vollständige Messgewänder – sind selten in solcher Fülle und so gut erhalten zu sehen. NBK

## Focke-Museum
## Bremer Landesmuseum für Kunst und Kulturgeschichte

Schwachhauser Heerstraße 240, 28213 Bremen **Telefon** (04 21) 3 61 - 33 91 (aktuelle Ansagen), - 37 75 (Sekretariat), - 32 84 (Führungen etc., 9 – 12 Uhr) **Fax** (04 21) 3 61 39 03 **E-Mail** post@focke-museum.bremen.de **Internet** www.bremen.de/info/focke **Geöffnet** Di. 14 – 21, Mi. – So. 10 – 17, Schulklassen ab 9 Uhr **Eintritt** 6,– DM (~ 3,07 €); Ermäßigungen **Service** zugänglich für Behinderte, Aufzug, Restaurant Focke's, Telefon (04 21) 24 97 61 **Träger** Stiftung Focke-Museum **Leiter** Prof. Dr. Jörn Christiansen

Das Bremer Landesmuseum ging hervor aus dem Bremer Gewerbemuseum und der namengebenden stadtgeschichtlichen Sammlung von Johann Focke. Nach dem Zweiten Weltkrieg wurde das Museum in ein großzügiges Parkgelände des ehemaligen Gutes Riensberg verlegt. Im Haus Riensberg selbst werden heute großbürgerliche Wohnräume vom 18. bis zum frühen 20. Jh. präsentiert. Den Einblick in die bürgerliche

Focke-Museum, Bremer Landesmuseum für Kunst und Kulturgeschichte, Blick in das Haupthaus

Focke-Museum, Bremer Landesmuseum für Kunst und Kulturgeschichte, Dreiradfahrer, Fahrspielzeug mit Federwerk, 1870

Kultur vertiefen Bremer Bürgerporträts, Fürstenberger Porzellan und die qualitätvolle Glassammlung. Auch die historischen Spielzeuge im Obergeschoss sind vornehmlich Zeugnisse einer städtisch-bürgerlichen Kultur.

Dem Gutshaus wurden einige Gebäude bäuerlicher Herkunft zur Seite gestellt, die den Kontrast von bäuerlicher und bürgerlicher Kultur spiegeln. Das Haus Mittelsbüren, ein 1586 in dem gleichnamigen Dorf des früheren Bremer Landgebietes erbautes Zweiständerhaus, bietet sich dem Besucher nicht als das übliche nostalgische Bauernhaus dar, sondern erzählt die eigene Geschichte: Das mehr als 400 Jahre alte Gefüge wird bis in Einzelheiten sichtbar gemacht. Geräte, Modelle und historische Fotos veranschaulichen den Wandel der Lebensformen in Mittelsbüren bis 1960, als das Dorf der modernen Industrie, der Klöckner-Hütte, weichen musste. Dort, wo man die bekannten gemütlichen Stuben erwartet, wird vorgeführt, was auf dem Museumsgelände mit dem Haus geschah. Beim Umsetzen wurde es in einen teilweise fiktiven Urzustand versetzt und ausgestattet, wie es dem Idealbild dieses Haustypus' entsprach. Dem Besucher wird so exemplarisch deutlich, dass die Darbietung und damit die Deutung von Objekten im Museum zeitgebunden sind.

In der Tarmstedter Scheune von 1803 veranschaulichen landwirtschaftliche Geräte aus der Umgebung Bremens die Vielfalt bäuerlicher Tätigkeiten in der Vergangenheit. Eine weitere umgebaute Scheune beherbergt seit 1995 die vor- und frühgeschichtliche Abteilung des Museums mit historischen Zeugnissen von 350 000 v. bis 800 n. Chr., die vom Bremer Landesarchäologen betreut wird.

Das 1964 vollendete Haupthaus wurde 1998 nach einer umfassenden baulichen Sanierung mit einer neu konzipierten Dauerausstellung zu 1200 Jahren bremischer Geschichte wiedereröffnet. Beginnend mit der Frühzeit der Stadt, für die die Schätze aus den Gräbern der Erzbischöfe stehen, über die Entwicklung zur Hansestadt bis heute werden politische, wirtschaftliche und kulturelle Aspekte vermittelt. Die Figuren von Kaiser und Kurfürsten vom Bremer Rathaus belegen, dass die Bremer sich schon im 15. Jh. als freie, nur dem Kaiser verantwortliche Bürger fühlten, lange bevor Bremen 1645 freie Reichsstadt wurde. Seit dem 16. Jh. entwickelte sich in der Hansestadt Bremen eine hohe bürgerliche Kultur. Davon zeugen die Hinterlassenschaften des Handwerks. Lebensader der Stadt war immer die Weser, im Mittelalter für den Fernhandel, im 19. Jh. schließlich als Ausgangspunkt für den Überseehandel. Durch Industrialisierung und Schiffbau verstärkte Bremen seine Position zusätzlich. Vor dem Hintergrund der wirtschaftlichen Blüte wird verständlich, warum Bremens Silberproduktion damals eine überregionale Bedeutung gewann.
Im 20. Jh. kam als neue Industrie die Automobilproduktion hinzu, zuerst mit Hansa-Lloyd, dann mit Borgward und schließlich mit Mercedes. Reformation, napoleonische Zeit, 1848er Revolution und Arbeiterbewegung werden ebenso thematisiert wie die Nazidiktatur und der Neubeginn nach 1945. Vielfältige moderne Medien machen den Rundgang zum lebendigen Erlebnis. NBK

Focke-Museum, Bremer Landesmuseum für Kunst und Kulturgeschichte, Borgward „Isabella" TS Coupé, Baujahr 1960

## Mühle Oberneuland (Außenstelle des Focke-Museums)

Mühlenweg 34, 28355 Bremen **Telefon** (04 21) 25 92 14 **Geöffnet** Di. – Fr. 9 – 12, So. 11 – 17 Uhr **Eintritt** 3,– DM (~ 1,53 €); Ermäßigungen **Träger** Stiftung Focke-Museum **Leiter** Prof. Dr. Jörn Christiansen

In der Turmwindmühle von 1848 ist eine Ausstellung zu sehen über das häusliche Brotbacken, wie es bis in den Anfang des 20. Jh. üblich war. Eine Vielzahl von Geräten, Texten und Bildmaterial dokumentiert den Weg vom Korn zum Brot. Nicht zuletzt durch die sich drehenden Flügel ist dieses technische Baudenkmal besonders attraktiv. NBK

## Gerhard Marcks-Haus

Am Wall 208, 28195 Bremen **Telefon** (04 21) 32 72 00 **Fax** (04 21) 3 37 86 75 **E-Mail** info@marcks.de **Internet** www.marcks.de **Geöffnet** Di. – So. 10 – 18 Uhr, Do. 17 Uhr Führung **Eintritt** 6,– DM (~ 3,07 €); Ermäßigungen **Träger** Gerhard Marcks-Stiftung **Leiter** Dr. Jürgen Fitschen

Das Gerhard Marcks-Haus neben der Kunsthalle besteht seit 1969 und erhielt nach dem Tod des Bildhauers 1981 dessen gesamten künstlerischen Nachlass. 350 Skulpturen, 12 000 Handzeichnungen sowie 900 Blatt Grafik und Holzschnitte bilden einen unerschöpflichen Fundus, der es erlaubt, immer andere Facetten im Werk des Künstlers zu vermitteln, in dessen Zentrum stets der Mensch stand. Doch bezieht sich die Arbeit des Museums nicht allein auf Gerhard Marcks. Vielmehr werden in thematischen und monografischen Ausstellungen andere Künstler systematisch zum Vergleich gestellt. Mit seinen hervorragend zusammengestellten und gestalteten Ausstellungen zur Plastik, Skulptur sowie zur Bildhauerzeichnung hat sich das Gerhard Marcks-Haus als Spezialmuseum einen Namen gemacht.
Kurse führen in Aspekte der Kunstgeschichte ein oder vermitteln im Museums-Atelier Gestaltungslehre, Aktzeichnen oder einzelne künstlerische Techniken. NBK

Gerhard Marcks-Haus

Gerhard Marcks-Haus, Gerhard Marcks, Schwimmerin, 1938

## Grüttert Uhrenmuseum

Sögestraße 70, 28195 Bremen **Telefon** (04 21) 30 90 50 **Geöffnet** Mo. – Sa. während der Geschäftszeiten **Eintritt** frei **Träger** Volker Schmidt

Im Untergeschoss eines Uhrengeschäfts machen u.a. eine nachgebaute Uhrmacherwerkstatt der Jahrhundertwende mit Originalausstattung und Dokumente der Familien Grüttert und Schmidt das Uhrmacherhandwerk anschaulich. Außerdem findet man maritime Zeitmesser sowie Fliegeruhren und Raritäten rund um den ersten Atlantikflug mit der BREMEN 1928. NBK

Krankenhaus-Museum, Schwestern der Bremer Nervenklinik, um 1935

## Krankenhaus-Museum

Züricher Straße 40, 28325 Bremen (Postfach 41 05 61, 28323 Bremen) **Telefon** (04 21) 4 08 - 17 81 **Fax** (04 21) 4 08 28 98 **Internet** www.is-bremen.de/is-bremen/Bremen/Museen/Krankenhausmuseum **Geöffnet** Mi. – So. 15 – 18 Uhr **Eintritt** frei **Träger** Zentralkrankenhaus Bremen-Ost **Leiter** Achim Tischer

Von 1900–1904 wurde im Dorf Ellen, damals weit vor der Stadt Bremen gelegen, das St.-Jürgen-Asyl für psychisch Kranke gebaut. Es entstand eine gartenstadtähnliche Anlage mit villenartigen Gebäuden. Die Anstalt war ein geschlossenes und fast autonomes Gemeinwesen mit eigener Landwirtschaft und Werkstätten, die der Versorgung ebenso dienten wie der Beschäftigungstherapie. Nicht nur die Patienten, die häufig ihr Leben lang blieben, sondern auch Pfleger, Schwestern und Ärzte/innen lebten auf dem Gelände. Gezeigt werden der Wandel in Diagnose und Behandlung ebenso wie die Sozialgeschichte von Patienten und Personal von der Mitte des 19. bis zur Mitte des 20. Jh. Biografien und Äußerungen Einzelner stehen beispielhaft für Patientenschicksale. Eine Erweiterung bis heute (u.a. Einführung von Psychotherapien, Neurologie, Neurochirurgie und Radiologie) ist in Vorbereitung. Eine zentrale Stelle nimmt die Psychiatrie der Nazizeit ein, die Pflege und Heilung durch Zwangssterilisierung und Krankenmord (sog. Euthanasie) ersetzte. Ein Mahnmal gedenkt der Opfer des nationalsozialistischen Rassenwahns. Museum und Galerie bilden ein Kulturforum nicht nur für den Stadtteil. Dieses versteht sich als Ort der Auseinandersetzung vor allem mit der Psychiatrie in medizinischer und gesellschaftlicher Hinsicht. Inhaltlich ergänzende Sonderausstellungen und solche zeitgenössischer Kunst regen die Diskussion ebenso an wie ein Begleitprogramm mit aktiven Arbeitskreisen, Vorträgen, Filmen, Hörspielen und Theaterstücken. NBK

## Kunsthalle Bremen

Am Wall 207, 28195 Bremen **Telefon** (04 21) 3 29 08 - 0 (Museum), 3 29 08 - 33 (Pädagogik) **Fax** (04 21) 3 29 08 47 **E-Mail** office@kunsthalle-bremen.de **Internet** www.kunsthalle-bremen.de **Geöffnet** Di. 10 – 21, Mi. – So. 10 – 17 Uhr, Vorlegezeit Kupferstichkabinett Di. 10 – 18 Uhr **Eintritt** 8,– DM (~ 4,09 €); Ermäßigungen **Service** zugänglich für Behinderte, Museumsshop **Träger** Der Kunstverein in Bremen **Leiter** Prof. Dr. Wulf Herzogenrath

Die Kunsthalle Bremen, erbaut 1849, war eines der ersten bürgerlichen Kunstmuseen in Deutschland. Eine Bürgerstiftung ist nicht nur der erste, sondern auch der 1904 eröffnete, heute erweiterte Bau. Auch der größte Teil der Bestände geht bis heute auf Stiftungen von Bremer Bürgern zurück. Die Sammlungen setzen im Mittelalter mit Tafelbildern der italienischen Renaissance und Altdeutscher Malerei an. Bedeutende Werke Dürers, die lange als Kriegsverluste galten, lagern noch in der St. Peters-

Kunsthalle Bremen, Vincent van Gogh, Mohnfeld, 1889/90

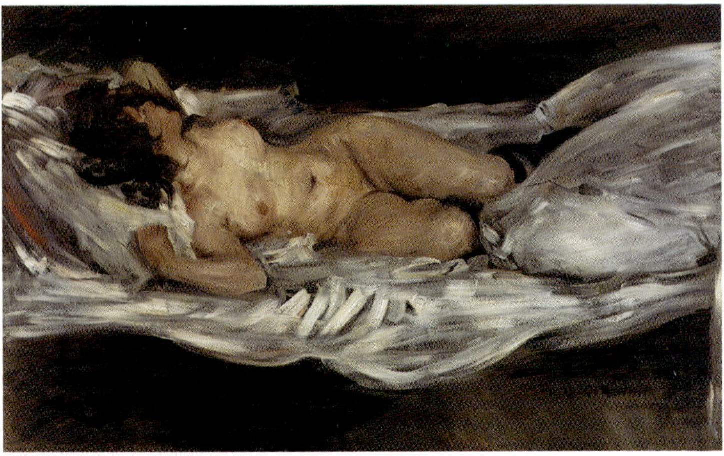

Kunsthalle Bremen, Lovis Corinth, Liegender weiblicher Akt

Kunsthalle Bremen,
Antonio Canova, Psyche,
Marmor, 1793/94

burger Eremitage. Ein Schwerpunkt der älteren Kunst sind Werke der calvinistischen Niederländer des 17. Jh., denen durch Erwerbungen seit den 50er Jahren des 20. Jh. auch Rokokogemälde des katholischen Südens entgegengestellt sind. Schon im 19. Jh. wurden neben konventioneller Kunst Werke der Avantgarde erworben, so Bilder von Corot oder von französischen Impressionisten oder, 1911, ein geradezu skandalöser Ankauf: das „Mohnfeld" von van Gogh. Neben guten Beispielen für die Nazarener und Romantiker finden sich Gemälde von Leibl, Slevogt, Liebermann und Corinth. Für die Moderne stehen neben den in Bremen selbstverständlichen Worpswedern besonders die Maler der Brücke und bedeutende Werke von Beckmann. Die Sammlung wird bis in die Gegenwart geführt. Eine Vielzahl von Kleinplastiken verweist mit der weitgehenden Beschränkung auf die gegenständliche Figuration auf eine gewisse konservative Grundhaltung der fördernden Bürger.
Das Kupferstichkabinett ist mit etwa 230 000 Blatt eines der größten in Europa. Es enthält Handzeichnungen und Druckgrafik vom 15.–20. Jh., Skizzenbücher, illustrierte Bücher sowie japanische Farbholzschnitte. In sorgfältig erarbeiteten Ausstellungen werden permanent Teile davon der Öffentlichkeit präsentiert.
Als neue Abteilung wurde 1998 die Sammlung von MedienKunst mit bedeutenden Werken u.a. von Nam June Paik, John Cage und Otto Piene eingerichtet. 1982 erhielt die Kunsthalle einen Anbau, in dem große Ausstellungen gezeigt werden. Vorträge und Mitmachmuseum, Kunstberatung und regelmäßige Führungen ergänzen das Programm. Die Kunsthalle wurde 1996 – 1998 grundlegend saniert. Die erneuerten Räume bieten ein hervorragendes Ambiente für die Sammlungen. NBK

Kunsthalle Bremen,
Claude Monet, Camille, 1866

Kunstsammlungen Böttcherstraße Bremen, Paula Modersohn-Becker Museum, Paula Modersohn-Becker, Blasendes Mädchen im Birkenwald, 1905

## Kunstsammlungen Böttcherstraße Bremen Paula Modersohn-Becker Museum – Museum im Roselius-Haus

Böttcherstraße 6 – 10, 28195 Bremen (Postfach 10 71 09, 28071 Bremen)
**Telefon** (04 21) 3 36 50 - 77 o. - 66 **Fax** (04 21) 3 39 82 95 **E-Mail** paula@pmbm.de
**Internet** www.pmbm.de **Geöffnet** Di. – So. 11 – 18 Uhr **Eintritt** 8,– DM (~ 4,09 €); Ermäßigungen **Träger** Böttcherstraßen GmbH **Leiter** Dr. Rainer Stamm

1923–1931 ließ der Bremer Kaffeefabrikant Roselius die in ihrer Bausubstanz auf das Mittelalter zurückreichende Böttcherstraße von den Architekten Runge und Scotland in der heute noch bestehenden expressionistischen Form umbauen. Bei der Gestaltung spielte der Bildhauer Bernhard Hoetger (1874–1949) eine wesentliche Rolle. In das Werk dieses Künstlers führen die oberen Etagen des Paula Modersohn-Becker-Hauses ein. Das Gebäude wurde von Hoetger für Arbeiten der Künstlerin konzipiert. Paula Becker (1876–1907) kam 1901 nach Worpswede und heiratete dort Otto Modersohn. Mehrere Parisbesuche, die Kenntnis der Werke von Cézanne und vor allem Gauguin führten sie zu ihrer auf das Wesentliche reduzierten Menschendarstellung. Das Museum kann alle Schaffensphasen der Malerin belegen.
Ein altes Patrizierhaus hatte Roselius schon 1902 erworben, das Roselius-Haus. Es war für ihn ein idealer Ort für seine Sammlung spätmittelalterlicher Kunst. Sie umfasst mittelalterliche Altartafeln ebenso wie Porträts vom Ehepaar Luther aus der Cranach-Schule oder eine Beweinung von Riemenschneider. Seit 1987 befindet sich hier der Silberschatz der „Compagnie der Schwarzen Häupter zu Riga". Roselius ließ historisierende Wohnräume mit altem Mobiliar und Kunst einrichten. So entstand der Eindruck, als ob die Bewohner nur kurz abwesend seien. Die damals intendierte Wirkung ist in der 1992 erfolgten Neugestaltung beibehalten worden. NBK

## Neues Museum Weserburg Bremen

Teerhof 20, 28199 Bremen **Telefon** (04 21) 59 83 90 **Fax** (04 21) 50 52 47 **E-Mail** nmwb.verwaltg@t-online.de **Internet** www.nmwb.de **Geöffnet** Di. – Fr. 10 – 18, Sa. – So. 11 – 18 Uhr **Eintritt** 8,– DM (~ 4,09 €); Ermäßigungen **Service** Restaurant, Café La Citadelle, Museums Buch Laden **Träger** Stiftung Neues Museum Weserburg Bremen **Leiter** Dr. Thomas Deecke

Seit 1991 hat Bremen mit seiner Weserburg auch ein Spezialmuseum für aktuelle Kunst und die Kunst der letzten 40 Jahre. Als Gebäude dienen die ehemaligen Speicher einer Kaffeerösterei auf dem Teerhof mitten in der Weser. Mit wenigen gezielten Veränderungen – Durchbrüche, die die Sicht durch Raumfluchten und damit die Zusammensicht verschiedener Kunstwerke ermöglichen, und einem Lichthof, der im ganzen Haus natürliche Beleuchtung gewährt – ist der Zweckbau für die neue Aufgabe aufbereitet worden. Entstanden ist eine ideale neutrale Bühne für Kunst, eines der größten Museen für Kunst der Gegenwart in Deutschland.
Die Weserburg ist das erste Sammlermuseum Europas. Werkgruppen aus verschiedenen europäischen Privatsammlungen bieten einen anregend widersprüchlichen Blick auf die Kunst der letzten Jahrzehnte des 20. Jh. Die Sammlungen befinden sich langfristig im Museum, werden aber durch Akzentverschiebungen verändert. Mit diesem Konzept soll das Museum aktuell bleiben. Gezeigt wird u.a. amerikanische Kunst vom Abstrakten Impressionismus (Morris Louis, Philip Guston) über Pop Art (George Segal, Duane Hanson) und Surrealismus (Robert Matta) bis zur Minimal Art (Sol LeWitt, John McCracken). Mario März und Pier Paolo Calzolari repräsentieren die italienische Arte Povera, Thomas Ruff und Thomas Struth den Bereich Fotokunst. Schwerpunkt einer der Sammlungen ist die Fluxusbewegung und ihr Umfeld (Dieter Roth, Robert Filliou, Daniel Spoerri). Für die deutsche Kunst der letzten 40 Jahre stehen

Neues Museum Weserburg Bremen, Gerhard Richter, Matrosen

Neues Museum Weserburg Bremen, Außenansicht mit „Outdoor Piece", Sol LeWitt

etwa Georg Baselitz, Gerhard Richter, A. R. Penck, Ulrich Rückriem oder Reiner Ruthenbeck. Manche Kunstobjekte sind in den Grenzbereichen zwischen den Künsten angesiedelt wie das „Klanghaus" von Hans Otte oder die Arbeiten von Rebecca Horn. Auch das Sammlermuseum verzichtet nicht auf eigene Ankäufe. Unter anderem wurde das „Archive for Small Press Communication" erworben und damit die Sammlung von Kunstbüchern und Verwandtem auf ca. 40 000 Stücke erweitert. Sonderausstellungen ergänzen gezielt in der Rückschau fehlende oder neue Aspekte. Hinzu kommen Video- und Filmvorführungen, Performances, Multimedia-Veranstaltungen und museumspädagogische Aktivitäten. NBK

Neues Museum Weserburg Bremen, Roxy's, Edward Kienholz, 1960/61

Schulgeschichtliche Sammlung Bremen

## Schulgeschichtliche Sammlung Bremen

Auf der Hohwisch 61 – 63, 28207 Bremen **Telefon** (04 21) 3 61 - 30 30 **Fax** (04 21) 36 15 92 64 **E-Mail** irohleder@schulmuseum.bremen.de **Internet** www.bremen.de **Geöffnet** Di. – Fr. 11 – 16, So. 14 – 18 Uhr (Einschränkungen in Schulferien) **Eintritt** 3,– DM (~ 1,53 €); Ermäßigungen, Mitmachangebote: 6,– DM (~ 3,07 €); Ermäßigungen **Service** Café nach Vereinbarung **Träger** Land Bremen **Leiterin** Ulla M. Nitsch

Seit 1983 ist in Bremen eine der größten schulgeschichtlichen Sammlungen der Bundesrepublik entstanden. In wechselnden Ausstellungen aus dem reichen Fundus können die Besucher Bremer Schulgeschichte seit der Mitte des 19. Jh. kennen lernen. Schauobjekte aus den Fächern Biologie, Physik, Textilarbeit etc. laden zum Staunen ein. Im Klassenraum der Kaiserzeit kann historischer Unterricht bis zum Rollenspiel in historischer Kleidung erprobt werden. Wichtiger Forschungsschwerpunkt sind die drei Bremer Versuchsschulen 1920–1933. Ihre Unterrichtsgestaltung prägt den museumspädagogischen Ansatz der vielgestaltigen Mitmachprogramme. Lehrer werden vor dem Besuch mit der Klasse beraten. Die „Museumspädagogischen Bausteine" enthalten Arbeitsbögen vom historischen Unterricht über Kinderleben früher bis zur Auseinandersetzung mit dem Museumsobjekt als Quelle. Eine Präsenzbibliothek dient der weiteren Information. NBK

## Städtische Galerie im Buntentor und Graphothek

Buntentorsteinweg 112, 28201 Bremen **Telefon** (04 21) 3 61 - 58 26 u. - 69 20 **Fax** (04 21) 3 61 57 46 **E-Mail** kwerner@bildung.bremen.de **Internet** www.bremen.de **Geöffnet** Di. – Fr. 10 – 16 u. So. 11 – 16 Uhr **Eintritt** 2,– DM (~ 1,02 €); Ermäßigung **Service** Behindertenzugang **Träger** Land Bremen **Leiter** Dr. Hans-Joachim Manske

Kunst in Bremen – aktuelle Kunst und solche der letzten einhundert Jahre aus der Sammlung des Hauses – wird hier in wechselnden Ausstellungen präsentiert. Die Graphothek bietet einen beachtlichen Fundus an Grafik zum Ausleihen. NBK

## Tischlerei Museum Bremen

Köpkenstraße 18 – 20, 28203 Bremen **Telefon** (04 21) 17 17 03 (Innungsbüro) **E-Mail** museum@tischler-innung-bremen.de **Internet** www.tischler-innung-bremen.de/museum **Geöffnet** n.V. **Eintritt** 5,– DM (~ 2,56 €) **Träger** Förderverein Tischlerei Museum e.V. / Tischler-Innung Bremen **Ansprechpartner** Innungsbüro

1888 erst trat Bremen dem deutschen Zollverein bei und öffnete sich für den freien Handel. Dies schien u.a. den Möbeltischlereien enorme Exportmöglichkeiten zu eröffnen. So legten in der Köpkenstraße 1889 zwei Tischler ihre Werkstätten zusammen und richteten eine damals hochmoderne Werkhalle mit dampfbetriebenen Holzbearbeitungsmaschinen im Gruppenantrieb ein. Nach Rekonstruktion des historischen Zustandes bietet der 1986 aufgegebene Betrieb einen umfassenden Einblick in den Arbeitsablauf eines industrialisierten Handwerksbetriebs sowie Modernisierungen von 1903 und 1945. Die veränderten Arbeitsbedingungen in der Industrialisierung werden im Kontrast zur ebenfalls erhaltenen Tischlerwerkstatt von 1860 deutlich. Werkzeuge, Holzproben und Dokumente ergänzen den eindrucksvollen Rundgang. NBK

## Übersee-Museum

Bahnhofsplatz 13, 28195 Bremen **Telefon** (04 21) 3 61 - 92 03 (Information) o. - 91 76 (Sekretariat) o. - 97 36 (Museumspädagogik) **Fax** (04 21) 3 61 92 91 **E-Mail** uem3@uni-bremen.de **Internet** www.bremen.de/info/uebersee o. uebersee.coinn-bremen.de **Geöffnet** Di. – So. 10 – 18 Uhr, Führung: Do. 17 Uhr **Eintritt** 10,– DM (~ 5,11 €); Ermäßigungen **Service** Behindertenzugang unter den Arkaden, Aufzug, Restaurant Übersee im Museum, Museumsshop **Träger** Übersee-Museum – Stiftung öffentl. Rechts **Leiterin** Prof. Dr. Viola König

Übersee-Museum, Japangarten mit Shinto-Schrein im zweiten Lichthof

Übersee-Museum, Diorama Bison mit Prärie-Indianer

1896 wurde das „Städtische Museum für Natur-, Völker- und Handelskunde", das heutige Übersee-Museum, gegründet. Grundlagen waren die 1875 ins Leben gerufene städtische Sammlung für Naturgeschichte und Ethnologie, die in Teilen schon auf das 18. Jh. zurückging, und eine Handelsausstellung von 1890. Bis heute werden die Sammlungen aus völkerkundlichen, naturwissenschaftlichen und wirtschaftsgeografischen Aspekten interpretiert. Seit Jahrhunderten unterhalten die Bremer Kaufleute Handelsbeziehungen zur ganzen Welt. Dem trägt das Museum mit einer Abteilung für Handelskunde Rechnung. Für den Nahbereich zeigt diese die Geschichte der Bremer Häfen, Bremerhavens sowie der Weser, deren Korrekturen und Ökologie. Für den Fernbereich stehen der historische Kolonialwarenladen und die durch moderne Kommunikation ermöglichten Handelsformen.

Beleg für Bremen als Stadt des Überseehandels sind die reichen Kunstschätze und die Zeugnisse zahlreicher fremder Kulturen. Hierzu gehören altägyptische Mumien ebenso wie melanesische Boote, das Haus eines chinesischen Beamten der Jahrhundertwende, eine Sammlung afrikanischer Skulpturen und die reich gemusterten Decken und Kleidungsstücke von Indianern. Diese und viele andere Schaustücke werden in den Bezugsrahmen ihrer jeweiligen Kultur gestellt: Als Inszenierungen in Originalgröße versetzen ein afrikanischer Kral, Nomadenzelte oder auch die Häuser der Melanesier den Besucher in fremde Welten. Weitere Originale, Bilder und Texte verdeutlichen die Zusammenhänge. Kulturraum und Naturraum werden dabei als Einheit vorgestellt. In großen

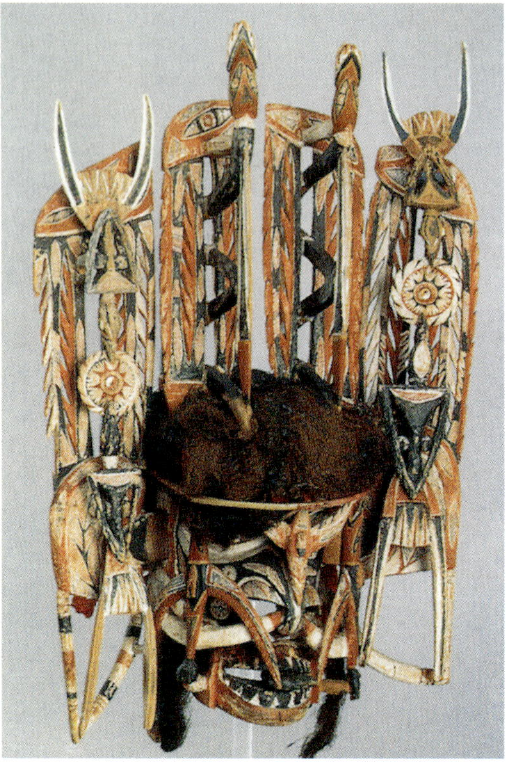

Übersee-Museum, Tanzmaske, nördl. Neuirland (Papua Niugini), um 1900

Dioramen treten Tier- und Pflanzenwelt sowie ökologische Probleme in den Blick. Dargestellt wird auch der Einfluss der Europäer. In Amerika beispielsweise hatte er die Verdrängung der Urbevölkerung in winzige Reservate zur Folge, in Afrika die Zerstörung einer dem Naturraum angemessenen Wirtschaft. Anderenorts führte er zu formalen Veränderungen beim Verzieren von Textilien und Gestalten von Figuren oder zum Ersatz landesüblichen Geschirrs durch Plastikprodukte. Als positiver europäischer Beitrag der Gegenwart werden sinnvolle Entwicklungshilfeprojekte vorgestellt.

Rein naturwissenschaftliche Abteilungen sind die Meeresökologie und die Ökologie des Waldes. Hinzu kommt die Darstellung der Evolution. Sie reicht von der Funktion der Zelle bis zur Entwicklung des Menschen, von der Erklärung der Grundstoffe der Materie bis zu den Denkmodellen der Entstehungsgeschichte der Welt.

Zu einzelnen Themenbereichen liegt pädagogisches Material für Schulklassen vor. Sonderausstellungen vertiefen das Verständnis für fremde Kulturen und naturkundliche Zusammenhänge. NBK

Übermaxx – Schaumagazin des Übersee-Museums

## Übermaxx – Schaumagazin des Übersee-Museums

Bahnhofsplatz 12, 28195 Bremen **Telefon** (04 21) 3 61 97 36 (Gruppenanmeldung) **Geöffnet** Mi. – So. 11 – 23 Uhr (Di. nur Gruppen) **Eintritt** 6,– DM (~ 3,07 €); Ermäßigungen **Träger** Übersee-Museum – Stiftung öffentl. Rechts **Leiterin** Prof. Dr. Viola König

Seit Mai 1999 bietet das Museum in seinem Schaumagazin im Übermaxx neben dem Hauptgebäude allen Besuchern einen Einblick in die umfangreichen Sammlungen des Hauses. Mit ca. 20 000 Objekten aus den völkerkundlichen und ca. 10 000 Objekten aus den naturkundlichen Sammlungen ist es das weltweit größte öffentlich zugängliche Magazin. Während der völkerkundliche Teil nach Regionen gegliedert ist, bietet der naturkundliche einen Überblick über die biologische Systematik. NBK

## Wilhelm Wagenfeld Haus

Am Wall 209, 28195 Bremen, Wilhelm Wagenfeld Stiftung **Telefon** (04 21) 3 39 99 33 **Fax** (04 21) 3 39 99 34 **E-Mail** wws@mail.netwave.de **Geschäftsführung** Beate Manske M.A., Design Zentrum Bremen **Telefon** (04 21) 33 88 10 **Fax** (04 21) 3 38 81 10 **E-Mail** thie@designzentrumbremen.de **Leiter** Prof. Dr. Klaus Berthold **Geöffnet** (zu Sonderausstellungen) Di. 15 – 21, Mi. – So. 10 – 18 Uhr **Eintritt** 6,– DM (~ 3,07 €); Ermäßigungen **Service** Behindertenzugang (Seiteneingang) **Träger** Wilhelm Wagenfeld Stiftung / Design Zentrum Bremen

Das Wilhelm Wagenfeld Haus besitzt zum einen eine reiche Sammlung von Entwürfen, Originalen und Schriften Wagenfelds sowie Produkten nach seinen Entwürfen. Unter wechselnden Themen wird jeweils eine Auswahl davon präsentiert. Wagenfeld steht für gute Gestaltung von Gebrauchsgütern, die, als Massenware gefertigt, für breite Kreise gedacht waren. Diese Verknüpfung von künstlerischem Anspruch und sozialem Impetus bildet zum anderen einen wichtigen Aspekt für den Partner der

Wilhelm Wagenfeld Haus, Wilhelm Wagenfeld, Gewürzstreuer, WMF 1952–59

Wilhelm Wagenfeld Stiftung, das Design Zentrum Bremen. Größere Wagenfeld-Ausstellungen und Designprojekte ergänzen sich. In anregender Weise kann dabei junges Design mit der bewährten Gestaltung Wagenfelds und anderer bekannter Designer unserer Zeit konfrontiert werden.
Das klassizistische Gebäude der ehem. Ostertorwache, die bis in die jüngste Vergangenheit als Gefängnis diente, wurde behutsam für den neuen Zweck umgestaltet. Die historisch bedingte kleinräumige Struktur zwingt zu einer gezielten Anordnung der oft kleinen Gegenstände und gewährt ihre intensive Betrachtung. Beim Umbau blieben ein Zellenflügel und der Schlafraum des Wärters – heute Garderobe – erhalten und erlauben den Einblick in die bedrängende karge Enge des Gefängnisses. Der Gewölbekeller der ehem. Ostertorwache unter dem Gebäude dient als Sitzungsraum. NBK

## Heimatmuseum Schloß Schönebeck

Im Dorfe 3 – 5, 28757 Bremen-Vegesack **Telefon** u. **Fax** (04 21) 62 34 32
**E-Mail** Museum.Schloss.Schoenebeck@nwn.de **Internet** www.bremen.de
**Geöffnet** Di., Mi., Sa. 15 – 17, So. 10 – 12.30 u. 15 – 17 Uhr **Eintritt** 2,– DM (~ 1,02 €); Ermäßigungen **Träger** Heimat- und Museumsverein für Vegesack und Umgebung e.V. **Leiter** Holger Schleider

In der Wiesenlandschaft des Auetales liegt das Wasserschloss Schönebeck. Der im 17. Jh. errichtete Fachwerkbau war der Herrensitz der Barone v. d. Borch. Seit 1972 ist hier das Heimatmuseum untergebracht. Eingerichtete Wohnräume und zwei Küchen vermitteln frühere Lebensverhältnisse.
Die Steingutfabrik Witteburg (1853–1953) ist mit zahlreichen Erzeugnisse vertreten, ebenso der Nachlass des Afrikaforschers Gerhard Rohlfs. Vor allem Zeugnisse der Schifffahrt wurden gesammelt, denn in Vegesack entstand 1623 der erste künstliche Hafen Deutschlands. Die Schwer-

Heimatmuseum Schloß Schönebeck

punkte der Schifffahrtsabteilung sind Schiffbau, Schiffstypen, Seenotrettung (die DGzRS wurde in Vegesack gegründet), Wal- und Heringsfang sowie Seemannsmitbringsel aus aller Welt. NBK

## Stiftung Fritz und Hermine Overbeck

Alte Hafenstraße 30, 28757 Bremen-Vegesack **Telefon** u. **Fax** (04 21) 66 36 65
**Geöffnet** Di. – Do. u. Sa. – So. 11 – 18 Uhr **Eintritt** 4,– DM (~ 2,05 €); Ermäßigungen
**Träger** Freunde der Stiftung Fritz und Hermine Overbeck e.V.
**Leiterin** Gertrud Overbeck

Fritz Overbeck (1869–1909) und seine Frau Hermine Overbeck-Rohte (1869–1937) zogen nach langen Jahren in der Worpsweder Künstlerkolonie 1905 nach Vegesack. Hier fand der künstlerische und dokumentarische Nachlass im KITO-Haus, eingebunden in das Kulturzentrum von Vegesack, eine angemessene Bleibe. Eine wechselnde Auswahl der Werke des Maler-Ehepaares führt in verschiedene Schaffensphasen ein. Sonderausstellungen ergänzen das Programm. NBK

Stiftung Fritz und Hermine Overbeck, Großer Saal

## Bremerhavener Versorgungs- und Verkehrsmuseum

Hansastraße 17, 27568 Bremerhaven **Telefon** (04 71) 4 77 - 13 29
**Fax** (04 71) 4 77 11 09 **Geöffnet** Mo. – Fr. 8 – 12 Uhr **Eintritt** frei **Träger** Bremerhavener Versorgungs- und Verkehrsgesellschaft **Leiter** Jörn Hoffmann

Im letzten von vier ehemaligen Gaswerken von 1911/12 zeigt die BVV seit 1977 die Geschichte und die technische Entwicklung der Versorgung der Bevölkerung mit Wasser (seit 1838), Gas (seit 1865) und Strom (seit 1900). Auch der Weg der öffentlichen Verkehrsmittel von der Pferdebahn bis zum modernen Linienbus wird mit historischen Fotos, Dokumenten und Geräten vorgestellt. Daneben gibt es eine Sammlung zur Haushaltstechnik. Hier finden sich Entwicklungen von Föhn und Fernseher ebenso wie die der Waschmaschine vom Waschbrett zum Vollautomaten. NBK

## Deutsches Schiffahrtsmuseum

Hans-Scharoun-Platz 1, 27568 Bremerhaven **Telefon** (04 71) 4 82 07 - 0
**Fax** (04 71) 4 82 07 55 **E-Mail** postmaster@dsm.de **Internet** www.dsm.de
**Geöffnet** April – Okt. tägl. 10 – 18, Nov. – März Di. – So. 10 – 18 Uhr, Museumsschiffe im Alten Hafen April – Okt. 10 – 18 Uhr **Eintritt** 8,– DM (4,– €); Ermäßigungen
**Service** zugänglich für Behinderte, Restaurant „Seute Deern" im Museumshafen, Telefon (04 71) 41 62 64, Café im Museum, Shop **Träger** Stiftung Deutsches Schiffahrtsmuseum **Leiter** Prof. Dr. Detlev Ellmers, Hans-Walter Keweloh

Das Deutsche Schiffahrtsmuseum ist eines der sechs nationalen Forschungsmuseen in Deutschland. Es wurde nach längeren Vorplanungen 1975 eröffnet. Die Lage zwischen dem Deich zur Außenweser und dem ersten Hafenbecken der 1827 gegründeten Stadt sowie die enge Nachbarschaft zu den modernen Hafenanlagen sorgen für eine direkte Verbindung der historischen Schifffahrt im Museum mit der Schifffahrt der Gegenwart. Hans Scharoun, der Architekt des Museumsgebäudes von

Deutsches Schiffahrtsmuseum mit dem Museumshafen

Deutsches Schiffahrtsmuseum, Bremer Hansekogge, 1380

1975, hat in seiner Architektur immer wieder durch gezielte Ausblicke den Schifffahrtsweg Weser und den Alten Hafen mit den Museumsschiffen einbezogen, während sich der 2000 eröffnete Erweiterungsbau von Dietrich Bangert ganz zum Alten Hafen und zur Stadt öffnet.
Das Museum zeigt entsprechend seinem Forschungsauftrag deutsche Schifffahrtsgeschichte von der Urzeit bis heute. Das Spektrum reicht von Fellboot und Einbaum bis zum Führerstand der atomgetriebenen OTTO HAHN. Im Scharounbau ist die Präsentation chronologisch geordnet. Das zentrale Objekt der Mittelalterabteilung ist die Hansekogge von 1380. 1962 in Bremen aus der Weser geborgen, wurde sie am endgültigen Standort im Museum zusammengesetzt und von 1982–1999 konserviert. Die fast vollständig erhaltene frei stehende Kogge vermittelt einen einzigartigen Eindruck von den frühen Schiffen der Hansezeit, einer der bedeutenden Epochen deutscher Schifffahrtsgeschichte.
Die Fortentwicklung vom Schiff des Mittelalters über die Handels- und Kriegsschiffe des 16.–18. Jh. zu den Großseglern des 19. Jh., der Übergang vom Holz- zum Eisenschiffbau und schließlich vom Segler zum Dampf- und Motorschiff werden ebenso vermittelt wie die unterschiedlichen Fahrtbedingungen auf einem Auswanderersegler oder in der Luxuskabine eines Passagierschiffs der Jahrhundertwende. Die Orginalfahrzeuge wie die Kogge, der Mittelteil des Raddampfers MEISSEN oder ein Zweimann-U-Boot aus dem Zweiten Weltkrieg geben dem Betrachter einen Maßstab

Deutsches Schiffahrtsmuseum, Restauranteinrichtung der ORIANA, 1995

für die reale Größe der vielen Schiffsmodelle, die die Entwicklung des Schiffbaus aufzeigen. Innerhalb der chronologischen Ordnung finden sich spezielle Themen wie die Entwicklung von Seekartenwesen und Navigation sowie die Marineschifffahrt.

Von der Marine aus führt ein Gang durch die ganze Länge des Neubaus und mündet in einer modernen Schiffsbrücke. Er gibt einen ersten Überblick über die weite Halle. Eine Vielzahl weiterer Originalfahrzeuge liegt dort wie in einem trockengelegten Hafenbecken. Die Segeljachten werden „an der Kaje" begleitet von Sport- und Faltbooten. Den Nutzfahrzeugen – Fischer- und Transportbooten – ist eine vollständige, zu besonderen Gelegenheiten von den Museumshandwerkern benutzte Bootsbauwerkstatt zugeordnet. Es folgen Fahrzeuge zur Seenotrettung vom Wrack eines Rettungsboots der PAMIR bis zum modernen Freifallrettungsboot, begleitet von Bild- und Filminformationen zur Deutschen Gesellschaft zur Rettung Schiffbrüchiger.

Auf der anderen Seite werden eindrucksvoll Hochseefischerei und Walfang – mit Walfangboot und Pottwalskelett – vorgestellt. Film- und Tondokumente ergänzen Modelle und Originalobjekte. Im Bereich der Polarforschung findet man neben Dioramen zur Forschungsgeschichte Einblicke in die Arbeit der Großforschungseinrichtung zur Polar- und Meeresforschung, die dem Museum gegenüberliegt. Per Mausklick kann man sich z.B. durch die Wohn- und Arbeitsräume der Neumayer-Station bewegen. Auch die Erforschung der Weltmeere, die Erkundung der Schifffahrtswege und der Rohstoffe des Meeres, werden bildhaft gemacht. Probleme wie Seegang oder Wasserdruck kann man handgreiflich erfahren. Schließlich werden Phänomene wie Gezeiten, Strömungsverhältnisse und Verschlickung veranschaulicht. Der Weg zurück in den Altbau führt durch das Tiefgeschoss. Mit Reisen auf Traumschiffen – vertreten z.B. durch eine Originalkabine aus der NORWEGIAN SKY – und Containertransport werden zwei wichtige Aspekte aktueller Schifffahrt anschaulich.

Deutsches Schiffahrtsmuseum, Eingang zur Walfangausstellung im Erweiterungsbau

In einem Übungsbecken kann der Besucher die schwierige Steuerung von Schiffen ausprobieren, ein Stück weiter Entwicklungen im Eisenschiffbau des 20. Jh. nachvollziehen. Sonderausstellungen, Vorträge und museumspädagogische Programme erweitern und vertiefen die Themen des Museums.

Auch die Schiffe im Alten Hafen gehören zum Museum: das erste deutsche Polarforschungsschiff, die GRÖNLAND von 1867, die Bark SEUTE DEERN von 1911, die als Restaurantschiff dient, ein Marineschnellboot, ein Walfangschiff, ein Hochseebergungsschlepper, eine Hafenbarkasse und ein Haffkahn. Weitere Fahrzeuge, Fahrzeugteile, Kräne und Seezeichen sind im Freigelände aufgestellt. NBK

Historisches Museum Bremerhaven, Blick in die Abteilung „Bremerhaven und Umgebung 1827–1927" (Admiral Brommy)

## Historisches Museum Bremerhaven / Morgenstern-Museum

An der Geeste, 27570 Bremerhaven **Telefon** (04 71) 30 81 60 **Fax** (04 71) 5 90 27 00
**E-Mail** historischesmuseum@bremerhaven.de **Internet** www.historisches-museum-bremerhaven.de u. www.deutsche-auswanderer-datenbank.de
**Geöffnet** Di. – So. 10 – 18 Uhr **Eintritt** 4,– DM (~ 2,05 €); Ermäßigungen
**Service** zugänglich für Behinderte, Museumscafé, Shop **Träger** Stadt Bremerhaven
**Leitung** Dr. Alfred Kube, Dr. Anja Benscheidt

Das Historische Museum Bremerhaven gründet auf einer Sammlung des Heimatbundes der „Männer vom Morgenstern", die 1902 von der Stadt Geestemünde erworben wurde. 1991–1999 wurden in einem großzügigen Neubau an der Geeste sieben Abteilungen eröffnet. Das Museum ist chronologisch angelegt von der Stadtgründung 1827 bis in die 1960er Jahre und in einer Rückblende über Geschichte und Volkskunde im Umland im frühen 19. Jh. bis zur Frühgeschichte. Für diese stehen Schätze wie die Sieverner Brakteaten oder der Schnitt durch eine Wurt im Maßstab 1:1. Die Schwedenzeit wird mit Waffen, archäologischen Funden und Modellen vorgeführt. Eine Projektion der gegenwärtigen Stadt in die Umrisse der Carlsburg aus der Vogelperspektive macht Größe und Anspruch der ersten Stadtgründung an der Geestemündung nachvollziehbar. Die Stadtgeschichte der bremischen Gründung Bremerhaven und die Geschichte der hannoverschen, später preußischen Nachbargemeinden sind von 1827–1927 parallel dargestellt. Einzelne Themenbereiche bilden gesonderte Abteilungen. Das ist zum einen der Wirtschaftsfaktor Fisch mit Hochseefischerei und Fischwirtschaft einschließlich Fischverarbeitung, Böttcherei und Fischladen. Zum anderen geht es um Schifffahrt und ihr soziales Umfeld. Der Umschlag im Hafen ist ebenso vorhanden wie eine Hafenkneipe. Der Schiffbau, gegenüber dem Museum mit dem alten Wencke-Dock im Original präsent, ist mit Modellen, rekonstruierten Arbeitssituationen (Schnürboden, Kontor, Konstruktionsbüro, Nietkolonne) sowie einem Arbeiterwohnhaus vertreten. Ein anderer Schwerpunkt ist die Zeit des Nationalsozialismus. Propaganda und Wirklichkeit sind effektvoll gegenübergestellt. Luftschutzbunker und Notunterkunft, schließlich Nachkriegsnot und Aufschwung werden in Inszenierungen lebendig gemacht. Dokumentenschränke mit Grafik und Quellen, Filme, Ton-Dia-Schauen und Computerspiele bieten überall zusätzliche Informationsebenen, die der Besucher abrufen kann. Seit 2000 verfügt das Museum über eine Datenbank zum Thema Auswanderung nach Nordamerika. Schließlich gibt es noch eine Galerie mit Gemälden zu Bremerhavener Themen. NBK

Historisches Museum Bremerhaven, silberner Tafelaufsatz des Magistrats der Stadt Bremerhaven von 1927

Historisches Museum Bremerhaven, Museumsschiff FMS GERA

## Museumsschiff FMS GERA

Außenstelle des Historischen Museums Bremerhaven, Fischereihafen 1 (Schaufenster Fischereihafen), Am Fischkai, 27572 Bremerhaven **Geöffnet** April – Mai Sa., So. u. feiertags, Juni – Aug. Mo. – So. Sept. / Okt. Sa., So. u. feiertags 10 – 17 Uhr **Eintritt** 3,– DM (~ 1,53 €); Ermäßigungen **Träger** Stadt Bremerhaven **Leitung** Dr. Alfred Kube, Dr. Anja Benscheidt

Im Fischereihafen liegt der Seitentrawler GERA, der mit seiner kompletten Ausrüstung und einer Dokumentation einen Einblick in Leben und Arbeit der Hochseefischer gibt. NBK

## Auswanderer-Ausstellung „Aufbruch in die Fremde"

Außenstelle des Historischen Museums Bremerhaven, An der Deichpromenade (neben dem Radarturm), 27568 Bremerhaven **Geöffnet** April – Okt. Mo. – So. 10 – 18 Uhr **Eintritt** 5,– DM (~ 2,56 €); Ermäßigungen **Träger** Stadt Bremerhaven **Leitung** Dr. Alfred Kube, Dr. Anja Benscheidt

Eine Sonderschau zur Auswanderung führt an der Deichpromenade in das für Bremerhaven einst so bedeutsame Thema ein. NBK

## Kunsthalle Bremerhaven

Karlsburg 4, 27568 Bremerhaven **Telefon** (04 71) 4 68 38 **Geöffnet** Di. – Fr. 14 – 18, Sa., So. 11 - 13 Uhr **Eintritt** 2,– DM (~ 1,02 €) **Träger** Kunstverein Bremerhaven von 1886 e.V. **Leitung** Jürgen Wesseler, Kai Kähler

Der 1886 gegründete Kunstverein verfügt über eine meist magazinierte Sammlung, deren Spektrum für die klassische Moderne von Modersohn über Vogeler bis Oelze, für die Gegenwartskunst von Jochim über Palermo bis Slominski reicht. Die wechselnden Ausstellungen bieten vor allem Kunst der Gegenwart. Das Kabinett für aktuelle Kunst im Erdgeschoss zeigt insbesondere Installationen einzelner Künstler. NBK

Technikmuseum U-Boot WILHELM BAUER

## Technikmuseum U-Boot WILHELM BAUER

Alter Hafen (beim Deutschen Schiffahrtsmuseum), 27568 Bremerhaven **Telefon** (04 71) 4 82 07 - 0 **Geöffnet** April – Okt. Mo. – So. 10 – 17.30 Uhr **Eintritt** 4,– DM (~ 2,05 €); Ermäßigungen **Träger** Technikmuseum U-Boot „Wilhelm Bauer" e.V. **Leitung** Elmar Fritzsche, Erich Wilke

Das Technikmuseum U-Boot WILHELM BAUER ist das einzige erhaltene U-Boot des Typs XXI, der 1943/44 als bahnbrechende Neuentwicklung gebaut wurde. Es war erstmals unter Wasser schneller als auf dem Wasser und konnte mit Hilfe des Schnorchels theoretisch unbeschränkt getaucht fahren. Von der Bundesmarine außer Dienst gestellt, ist das U-Boot seit 1984 Museum. Neben der technischen Faszination vermittelt es einen Eindruck von der bedrückenden Enge und der beklemmenden Situation, in der die U-Boot-Fahrer lebten. NBK

## Volkskundliches Freilichtmuseum Speckenbüttel

Parkstraße 9 (Geesthofanlage), Marschenhausweg 2 (Marschenhaus u. Bockwindmühle; Geschäftsstelle), 27580 Bremerhaven **Telefon** (04 71) 8 11 13 (Geesthofanlage), (04 71) 8 50 39 (Marschenhaus) **Geöffnet** April – Sept. Di. – Sa. 14 – 18, So u. feiertags 10 – 12 u. 15 – 18 Uhr **Eintritt** 2,– DM (~ 1,02 €); Ermäßigung **Service** Café n.V. **Träger** Bauernhausverein Lehe e.V. **Leiter** Karl Willms

Im Speckenbütteler Park entstand seit 1910 ein Freilichtmuseum. Der Geesthof von 1629 aus Lintig, zu dem u.a. Altenteilerhaus, Ställe, Hühnerhof und Moorkate hinzukamen, spiegelt das karge Leben der Geestbauern wider. Das neben einer Bockwindmühle am anderen Parkende aufgestellte Marschenhaus von 1731 musste nach einem Brand 1968–1973 rekonstruiert werden. Es steht für den reichen Hof der Marsch. Die unterschiedliche Ausstattung macht die sozialen Gegensätze augenfällig. Dem Geesthof ist ein Blindengarten angeschlossen. NBK

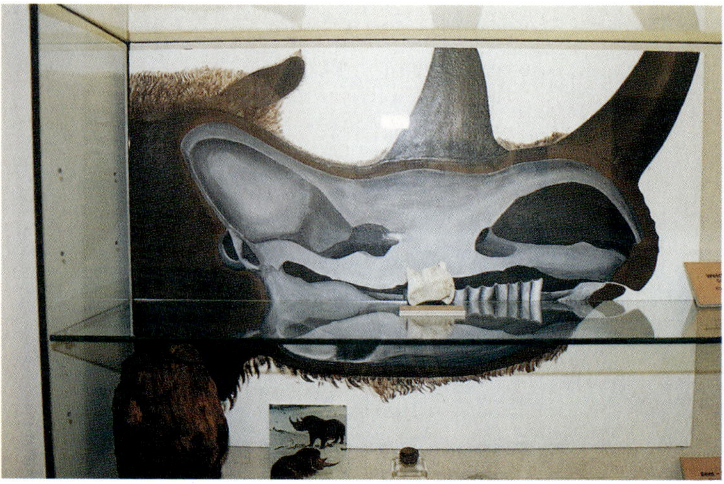

Bachmann-Museum Bremervörde, Backenzahn eines Fellnashorns, Weichsel-Eiszeit

## Bachmann-Museum Bremervörde (Kreismuseum)

Amtsallee 8 u. Vorwerkstraße 17 – 21, 27432 Bremervörde **Telefon** (0 47 61) 81 46 01 **Geöffnet** Mo. – Do. 8 – 12 u. 13 – 16, Fr. 8 – 12, So. 10 – 12 Uhr (Mo. – Fr. Besuch über Amtsallee 8) **Eintritt** frei **Träger** Landkreis Rotenburg (Wümme) **Leiterin** Dr. Elfriede Bachmann

Das Museum ging hervor aus der von August Bachmann (1893–1983) begonnenen Privatsammlung und wurde 1985 nach seinem Gründer benannt. Das Hauptgebäude, ehemals Kanzlei der Bremer Erzbischöfe, bietet Darstellungen der Erdgeschichte, der Ur- und Frühgeschichte sowie eine Moorabteilung, in der die Moore in ihrer Entstehung dokumentiert und archäologische Moorfunde gezeigt werden. Fossilien von Pflanzen und Tieren vermitteln anschaulich die Entfaltung des Lebens. Ein Großdiorama zeigt zwei urzeitliche Wale aus Tonvorkommen des Kreisgebietes. Prähistorische Wagenräder, hölzerne Bauteile von Bohlenwegen und Gebrauchsgegenstände aus Holz wurden beim Torfstechen freigelegt, ebenso Käfer, die sich zum Teil noch mit schillernden Farben präsentieren. Ausgewählte Bodenfunde aus Stein-, Bronze- und Eisenzeit beleuchten die Herausbildung der menschlichen Kulturen.
Auf dem ehemaligen Schlossvorwerk sind Exponate zur Geschichte und Volkskunde ausgestellt, zu denen auch landwirtschaftliche Großgeräte gehören. Die jahrhundertealte Apothekentradition der Stadt Bremervörde wird durch eine Sammlung von Apothekengerätschaften dargestellt. Dem Bachmann-Museum angeschlossen ist das Stuhmer Museum der Landsmannschaft Stuhm/Westpreußen (werktags Anmeldung für diese Häuser an der Amtsallee). NBK

## Buxtehude • Museum für Regionalgeschichte und Kunst

Stavenort 2, 21614 Buxtehude **Telefon** (0 41 61) 40 21 u. 50 12 41 **Fax** (0 41 61) 5 26 93 **Geöffnet** Di. – Fr. 14 – 17, Sa. u. So. 11 – 17 Uhr **Eintritt** 2,– DM (~ 1,02 €); Ermäßigungen **Service** zugänglich für Behinderte **Träger** Museumsverein Buxtehude e.V. **Leiter** Dr. Klaus Frerichs

1880 wurden die sakralen Kunstschätze aus der damals baufälligen St.-Petri-Kirche im Rathaus öffentlich ausgestellt. Das gab den Anstoß zu einem eigenen Museum, das 1913 eröffnet wurde. Dem Vorbild eines historischen Ackerbürgerhauses folgend, vereinigt das historistische Gebäude alle möglichen Schmuckformen des Bautyps. Der 1989–1991 errichtete Anbau ist in bewusstem Kontrast in einer unserer Zeit entsprechenden konstruktiven Architektursprache entwickelt. In der Neueinrichtung des Museums ist dieser Kontrast zwischen historischem Heimatmuseum und dem Museum der Gegenwart aufgegriffen. In der belassenen Kleinräumigkeit des Hauses von 1913 findet man bürgerliche Wohnsituationen in der alten Form, aber mit modernen Informationen. Zudem ist die ursprüngliche Gestaltung der Räume dokumentiert.
Die Sammlung des für das Alte Land typischen Filigranschmucks wird von einer Einführung in die Herstellungstechnik begleitet. Neue und alte Abteilungen verbindet ein gleich bleibendes Informationssystem. Im Neubau findet sich als Kontrast zur biedermeierlichen Lebenswelt die Einführung der modernen Technik und ihre Auswirkungen auf Buxte-

Buxtehude • Museum für Regionalgeschichte und Kunst

Buxtehude • Museum für Regionalgeschichte und Kunst, Inszenierung der Ausstellung „Sakrale Kunst – Geschichte und Restaurierung“, Michael Craig-Martin

hude: mechanische Uhr und Eisenbahn, eine Kaffeerösterei und eine Dokumentation der für Buxtehude einst wirtschaftlich wichtigen Firma Birkel. Die Installation von Reststücken eines Baudenkmals vermittelt den fragwürdigen Umgang mit der Vergangenheit. Mit Sonderausstellungen wird das Spektrum des Museums in die Gegenwart erweitert. Im sog. Turm befindet sich die Schatzkammer des Hauses. Die sakralen Kunstwerke werden nicht nur inhaltlich erläutert. Am Beispiel etwa des Buxtehuder Altars oder einer Strahlenmadonna wird das Thema Farbe im Mittelalter inhaltlich und vom technischen Blickwinkel her aufgeschlüsselt. Hier wird allgemein verständlich Forschung am Museumsstück sichtbar gemacht. NBK

## Museumsschiff ELBE 1 BÜRGERMEISTER O'SWALD

Liegeplatz Alter Hafen, Zollkaje, bei der Klappbrücke, 27472 Cuxhaven
**Telefon** (0 47 21) 3 41 21 (Führungen) o. 2 51 13 (Leiter) **Fax** (0 47 21) 3 41 21
**Internet** www.cuxhaven.de **Geöffnet** März – Okt. Di. – So. u. feiertags 13 – 18 Uhr
**Eintritt** 4,– (~ 2,05 €); Ermäßigungen **Träger** Förderverein Schiffahrtsgeschichte Cuxhaven – Feuerschiff ELBE 1 – e.V. **Leiter** Otto Priess

Die BÜRGERMEISTER O'SWALD ist das letzte in der Reihe der bemannten Elbe-Feuerschiffe, die seit 1816 vor der Elbmündung lagen. Auf dem Schiff gewinnt man einen Einblick in die – funktionsfähige – technische Einrichtung eines solchen Schiffs und das Lebensumfeld der Mannschaft, die hier rund um die Uhr ihren nicht immer ungefährlichen Dienst tat. NBK

## Stadtmuseum Cuxhaven

Südersteinstraße 38, 27472 Cuxhaven **Telefon** (0 47 21) 6 28 22
**Internet** www.cuxhaven.de **Geöffnet** Mo., Fr. u. Sa. 10 – 13, Mi. 15 – 17 Uhr
**Eintritt** 3,– DM (~ 1,53 €); Kinder frei **Träger** Stadt Cuxhaven
**Leiter** Günther Schlechter (Kulturreferat)

Cuxhaven gehört zu den frühen Küstenbadeorten; außerdem spielt die Stadt eine wichtige Rolle für die Schifffahrt und früher auch für die Marine. Das Museum bietet einen Überblick über diese Aspekte der Stadtgeschichte und dazu ein wenig Bürgerkultur des 19. Jh. NBK

## Wrackmuseum Cuxhaven

Dorfstraße 80, 27476 Cuxhaven-Stickenbüttel **Telefon** (0 47 21) 2 33 41
**Fax** (0 47 21) 69 08 76 **Geöffnet** Mitte/Ende März – Anfang Nov. Di. – Fr. 9 – 13 u. 15 – 18, Sa., So. u. feiertags 10 – 13 u. 15 – 18 Uhr **Eintritt** 5,– DM (~ 2,56 €); Ermäßigungen **Träger** Stadt Cuxhaven-Kulturamt **Leiter** Peter Baltes

Grundlage des 1980 eröffneten und seither systematisch ergänzten Museums ist die Privatsammlung von Peter Baltes. Wrackteile – zum Teil im Freibereich vor dem Museum aufgestellt – und Ausrüstungsgegenstände aus versunkenen Schiffen, vom Rettungsring über das Torpedo bis zum Porzellan, vermitteln ein sehr direktes Bild von Schiffskatastrophen. Die aus den Fluten geborgenen Relikte werden mit Text, Fotos und Zeitungsausschnitten kommentiert und in einen Zusammenhang gebracht. So wird deutlich, wie gefährlich Schifffahrt sein kann, gerade in den Mündungsgebieten der Flüsse Ems, Weser und Elbe, aus denen die meisten Objekte stammen. Veranschaulicht wird auch das Seenotrettungswesen mit der Entwicklung der Tauch- und Bergungstechniken. Tauch- und Bergungsfilme ergänzen das Angebot. NBK

Wrackmuseum Cuxhaven

## Heimatmuseum Debstedt

Kirchenstraße 6, 27607 Langen-Debstedt **Telefon** (0 47 43) 22 25
**Fax** (0 47 43) 70 64 **E-Mail** heimatfreunde@debstedt.de **Internet** www.debstedt.de
**Geöffnet** Ostern – Ende Okt. So. u. feiertags 14 – 17 Uhr **Eintritt** 3,– DM (~ 1,53 €); Ermäßigungen **Träger** Heimat- und Trachtenverein Debstedt e.V.
**Leiter** Artur Burmeister

Eine umfangreiche Sammlung von Zeugnissen ländlicher Kultur aus der alten Börde und dem Kirchspiel Debstedt fand 1984 im Lindenhof eine stimmungsvolle Bleibe. Ensembles von Werkstätten und bäuerlichem Hausrat im Obergeschoss sowie u.a. Ackergerät, Bienenstand und Backofen im Hof werden durch die Aktionstage des Heimatvereins ergänzt: Neben Backvorführungen, Schafscheren sowie Vorführungen von altem Handwerk gibt es regelmäßig eine aktive Trachten-Tanzgruppe, eine Webgruppe, eine Hutmacherei und eine Klöppelstube. NBK

## Deutsches Feld- und Kleinbahnmuseum

Bahnhofstraße, 21717 Deinste (Post: V. Hollander, Im Mühlenfeld 7, 21717 Deinste)
**Telefon** (0 41 41) 37 00 (Uhlig), (0 41 49) 93 15 65 (Hollander), (04 21) 35 56 85 (Krebs) **Fax** (0 41 49) 93 15 67 (Hollander) **E-Mail** Vhollander@t-online.de
**Geöffnet** Ostern, Pfingsten (jeweils So. u. Mo.), jeden 1. So. im Juni, Sept., Okt. Sa. u. So. nach Nikolaus, Sonderfahrten n.V. Fahrpreis 5,– DM (~ 2,56 €); Ermäßigungen
**Service** Café **Träger** Deutsches Feld- und Kleinbahnmuseum e.V.
**Leitung** Rainer Uhlig, Volker Hollander

Das 1978 gegründete Museum ist auf Feld- und Kleinbahnen der Spurbreite 600 mm spezialisiert. Auf einer eigenen Schienenstrecke werden regelmäßig Fahrten mit dampflokgeführten Personenwagen aus den Jahren 1911–1936 durchgeführt. Am Ziel befindet sich eine kleine Schausammlung zur Geschichte der Schmalspur- und Feldbahn, die zeitweise einziges erschwingliches Transportmittel der Region war. NBK

Deutsches Feld- und Kleinbahnmuseum, Feldbahn-Dampflokomotive Nr. 7

## Niedersächsisches Deichmuseum Dorum

Poststraße 16, 27632 Dorum **Telefon** (0 47 42) 10 20 (Museum) o. 4 74 (Seebeck) o. 8 70 (Verkehrsverein) **Internet** www.wursterland.de **Geöffnet** Mai – Ende Okt. tägl. 14 – 17 Uhr **Eintritt** 3,– DM (~ 1,53 €); Ermäßigungen **Träger** Zweckverband Landesstube des Alten Landes Wursten **Leiter** Eibe Seebeck

Seit sich vor etwa 2000 Jahren Menschen in der norddeutschen Küstenlandschaft ansiedelten, versuchten sie, sich durch Anlage der Höfe auf künstlichen Hügeln, den Wurten, und vor allem dann durch Deiche vor dem Meer zu schützen. Mit Funktionsmodellen, alten Arbeitsgeräten, Fotos und Texten wird in dem 1985 in einer alten Dorumer Schule eingerichteten Museum die bis in die Gegenwart reichende Geschichte von Deichbau, Deichunterhaltung und Deichverwaltung sowie Landgewinnung erklärt. Im Außenbereich deuten Sturmflutpegel und das Stemmtorpaar eines alten Wasserdeichs die gewaltigen Dimensionen des Kampfes mit der See an. NBK

## Heimathof Hüll

Niederhüll Nr. 23, 21706 Drochtersen-Hüll (Post: Pappelstraße 4, 21706 Drochtensen) **Telefon** (0 47 75) 89 10 88 o. 6 65 (Daß) o. (0 41 43) 54 74 (Leiter) **Internet** www.huell.net **Geöffnet** n.V., Besuchs- und Aktionstage **Eintritt** 3,– (~ 1,53 €) **Service** Behindertenzugang **Träger** Heimatverein Hüll und Umgebung e.V. **Leiter** Ewald Sölter

Der 1850 entstandene Hof wurde bis in die 1980er Jahre bewirtschaftet. Das Wohngebäude konserviert eine ländliche Lebensweise des frühen 20. Jh. Auf dem zugehörigen Gelände werden historische Wirtschaftsweisen bei Hausgarten- und Feldbestellung angewandt; z.B. Pflügen mit Pferd und Holzpflug, Getreideernte und Dreschen oder Kartoffelernte per Hand können an den Aktionstagen besichtigt werden. Exkursionen in die umgebende Moorlandschaft ergänzen das Bild vom Leben der Moorbauern. Ein zusätzliches Gebäude zur Präsentation landwirtschaftlicher Geräte ist geplant. NBK

## Heimathaus „Irmintraut"

Kirchstraße 2, 28870 Ottersberg-Fischerhude **Telefon** (0 42 93) 71 86 **Internet** www.members.aol.com/fhude/sh54n.htm **Geöffnet** Di. – So. 11 – 13 u. 15 – 17 Uhr **Eintritt** 2,– DM (~ 1,02 €); Ermäßigungen **Service** Behindertenzugang **Träger** Stiftung Heimathaus „Irmintraut" **Leiter** Vorstand der Stiftung

Das in der Mitte des 16. Jh. erbaute und in der 2. Hälfte des 18. Jh. umgebaute niederdeutsche Hallenhaus befindet sich an seinem originalen Standort. Die Ausstellung im Inneren des Gebäudes zeigt in systematisierter Form bäuerlichen Hausrat und Arbeitsgeräte verschiedener Zeiten. JL

Otto-Modersohn-Museum, Otto Modersohn, Elsbeth im Garten mit Glaskugel, 1903

## Otto-Modersohn-Museum

In der Bredenau 95, 28870 Ottersberg-Fischerhude **Telefon** (0 42 93) 3 28 **Fax** (0 42 93) 14 35 **E-Mail** info@modersohn-museum.de **Internet** www.modersohn-museum.de **Geöffnet** März – Okt. tägl. 10 – 18, Nov. – Febr. Sa. u. So. 10 – 17 (bei Sonderausstellungen täglich 10 – 17) Uhr, 24./25. 12. u. 31. 12. geschlossen **Eintritt** 5,– DM (~ 2,56 €); Ermäßigungen **Träger** Christian Modersohn, Otto Modersohn Stiftung, Gesellschaft Otto-Modersohn-Museum e.V. **Leiterin** Antje Modersohn-Noeres

Aus der von ihm mitbegründeten Malerkolonie Worpswede weggezogen, ließ sich Otto Modersohn 1916 in Fischerhude nieder. Das heutige Museum beherbergt seinen künstlerischen und schriftlichen Nachlass, der im Archiv zu Studienzwecken zur Verfügung steht. Das Museum versucht durch wechselnde Ausstellungen das Werk Otto Modersohns, aber auch anderer Künstler thematisch neu zu erschließen. JL

## Freilichtmuseum „Frelsdorfer Brink"

27616 Frelsdorf **Telefon** (0 47 49) 6 84 (Lührs) o. 81 42 (Kampen) **Geöffnet** Mai – Okt. 1. So. im Monat **Eintritt** 1,– DM (~ –,51 €) **Service** Behindertenzugang **Träger** Heimatverein Frelsdorfer Brink e.V. **Leiter** Günter Lührs

Auf dem Brink unterhielt die Dorfgemeinschaft ihre Schafställe und ihre Flechtwerkscheunen (Tuunscheunen) für Saatgut. Reste der stattlichen Anlage werden durch ein Bauernhaus und ein Backhaus zu einem idyllischen Ensemble ergänzt. NBK

## Heimatmuseum Geversdorf

Hauptstraße 5 (Rathaus), 21784 Geversdorf **Telefon** (0 47 52) 3 27 (Gemeinde) o. 2 40 (Leiter) **Geöffnet** jeden 1. Do. im Monat 15 – 17 Uhr **Eintritt** frei **Träger** Gemeinde Geversdorf **Leiter** Heinz Behrens

Neben verschiedensten Sammelgebieten von Militaria und Medaillen des 19. Jh. bis heute über Radios, Petroleumlampen bis zu Spielzeug besitzt das Museum ein reiches Archiv zur Ortsgeschichte. NBK

## Findorffhof

Am Schiffgraben, 28879 Grasberg **Telefon** (0 42 08) 17 24 (Gieschen) **Geöffnet** April – Okt. letzter So. im Monat 15 – 18 Uhr **Eintritt** 1,– DM (~ –,51 €) **Träger** Findorff-Heimatverein Grasberg **Betreuer** Günter Gieschen

Die aus Orten der Umgebung stammenden Gebäude bilden eine eindrucksvolle Moorhofanlage. Ein Torfkahn liegt am letzten Stück des alten Grasberger Grabens. Im nach einem Brand rekonstruierten Hofhaus ist die Darstellung der typischen Wirtschaftsformen eines Moorhofs wieder im Aufbau. NBK

## Burg Hagen

Burgallee 1, 27628 Hagen **Telefon** (0 47 46) 60 43 **Geöffnet** Mai – Sept. Di. – Fr. 9 – 12 u. 16 – 18, Sa. u. So. 10 – 18, Okt. – April Di. – Fr. 15 – 17, Sa. u. So. 10 – 17 Uhr **Eintritt** 4,– DM (~ 2,05 €); Ermäßigungen **Träger** Landkreis Cuxhaven **Leiter** Matthias D. Schön M.A.

Die Burg Hagen geht auf die Zeit um 1200 zurück. Der heutige Bau stammt weitgehend aus dem 16. Jh. Architektonische Wandmalereien dieser Zeit zieren vor allem die Kapelle. Die Baugeschichte der Burg ist mit Bild und Text dokumentiert. Die Funde aus den archäologischen Untersuchungen vor Ort und Sonderausstellungen werden im Wechsel gezeigt. NBK

## Harsefelder Museumszug

Am Bahnhof Süd, 21698 Harsefeld (Postfach 11 41, 21694 Harsefeld) **Telefon** (0 41 64) 42 81 o. 81 25 17 **Fax** (0 41 64) 8 83 96 **Internet** www.harsefeld.de **Geöffnet** Mai – Sept. jeden 2. So. im Monat (Fahrten) **Eintritt** Ausstellung frei; Fahrpreis 8,– DM (~ 4,09 €); Ermäßigungen **Träger** Buxtehude-Harsefelder Eisenbahnfreunde e.V. (BHEF e.V.) **Leitung** Vereinsvorstand

In Harsefeld ist im Lokschuppen am Bahnhof Süd ein Museum mit historischen Werkstätten für Dampf- und Dieselloks im Aufbau. Das Kernstück des Museums, der WUMAG-Triebwagen von 1926, sowie Draisinen sind bereits betriebsfertig. NBK

Museum für Kloster- und Heimatgeschichte Harsefeld, das Museumsgelände mit Resten der Klosteranlage

## Museum für Kloster- und Heimatgeschichte Harsefeld

Am Amtshof 3, 21698 Harsefeld **Telefon** (0 41 64) 69 10 **Internet** www.harsefeld.de **Geöffnet** März – Okt. Di. – Sa. 15 – 18, So. 10.30 – 12 u. 15 – 18, Nov. – Febr. Di. – Sa. 15 – 17, So. 10.30 – 12 u. 15 – 17 Uhr **Eintritt** frei **Träger** Verein für Kloster- und Heimatgeschichte Harsefeld e.V. **Leiterin** Ulrike Riepe

In Harsefeld bestand bis 1647 ein bedeutendes Benediktinerkloster, von dem heute noch die Kirche zeugt. 1981–1984 wurde das Klostergelände ausgegraben. 1987–1993 kamen bei weiteren Ausgrabungen Teile der Burg und der ursprünglichen Stiftskirche des frühen 11. Jh. mit der Grablege der Harsefelder Grafenfamilie, der Udonen, hinzu. Der so entstandene Archäologische Park Harsefeld gibt mit seinen beachtlichen Baufunden einen Eindruck von den Dimensionen der Anlage. Im ehem. Gerichtsgebäude des 18. Jh., das auf Fundamenten von Klostergebäuden steht, erklärt eine anschauliche Dokumentation die ergrabenen Gebäude. Eine Erweiterung der Ausstellung ist geplant. Grabungsfunde – Architekturfragmente, Hausrat, Schreibgerät etc. – und Bilder führen in die Geschichte des Klosters und in die Lebenswelt mittelalterlicher Mönche ein. NBK

## Bördenheimatmuseum Heeslingen

Bremer Straße 2, 27404 Heeslingen **Telefon** (0 42 81) 77 95 (Dettmering) **Geöffnet** jeden 1. So. im geraden Monat 14 – 17 Uhr **Eintritt** 2,– DM (~ 1,02 €); Ermäßigungen **Service** Behindertenzugang Parterre und Gelände **Träger** Heimat- und Fördergemeinschaft Heeslingen e.V. **Leiter** Willi Dettmering

Die historischen Museumsgebäude aus verschiedenen Ortschaften der Börde Heeslingen veranschaulichen das Wirtschaftsgefüge einer Hof-

Bördenheimatmuseum Heeslingen mit Backhaus

anlage. Die reiche Sammlung umfasst ländliches Kulturgut, Trachten und Zeugnisse des Handwerks. Neben Werkzeug aus Land- und Hauswirtschaft im Stallbereich werden im Obergeschoss des Rauchhauses aus den Beständen gezielt thematische Ausstellungen gewählt und sehr anschaulich dargeboten. Der Strukturwandel vom Handwerk zum Großbetrieb ist schon an unterschiedlichen Berufszweigen thematisiert worden. Zur Zeit (2001) stehen 1000 Jahre vom Malerhandwerk bis zur Malerei im Blickpunkt. Sonderveranstaltungen mit Liedgut, Texten und Tänzen ergänzen die Vorstellung von ländlicher Kultur. Zur Vertiefung bietet das Archiv heimatkundliches Schrifttum und Chroniken. NBK

## Deutsches Zementmuseum Hemmoor

Hauptstraße (B 73, Ortsteil Warstade), 21745 Hemmoor
**Telefon** (0 47 71) 71 96 (Sander) o. 75 78 (Simanski) **Geöffnet** Freilichtmuseum: frei zugänglich; Museumsschute: Mai – Sept. Sa., So. u. feiertags 14 – 18 Uhr **Eintritt** 2,– DM (~ 1,02 €); Ermäßigungen **Service** Behindertenzugang **Träger** Kulturstiftung Zement aus Hemmoor **Leiter** Marco Tohoff

Von 1866–1983 wurde in Hemmoor Zement produziert. Ton und Kreide, die Grundstoffe für Zement, standen hier eng benachbart an. Die Kreidegrube, die bis zuletzt genutzt wurde, und die Fördereinrichtungen bedeckt inzwischen ein riesiger See. Ein kleines Freilichtmuseum und eine Schute – eine von den vielen, die den Zement vom eigenen Hafen aus transportierten – erinnern gegenüber dem Kreidesee an die einst gewaltigen Anlagen. Im Innern des Schiffs kann man, zusätzlich erläutert von ehemaligen Werksmitarbeitern, nachvollziehen, dass Zement einst in vor Ort produzierten Fässern transportiert wurde oder wie das Labor die

Deutsches Zementmuseum Hemmoor, Zementabfüllung

Qualität sicherstellte. Fotos dokumentieren eindrucksvoll die technischen Entwicklungen der Produktion sowie Arbeit und Leben im Werk, das zu Anfang des 20. Jahrhunderts allein 2000 Fremdarbeiter beschäftigte. NBK

## Heimatmuseum Himmelpforten

Kamphof, Hauptstraße 9, 21709 Himmelpforten **Telefon** (0 41 44) 82 09 (Schrader) o. (0 41 40) 5 82 (Thomsen) **Geöffnet** So. 10 – 12 Uhr **Eintritt** frei **Träger** Heimatmuseum Himmelpforten e.V. **Leiter** Paul Schrader

Im ehemaligen Schulgebäude findet man neben der liebevollen Präsentation ländlichen Kulturguts ein komplett eingerichtetes Klassenzimmer um 1930. NBK

## Handwerksmuseum Horneburg

Marschdamm 2c (Auf der Vorburg), 21640 Horneburg **Telefon** (0 41 63) 63 20 **E-Mail** Handwerksmuseum.Horneburg@arcormail.de **Internet** www.markt-stade-altesland.de/handwerksmuseum **Geöffnet** Di. – Do. 9 – 12, 1. u. 3. So. im Monat 15 – 17 Uhr **Eintritt** frei **Service** Café nach Anmeldung **Träger** Heimatverein Horneburg und Umgebung e.V. **Leiter** Peter Ahrens

Horneburg war vom 17. bis 19. Jh. Knotenpunkt wichtiger Fuhr- und Postverbindungswege zwischen Nord- und Ostsee, zwischen den Niederlanden und Skandinavien. Im Zentrum des Museums stehen der „Ausspann" und sein Umfeld. Dazu gehören die Rast und Verpflegung von Mensch und Pferd mit Schänke, Logis und Stall ebenso wie die Handwerke, die zur Wartung von Pferd und Wagen nötig waren: eine voll funktionsfähige Schmiede, Sattlerei, Stellmacherei, Böttcherei sowie die Präsentation von Fahrzeugen. Das Umfeld des Reisens vom Zahlungsmittel über Postwege bis zum Leben im Gasthof wird anschaulich

Handwerksmuseum Horneburg, Kindergeburtstag: Ein Heringsfass wird in der Böttcherei zusammengesetzt

gemacht. Schulklassen (ab 4. Schuljahr) können auf Anmeldung aktiv beim Schmieden, Drechseln, Bearbeiten von Leder und Zusammenbauen von Fässern unter Anleitung alte Handwerkstechniken kennen lernen. NBK

## Museum Altes Land

Westerjork 49, 21635 Jork **Telefon** u. **Fax** (0 41 62) 57 15 **Geöffnet** April – Okt. Di. – So. 11 – 17, Nov. – März Mi., Sa., So. 13 – 16 Uhr **Eintritt** frei **Service** zugänglich für Behinderte **Träger** Gemeinde Jork / Landkreis Stade
**Leiter** Dieter-Theodor Bohlmann

Museum Altes Land

Das Museumsgebäude ist eines jener prachtvollen für das Alte Land typischen Fachwerkhäuser des 18. Jh., die, ebenso wie die Trachten, den besonderen Reichtum des Alten Landes zeigen. Eine eindrucksvolle Sammlung von Originalobjekten und Modellen veranschaulicht die Kulturgeschichte des Alten Landes. Schwerpunkt ist neben dem Hausbau vor allem der Obstanbau, der bis heute eine wirtschaftliche Grundlage dieses Landstriches ist. Neben dem blühenden Obsthandel waren früher auch Schiffbau und Schifffahrt Wirtschaftsfaktoren der Region. Dies wird in mehreren Modellen dargestellt. Im Obergeschoss bietet das Museum häufig zusätzlich Sonderausstellungen. Ein 2001 eingerichtetes Schaumagazin wird weitere Bestände zugänglich machen. NBK

## „Heimathuus op de Heidloh"

Schützenstraße 21, 27449 Kutenholz **Telefon** (0 47 62) 12 76 (Hoferichter) **Geöffnet** nach Vereinbarung **Eintritt** frei **Träger** Heimat- und Kulturkreis Kutenholz e.V. **Leiter** Horst Hoferichter

Eine reiche Sammlung ländlichen Kulturguts von der Kücheneinrichtung bis zum großen Ackergerät wird seit Sommer 2000 im Bodenraum eines Niedersachsenhauses des 18./19. Jh. präsentiert. NBK

## Börde-Heimatmuseum

Hinter den Höfen 11, 21769 Lamstedt **Telefon** (0 47 73) 12 10 (Leiter) o. 89 92 02 (Samtgemeinde) **Internet** www.boerde-lamstedt.de/Kultur/bmuseum.htm **Geöffnet** nachmittags n.V. **Eintritt** 2,– DM (~ 1,02 €); Ermäßigungen **Träger** Samtgemeinde Börde Lamstedt **Leiter** Udo Theuerkauf

In einem für die Region typischen Fachwerkhaus werden Trachten und Zeugnisse von Land- und Hauswirtschaft der Lamstedter Börde gezeigt. Das Museum verfügt über ein beachtliches familienkundliches Archiv. NBK

## Heimatmuseum Lilienthal

Klosterstraße 16 b (Eingang: Am Amtsgarten), 28865 Lilienthal **Telefon** (0 42 98) 21 74 (Kupka) o. 21 58 (Knoop) **Fax** (0 42 98) 21 22 (Unruh) **Internet** www.gemeinde-lilienthal.de/heimatmuseum.htm **Geöffnet** So. 11 – 13 Uhr **Eintritt** frei **Träger** Heimatverein Lilienthal e.V. **Leiter** Karl-Heinz Kupka

Das 1966 gegründete Heimatmuseum zeigt die Geschichte der Region von der Frühgeschichte über die Gründung des Zisterzienserinnenklosters Lilienthal 1232 bis heute. Ein Glanzpunkt der Ortsgeschichte ist die 1782 gegründete Sternwarte. Dort begann der hannoversche Amtmann und Astronom Joh. Hieronymus Schroeter mit der Mondforschung und rief mit anderen Fachgelehrten 1800 die erste Astronomische Gesellschaft der Welt ins Leben. Hierzu ist ein besonderes Archiv vorhanden. NBK

Schulmuseum Lilienthal, Museumsklasse

## Schulmuseum Lilienthal

Falkenberger Landstraße 67, 28865 Lilienthal **Telefon** (0 42 98) 38 85 (Leiterin) o. 21 74 (Kupka) **Geöffnet** n.V. **Eintritt** frei **Service** zugänglich für Behinderte **Träger** Heimatverein Lilienthal e.V. **Leiterin** Astrid Köster

Hauptobjekt des 1985 eröffneten Schulmuseums ist ein vollständiger Klassenraum mit Pulten, Strafbank und erhöhtem Lehrerpult, wie er für die 1920er Jahre typisch war. Er kann auf Wunsch von Klassen auch aktiv genutzt werden. Lernziel ist es, den Wandel der Unterrichtsformen deutlich zu machen. Das Museum verfügt über eine beachtliche Sammlung an Literatur und Lehrmitteln, z.B. Schautafeln, die wegen der beengten Räume leider nur Einzelbesuchern zugänglich sind. NBK

## Niedersächsisches Kutschenmuseum

Trupe Nr. 10, Michaelis-Hof, 28865 Lilienthal-Trupe (Post: H. Klüver, Katrepeler Landstraße 46, 28357 Bremen) **Telefon** (04 21) 27 15 21 (Klüver) o. (0 42 98) 86 44 (Rotermund) **Internet** www.gemeinde-lilienthal.de/Kutschenmuseum.htm **Geöffnet** So. 11 – 12 Uhr **Eintritt** 2,– DM (~ 1,02 €); Ermäßigungen **Träger** Verein Niedersächsisches Kutschenmuseum e.V. **Leitung** Hinrich Klüver

Das Niedersächsische Kutschenmuseum, gegründet 1973, ist seit 1977 in einer umgebauten, 1990 erweiterten Scheune des Michaelis-Hofes zu besichtigen. Es verfügt inzwischen über 34 vorzüglich erhaltene bzw. restaurierte Fahrzeuge, die auch zu Vorführungen mit Pferdegespannen genutzt werden können. Dem Besucher wird deutlich, dass Kutschen auf dem Land noch bis nach dem Zweiten Weltkrieg ein verbreitetes Verkehrsmittel waren. Neben schlichten Nutzfahrzeugen, die mit wenigen Handgriffen vom Heuwagen zur sonntäglichen Kirchfahrt umgerüstet

Niedersächsisches Kutschenmuseum, Klappsitz-Phaeton (Oppenheimer)

werden konnten, gab es zahlreiche Spezialfahrzeuge, mit denen der Wagenpark der großen Höfe ausgerüstet war. Zu sehen sind z.B. Jagdwagen, verschiedene elegante Ausflugskutschen, ein flotter, völlig zerlegbarer Buggy, der Dogcart mit dem Platz für den Hund und schließlich ein Totenwagen. Die meisten Fahrzeuge stammen aus der Region, einige kamen als Fluchtfahrzeuge aus den deutschen Ostgebieten. NBK

## Lilienhof

Worphauser Landstraße, 28865 Lilienthal-Worphausen (Post: H. Tietjen, Westerweder Straße 17, 28865 Lilienthal) **Telefon** (0 47 92) 76 79 (Tietjen) **Internet** www.gemeinde-lilienthal.de/lilienhof.htm **Geöffnet** Mai – Okt. So. 15 – 17 Uhr **Eintritt** frei **Träger** Worphüser Heimotfrünn e.V. **Leiter** Hinrich Tietjen

Gebäude des 17. und frühen 18. Jh. aus verschiedenen Orten der Umgebung bilden eine beeindruckende Moorhofanlage. Eine zugehörige Sammlung ländlichen Kulturguts ist im Aufbau. NBK

## Heimatmuseum Neuenwalde

Bederkesaer Straße 19, 27607 Langen-Neuenwalde
**Telefon** (0 47 07) 3 20 (Schüschke) **Geöffnet** jeden 2. So. im Monat 14 – 16 Uhr **Eintritt** 3,– DM (~ 1,53 €); Ermäßigungen **Träger** Stadt Langen / Verkehrsverein Neuenwalde **Leiter** Waldo Schüschke

Das Heimatmuseum ist seit 1993 in zwei ehemaligen Wirtschaftsgebäuden des Klosters Neuenwalde untergebracht. Neben Ackergerät in einer Scheune sowie frühgeschichtlichem Fundgut und Tierpräparaten finden sich historische Kleidung, Ausstattung von Stube und Küche sowie Werkzeuge der örtlichen Handwerke, die jeweils informativ und sehr anschaulich mit historischen Fotos und Zeichnungen präsentiert sind. NBK

Aeronauticum, Luftaufnahme des Museumsgeländes

## Aeronauticum – Deutsches Luftschiff- und Marinefliegermuseum Nordholz

Peter-Strasser-Platz 3, 27637 Nordholz (Postfach 68, 27633 Nordholz) **Telefon** (0 47 41) 94 10 - 74 u. 07 00 AERONAUTICUM **Fax** (0 47 41) 94 10 90 **E-Mail** aeronauticum@t-online.de **Internet** www.aeronauticum.de o. www.cuxonline.de/nordholz/aeronauticum **Geöffnet** März – Juni u. Sept. / Okt. Mo. – Sa. 13 – 17, So. u. feiertags 10 – 18, Juli / Aug. täglich 10 – 18, 26. Dez. – 10. Januar täglich 11 – 17 Uhr **Eintritt** 7,– DM (3,50 €); Ermäßigungen **Service** zugänglich für Behinderte, Café **Träger** Förderverein Deutsches Luftschiff- und Marinefliegermuseum Nordholz e.V. – AERONAUTICUM **Leiter** Alf-Rico Denck

Das Museum bietet einen informativen Einblick in Technik und Entwicklung des Luftschiffs. Die frühe zivile Luftschifffahrt beeindruckt mit Modellen der legendären Fahrzeuge GRAF ZEPPELIN und HINDENBURG sowie ihren luxuriösen Beförderungsbedingungen. In Nordholz

Aeronauticum, Luftschiffmodell HINDENBURG

unterhielt die kaiserliche Marine ab 1912 ihren Luftschiffplatz mit zuletzt fünf Luftschiffhallen. Nach dem Ersten Weltkrieg mußte die Anlage demontiert werden, ebenso nach dem Zweiten Weltkrieg, in dem Nordholz als Luftwaffenfliegerhorst wieder eine Rolle spielte. 1945 übernahm die US-Army den Platz, nach zwischenzeitlicher landwirtschaftlicher Nutzung schließlich 1957 die Bundesmarine. Die Entwicklung vor Ort wird mit Hilfe von Fotos, Modellen und Dokumenten ebenso anschaulich gemacht wie die militärische Nutzung der Luftschifftechnik. Neben den neuen strategischen Möglichkeiten werden der Irrsinn des Krieges und die menschliche Tragik hautnah vorgeführt. Dieser Aspekt wird auch in der Darstellung der Marinefliegerei des Zweiten Weltkrieges und des Kalten Krieges immer wieder deutlich. Im großzügigen Außengelände steht eine breite Auswahl von Hubschraubern und Flugzeugen zur Besichtigung, die nach 1945 von Bundeswehr und NVA benutzt wurden. Die nun eng benachbarten Fahrzeuge der ehemaligen Gegner zeugen vom bis vor wenigen Jahren akuten Kalten Krieg. NBK

## Heimat- und Buddelmuseum Osten

Am Markt 5, 21756 Osten (Oste) **Telefon** (0 47 71) 52 54 (Museum) o. 36 82 (Rüsch) **Geöffnet** Mai – 15. Sept. Di. – Fr. 15 – 17 Uhr **Eintritt** 4,– DM (~ 2,05 €); Ermäßigungen **Träger** Gemeinde Osten / Heimatverein Osten **Leiterin** Gabriele Rüsch

Das 1989 gegründete Museum zeigt im Obergeschoss eine umfangreiche Sammlung von Schnapsflaschen. Das Heimatmuseum im Parterre bietet neben Objekten zu Handel, Gewerbe und Fischerei eine Darstellung der Geschichte der Schwebefähre. Dieses technische Baudenkmal ist in unmittelbarer Nachbarschaft zu besichtigen. NBK

## Museumsanlage Osterholz mit Heimatmuseum – Museum für Schiffahrt und Torfabbau – Mitmachmuseum

Bördestraße 42, 27711 Osterholz-Scharmbeck (Post: Klosterkamp 5) **Telefon** (0 47 91) 1 31 05 (Museum) o. 96 41 - 0 (Kulturstiftung) **Fax** (0 47 91) 96 41 14 **E-Mail** info@kulturstiftung-ohz.de **Internet** www.kulturstiftung-ohz.de **Geöffnet** Di. – So. 10 – 12.30 u. 14 – 17 Uhr **Eintritt** 3,– DM (~ 1,53 €); Ermäßigungen **Service** Café **Träger** Kulturstiftung Landkreis Osterholz **Geschäftsführerin** Dr. Karen Elisabeth Hammer

Die Museumsanlage besteht aus mehreren Gebäuden unterschiedlicher Provenienz. Eine seit 1929 entstandene heimatkundliche Sammlung sowie verschiedene Werkstättenensembles ortstypischer Gewerbe, wie Zigarren- und Tuchmacherei, bilden den Kern der Sammlung. Die bäuerlich-ländliche Kultur findet sich in einem hierher versetzten Bauernhaus von 1701, das durch Scheune, Backhaus und Bienenstock ergänzt wird. Der wesentliche Wirtschaftsfaktor der Moorlandschaft waren Torfabbau und -transport in die Städte. Letzterer war nur über Gräben, Kanäle und die Flüsse Hamme, Lesum und Weser möglich. Dazu waren Schiffe verschiedenster Größe notwendig, von denen einige Originale, darunter eine im Moor gefundene und in Osterholz konservierte, 21 m lange Torfschute,

Museumsanlage Osterholz, Flett des niedersächsischen Bauernhauses von 1701

im „Museum für Schiffahrt und Torfabbau" eindrucksvoll präsentiert werden. Im „Mitmachmuseum" werden von der museumspädagogischen Abteilung des Museums Aktionen zu einzelnen Themenbereichen der Häuser angeboten. NBK

## Norddeutsches Vogelmuseum (Sammlung Baumeister)

Bördestraße 42, 27711 Osterholz-Scharmbeck **Telefon** (0 47 91) 1 31 05 (Museum) o. 9 30 - 2 05 (Kulturamt) **Fax** (0 47 91) 93 03 58 **Geöffnet** Di. – So. 10 – 12.30 u. 14 – 17 Uhr **Eintritt** 3,– DM (~ 1,53 €); Ermäßigungen **Träger** Kulturstiftung Landkreis Osterholz **Leiter** Dr. Walther Baumeister

Norddeutsches Vogelmuseum, Teilansicht des großen Wattenmeer-Dioramas

Zur Museumsanlage gehört auch das „Norddeutsche Vogelmuseum", das als Privatsammlung des Leiters, Dr. Walther Baumeister, entstanden ist. Es gibt in naturnah angelegten Dioramen und mit systematisch geordneten Präparaten einen Überblick nicht nur über das Aussehen der Vögel und ihrer Eier in Mitteleuropa. Es zeigt auch ihren oft bedrohten Lebensraum und ihre Lebensweisen. Schwerpunkt bilden dabei die Sumpf- und Wasservögel, die im norddeutschen Raum mehr als in anderen Gebieten Deutschlands vorkommen. Die abrufbare Wiedergabe von Vogelstimmen lehrt zudem, die Vögel auch akustisch zu unterscheiden. Eine auf Anfrage mögliche persönliche Führung durch Dr. Baumeister macht den Museumsbesuch in Osterholz-Scharmbeck zum besonderen Erlebnis. NBK

## Kranichhaus-Museum des alten Landes Hadeln

Reichenstraße 3, 21762 Otterndorf **Telefon** (0 47 51) 91 48 - 0
**Fax** (0 47 51) 91 48 91 **Internet** www.landkreis-cuxhaven.de/kranich.html
**Geöffnet** 15. Mai – 15. Sept. Di. – Fr. 10 – 12 u. 14.30 – 16.30, Sa. u. So. 14.30 – 16.30, 16. Sept. – 14. Mai Mi. u. So. 14.30 – 16.30 Uhr **Eintritt** 4,– DM (~ 2,05 €); Ermäßigungen; Schülergruppen aus dem Landkreis Cuxhaven und Bremerhaven frei
**Träger** Landkreis Cuxhaven **Leiter** Dr. Axel Jürgen Behne

Otterndorf war der zentrale Ort des Landes Hadeln. Die seit 1934 gewachsene Sammlung von Kulturgut aus dieser Region fand 1964 in einem Kaufmannshaus, das seit dem 16. Jh. immer wieder erweitert und umgebaut worden ist, eine ansprechende Bleibe. Das Haus wurde 1998/99 grundlegend restauriert. Es bietet sozusagen in zeitgenössischen Räumen einen Einblick in die Arbeits- und Lebenssituation eines Haushalts im 19. Jh. Der Eingangsbereich zeigt die historische Einrichtung eines Kaufladens, einer Apotheke und eines Kontors, die Küche sowie die Arbeits-

Kranichhaus-Museum des alten Landes Hadeln, Detail der Farbfassung im Salon, Ende 18. Jh.

welt der Dienstboten. Die Räume im Mittel- und Obergeschoss präsentieren die bürgerliche Kultur, wie sie auch für die Haushalte der reichen Marschenbauern kennzeichnend war. Wohnraum, Schlaf-, Ankleide- und Kinderzimmer sind ebenso vorhanden wie eine Vielzahl von Erzeugnissen der Otterndorfer Silberschmiede, die als fiktive Sammlung des Hausherrn in die Inszenierung einbezogen sind. Daneben erfährt man einiges über die Geschichte des Ortes und des Hauses selbst. NBK

## Studio A Otterndorf Museum gegenstandsfreier Kunst Landkreis Cuxhaven

Sackstraße 4, 21762 Otterndorf **Telefon** (0 47 51) 63 09 **Fax** (0 47 51) 63 77 **E-Mail** studio-a@otterndorf.de **Internet** www.landkreis-cuxhaven.de/moderne-kunst.html **Geöffnet** Di. – Fr. 10 – 13 u. 15 – 18, Sa. u. So. 15 – 18 Uhr **Eintritt** frei **Träger** Landkreis Cuxhaven **Leiterin** Dr. Ulrike Schick

Seit 1973 ist das Studio zu einem festen Ausstellungsort für konkrete Kunst geworden, zuerst im Otterndorfer Torhaus, schließlich seit 1985 in der ehem. Stadtscheune, deren Räume eine angemessene Präsentation der Kunstwerke erlauben. Im Zentrum der Sammlung steht die autonome künstlerische Gestaltung ohne Assoziationen zur gegenständlichen Welt. Hierzu gehören gestisch-informelle Bilder und Objekte ebenso wie konstruktive geometrische Formen. Inzwischen ist eine beachtliche Sammlung entstanden, die Werke bekannter Künstler wie Emil Schumacher, Rupprecht Geiger, Antonio Tapiès, Günther Uecker oder Sol LeWitt ebenso umfasst wie solche ganz junger Künstler. Neben Gemälden, Plastiken und Objekten wurden vor allem Arbeiten auf Papier und Grafik angekauft, sicher ein besonderer Eigenwert der Sammlung. Seit 1991 verfügt das Museum über zwei Etagen und hat nun die Möglichkeit, ständig Teile der

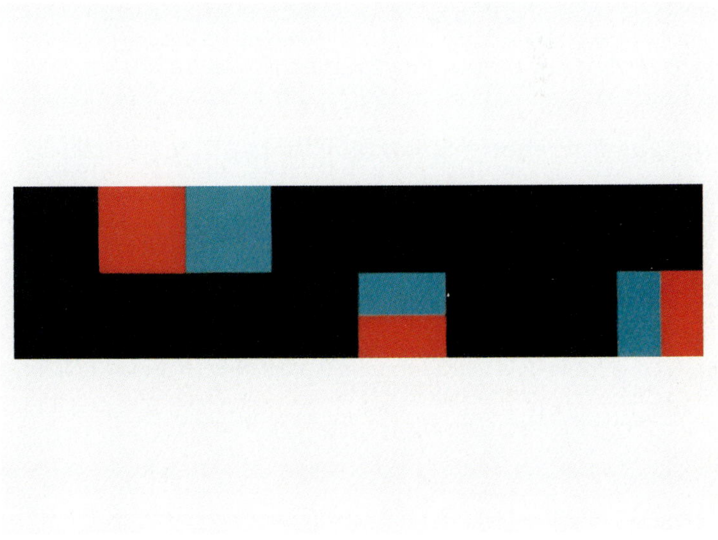

Studio A Otterndorf Museum gegenstandsfreier Kunst Landkreis Cuxhaven, Camille Graeser, ohne Titel, 1963

Studio A Otterndorf Museum gegenstandsfreier Kunst Landkreis Cuxhaven, Ausstellungsraum im Dachgeschoss

Sammlung parallel zu Sonderausstellungen zu zeigen. Bei diesen Sonderausstellungen wird gezielt der Themenbereich der gegenstandsfreien Kunst mit monografischen und thematischen Ausstellungen bearbeitet. Diese werden ergänzt durch Künstlergespräche und Vorträge. NBK

## Torhaus Otterndorf – Sammlung Labiau/Ostpreußen

Am Großen Specken, 21762 Otterndorf **Telefon** (0 47 51) 49 90 (Frank) **Internet** www.landkreis-cuxhaven.de/torhaus.html **Geöffnet** Mai – Sept. Mi. u. Do. 14 – 17, Sa. 10 – 17, Okt. – April Do. 10 – 12 Uhr **Eintritt** frei **Träger** Landkreis Cuxhaven **Ansprechpartner** Bruno Frank

Das 1641 erbaute Torhaus ist der Überrest der Otterndorfer Schlossanlage. Heute dient es als Heimatstube des ostpreußischen Kreises Labiau. Das Museum führt in Lage, Geschichte und Besonderheiten der Region Labiau sowie deren heutiges Erscheinungsbild ein. In Wechselausstellungen werden ergänzend einzelne Themenbereiche vertieft. NBK

Hermann-Allmers-Heim

## Hermann-Allmers-Heim

Mittelstraße 1, 27628 Sandstedt-Rechtenfleth **Telefon** u. **Fax** (0 47 02) 8 10 (AB) **Internet** www.landkreis-cuxhaven.de/hermann-allmers.html o. www.kulturlandschaft.de/herrmann-allmers.html **Geöffnet** April – Okt. Di. – Sa. 9 – 11 u. 14 – 17, So. 14 – 17 Uhr, Nov. – März n.V. **Eintritt** 2,– DM (~ 1,02 €); Ermäßigungen **Service** Zugang für Rollifahrer Erdgeschoss, Kaffeetafel n.V. **Träger** Hermann-Allmers-Gesellschaft u. Landkreis Cuxhaven **Leitung** Dr. Axel Jürgen Behne, Otterndorf

Hermann Allmers (1821–1902) war Schriftsteller (u.a. „Marschenbuch", „Römische Schlendertage"), Kunstförderer und Mitbegründer der Heimatbewegung. Die Art, wie er sein großbäuerliches Geburtshaus zu einem – bis heute intakten – Künstlerhaus umgestalten ließ, spiegelt sein Weltbild: Zeigt der Marschensaal die Identifikation mit dem deutschen Nationalstaat und seinen geistigen Traditionen, verweisen die englische Veranda und der römische Antikensaal auf seine Offenheit für alles schöne Fremde. NBK

## Museumsscheune Reith

Reither Damm 1, 21698 Reith **Telefon** (0 47 62) 18 30 97 (Prigge) **Internet** www.harsefeld.de **Geöffnet** n.V. **Eintritt** frei **Träger** Museumsverein Samtgemeinde Harsefeld e.V. **Leiter** Hans Prigge

Mehrere Heimatvereine der Stader Geest sammeln hier gemeinsam ländliches Kulturgut. Schwerpunkt ist die Kartoffel, deren Kultur und Ernte regelmäßig in Schulprojekten aktiv vermittelt werden. NBK

## Heimatmuseum Rotenburg

Burgstraße 2 (Heimatmuseum) u. Große Straße 15 (Stadtmuseum), 27356 Rotenburg (Wümme) **Telefon** (0 42 61) 45 20 **Fax** (0 42 61) 24 11 **Geöffnet** Stadtmuseum Di. – Sa. 10 – 12 u. 14 – 18, So. u. feiertags 15 – 18 Uhr, Heimatmuseum Wiedereröffnung Sommer 2001 **Eintritt** frei, ab Sommer 2001 2,– DM (~ 1,02 €); Ermäßigungen **Träger** Heimatbund Rotenburg (Wümme) e.V. **Leiterin** Sarina Tappe

Auf dem Gelände der mittelalterlichen Rotenburg wurde seit 1953 eine stattliche Hofanlage zusammengestellt: Das 2000 abgebrannte Rauchhaus von 1793 wird gerade rekonstruiert. Neben den geretteten Stubeneinrichtungen wird es Ausstellungen sowie den kulturellen Veranstaltungen dienen, mit denen der Heimatbund seine Arbeit finanziert. Das benachbarte „Institut für Heimatforschung" enthält Archiv und Fachbibliothek sowie Bibliothek und Archiv des Kreises Angerburg/Ostpreußen, der im Honigspeicher einen Gedenkraum unterhält.
Die Dependance im Rudolf-Schäfer-Haus bietet das Atelier des Bibelillustrators Rudolf Schäfer sowie Ausstellungen zur Stadtgeschichte und -kultur. NBK

## Heimathaus – Freilichtmuseum Scheeßel

Zevener Straße 18, 27383 Scheeßel **Telefon** (0 42 63) 85 51 **Internet** www.kulturlandschaft.de/heimatverein-scheessel.html **Geöffnet** Mai – Sept. So. 10 – 12 u. 14 – 18 Uhr **Eintritt** 2,– DM (~ 1,02 €); Ermäßigungen **Träger** Heimatverein Niedersachsen e.V. Scheeßel **Leiter** Friedrich Behrens

Vom Meyerhof über einen kurzen Fußweg zu erreichen ist das Freilichtmuseum mit Heimathaus. Um Dokumente ländlicher Baukultur zu erhalten, sind sechs Gebäude in verschiedenen Dörfern abgebaut und auf dieser Hofstelle originalgetreu wieder errichtet worden. Im Heimathaus, einem niedersächsischen Hallenhaus, werden anhand der originalgetreuen Einrichtung bäuerliche Wohnkultur und ländliches Arbeitsgerät des 19. Jh. gezeigt. NBK

Heimathaus – Freilichtmuseum Scheeßel, Heimathausgebäude mit Speicher und Schafstall

Meyerhof Scheeßel, Ausstreichen von Druck-Papp in der Museumsblaudruckerei

## Meyerhof Scheeßel

Am Meyerhof 1, 27383 Scheeßel **Telefon** (0 42 63) 85 51
**Geöffnet** Mai – Sept. Sa. 15 – 18, So. 11 – 13 u. 15 – 18 Uhr **Eintritt** 2,– DM (~ 1,02 €); Ermäßigungen **Träger** Heimatverein Niedersachsen e.V. Scheeßel
**Leiter** Friedrich Behrens

Die Geschichte der beiden Scheeßeler Museen beginnt 1908 mit der Einrichtung des noch heute für Ausstellungen genutzten Kunstgewerbehauses in einer ehemaligen Dreschscheune. Später kamen Meyerhof mit Weberhaus, Kornspeicher (heute als Blaudruckwerkstatt genutzt), Häuslingshaus und Schafstall hinzu. Neben einer Sammlung von Geräten historischer Berufe und Trachten zeichnet sich der Meyerhof durch eine Weberei und eine Blaudruckwerkstatt mit vielen historischen Modeln aus. Hier werden nach überlieferten Verfahren Stoffe hergestellt und bedruckt. In Kursen kann der Besucher selbst das Spinnen, Weben und Klöppeln erlernen. Folkloristische Veranstaltungen ergänzen das Programm. NBK

## Heimathaus „Greven Worth"

Greven Worth 8, 27446 Selsingen **Telefon** (0 42 84) 3 26 (Grafelmann)
**Geöffnet** n.V. **Eintritt** frei **Service** eingeschränkt zugänglich für Behinderte
**Träger** Heimatfreunde Selsingen e.V. **Leiterin** Margareta Grafelmann

Der Hof Greven Worth bildet mit den hierher versetzten Nebengebäuden und einem Göpel eine schöne Hofanlage. Neben eingerichteten Stuben gibt es Ackergerät und eine Ausstellung zum dörflichen Handwerk. NBK

## John-Wagener-Haus

Lange Straße 11, 27607 Langen-Sievern **Telefon** (0 47 43) 74 76 (Dotzauer) o. (0 47 43) 40 87 (Burmeister) **Geöffnet** Ostern – Ende Okt. So. u. feiertags 14 – 17 Uhr **Eintritt** 2,– DM (~ 1,02 €); Ermäßigungen **Träger** Kultur- und Heimatkreis Sievern **Leiterin** Helga Dotzauer

John Wagener (1816 Sievern – 1876 Walhalla, USA) war einer der vielen Deutschen, die seit dem frühen 19. Jh. nach Amerika auswanderten. Er war u.a. als General und Stadtgründer in South Carolina erfolgreich. Das gut restaurierte Bauernhaus vermittelt mit der Rekonstruktion des elterlichen Wagenerschen Kaufmannsladens im Wohnbereich, mit einer vielseitigen ortsgeschichtlichen Sammlung und der Darstellung von örtlichen Handwerken im Obergeschoss, aus welcher Lebenswelt man damals in die Fremde zog. NBK

## Handwerkermuseum Sittensen

Mühlenstraße 8 a, 27419 Sittensen **Telefon** (0 42 82) 93 00 - 53 **Fax** (0 42 82) 93 00 24 **E-Mail** BWeiden@Sg.Sittensen.de **Internet** www.kulturlandschaft.de/handwerkermuseum-sittensen.html **Geöffnet** Sa. 15 – 17, So. 14 – 18 Uhr **Eintritt** frei **Träger** Heimatverein der Börde Sittensen und Gemeinde Sittensen **Leiterin** Birgit Weiden

In der alten Mühle, deren Vorgänger bis auf das 16. Jh. zurückgehen, und in der benachbarten Scheune werden 15 Handwerke mit Werkstätten sowie ein Kaufmannsladen, die teilweise zu besonderen Gelegenheiten betrieben werden, vorgestellt. Ein Computerprogramm sorgt darüber hinaus für die nötigen Informationen über Handwerke im Ort und ihre Arbeitsabläufe mit Bild, Text und Ton. Das Spektrum der Handwerke reicht vom Bäcker über den Reetdachdecker bis zum Zimmermann, vom Tischler, Uhrmacher bis zum Frisör. NBK

Handwerkermuseum Sittensen, Malerwerkstatt

## Heimathaus Sittensen

Breslauer Straße 4, 27419 Sittensen **Telefon** (0 42 82) 93 00 - 0
**Geöffnet** Sa. 15 – 17, So. 14 – 18 Uhr **Eintritt** frei **Träger** Gemeinde Sittensen u. Heimatverein der Börde Sittensen **Leitung** Heimatverein der Börde Sittensen

Aus Orten der Umgebung wurden Bauernhaus und Nebengebäude auf einem großzügigen Gelände zu einer Museumsanlage zusammengestellt. Im Haupthaus findet man im Obergeschoss außer Sonderausstellungen zur Ortsgeschichte Zeugnisse der Imkerei, Trachten und vor allem Objektgruppen aus dem Haushalt von Küche bis Waschküche. NBK

## „Alt-Stade" im Baumhaus

Am Wasser Ost 28, 21682 Stade **Telefon** u. **Fax** (0 41 41) 4 54 34
**Internet** www.baumhaus.stade.net **Geöffnet** März – Okt. Sa. 15 – 18, So. 14 – 18, Nov. – Febr. So. 15 – 17 Uhr **Eintritt** frei **Träger** Hans-Jürgen Berg

Einst war das Baumhaus der Sitz des Baumschließers (Hafenmeisters) direkt an der Hafeneinfahrt. Heute beherbergt es eine Sammlung von allerlei Stader Alltagsdingen aus den letzten drei Jahrhunderten. NBK

## Freilichtmuseum Stade

Auf der Insel, 21680 Stade **Telefon** (0 41 41) 95 18 21
**Geöffnet** Museumsgelände offen; Altländer Haus April – Okt. Di. – Fr. 10 – 13 u. 14 – 17, Sa. u. So. 10 – 13 u. 14 – 18 Uhr **Eintritt** 2,– DM (~ 1,02 €); Ermäßigungen
**Service** Insel-Restaurant **Träger** Stader Geschichts- und Heimatverein e.V.
**Leiter** Dr. Gerd Mettjes

Im Bereich der ehemaligen Schwedenfestung, dem „Bleicher-Ravelin" auf der Insel, richtete der Vorgänger des Stader Geschichts- und Heimat-

Freilichtmuseum Stade, Marschbauernhaus aus Huttfleth, 1733

vereins seit 1912 ein Freilichtmuseum mit Gebäuden des 18. Jh. vor allem aus dem Alten Land und mit einer Sammlung ländlichen Kulturguts ein. Die Anlage ist ein Beispiel für die Aktivitäten der Heimatbewegung um die Wende zum 20. Jh. NBK

## Heimatmuseum Stade

Inselstraße 12, 21682 Stade **Telefon** (0 41 41) 23 32 **Geöffnet** April – Okt. Di. – Fr. 14 – 17, Sa. u. So. 14 – 18 Uhr **Eintritt** 2,– DM (~ 1,02 €); Ermäßigungen **Träger** Museumsverein Stade e.V. **Leiter** Dr. Gerd Mettjes

Seit 1856 schon sammelte der Vorgänger des heutigen Stader Geschichts- und Heimatvereins Kulturgut der Landschaft. Hierfür wurde 1904 ein eigenes Gebäude errichtet. Vor- und Stadtgeschichte sind heute im Schwedenspeicher-Museum zu sehen. Im Heimatmuseum blieben qualitätvolle Zeugnisse der bürgerlichen Kultur, als Gegenstück gehobene ländliche Kultur mit Trachten aus der ersten Meile des Alten Landes sowie Gemälde von Künstlern aus dem Elbe-Weser-Gebiet. NBK

Heimatmuseum Stade, Trachtensammlung Osse-Gosch

## Patenschaftsmuseum Goldap in Ostpreußen

Große Schmiedestraße 5, 21682 Stade **Telefon** (0 41 41) 6 40 11 **Geöffnet** Mo. – Do. 8 – 12 u. 14 – 16, Fr. 8 – 12 Uhr o. n.V. **Eintritt** frei **Träger** Landkreis Stade / Kreisgemeinschaft Goldap/Ostpreußen e.V.

Die seit 1970 in Stade bestehende Heimatstube wurde 1987 in einem gerade restaurierten Haus des frühen 18. Jh. neu eingerichtet. Entstanden ist eine übersichtliche Darstellung von Lage, Geschichte und Besonderheiten der Goldaper Region, die auch dem Besucher, der keine Verbindung zu Ostpreußen hat, die dortige Kultur nahe bringen kann. Eine Leseecke zwischen ca. 600 Büchern zur Region lädt zur weiteren Beschäftigung mit dem Thema ein. NBK

Schwedenspeicher-Museum

## Schwedenspeicher-Museum

Am Wasser West 39, 21682 Stade **Telefon** (0 41 41) 32 22 **Fax** (0 41 41) 4 57 51 **E-Mail** schwedenspeicher@t-online.de **Internet** www.Schwedenspeicher.de **Geöffnet** Di. – Fr. 10 – 17, Sa. u. So. 10 – 18, Schulklassen ab 9 Uhr **Eintritt** 2,– DM (~ 1,02 €); Ermäßigungen **Service** Behindertenzugang nur Erdgeschoss (Sonderausstellungsraum) **Träger** Museumsverein Stade e.V. **Leiter** Dr. Gerd Mettjes

Das um 1700 errichtete Gebäude, das dem 1977 eröffneten Museum seinen Namen gab, war einst das Provianthaus der schwedischen Garnison. Es ist ein Zeugnis für die Blütezeit der Stadt unter den Schweden, die Stade zum Verwaltungssitz der Herzogtümer zwischen Elbe und Weser machten. Der Stadt- und Regionalgeschichte vom Mittelalter bis ins 19. Jh. ist das Mittelgeschoss des Museums gewidmet. Die Stadtwerdung wird ebenso deutlich wie die späteren Entwicklungsstufen. Urkunden, Kunstwerke aus den Kirchen, die Folterkammer aus dem Rathaus, Modelle, Münzen oder auch Militaria aus der Schwedenzeit geben ein lebendiges Bild der Vergangenheit. Von überregionaler Bedeutung ist die Sammlung zur Ur- und Frühgeschichte. Sie bietet Objekte wie den Goldring von Himmelpforten, der über 4000 Jahre alt ist, oder Bronzeräder eines Kultwagens um 700 v. Chr. Diese Abteilung wird von Juni 2001 bis Ostern 2002 völlig neu gestaltet. Einbaum, Wagen und Bohlenweg aus dem Moor rücken dann in den Blick, wie Menschen schon in der Frühgeschichte Wasser- und Landwege für regionale Kontakte und den Fernhandel schufen. In einer anregenden Kombination aus dem aktiven Nachvollziehen

Schwedenspeicher-Museum, Heilige Gertrud, 15. Jh.

experimenteller Archäologie, modernen Medien und einer systematischen Neuinszenierung der Befunde werden die Beziehungsgeflechte in die Ferne ebenso anschaulich gemacht wie die Lebensformen in der Region.
Bemerkenswert ist die museumspädagogische Arbeit des Hauses. Es gibt zahlreiche Unterrichtsmaterialien für Schulen sowie vielfältige Mitmachangebote. Sonderausstellungen ergänzen das Programm.
Im Kunsthaus Stade, Wasser West 7, hat das Museum ein zusätzliches Ausstellungshaus, in dem über die nächsten Jahre immer wieder verschiedene europäische Künstlerkolonien des 19. und 20. Jh. vorgestellt werden. NBK

## Technik- und Verkehrsmuseum Stade

Freiburger Straße 60, 21682 Stade **Telefon** (0 41 41) 28 88 **Fax** (0 41 41) 4 38 98 **Internet** www.city-map.de/city/map/010103040300.html **Geöffnet** Di. – Fr. 10 – 16, Sa. u. So. 10 – 18 Uhr **Eintritt** 5,– DM (~ 2,56 €); Ermäßigungen **Service** Cafeteria **Träger** Technik- und Verkehrsmuseum Stade e.V. **Leiter** Peter Schmidt, Geschäftsführer Karl-Heinz Pittner

In der Werkhalle einer ehemaligen Ziegelei ist eine technikgeschichtliche Schau zusammengestellt. Das Spektrum umfasst neben Kommunikationsmitteln vor allem Verkehrsmittel vom Pferdewagen zur Eisenbahn, vom Fahrrad über den Kleinwagen bis zum Luxusauto. Auf dem Freigelände gesellen sich etwas unorganisch Militärflugzeuge zu einem Sägewerk. Einige Bereiche wie die Luftfahrt in Stade im Zweiten Weltkrieg sind inzwischen mit Bild- und Textinformationen in einen Zusammenhang gestellt. Sonderausstellungen ergänzen das Spektrum. NBK

## Heimatstube im „Spieker Anno 1754"

Bremer Landstraße 18, 27412 Tarmstedt **Telefon** (0 42 83) 18 21
**Geöffnet** n.V. **Eintritt** frei **Träger** und **Leiter** Johann Thölken

In einem historischen Kornspeicher befindet sich neben ländlichem Kulturgut sowie Mineralien eine kleine archäologische Sammlung. Sie ist systematisch geordnet und bietet, versehen mit erläuternden Texten und Bildern, einen Überblick über die Vor- und Frühgeschichte des Tarmstedter Raumes. NBK

## Deutsches Pferdemuseum

Holzmarkt 9, 27283 Verden (Aller) **Telefon** (0 42 31) 80 71 40
**Fax** (0 42 31) 80 71 60 **E-Mail** pferdemuseum@t-online.de
**Internet** www.dpm-verden.de **Geöffnet** Di. – So. 10 – 17 Uhr **Eintritt** 5,– DM (~ 2,56 €); Ermäßigungen **Service** zugänglich für Behinderte, Aufzug, Shop
**Träger** Verein Deutsches Pferdemuseum e.V. **Leiter** Dietrich Fröba M.A.

Direkt am Bahnhof ist aus einem klassizistischen Kasernenkomplex von 1830 ein Kultur- und Veranstaltungszentrum entstanden. Das Pferdemuseum mit hippologischer Bibliothek ist stilgerecht im ehemaligen Stall der Kaserne, in dem sich noch Futterkrippen in den Wänden erhalten haben, untergebracht. Themen der Ausstellung sind „Lebenswelten" des Pferdes wie die Natur, die tägliche Arbeit, der Stall, ferner seine vielfältigen Funktionen in der Gesellschaft und Kultur sowie die Geschichte von Pferdezucht und -sport. Neben historischen Ausrüstungsgegenständen wie Sätteln und Zaumzeugen zeigt das Museum naturkundliche Objekte. Die Besucher können nicht nur an Vitrinen, Bildern und Dioramen vorbeigehen, sondern sich selbst auf einen Pferderücken setzen oder auf einen Kutschbock steigen. JL

Deutsches Pferdemuseum, Rudolf Kuntz, Englische Stuten auf der Koppel von Schloss Stutensee bei Karlsruhe, 1833

## Historisches Museum Verden – Domherrenhaus

Untere Straße 13, 27283 Verden (Aller) **Telefon** (0 42 31) 21 69
**Fax** (0 42 31) 93 00 20 **Internet** www.verden.de **Geöffnet** Di. – So. 10 – 13, 15 – 17 Uhr
**Eintritt** 3,– DM (~ 1,53 €); Ermäßigungen **Träger** Historisches Museum Domherrenhaus e.V. **Leiter** Dr. Björn Emigholz

Die Geschichte der Stadt Verden als Ackerbürger-, Handwerker- und Garnisonstadt wird dem Besucher mit einer Vielzahl an z.T. außergewöhnlichen Exponaten (Alte Ratsapotheke) gezeigt. Die Sachzeugen der Arbeits- und Lebenswelten hauptsächlich des 19. Jh. vermitteln eine Ahnung der sozialen Gegebenheiten. Kulturgeschichtlich interessant sind die Bestände der ehemaligen Zinngießerei Engels und die zahlreichen Dioramen mit den einstmals produzierten Figuren.
Die neugestaltete Abteilung „Einmal Steinzeit und zurück" gibt auf vorbildliche Weise Einblick in das Leben vor Jahrtausenden. Zentrales Thema sind die Lehringer Funde, Flintsteinabschläge und eine Eibenholz-Lanze, gefunden zwischen Skelettresten eines Waldelefanten, mit ihrem Alter von 120 000 Jahren zu den ältesten Waffenfunden der Welt zählend.
Ein umfangreiches museumspädagogisches Programm bietet für Einheimische und Besucher „Museum zum mitmachen und erleben". JL

Historisches Museum Verden – Domherrenhaus,
Einmal Steinzeit und zurück,
Waldelefant vor ca. 120 000 Jahren

## Heimatmuseum Wanna

Museumsweg 3, 21776 Wanna **Telefon** (0 47 57) 4 99 (Peters) o. dienstlich (04 71) 5 90 32 43 (Leiter) **Geöffnet** Mai – Sept. So. 10 – 11 Uhr **Eintritt** 3,– DM (~ 1,53 €) **Service** Café für Gruppen n.V. **Träger** Verkehrsverein e.V. Wanna **Leiter** Hans-Hermann Peters

Das Museum zeigt seit 1967 in der ehem. Schulscheune aus seinen Beständen wechselnd Aspekte der ländlichen Kultur von der Tracht bis zum Hausrat und zur Moorkultivierung sowie eine Dokumentation der Ausgrabungen, die die dichte Besiedlung der Gemarkung in Stein- und Eisenzeit belegen. Zur Dauerausstellung gehören neben ländlichem Großgerät Werkzeuge alter Handwerke, u.a. der Holzschuhmacher und Zimmerer, und eine vollständige Schmiede. NBK

## Waldmuseum Wingst

Am Waldmuseum 11, 21789 Wingst-Wassermühle **Telefon** (0 47 78) 4 90 **Internet** www.landkreis-cuxhaven.de/waldmuseum.html **Geöffnet** n.V. **Eintritt** frei **Service** zugänglich für Behinderte **Träger** Landkreis Cuxhaven **Leiterin** Ingrid Reyelt

Das Waldmuseum informiert mit Hilfe von Texttafeln, Modellen und Präparaten über die Waldgeschichte der Geest, über Lebenszusammenhänge von Pflanzen- und Tierwelt und ökologische Probleme. Für Schulklassen gibt es eine Führung mit weiterem Anschauungsmaterial. NBK

## Kehdinger Küstenschiffahrts-Museum

Unterm Deich 7, 21737 Wischhafen **Telefon** (0 47 70) 83 11 40 (Museum) o. 71 79 **Fax** (0 47 70) 71 70 **E-Mail** stammbargen@t-online.de **Internet** www.city-map.de/city/map/010103041600.html **Geöffnet** Ostern – Mitte Nov. Sa. u. So. 10 – 12 u. 13 – 18 Uhr **Eintritt** 3,– DM (~ 1,53 €); Ermäßigungen **Träger** Freunde des Kehdinger Küstenschiffahrts-Museums e.V. **Leiter** Volker von Bargen

Kehdinger Küstenschiffahrts-Museum, Modell eines Besan-Ewers

Die Küstenschifffahrt war die wesentliche Lebensader des Kehdinger Landes. In Wischhafen, heute Anlegestelle der Fähre Glückstadt–Wischhafen, ist der alte Sielhafen noch erhalten und wird vor allem von Oldtimern genutzt. Oberhalb dieses Hafens kann man im Museum die Geschichte der Küstenschifffahrt nachvollziehen. Bauweise und technische Entwicklung der Schiffe werden ebenso anschaulich dargestellt wie das Leben an Bord. Eines der wesentlichen Transportgüter war der Ziegelstein, der in dieser Landschaft verstärkt seit dem 19. Jh. hergestellt und weitgehend auf dem Wasserweg transportiert wurde. An einer Erweiterung und Differenzierung der Themenbereiche in diesem Spezialmuseum wird gearbeitet. NBK

## Barkenhoff

Ostendorfer Straße 10, 27726 Worpswede (Post: Osterholzer Straße 23, 26611 Osterholz-Scharmbeck) **Telefon** (0 47 92) 39 68 **E-Mail** kulturamt@Landkreis-Osterholz.de **Internet** www.Landkreis-Osterholz.de **Geöffnet** März – Mitte Nov. täglich 10 – 18, Nov. – Febr. täglich 10 – 17 Uhr **Eintritt** 5,– DM (~ 2,56 €); Ermäßigungen **Service** Zugang für Rollifahrer nur Parterre **Träger** Barkenhoff-Stiftung, Osterholz-Scharmbeck **Geschäftsführer** Hans-Dieter v. Friedrichs

Der Barkenhoff, seit 1895 Wohn- und Arbeitsstätte Heinrich Vogelers, 1919–1923 Kommune, dann Kinderheim der „Roten Hilfe", geriet nach der Emigration des Künstlers nach Russland 1931 in Vergessenheit. Seit 1983 können das restaurierte Wohnhaus mit Werken Vogelers sowie seine Nebengebäude besichtigt werden. An die Tradition als Künstlerhaus anknüpfend, wurden fünf Künstlerateliers eingerichtet, die von einer Jury für jeweils neun Monate an Stipendiaten vergeben werden. NBK

Barkenhoff

Große Kunstschau Worpswede, Heinrich Vogeler, Sommerabend, 1905

## Große Kunstschau Worpswede und Ludwig-Roselius-Museum für Frühgeschichte

Lindenallee 1 – 3, 27726 Worpswede (Post: Kulturstiftung Landkreis Osterholz, Klosterkamp 5, 27711 Osterholz-Scharmbeck) **Telefon** (0 47 92) 13 02 **Fax** (0 47 92) 31 07 57 **E-Mail** info@kulturstiftung-ohz.de **Internet** www.kulturstiftung-ohz.de **Geöffnet** täglich 10 – 18 Uhr **Eintritt** 5,– DM (~ 2,56 €); Ermäßigungen **Service** Behindertenzugang (Große Kunstschau), Shop **Träger** Kulturstiftung Landkreis Osterholz **Geschäftsführerin** Dr. Karen Elisabeth Hammer

Große Kunstschau Worpswede
Das von Hoetger entworfene Museumsgebäude, 1971 ergänzt durch den Anbau des Ludwig-Roselius-Museums, bildet zusammen mit Hoetgers Café Worpswede und Skulpturen im Park ein reizvolles Ensemble, das auf die Gemälde der Worpsweder Malerschule – Werke von Fritz Mackensen, Otto Modersohn, Hans am Ende, Fritz Overbeck, Heinrich Vogeler und schließlich Paula Modersohn-Becker und Karl Vinnen, aber auch der zweiten Generation von Worpsweder Malern einstimmt. In Sonderausstellungen werden Themen der Worpsweder im Rahmen der Kunstgeschichte untersucht. Die Artothek im ehem. Lagerhaus, aus der gegen geringes Entgelt Grafik ausgeliehen werden kann, sowie Gegenwartskunst ergänzen das Programm.

Ludwig-Roselius-Museum für Frühgeschichte
Das baulich anschließende archäologische Museum fußt auf der Sammlung von Ludwig Roselius, die dieser als „Väterkundemuseum" in der Bremer Böttcherstraße ausstellte. Bewusst ist in der Objektwahl die Vorstellung des Gründers von einer ganzheitlichen europäischen Frühgeschichte beibehalten, für die die Ergänzung der Originale durch Kopien vieler Schlüsselwerke aus anderen Museen in Kauf genommen wird. NBK

Haus im Schluh,
Heinrich Vogeler, Frühling

## Haus im Schluh – Heinrich Vogeler-Sammlung

Im Schluh 35 – 37, 27726 Worpswede **Telefon** (0 47 92) 5 22 0. 95 00 61
**Fax** (0 47 92) 43 21 0. 95 00 63 **Internet** www.worpswede.de
**Geöffnet** 16. März – Okt. täglich 14 – 18, Nov. – 15. März Di. – So. 14 – 18 Uhr
**Eintritt** 5,– DM (~ 2,56 €); Ermäßigungen **Service** Shop **Träger** Familie Vogeler
**Leiterinnen** Berit Müller und Daniela Platz

Der Künstler Heinrich Vogeler trennte sich 1920 von seiner ersten Frau Martha. Sie und ihre Töchter zogen mit der Einrichtung aus dem Barkenhoff und zahlreichen Werken des Malers in das Anwesen im Schluh. Martha Vogeler betrieb eine Handweberei, die bis heute neben einer Kunsttischlerei hier weitergeführt wird. Außer Arbeiten Vogelers sind Webarbeiten und eine Sammlung von Gemälden seines Schwiegersohns Walter Müller zu besichtigen. Die beiden am Rande des Ortes gelegenen ehemaligen Bauernhäuser spiegeln noch ein wenig die ländliche Lebenswelt, die die Künstler der Worpsweder Malerschule einst begeisterte und die ihren Mal- und Lebensstil prägte. NBK

## Museum am Modersohn-Haus – Sammlung-Bernhard-Kaufmann

Hembergstraße 19, 27726 Worpswede **Telefon** (0 47 92) 47 77 **Fax** (0 47 94) 17 22
**Internet** www.worpswede.de **Geöffnet** täglich 10 – 18 Uhr **Eintritt** 5,– DM (~ 2,56 €);
Ermäßigungen **Service** Shop **Träger** Dr. Wolfgang Kaufmann
**Leiter** Dr. Wolfgang und Sigrid Kaufmann

Kern des Museums ist das Haus, das Otto Modersohn von 1897–1907 zuerst mit seiner ersten Frau Helene, schließlich mit Paula Modersohn-Becker, die hier 1907 nach der Geburt der Tochter Mathilde starb, bewohnte. Teile der originalen Einrichtung und Fotos formen ein lebhaftes Bild vom Lebensumfeld der beiden Maler. Das anschließende moderne

Museum am Modersohn-Haus – Sammlung-Bernhard-Kaufmann

Museumsgebäude bietet eine schöne Auswahl von Gemälden des Malerpaars sowie weitere Werke der Worpsweder Schule. Die Sammlung von Arbeiten, die der Kunstverleger Bernhard Kaufmann erworben hatte, hat Wolfgang Kaufmann systematisch durch Neuerwerbungen ergänzt. Dazu gehört ein Zyklus von Skizzen, die Heinrich Vogeler 1926–1939 seinem Sohn Jan von Reisen durch Zentralasien schickte und die 30 Jahre verschollen waren. NBK

## Torfschiffwerftmuseum

Schlußdorfer Straße 20, 27726 Worpswede **Telefon** (0 47 92) 6 00 (Giere) **Internet** www.worpswede.de **Geöffnet** April – Okt. Mi. 12 – 15, Fr., Sa. 15 – 18, So. 10 – 12 u. 15 – 18 Uhr **Eintritt** 2,– DM (~ 1,02 €); Ermäßigungen **Träger** Heimatverein Schlußdorf e.V., Worpswede **Leiter** Hermann Giere

In der kleinen Werft in Schlußdorf wurden von 1850–1954 über 600 Torfschiffe, sog. Halbhuntschiffe, gebaut. Eines fasste 6 $m^3$ Torf. In der 1977 restaurierten Werft kann der Bau solcher Boote nachvollzogen werden. Graben und Klappstau in der Nähe verweisen auf Transport und Benutzung der Boote. Arbeitsgeräte für den Bootsbau, den Torfabbau und die Holzschuhmacherei sowie alte Fotos machen die Lebensweise der Moorbewohner anschaulich. NBK

Torfschiffwerftmuseum

Museum für Wattenfischerei, Museumsschiff KORALLE

## Museum für Wattenfischerei

Wurster Landstraße 118, 27638 Wremen **Telefon** (0 47 05) 12 17 (Museum) o. 5 08 (Leiter) **Internet** www.wursterland.de **Geöffnet** Di. – Sa. 11 – 17, So. 15 – 18 Uhr **Eintritt** 3,– DM (~ 1,53 €); Ermäßigungen **Träger** Wremer Heimatkreis 85 e.V. **Leiter** Fredi Filter

Wremen wird bis heute durch Fischerei und Fischhandel geprägt. Der örtliche Heimatkreis hat Sach- und Bildmaterial vor allem zum Thema Krabbenfang und -verarbeitung zusammengetragen, das seit 1992 in ansprechender Weise präsentiert ist. Ein Krabbenkutter, Baujahr 1962, weist vor dem Haus auf das Museum hin. An Aktionstagen wird in der Krabbenküche Granat (Krabben) gekocht, in der Fischerstube des Museums gepult und angeboten. NBK

## Feuerwehrmuseum Zeven

Meyerhöfen 7, 27404 Zeven **Telefon** (0 42 81) 23 76 o. 86 72 **Internet** www.zeven.de **Geöffnet** So. 14 – 17 Uhr **Eintritt** 5,– DM (~ 2,56 €); Ermäßigungen **Träger** Verein Feuerwehrmuseum Zeven e.V. **Leiter** Dieter Weywer

Im Feuerwehrmuseum Zeven kann die Geschichte des Brandschutzes von der Antike bis zur Gegenwart mit Dokumenten, Geräten und Uniformen ebenso nachvollzogen werden wie die Entwicklung von Freiwilligen- und Berufsfeuerwehren. Hierzu gehört ein großer Fahrzeugpark vom pferdegezogenen Leiterwagen bis zum Motorfahrzeug der Gegenwart. 1995 wurde in den Freibereich zusätzlich ein typischer ländlicher Meldeturm mit Spritzenhaus aus der Region versetzt. Regelmäßig werden Sonderausstellungen zu einzelnen Themenbereichen des Feuerlöschwesens erarbeitet. Besonderes Anliegen ist die Brandschutzerziehung, für die z.B. Sonderlehrgänge für Hausfrauen oder spezielles pädagogisches Material für Schulklassen angeboten werden. NBK

Museum Kloster Zeven,
Zevener Porzellan im Stil des Art déco,
1920er Jahre

## Museum Kloster Zeven

Klostergang 3, 27404 Zeven **Telefon** (0 42 81) 99 98 00 **Fax** (0 42 81) 71 61 26 (Stadtverwaltung) **Internet** www.zeven.de **Geöffnet** Do. 14 – 17.30, So. 15 – 17 Uhr, für Gruppen n.V. **Eintritt** frei **Service** Behindertenzugang **Träger** Stadt Zeven **Leiterin** Luise Del Testa

Im Jahre 1141 wurde das Frauenkonvent von Heeslingen nach Zeven verlegt. Von dem Klosterkomplex ist neben der Kirche ein Trakt der Klausur, wohl Torhaus und Refektorium, erhalten geblieben. Darin ist das Museum untergebracht. Ein Thema des Hauses ist die Geschichte des Klosters und der Gebäude. Daneben werden andere Aspekte der Regionalgeschichte angesprochen. Sie reicht von der Urgeschichte bis zur örtlichen Porzellanmanufaktur des 20. Jh. Das Obergeschoss ist dem Werk des Zevener Heimatforschers Müller-Brauel (1867–1940) gewidmet. Er ist nicht nur mit seinem Arbeitszimmer präsent. Mit einigem System werden seine Arbeitsweise anhand von Beispielen aus seiner Fotodokumentation sowie seiner Sammlung und damit zugleich Aspekte der regionalen Volkskunde, z.B. regionale Trachten, vorgestellt. Auch das zusammen mit Theo Herrmann 1907 nach Worpsweder Muster gegründete „Kunstgewerbehaus Sachsenheim" ist mit Beispielen präsent. NBK

## Königin-Christinen-Haus

Lindenstraße 11, 27404 Zeven **Telefon** (0 42 81) 99 98 00 o. 79 71 **Internet** www.zeven.de **Geöffnet** Do. u. So. 14.30 – 17.30 Uhr **Eintritt** frei **Träger** Stadt Zeven **Leiterin** Luise Del Testa

Das Christinenhaus, Mitte des 17. Jh. wohl als Gästehaus des Klosters Zeven errichtet, soll einst einmal die schwedische Königin Christine beherbergt haben. In einigen Räumen ist das Erscheinungsbild der Bauzeit rekonstruiert. Die übrigen Räume bieten Platz für die Städtische Galerie und ein Forum für die Kunstszene. Die Skulpturensammlung im zugehörigen Garten zeigt speziell Bildhauerei des Elbe-Weser-Dreiecks. NBK

# Lüneburger Heide, Wendland

## Museum Amelinghausen

Marktstraße 1, 21385 Amelinghausen **Telefon** (0 41 32) 91 04 50 **Geöffnet** Mai – Okt. 13.30 – 17 (außer dienstags), Nov. – April Fr. – Mo. 13.30 – 17 Uhr **Eintritt** 2,– DM (~ 1,02 €); Ermäßigungen **Träger** Museumsverein für das Fürstentum Lüneburg **Leiter** Dr. Eckhard Michael

Vor- und frühgeschichtliche Funde aus Grabungen bei Oldendorf, Ehlbeck und Rehrhof werden in einer umgebauten Scheune gezeigt. Gegenstände des bäuerlichen Lebens ergänzen die Sammlung des kleinen Heimatmuseums. La

## Museum der 50er Jahre

Am Bahnhof 6 (Bahnhofsgebäude), 29549 Bad Bevensen **Geöffnet** Sa., So., feiertags 14 – 18 Uhr **Eintritt** 3,50 DM (~ 1,79 €); Gruppen ab 10 Pers. Einzelpreis 2,– DM (~ 1,02 €) **Träger** Förderverein Museum der 50er Jahre e.V., Uelzen **Leiter** Wilfried Kindlein, Telefon (05 81) 1 76 06

Die eigene Kindheit ist bereits museumsreif! Der Schreck wird von der Freude überlagert, hier im ersten Stockwerk des Bad Bevenser Bahnhofs die alltäglichen einfachen Dinge der eigenen Vergangenheit wieder entdecken zu können. In einer kleinen nachgestellten Wohnung von Otto Normalverbraucher wird das Leben der 50er Jahre wieder lebendig. Und so werden plötzlich viele banale Kleinigkeiten vom Fliegenpilzständer für Zigaretten bis hin zu Vaters wollener Badehose zu aufregenden Exponaten. Der Besucher ärgert sich, dass er selbst längst alles dem Sperrmüll überlassen hat. Doch zum Glück gibt es noch diese engagierten privaten Sammler. Für alle ab 40 Jahre ein Museum voller Nostalgie und auch schon Kulturgeschichte. La

Museum der 50er Jahre, ein Wohnzimmer der 1950er Jahre

## Museum Schliekau

Kurze Straße 4, 29549 Bad Bevensen **Telefon** (0 58 21) 13 84 **Geöffnet** Mo. 16 Uhr, im Winter geschlossen, nur mit Führung **Eintritt** 5,– DM (~ 2,56 €); Ermäßigungen **Träger** und **Leiter** Familie Schliekau

Es ist beeindruckend, was durch die Sammelleidenschaft eines Menschen zusammengetragen werden kann: so zu sehen in Bad Bevensen im Museum Schliekau. Museumsgründer Rudolf Schliekau sen. trug nicht nur zahlreiche Exponate aus der engeren und weiteren Umgebung Bad Bevensens zusammen, sondern brachte auch zahlreiche Gegenstände von seinen Reisen ins Ausland mit. Die zehn kleinen Räume, die heute die Ausstellung beherbergen, reichen bei weitem nicht aus, die durchaus qualitätvollen Gegenstände zu fassen. So besitzt das Haus auch mehr den Charakter eines Museumsmagazins als den eines besucherorientierten Museums, was jedoch durch eine sachkundige Führung der Familie Schliekau ausgeglichen wird. Zu sehen sind u.a. eine umfangreiche Waffensammlung, vor- und frühgeschichtliche Funde, Exponate fremder Kulturen, Handwerk, Hausrat, Feuererzeugung, Beleuchtung, Hauben und Trachten sowie eine umfangreiche naturgeschichtliche Sammlung. La

## Burgmuseum Bad Bodenteich

Burg Bodenteich, Burgstraße 8, 29389 Bad Bodenteich **Telefon** (0 58 24) 13 20 (Linker) o. 35 39 (Kurverwaltung) **Fax** (0 58 24) 33 08 (Kurverwaltung) **Geöffnet** Sa. u. So. 14 – 17 Uhr **Eintritt** 2,– DM (~ 1,02 €); Ermäßigungen **Träger** Förderkreis Burg Bodenteich e.V. **Leiter** Harro Blunk, Telefon (0 58 24) 24 79

Die ehemalige Wasserburg Bodenteich wurde von den Rittern von Bodendike um 1250 auf einem künstlich angelegten Hügel errichtet. Von 1323 bis in die Mitte des 19. Jh. war die Burg Amts- und Gerichtssitz des Herzogtums Braunschweig-Lüneburg. Das neben dem Turmstumpf des Bergfrieds erhaltene Amtshaus beherbergt heute die Kurverwaltung. In seinem Obergeschoss fand 1988 das „Kleine Burgmuseum" seinen Platz. Mit ehrenamtlichen Kräften gestaltete der Förderkreis dieses kleine Heimatmuseum, das sich zur Aufgabe gemacht hat, die Geschichte der Burg, ihres Rittergeschlechtes sowie des Amtes und Fleckens Bodenteich darzustellen. La

## Gildehaus Bardowick

St.-Johannis-Straße 3, 21357 Bardowick **Telefon** (0 41 31) 12 83 19 **Geöffnet** Di. – Do. u. So. 10 – 12, Fr. u. Sa. 14 – 16 Uhr **Eintritt** frei **Träger** Flecken Bardowick **Leiterin** Dagmar Frank

Heimatkundliche Sammlung und Darstellung der Ortsgeschichte von lokaler Bedeutung, untergebracht in einem renovierten Zweiständerhaus. La

## Filmmuseum Bendestorf

Poststraße 4, 21227 Bendestorf **Telefon** (0 41 83) 73 82 o. 67 61 (Kaumanns) **Fax** (0 41 83) 61 54 **Geöffnet** Di., Do., Fr. 9 – 11.30, Di. 14 – 17.30, Sa. u. So. Mai – Sept. 14 – 17, Okt. – April 14 – 16 Uhr **Eintritt** 2,– DM (~ 1,02 €); Ermäßigungen **Träger** Gemeinde Bendestorf **Leiter** Kurt Kaumanns

In Bendestorf wurden seit der Nachkriegszeit bis 1978 mehr als 35 bekannte Kinofilme mit deutschen und internationalen Schauspielern gedreht. Auf den kleinen Heideort fiel etwas vom Glanz der großen „Glamourwelt". Das Filmmuseum will die Bedeutung des Studios Bendestorf für den deutschen Nachkriegsfilm dokumentieren. Eine nachgebaute Studioszene, Drehbücher, Filmplakate, Autogrammkarten, Kameras und anderes Studiozubehör sind zu besichtigen. Das Museum hat mehr als 30 in Bendestorf gedrehte Filme zur Auswahl, die nach Voranmeldung in einem Video-Raum vorgeführt werden. La

## Heimatmuseum Römstedthaus

Am Friedensplatz 7, 29303 Bergen **Telefon** (0 50 51) 66 12 **E-Mail** Hans-Hermann.Schmitz@bergen-online.de **Geöffnet** April – Okt. 9.30 – 12 u. 15 – 17, Fr. 9.30 – 12, Juni – Sept. zusätzlich Fr. 15 – 17 u. Sa. u. So. 10 – 12 u. 14.30 – 16.30 Uhr **Eintritt** frei **Träger** Stadt Bergen **Leiter** Hans-Hermann Schmitz

Im Jahre 1913 erwarb der Heimatverein Bergen (Landkreis Celle) ein 300 Jahre altes Bauernhaus aus der Südheide und richtete es unter Leitung von Präzeptor Friedrich Römstedt als Heimatmuseum ein. Die Wohn- und Wirtschaftsräume, die Diele und der frühere Kuhstall enthalten Einrichtungsgegenstände, landwirtschaftliche und handwerkliche Gerätschaften eines Bauernhauses. Im ehemaligen Pferdestall ist eine Imkerei eingerichtet. Hausschlachtung, Milchwirtschaft, Schuhmacherei, Flachs- und Wollverarbeitung sind weitere Ausstellungsthemen. Einen besonderen Bereich bilden die vor- und frühgeschichtlichen Funde aus dem Bereich der Stadt Bergen. La

## Gedenkstätte Bergen-Belsen

29303 Lohheide, **Telefon** (0 50 51) 60 11 **Fax** (0 50 51) 73 96 **Geöffnet** tägl. 9 – 18 Uhr **Eintritt** frei **Service** zugänglich für Behinderte **Träger** Land Niedersachsen **Leiter** Wilfried Wiedemann

Auf dem Gelände des ehemaligen Konzentrationslagers Bergen-Belsen, dessen Baracken die britischen Besatzungstruppen nach Befreiung und Räumung des Lagers niederbrannten, wurden auf Veranlassung der britischen Militärregierung ab 1946 ein 25 m hoher Obelisk und eine 50 m lange Inschriftenwand errichtet. In mehreren Sprachen wird an das Leiden der Häftlinge aus mehr als 40 Nationen erinnert, die hier zwischen 1943 und 1945 von den Nationalsozialisten gequält und getötet wurden. Von jüdischer Seite war bereits im November 1945 ein Mahnmal aufgestellt worden. Insgesamt sind mehr als 50 000 Menschen im Konzentrationslager Bergen-Belsen umgekommen. 1952 übernahm das

Gedenkstätte Bergen-Belsen

Land Niedersachsen die Verantwortung für die Gedenkstätte, auf der sich 14 Massengräber sowie einige wenige Einzelgräber befinden. Ab 1966 informierte eine erste Dauerausstellung in einem Dokumentenhaus die Besucherinnen und Besucher. Ein erweitertes und neu konzipiertes Dokumentationszentrum wurde 1990 eröffnet. Mit einer Dauerausstellung zur Geschichte des Kriegsgefangenen- und Konzentrationslagers Bergen-Belsen sowie zur Geschichte des nationalsozialistischen Verfolgungssystems, Sonderausstellungen, Dokumentarfilmen, Vorträgen usw. wird die Erinnerung an die hier verübten Verbrechen und ihre Opfer wach gehalten. Seit Beginn der 90er Jahre wurden im Rahmen von Projekten der Jugendarbeit Reste von Barackenfundamenten, Teilen der Lagerstraße etc. freigelegt. Sie sind ebenfalls zu besichtigen. La

## Elbtal-Haus Bleckede Natur- und Umweltzentrum

Lauenburger Straße 15, 21354 Bleckede **Telefon** (0 58 52) 28 99 **Fax** (0 58 52) 33 03
**E-Mail** Elbtalhaus@uni-lueneburg.de
**Internet** www.uni-lueneburg.de/fb4/Elbtalhaus **Geöffnet** Nov. – März Fr. – So. 12 – 17, April – Okt. Mi. u. Do. 12 – 16, Fr. – So. 12 – 18 Uhr **Eintritt** 3,– DM (~ 1,53 €); Ermäßigungen **Träger** Stadt Bleckede und Universität Lüneburg
**Leiter** Prof. Dr. Werner Härdtle

Das Elbtal-Haus wird von der Stadt Bleckede und der Universität Lüneburg gemeinsam getragen, ein Projekt, an dem sich die Deutsche Bundesstiftung Umwelt mit großzügiger finanzieller Unterstützung beteiligte. Ziel dieser Einrichtung ist es, die außerschulische Umwelt- und Naturschutzbildung in einer ökologisch, archäologisch und geologisch bedeutsamen Region voranzutreiben. Dies geschieht durch eine umfassende Dauerausstellung zu den verschiedensten Aspekten der Lebensräume des Elbtals, die durch Sonderausstellungen ergänzt wird, sowie durch um-

Elbtal-Haus Bleckede Natur- und Umweltzentrum, „Begehbarer Hartholz-Auwald", ein Teil der ständigen Ausstellung im Elbtal-Haus

fangreiche Seminar- und Exkursionsprogramme. Großer Wert wird auf die Vermittlung gelegt. Es darf angefasst, ausprobiert und gespielt werden. Höhepunkt der ständigen Ausstellung sind ein 16 000-Liter-Kaltwasseraquarium mit Elbefischen sowie ein begehbarer Hartholz-Auwald. In einem Lesecafé kann in der vorhandenen Literatur geschmökert werden. La

## Buchholzer Heimatmuseum

Zum Mühlenteich 3, 21244 Buchholz i. d. Nordheide **Telefon** (0 41 81) 73 96 **Geöffnet** So. 14 – 16 Uhr (außer Holmer Mühle) **Eintritt** frei **Träger** Geschichts- und Museumsverein Buchholz und Umgebung e.V. **Leiter** Gerhard Kegel

Vier Gebäude gehören zum Komplex des Buchholzer Heimatmuseums am Rande der Stadt Buchholz: die 1882 erbaute „Alte Schule", das sog. „Sniers Hus" aus dem 17. Jh., ein Backhaus sowie die weiter außerhalb liegende Wassermühle in Holm von 1758. Ein Besuch der „Alten Schule" kann nicht empfohlen werden, da sich weder das Gebäude selbst noch die Präsentation der Schausammlung in einem museumsgerechten Zustand befinden. Bäuerliches Gerät aus der Nordheide ist im „Sniers Hus" untergebracht. Die Wassermühle wird nach ihrer Renovierung als Veranstaltungsgebäude für Vorträge, Kunstausstellungen und Konzerte genutzt. Aber auch ihre ursprüngliche Funktion, das Mahlen, wird in Sonderveranstaltungen gezeigt (an jedem 2. Sa. im Monat 10 – 13 Uhr, inkl. Brotverkauf). La

## Bomann-Museum Celle
## Museum für Volkskunde, Landes- und Stadtgeschichte

Schloßplatz 7, 29221 Celle **Telefon** (0 51 41) 1 25 44 (Museum) u. 1 23 72 (Verwaltung) **Fax** (0 51 41) 1 25 35 **Internet** www.celle.de/Kultur/bomann.htm **Geöffnet** April – Okt. Di. – So. 10 – 17, Nov. – März Di. – Sa. 10 – 17, So. 10 – 13 Uhr **Eintritt** 4,– DM (~ 2,05 €); Ermäßigungen **Service** Aufzug **Träger** Gesellschaft zur Unterhaltung des Bomann-Museums **Leiter** N.N.

Das Bomann-Museum Celle gehört mit seinen 5500 $m^2$ Ausstellungsfläche zu den größten und bedeutendsten Museen Niedersachsens. 1892 gegründet, bezog es 1905 das hierfür errichtete Gebäude direkt gegenüber dem Celler Schloss. 1923 wurde es nach seinem Mitbegründer und ersten Direktor Wilhelm Bomann benannt. Bomanns Werk „Bäuerliches Hauswesen und Tagewerk im alten Niedersachsen" zählt noch heute zur Standardliteratur der volkskundlichen Forschung. 1993 kam ein moderner Erweiterungsbau hinzu. Sammlungsgebiete des Bomann-Museums sind die ländliche Kulturgeschichte des östlichen Niedersachsens, die Landesgeschichte des ehemaligen Königreiches Hannover und die Geschichte der Stadt Celle. Neben einem eingebauten Bauernhaus sowie Ensembles zur ländlichen und städtischen Wohnkultur des 19. Jh. bietet das Museum zeitgemäße Präsentationen zu Themen wie „Städtisches Leben im 19. Jh.", „Handwerk in Celle", „Celler Industriegeschichte" sowie Ausstellungen zum Themenbereich „Lebenswelt Lüneburger Heide" bis zum 20. Jh. Die landesgeschichtliche Abteilung ist im → Celler Schloss untergebracht. Sie gibt einen umfassenden Einblick in die Geschichte des Königreiches Hannover. Das Bomann-Museum betreut die Eberhard Schlotter-Stiftung mit Werken des 1921 in Hildesheim geborenen Malers und Grafikers

Bomann-Museum Celle, Blick in die Abteilung „Celler Industriegeschichte"

Bomann-Museum Celle, Familienbild des Celler Kaufmanns Jacobs von A. Dankworth, 1852

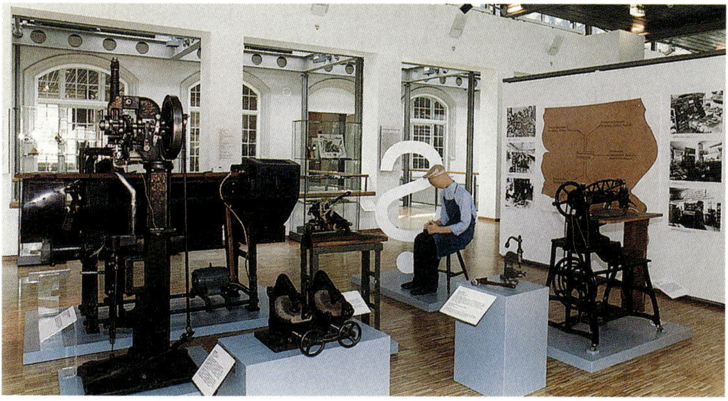

Bomann-Museum Celle, Blick in die Abteilung „Handwerk in Celle"

Eberhard Schlotter sowie das Kunstmuseum Celle mit der Sammlung Robert Simon (zeitgenössische Kunst). Regelmäßige Sonderausstellungen zu Bereichen der Kulturgeschichte und zu moderner Kunst ergänzen die Dauerausstellungen. La

## Celler Garnison-Museum

Hafenstraße 4, 29221 Celle **Telefon** (0 51 41) 21 46 42 **Geöffnet** Mi. 13 – 18, Sa. 10 – 14 Uhr **Eintritt** frei **Träger** Celler Garnison-Museum e.V. **Leiter** Hans-Dieter Hegers

Die Garnisonsgeschichte ist ein wesentlicher Bestandteil der Celler Stadtgeschichte. Die Stadt war seit mehr als 370 Jahren ständig Garnisonsstadt und ist es nach dem Truppenabbau der 1990er Jahre auch heute noch. In konzeptioneller Abstimmung mit dem Celler Bomann-Museum, das die hannoversche Zeit zur Garnisonsgeschichte darstellt, beschäftigt sich das Garnison-Museum mit der Zeit von 1866 bis in die Gegenwart. Gezeigt wird eine umfangreiche Sammlung von Uniformen, Ausrüstungsstücken, Schuss- und Blankwaffen aller Art sowie Orden und Ehrenzeichen. Das 20. Jh. ist mit Exponaten der Deutschen Wehrmacht sowie sämtlichen Uniformen der Bundeswehr seit 1955 präsent. Das jüngste Sammelgebiet befasst sich mit der Nationalen Volksarmee der ehemaligen DDR. La

## Celler Schützenmuseum

Altencellertorstraße 1, 29221 Celle **Telefon** (0 51 41) 2 47 41 o. 12 12 **Geöffnet** Sommerhalbjahr So. 10 – 12 Uhr **Eintritt** frei **Träger** Vereinigte 5. Celler Schützengesellschaften **Leiter** Johannes Roters

In einer der niedersächsischen Hochburgen des Schützenwesens wird die Tradition hochgehalten. Das 1976 gegründete Celler Schützenmuseum zeigt in zwei alten Bürgerhäusern an und auf der alten Stadtmauer die Gemäldegalerie der Celler Hauptkönige, Königsorden, Auszeichnungen, Pokale und Dokumente der letzten Jahrhunderte. La

## Das Deutsche Stickmuster-Museum Celle

Palais im Prinzengarten, 29223 Celle **Telefon** (0 51 41) 38 26 26 **Fax** (0 51 41) 38 26 38 **Geöffnet** Di. – Do., Sa. u. So. 10 – 17 Uhr, Winterpause vom 1. 1. – 31. 1. **Eintritt** 5,– DM (~ 2,56 €), ab 2002 6,– DM (3,– €); Ermäßigungen
**Träger** und **Leiter** Elfi u. Hans-Joachim Connemann

Stickmustertücher sind Merktücher für Stickmuster. Mädchen im Alter von fünf bis fünfzehn Jahren „notierten" sich mit Nadel und Faden die Muster auf ein Stück Leinen, um später damit ihre Aussteuer zu be-

Das Deutsche Stickmuster-Museum Celle, Stickmustertuch, süddeutsch, 1763

sticken. Die private Sammlung zeigt Stickmustertücher aus Europa und Übersee aus vier Jahrhunderten sowie Kleidungsstücke und Haustextilien, auf denen die Muster angewandt wurden. Ein Verkaufsraum mit Handarbeitsmaterial und Büchern zum Thema schließt sich an. La

## Museum der Justizvollzugsanstalt Celle

Trift 14, 29221 Celle **Telefon** (0 51 41) 91 10 u. 91 13 54
**E-Mail** Bildung@jva-ce.niedersachsen.de **Internet** www.jva-celle.de
**Geöffnet** geführte Besichtigung nur n.V. (Gruppen 6 – 20 Pers.) **Eintritt** frei
**Träger** Justizvollzugsanstalt Celle **Leiter** Hans-Dieter Klemmstein

Demjenigen, der das besondere Museum sucht und auch den Weg über eine Anmeldung mit Antrag auf Genehmigung nicht scheut, dem sei das Museum der Justizvollzugsanstalt Celle empfohlen. Das Museum hinter den Gefängnismauern beherbergt eine Sammlung unterschiedlichster Gegenstände aus der Geschichte des ab 1710 erbauten Hauses: Modell der Anstalt, Foltergeräte, Ausbruchwerkzeuge, Schnapsbrennanlagen, Anstaltskleidung u.v.a.m. Berichte, Akten und Fotos dokumentieren den Celler Strafvollzug während der NS-Zeit. La

## Sammlung des Niedersächsischen Landesinstituts für Bienenkunde

Wehlstraße 4 a, 29221 Celle **Telefon** (0 51 41) 9 05 03 - 40 **Fax** (0 51 41) 9 05 03 - 44
**E-Mail** info@bieneninstitut.de **Internet** www.bieneninstitut.de **Geöffnet** während der Öffnungszeiten des Bieneninstituts, Besichtigung nur mit Führung möglich
**Eintritt** frei **Träger** Land Niedersachsen **Leiter** Dr. Werner von der Ohe

Das Landesinstitut für Bienenkunde besitzt eine eigene umfangreiche Sammlung zur Geschichte, Theorie und Praxis der Bienenzucht und Imkerei. Sie wird gezeigt in einem hierher versetzten Treppenspeicher von 1607 und in Teilen des alten Institutsgebäudes. Alltägliches Gerät ehemaliger und heutiger Imkerei steht neben Besonderheiten der internationalen Bienenkunde. La

## Schloß Celle
## Historische Schloßräume
## Schloßkapelle

Schloßplatz 1, 29221 Celle **Telefon** (0 51 41) 1 23 73 **Internet** www.celle.de **Geöffnet** April – Okt. Di. – So. 11 – 15, Nov. – März Di. – So. 11 u. 15 Uhr, Besichtigung nur mit Führung möglich **Eintritt** 5,– DM (~ 2,56 €); Ermäßigungen **Service** zugänglich für Behinderte **Träger** Stadt Celle **Leiter** N.N.

Das Celler Schloss, dessen Ursprung auf eine durch Otto den Strengen angelegte Burganlage um 1300 zurückgeht, beherrscht als mächtiger Vierflügelbau die Celler Altstadt. Aus der Frühzeit des Baues hat sich nur der Kern des Wohnturmes erhalten. Mit Herzog Albrecht begann im letzten Viertel des 14. Jh. die Umwandlung der Burganlage in einen Fürsten-

Schloß Celle, Schloßkapelle

sitz. Unter Herzog Ernst dem Bekenner erfolgte nach 1530 der Ausbau zu einem reichen Renaissanceschloss. Das heutige Erscheinungsbild ist durch den barocken Umbau während der Regierungszeit des letzten in Celle residierenden Herzogs von Braunschweig-Lüneburg, Georg Wilhelm (1624–1705), geprägt. Im Nordtrakt befinden sich die restaurierten und wieder eingerichteten ehemaligen Staatsgemächer von Herzog Georg Wilhelm und dessen Gemahlin Eleonore d' Olbreuse. Hervorzuheben sind Braunschweiger und norddeutsche Möbel des späten 17. und frühen 18. Jh. sowie Gemälde des 17. Jh., darunter „Das Bohnenfest" von Jacob Jordaens, um 1650. Im südlichen Erdgeschoss hat sich die Hofküche des Königshauses Hannover mit einem Herd des späten 17. Jh. erhalten. Im Südostturm befindet sich die Schloßkapelle, der kunstgeschichtlich bedeutendste Raum des Schlosses, geweiht 1485, um 1565/70 ausgestaltet mit Gemälden von Marten de Vos, Antwerpen. Im Nordwestturm liegt das – heute wieder von einem eigenen Ensemble bespielte – 1937 renovierte Theater aus der Zeit um 1674/75. Die restaurierten Räume der verbannten dänischen Königin Caroline Mathilde sind als Dependance des Bomann-Museums zu besichtigen. Diese und weitere Räumlichkeiten des Schlosses haben die Abteilung zur Landesgeschichte des Königreiches Hannover aufgenommen. La

## Heimatmuseum Dahlenburg

Lüneburger Landstraße, 21368 Dahlenburg **Telefon** (0 58 51) 8 60
**E-Mail** museum@dahlenburg-net.de **Internet** www.dahlenburg-net.de
**Geöffnet** Mai – Okt. So. 10 – 12 Uhr **Eintritt** 2,– DM (1,– €); Ermäßigungen
**Träger** Gemeinde Dahlenburg **Leiter** Claus Dietrich

Die aus dem 13. Jh. stammende ehemalige Burgkapelle St. Laurentius ist seit 1928 Sitz des Dahlenburger Heimatmuseums. Die heimatkundliche Sammlung umfasst ein breites Spektrum von Gegenständen von der Steinzeit bis in das 20. Jh. Eine eigene Etage ist der Schlacht in der Göhrde im Jahre 1813 gewidmet. Die Schlacht wird in einem großen Diorama mit 1500 Zinnfiguren nachgestellt. La

## Heimatmuseum im Waldemarturm

Am Amtsberg, 29451 Dannenberg **Telefon** (0 58 61) 80 81 96 **Fax** (0 58 61) 80 81 00
**E-Mail** dannenberg@dannenberg.de **Internet** www.dannenberg.de
**Geöffnet** April – Okt. Mi. u. Fr. 14.30 – 17, Sa. 14.30 – 18, So. u. feiertags 10.30 – 13 u. 14 – 18 Uhr **Eintritt** 2,– DM (~ 1,02 €); Ermäßigungen **Träger** Stadt Dannenberg
**Leiterin** Undine Stiwich

Seit 800 Jahren thront der Waldemarturm als Wahrzeichen über der kleinen Stadt Dannenberg. Seine Funktionen im Laufe der Jahrhunderte waren vielfältig: Wehrturm der Burg, Schlossturm, Gefangenenturm, Wehrlager, Magazin und Aktenlager. Den Namen erhielt er nach dem dänischen König Waldemar II., der um 1224 hier gefangen gehalten worden sein soll. Im Jahre 1955 wurde man der besonderen Bedeutung des Turmes als historischem Baudenkmal gerecht, indem man in seinem Inneren ein Museum einrichtete. Gezeigt wird eine Sammlung von lokalhistorischer Bedeutung. Die Ausstellung zum Thema Hochwasser zeigt die Zusammenhänge von Hochwasser sowie Siedlungs- und Wirtschaftsformen in der Elbtalaue und der Jeetzelniederung. La

Heimatmuseum im Waldemarturm

## Historisches Feuerwehrmuseum Lüchow-Dannenberg

Neu Tramm, 29451 Dannenberg **Telefon** (0 58 61) 71 40 **Geöffnet** 15. April – 15. Juni Sa., So. u. feiertags 10 – 16, 16. Juni – 30. Sept. Mi. – Fr. 14 – 17, Sa., So. u. feiertags 10 – 16, 1. – 31. Okt. Sa. u. So. 10 – 16 Uhr **Eintritt** 2,50 DM (~ 1,28 €); Ermäßigungen **Träger** Historisches Feuerwehrmuseum Lüchow-Dannenberg e.V. **Leiter** Jürgen Linde, Telefon (0 58 61) 22 42

Eines der größten Feuerwehrmuseen Deutschlands liegt im Süden Dannenbergs, verborgen in einem Waldgebiet. Seine Ausstellungsgebäude haben selbst schon „Geschichte", denn sie dienten ehemals der Montage der legendären V1-Rakete. Heute bieten sie dem Trägerverein „Historisches Feuerwehrmuseum Lüchow-Dannenberg e.V." Gelegenheit, mit viel ehrenamtlichem Engagement auf insgesamt 2500 $m^2$ Grundfläche eine umfangreiche Ausstellung zur Geschichte des Feuerwehrwesens im Landkreis Lüchow-Dannenberg zu zeigen. Sie umfasst mehr als 300 Jahre Geschichte, beginnend mit einfachen Ledereimern bis hin zum erst 1989 ausgemusterten Löschfahrzeug. Allein an die vierzig Handdruckspritzen aller Bauweisen zeugen von Möglichkeiten und Problemen der Brandbekämpfung in den vergangenen Jahrhunderten. Ebenso umfassend wird die „motorisierte Moderne" in der zweiten Halle mit einer umfassenden Fahrzeugschau dargestellt. Ergänzt wird die Ausstellung durch zahlreiche weitere Ausrüstungsgegenstände, Helme, Uniformen, Orden und Urkunden. La

## Kloster Ebstorf

Kirchplatz 10, 29574 Ebstorf **Telefon** (0 58 22) 23 04 **Fax** (0 58 22) 23 19 **Geöffnet** 1. April – 15. Okt., Besichtigung nur mit Führung möglich, Gruppen nach Anmeldung, Di. – Sa. u. an nichtkirchlichen Feiertagen 10 – 11 u. 14 –17, So. u. an kirchlichen Feiertagen 11.15 u. 14 – 17, vom 16. – 31. Okt. eine Führung 14 Uhr, Karfreitag geschlossen **Eintritt** 5,– DM (~ 2,56 €); Ermäßigungen **Träger** Kloster Ebstorf **Leitung** Äbtissin Irmgard von Funcke

Das um 1150 von Volrad von Bodwede, dem ersten Grafen von Dannenberg, gegründete, bald darauf mit Walsroder Benediktinerinnen besetzte Kloster, dessen Baubestand im Wesentlichen aus dem 14. u. 15. Jh. stammt, kam bereits im 13./14. Jh. zu großem Reichtum. Aus dieser Zeit und dem 15. Jh. beherbergt es eine Vielzahl von Kunstschätzen: Holz- und Tonplastiken, eine Bronzetaufe, Glasmalereien mit fast vollständiger Darstellung des Heilsspiegels (Speculum humanae salvationis), Textilien (Antependien und Rücklaken), Handschriften und Wiegendrucke, Truhen und Schränke. Berühmt wurde die Ebstorfer Weltkarte, die wohl im 1. Drittel des 13. Jh. verfertigt wurde und die größte aller mittelalterlichen Radkarten (Ø 3,5 m) ist. Eine Nachbildung des 1943 im Staatsarchiv Hannover verbrannten Originals ist im Remter ausgestellt. Aus der nachreformatorischen Zeit, in der das Kloster, in seiner ursprünglichen Gesamtanlage erhalten, in ein ev. Damenstift umgewandelt wurde, stammen Emporeneinbauten, die farbenfrohe Kanzel und der Altar (1684). La

Erinnerungsstätte Luftbrücke Fliegerhorst Faßberg

## Erinnerungsstätte Luftbrücke Fliegerhorst Faßberg

Technische Schule der Luftwaffe 3, Postfach 9 16, 29324 Faßberg
**Telefon** (0 50 55) 17 - 2 12 **Fax** (0 50 55) 17 75 39 **Internet** www.Luftbrueckenmuseum.de
**Geöffnet** April – 30. Sept. So. 14 – 17 und 1. Juli – 15. Sept. Di. – Do. 13 – 16.15 Uhr
**Eintritt** frei **Träger** Förderverein Erinnerungsstätte Luftbrücke Berlin e.V.
**Leiter** Oberstleutnant a.D. Rainer Kruppik

Von Juni 1948 bis August 1949 wurde vom Fliegerhorst Faßberg aus West-Berlin in einer beispiellosen Aktion von den Westalliierten auf dem Luftweg versorgt. Amerikanische und englische Flugzeuge transportierten von hier aus 539 112 t Kohle, nahezu den gesamten Bedarf, in die blockierte Stadt. Durch die Errichtung der Erinnerungsstätte im Jahre 1990 sollen an den persönlichen Einsatz der Menschen damals und an die Einbindung des Fliegerhorstes Faßberg in das Unternehmen Luftbrücke erinnert werden. Die Einrichtung dient in erster Linie der soldatischen Unterrichtung im Rahmen des staatsbürgerlichen Unterrichts, sie steht aber auch der Öffentlichkeit als zeitgeschichtliches Museum offen. Die Ausstellungsteile sind in drei Nissenhütten aus der Luftbrückenzeit sowie auf einem Freigelände untergebracht. La

## Waldmuseum Göhrde

König-Georg-Allee 5, 29473 Göhrde **Telefon** (0 58 55) 6 75 **Geöffnet** April – Okt.
Di. – Sa. 10 – 17 Uhr **Eintritt** 4,– DM (~ 2,05 €); Ermäßigungen
**Träger** Gemeinde Göhrde **Leitung** Familie Mosel

Mitten im großen Waldgebiet der Göhrde liegt das Waldmuseum, Anlaufpunkt für Waldspaziergänger, die sich umfassend über den Lebensraum Wald informieren möchten. Die Themen landschaftliche Entwicklung der Region, die Tierwelt der Göhrde, Wald und Forst, Jagd und Wild werden mit Hilfe von Dioramen, zahlreichen Tierpräparaten, Arbeitsgeräten,

Waffen, Schautafeln und Bildern veranschaulicht. Unterkunft für dieses Museum bietet der sog. Celler Stall, ein 1672 erbautes Nebengebäude des ehemaligen Jagdschlosses. Interessant ist auch ein neues Greifvogelgehege. La

## Naturkundliches Museum und Schulungsstätte „Alte Schmiede" Handeloh

Hauptstraße 42, 21256 Handeloh **Telefon** (0 41 88) 74 13 **Geöffnet** März – Okt. So. 10 – 12 u. Sa. u. So. 14 – 17 Uhr **Eintritt** 4,50 DM (~ 2,30 €); Ermäßigungen **Service** zugänglich für Behinderte **Träger** und **Leiter** Dr. Klaus Hamann

Naturkundliche Sammlung mit Schwerpunkt der zoologischen und botanischen Systematik und der norddeutschen Lebensräume. Verschiedene Biotope (Moor, Teich, Düne, Salzwiese, Acker) in einem Freigelände bieten eine anschauliche Ergänzung. Als „Schulungsstätte" hat das Museum ein umfangreiches Seminarprogramm für Gruppen im Angebot. La

## Heimatmuseum Hermannsburg

Harmsstraße 3 a, 29320 Hermannsburg **Telefon** (0 50 52) 80 55 **Geöffnet** April – Okt. Di., Do. u. So. 15 – 17 Uhr **Eintritt** frei **Träger** Gemeinde Hermannsburg **Leiter** Gerd Schnittker

Der Nachbau einer altbäuerlichen Feuerstelle bildet den Mittelpunkt der heimatkundlichen Ausstellung zu ländlichem Leben, Wohnen und Arbeiten im 18. und 19. Jh. Gemeinsame Unterbringung mit Gemeindebücherei und Fremdenverkehrsverein. La

## Archäologisches Zentrum Hitzacker (AZH)

Hitzacker-See, 29456 Hitzacker **Telefon** (0 58 62) 67 94 **Fax** (0 58 62) 98 59 88 **Internet** www.dan-info.de/azh **Geöffnet** April – Okt. Di. – Fr. 10 – 16, Sa., So. u. feiertags 11 – 17, Mai – Sept. Di. – Fr. 10 – 18, Sa., So. u. feiertags 11 – 17 Uhr **Eintritt** 5,– DM (2,50 €); Ermäßigungen **Service** zugänglich für Behinderte, Shop **Träger** Landkreis Lüchow-Dannenberg **Leiter** Dr. Arne Lucke (Kreisarchäologe)

Das Archäologische Zentrum Hitzacker (AZH) liegt an einem geschichtsträchtigen Ort. Ausgrabungen ergaben, dass das Gebiet am heutigen Uferbereich des Hitzackersees schon seit der Jungsteinzeit (ca. 2700 v. Chr.) bis Mitte des 13. Jh. dicht besiedelt war. Gut erhaltene Hausgrundrisse und Spuren handwerklicher Tätigkeiten belegen die Siedlungsgeschichte. Heute ist es ein Ort archäologischer Forschung. Das AZH sieht sich in der Tradition von archäologischen Museen im In- und Ausland, die besonders Kindern und Jugendlichen Vorgeschichtsforschung durch eigenes Begreifen und Erleben zugänglich machen wollen. Mittelpunkt dieses Freilichtmuseums sind drei nach Grabungsergebnissen rekonstruierte Langhäuser der Bronzezeit, die als Ausstellungs- und Experimentiergebäude dienen. Im Außengelände können die Besucher selbst aktiv werden und bei eigenen kleinen Versuchen die damaligen einfachen Lebensbedingungen nachvollziehen. Ein Naturlehrpfad, ein ethnoarchäo-

Archäologisches Zentrum Hitzacker (AZH), Langhaus I

logischer Versuchsbereich sowie ein Versuchsfeld zur prähistorischen Landwirtschaft ergänzen die Anlage. Die Einrichtung ist kein Museum für verregnete Herbsttage. Ein Blick aus dem Fenster und in das umfangreiche Führungs- und Aktionsprogramm empfiehlt sich, um den Besuch gelingen zu lassen. Weitere vor- und frühgeschichtliche Hauskonstruktionen, ein Versuchsfeld zur prähistorischen Landwirtschaft sowie ein Naturlehrpfad unter archäologisch-ökologischen Aspekten sind geplant. La

## Das Alte Zollhaus Heimatmuseum Walther Honig

Zollstraße 2, 29456 Hitzacker **Telefon** (0 58 62) 88 38 **Fax** (0 58 62) 88 71 **E-Mail** Museum-Hitzacker-Lehmann@t-online.de **Geöffnet** April – Okt. Di. – Fr. 10 – 12 u. 14.30 – 17.30, Sa. u. So. 11 – 17.30 Uhr **Eintritt** 4,– DM (~ 2,05 €); Ermäßigungen **Träger** Heimat- und Museumsverein Hitzacker e.V. **Leiter** Klaus Lehmann

Das Alte Zollhaus Heimatmuseum Walther Honig ist in dem ältesten Haus der Stadt, dem Zollhaus von 1589, untergebracht. Es wurde nach dem Realschulrektor Walther Honig benannt, der die Sammlung, nachdem das Museum 1945 bei der Besetzung völlig zerstört worden war, ab 1967 neu aufbaute. Die Bestände des Museums umfassen u.a. umfangreiche Funde zur frühen Siedlungsgeschichte der Region und zur Burg auf dem Weinberg aus dem 8. bis 15. Jh., Exponate zur Stadtgeschichte und zur Schützengilde, bäuerliche und bürgerliche Einrichtungs- und Haushaltsgegenstände sowie Modelle der einstigen Jeetzelwerft und Erklärungen zum Elbeausbau. Das Museum befindet sich im Umbruch; die Präsentation der Schausammlung ist nicht mehr zeitgemäß. Zzt. wird an einer neuen Konzeption für das Museum gearbeitet. La

## Museumsdorf Hösseringen – Landwirtschaftsmuseum Lüneburger Heide

Am Landtagsplatz, 29556 Suderburg-Hösseringen **Telefon** (0 58 26) 17 74 **Fax** (0 58 26) 83 92 **E-Mail** museumsdorf-hoesseringen@freenet.de **Internet** www.museumsdorf-hoesseringen.de **Geöffnet** sonn- und feiertags ganzjährig, 15. März – 31. Okt. 10.30 – 17.30, 1. Nov. – 14. März 13 – 16, in der Woche tägl. außer Mo. 15. März – 14. Mai 14 – 17.30, 15. Mai – 31. Okt. 10.30 – 17.30 Uhr, 1. Nov. – 14. März geschlossen **Eintritt** 5,– DM (~ 2,56 €); Ermäßigungen **Service** zugänglich für Behinderte bis auf Obergeschoss, Restaurant „Haus am Landtagsplatz", Telefon (0 58 26) 75 93 **Träger** Landwirtschaftsmuseum Lüneburger Heide am Landtagsplatz zu Hösseringen e.V. **Leiter** Dr. Horst W. Löbert

Auch fernab von größeren Orten, abseits des Durchgangsverkehrs entwickeln sich attraktive Museen. Beweis: das Museumsdorf Hösseringen. Der Grund für die Abgeschiedenheit ist in der Geschichtsträchtigkeit des Standortes zu finden. Von 1532 bis 1652 wurden hier in unmittelbarer Nähe die Landtage des Fürstentums Lüneburg abgehalten, eine Tradition, an die die Ortsbauernführer des Kreises Uelzen 1936 anknüpfen wollten, indem sie diesen Platz mit zahlreichen Findlingen zu ihrem Versammlungsort einrichteten. In dieser Zeit wurden auch drei Fachwerkbauten hierher versetzt, die den Museumsplanern später als „Fundament" dienen konnten. Seit 1975 entsteht das Freilichtmuseum, das mittlerweile auf 22 umgesetzte Gebäude angewachsen ist, deren Zahl jedoch auf 35 ansteigen soll. Der Besucher hat somit stets die Gelegenheit, den Wiederaufbau der alten Gebäude, der mit den herkömmlichen Handwerkstechniken und ursprünglichen Baustoffen so original wie möglich erfolgen soll, mitzuerleben. Auch die äußere Gestalt der Museumsanlage orientiert sich an authentischen Vorlagen. So wachsen die Bauten als heidetypisches Haufendorf mit Vollhof, Halbhof, Kötnerhof, Häuslingshaus und Werkstätten von Handwerkern zusammen, um die soziale Gliederung und Rechtsstellung innerhalb eines Dorfes zu dokumentieren. Der Brüm-

Museumsdorf Hösseringen, Hofanlage „Brümmerhof", Haupthaus von 1644

Museumsdorf Hösseringen, der Schmied bei der Arbeit in der Schmiede aus Bodenteich

merhof von 1644 als Einzelhof mit seinen Nebengebäuden dient zudem als Beispiel für großbäuerliche Wirtschaft. Ziel des Museums ist es, das Leben und Wirtschaften in der Lüneburger Heide in den letzten 300 Jahren anschaulich und lebendig zu dokumentieren. Dabei wird streng darauf geachtet, keine Idylle der „guten alten Zeit" aufkommen zu lassen, die sicher nicht den schweren Lebens- und Arbeitsbedingungen der damaligen Zeit entspräche. In einer großen, 1988 erbauten Ausstellungshalle werden einzelne Themen zur ländlichen Geschichte in Sonderausstellungen systematisch vertieft. Nur ein kleiner Teil des 10 ha großen

Museumsdorf Hösseringen, „Sudel" – das Maskottchen des Waldgeschichtspfades am Museumsdorf Hösseringen

Museumsgeländes ist bebaut. So bleibt Platz für zwei Bauerngärten, Obstwiesen, Dorfteich, Weide- und Ackerflächen (Anbau typischer Produkte wie Kartoffeln, Rüben, Flachs, Buchweizen, Getreide), Heideflächen mit Heidschnucken und Außenschafstall sowie für einen kleinen Mischwald. Sie prägten das charakteristische Dorf- und Landschaftsbild. Erst 1999 wurde im Freigelände an dem jungsteinzeitlichen Großsteingrab aus Lehmke die Dauerausstellung „Steinreiche Heide – Verwendung und Bearbeitung von Findlingen" fertig gestellt. Zwei außergewöhnliche Außenstellen bietet das Museum: den 3 km langen „Waldgeschichtspfad Schooten" mit zehn informativen Stationen sowie den „Wassererlebnispfad Hardautal". La

## Kunststätte Bossard

Bossardweg 95, 21266 Jesteburg **Telefon** (0 41 83) 51 12 **Fax** (0 40) 7 90 64 64 **E-Mail** info@bossard.de **Internet** www.bossard.de **Geöffnet** März – Okt. Di. – Fr. 9 –17, Sa. u. So. 10 – 18, Nov. – Febr. Di. – So. 10 – 16 Uhr **Eintritt** 8,– DM (~ 4,09 €); Ermäßigungen **Service** eingeschränkt zugänglich für Behinderte, Shop **Träger** Stiftung Kunststätte Johann und Jutta Bossard, Museumsmanagement Freilichtmuseum am Kiekeberg **Leitung** Oliver Fok M.A., Prof. Dr. Rolf Wiese

Diese Einrichtung lässt sich nicht klassifizieren, sie ist in ihrer Art einmalig. Sie ist das Lebenswerk des Künstlerehepaares Johann Michael Bossard (1874–1950) und Jutta Bossard (1903–1996), das auf einem 30 000 m² großen Grundstück ein Gesamtkunstwerk geschaffen hat. Es umfasst die verschiedenen Künste Architektur, Malerei, Bildhauerei, Kunstgewerbe und Gartenkunst. Dabei spiegeln die verschiedenen Stile und die Verwendung der unterschiedlichsten Materialien die Schaffensfreude und die Vielschichtigkeit der Künstler wider. Ein Informationszentrum führt in das Leben und Werk des Künstlerpaares ein. Die Anlage bedarf einer sachkundigen Erläuterung. Die Bestellung einer Führung ist daher empfehlenswert. La

Kunststätte Bossard

Freilichtmuseum am Kiekeberg, Wagnersches Haus

## Freilichtmuseum am Kiekeberg Kreismuseum des Landkreises Harburg

Am Kiekeberg 1, 21224 Rosengarten-Ehestorf **Telefon** (0 40) 7 90 17 6 - 0 **Fax** (0 40) 7 92 64 64 **E-Mail** info@kiekeberg-museum.de **Internet** www.kiekeberg-museum.de **Geöffnet** März – Okt. Di. – Fr. 9 – 17, Sa. u. So. 10 – 18, Nov. – Febr. Di. – So. 10 – 16 Uhr **Eintritt** 8,– DM (~ 4,09 €); Ermäßigungen **Service** zugänglich für Behinderte, Restaurant Stoof Mudders Kroog **Träger** Landkreis Harburg **Leiter** Prof. Dr. Rolf Wiese

„Am Kiekeberg ist immer was los!" Dieser Ausspruch eines Besuchers charakterisiert das Freilichtmuseum am Kiekeberg sehr treffend. Dabei beziehen sich die Aktivitäten nicht nur auf ein umfangreiches Veranstaltungsprogramm vom Brotbacken bis zum Historischen Jahrmarkt, sondern auch auf die seit den 1950er Jahren ständige Expansion der Museumsanlage selbst. 1953 gegründet, entstand hier im Laufe der Jahre eine Anlage, die idealtypisch ein kleines Dorf der nördlichen Lüneburger Heide darstellen soll. Insgesamt drei Hofanlagen aus dem 17. bis 19. Jh. geben einen Einblick in die Geschichte des Hausbaus, des Lebens und Arbeitens dieser relativ armen Heideregion. Kleinere bauliche Anlagen wie Brunnen, Zäune, Wege und Gärten runden das Dorfbild nach außen hin ab. Seit 1987 erlebt das Museum eine weitere Ausbauphase: Auf einem ca. 6 ha großen Erweiterungsgelände werden seitdem Gebäude errichtet, die den zweiten landschaftlichen Schwerpunkt des Landkreises Harburg, die Winser Elbmarsch, darstellen sollen. Das Museum besitzt eine reichhaltige Sammlung zur Entwicklung der Landtechnik. Sie wird in einem 1989 eröffneten 2500 $m^2$ großen Ausstellungsgebäude präsentiert. Dabei sollen die tiefgreifenden Wandlungen der Landwirtschaft in den letzten 200 Jahren, bedingt durch zunehmende Technisierung des ländlichen Raumes, bewusst gemacht werden. Die damit verbundenen Auswirkungen auf das ländliche Handwerk und Gewerbe werden in der Ausstellung u.a. durch einen Hökerladen, eine Bäckerei und eine Schlachterei dokumentiert. Unter der Überschrift „Lebendiges Museum" werden auch die

Freilichtmuseum am Kiekeberg, Fischerhaus aus Drage

Außenbereiche in das Museumskonzept mit einbezogen. So werden die historischen Gebäude sowie die Freiflächen soweit wie möglich historisch korrekt landwirtschaftlich bewirtschaftet. Das bedeutet z.B., dass im Museum der typische Viehbesatz eines Hofes aus der Zeit um 1850 gehalten wird. Ein „Mitmachpfad" soll die Besucherinnen und Besucher anregen, mit nachgebauten historischen Geräten typische Arbeiten auf einem Bauernhof nachzuempfinden. Zum Museum gehört eine Reihe von Außenstellen: Schlauchtrockenturm in Salzhausen, Sägewerk in Wulfsen, Widderanlage in Gödenstorf, Feuerwehrmuseum in → Marxen, Amtswassermühle in → Moisburg, Transformatorenhaus in Putensen, Ökologiehof Wennerstorf in → Wennerstorf, Rieselwiesen auf dem Wiedenhof bei Jesteburg. La

Freilichtmuseum am Kiekeberg, Schafzucht

## Dorfmuseum Langlingen

Hauptstraße 44, 29364 Langlingen **Telefon** (0 50 82) 3 20 **Fax** (0 50 82) 9 20 15 **E-Mail** Verkehrsverein@wienhausen.de **Internet** www.Wienhausen.de **Geöffnet** März – Sept. jeden 2. So. im Monat 14 – 18 Uhr, an Aktionstagen früher **Eintritt** frei **Träger** Förderkreis Dorfmuseum Langlingen **Leiter** Heinrich Bütepage

Seit 1988 wurde in Langlingen in ehrenamtlicher Arbeit ein Heimatmuseum geschaffen, das die Erinnerung an das frühere Leben auf dem Lande wach halten soll. Mittlerweile ist die Anlage auf sechs Ausstellungsgebäude und einen Kräutergarten angewachsen. Geräte aus Haus- und Feldwirtschaft, Werkstätten und Arbeitswerkzeuge verschiedener Handwerke (Tischler, Zimmermann, Stellmacher, Schmied, Bäcker u.a.) sowie Foto- und Textdokumente geben einen Eindruck der letzten 100 Jahre Langlinger Dorfgeschichte. La

Rundlingsmuseum Wendlandhof Lübeln

## Rundlingsmuseum Wendlandhof Lübeln

Lübeln, 29482 Küsten **Telefon** (0 58 41) 36 75 **Fax** (0 58 41) 12 02 78 **Geöffnet** Mai – Sept. tägl. 10 – 18, April u. Okt. Di. – So. 14 – 18 Uhr **Eintritt** 4,– DM (~ 2,05 €); Ermäßigungen **Service** Behindertenzugang, Restaurant Bröckenstuv, Shop **Träger** Landkreis Lüchow-Dannenberg

Die historische Siedlungsform im hannoverschen Wendland ist das Rundlingsdorf. Einer der besterhaltenen dieser Rundlinge ist der Ort Lübeln mit dem „Wendlandhof", einer über 600 Jahre gewachsenen Hofanlage. 1972 erwarb der Landkreis Lüchow-Dannenberg auf Initiative des Rundlingsvereins die nicht mehr bewirtschaftete Hofstelle und baute sie zu einem Freilichtmuseum aus. Eine neugestaltete Ausstellung zeigt unter Einsatz moderner Medien die Entstehung, Entwicklung und den Wandel der Rundlinge und der sie umgebenden Landschaft. Weitere Schwerpunkte sind die umfassende Präsentation wendländischer Trachten und die in einem Zweiständerhaus von 1710 gezeigte Ausstellung zur bäuerlichen Kultur am Anfang des 18. Jh. Die Ausstellung basiert auf den chronologischen Aufzeichnungen des Johann Parum Schultze, einem der letzten noch slawisch sprechenden Bauern des Wendlandes. Das Museum vermittelt mit seinen Gebäuden und Beständen einen Einblick in die alltägliche Arbeit eines Hofes um 1850. La

## Amtsturm-Museum

Amtsgarten, 29439 Lüchow **Telefon** (0 58 41) 48 44 (nur während der Öffnungszeiten) **Geöffnet** April – Okt. Mi., Sa., So. u. feiertags 14 – 17 Uhr, während des ganzen Jahres für Gruppen n.V., Telefon (0 58 41) 63 75 (Krüger), 30 65 (Kluge) o. 12 02 49 (Gäste-Info) **Eintritt** 2,– DM (~ 1,02 €); Ermäßigungen
**Träger** Wendländischer Altertumsverein zu Lüchow e.V. **Leiter** Martin Krüger

Der Lüchower Amtsturm ist ein Überrest des durch den Lüchower Brand von 1811 zerstörten Schlosses der Herzöge von Braunschweig-Lüneburg. Herzogin Anna von Nassau ließ ihn 1471–1473 erbauen. 1930 richtete der Wendländische Altertumsverein in dem Turm ein Heimatmuseum ein, das in den letzten Jahren grundlegend überarbeitet wurde und sich zu einem modernen Museum entwickelt hat. Bei der Gestaltung beschränkte man sich auf wichtige Aspekte der Geschichte des Schlosses und seines Turmes sowie auf Teilausschnitte zur Lüchower Stadtgeschichte, die jetzt klar gegliedert und anschaulich vermittelt werden. Viele Objekte der Schausammlung stammen aus einer Grabung, bei der man 1986 einen Versorgungstunnel zum Schloss aus der Zeit von 1666–1667 freilegte. Am Südosthang des Amtsberges kann der Tunnel begangen werden. La

## Altes Rathaus

Am Ochsenmarkt (Eingang K), 21335 Lüneburg **Telefon** (0 41 31) 30 92 30
**Fax** (0 41 31) 30 91 88 **Geöffnet** tägl. 10 – 17, Führungen 11, 12.30 u. 15 Uhr
**Eintritt** 6,– DM (~ 3,07 €); Ermäßigungen; mit Führung 7,50 DM (~ 3,83 €)
**Träger** und **Leitung** Stadt Lüneburg

Altes Rathaus, Gerichtslaube, Zustand Ende des 15. Jh.

Das Lüneburger Rathaus ist eines der größten und bedeutendsten Rathäuser Deutschlands. Die seit dem 13. Jh. ständig erweiterten und veränderten Räumlichkeiten spiegeln die zunehmende Komplexität und Differenzierung städtischen Lebens und städtischer Verwaltung wider. Seine größte Bedeutung hatte das Rathaus im Spätmittelalter und in der Frühen Neuzeit. Der als „Altes Rathaus" bezeichnete und dem Besucher zugängliche Teil des Gebäudekomplexes enthält die Ratssitzungssäle des 14. – 16. Jh. mit ihren Beigemächern in originaler Erhaltung. Sowohl die „Gerichtslaube" aus der ersten Hälfte des 14. Jh. als auch die spätere „Große Ratsstube" sind mit umfangreichen Kunstwerken ausgestattet. Leitthema der Darstellungen ist das Recht – irdisches und himmlisches Gericht, Gnade und Barmherzigkeit. Im oberen Gewandhaus werden Nachbildungen des Ratssilbers gezeigt sowie die Baugeschichte des Rathauses und die Lüneburger Gerichtsbarkeit dargestellt. Ein Leitsystem erschließt auch Einzelbesuchern das Rathaus. La

## Deutsches Salzmuseum Industriedenkmal Saline Lüneburg

Sülfmeisterstraße 1, 21335 Lüneburg **Telefon** (0 41 31) 4 50 65 **Fax** (0 41 31) 4 50 69 **E-Mail** salzmuseum@aol.com **Internet** www.salzmuseum.de **Geöffnet** tägl. 10 – 17, Mai - Okt. tägl. 9 – 17 Uhr, 25., 26., 31. Dez. u. 1. Jan. geschlossen **Eintritt** 7,– DM (~ 3,58 €), mit Führung 9,– DM (~ 4,60 €); Ermäßigungen **Service** Behindertenzugang **Träger** Förderkreis Industriedenkmal Saline Lüneburg e.V. **Leiter** Dr. Christian Lamschus

Lüneburg ist die Salzstadt im Norden. Über tausend Jahre bestimmte das Salz die Geschicke dieser Stadt und ließ sie im Mittelalter zu einer reichen und mächtigen Hansestadt werden. Erst 1980 schloss das Salzwerk, die Saline, seine Pforten. Die salzige Vergangenheit einer der ältesten und

Deutsches Salzmuseum/Industriedenkmal Saline Lüneburg, Blick in die neue Eingangshalle

Deutsches Salzmuseum/Industriedenkmal Saline Lüneburg, Inszenierung einer mittelalterlichen Salzsiedung

größten Industriebetriebe Europas im Mittelalter drohte verloren zu gehen. Am Ort der alten Produktionsstätten entstand daher das „Deutsche Salzmuseum/Industriedenkmal Saline Lüneburg", das im Jahre 1989 offiziell eröffnet wurde. Als eines der ersten Industriedenkmäler in Deutschland gilt es als Vorreiter einer neuen Museumsgeneration. Im April 1991 wurde diese Einrichtung vom Europarat in Straßburg mit dem Europäischen Museumspreis für das Jahr 1991 ausgezeichnet. Der Europarat zählt das Museum zur Avantgarde der neuen „hands on museums" („Museen zum Anfassen"). Der Besucher darf z.B. nach Anmeldung aktiv werden

Deutsches Salzmuseum/Industriedenkmal Saline Lüneburg, letzte, 1980 geschlossene Saline der Salzstadt

und selbstständig in kleinen Salzpfannen Salz sieden. In drei historischen Ausstellungsgebäuden und auf einem Freigelände wird anschaulich über die Geschichte des Salzes in Lüneburg informiert. Arbeit und Technik der Salzherstellung erschließen sich dem Besucher in Form eines Rundganges mit Hilfe von Modellen, Rekonstruktionen und Inszenierungen. Das Museumsinteresse geht über lokalhistorische Themen hinaus. So werden die Bedeutung des Salzes für den Menschen einst und jetzt erklärt und die verschiedenen Methoden der Salzproduktion dargestellt. Salz in seinen zahlreichen Erscheinungsformen, Salz und Religion, Salz im Mittelalter, Salz als Rohstoff der chemischen Großindustrie, aber auch Salzstreuer als Zeugen von Kunstfertigkeiten vergangener Jahrhunderte sind einige Stichworte, die in einer 1999 überarbeiteten Eingangshalle unter Einsatz moderner Medien veranschaulicht werden. La

## Kloster Lüne mit Teppichmuseum

Am Domänenhof, 21337 Lüneburg **Telefon** (0 41 31) 5 23 18 **Fax** (0 41 31) 5 60 52
**Geöffnet** 1. April – 15. Okt. Mo. – Sa. 10 – 12.30 u. 14.30 – 17, So. 11.30 – 17 Uhr, für Gruppen nach Anmeldung auch im Winterhalbjahr **Eintritt** Kloster 6,– DM, Museum 6,– DM (~ 3,07 €); Kloster mit Museum 8,– DM (~ 4,09 €); Ermäßigungen
**Service** zugänglich für Behinderte **Träger** Kloster Lüne
**Leiterin** Äbtissin Barbara Taglang

Das Kloster wurde im Jahre 1172 für Frauen gegründet und etwa 100 Jahre später in ein Benediktinernonnenkloster umgewandelt. Seit der Reformation beherbergt die Anlage ein evangelisches Damenstift. Sehenswert sind u.a. die Brunnenhalle mit einem Handsteinbrunnen, das Refektorium mit freigelegten Wandmalereien, der Kreuzgang, der Kapitelsaal mit Gemälden der Äbtissinnen, eine Nonnenzelle um 1500 sowie der Kom-

Kloster Lüne mit Teppichmuseum, Detail aus dem Pelikan-Teppich

plex der ehemaligen Dormitorien. In der Klosterkirche sind ein kostbarer Altar von 1524, die Orgel aus dem Jahre 1645 und der Nonnenchor zu bewundern. Ein Neubau mit einem Teppichmuseum zeigt den kostbarsten Besitz des Klosters. Hungertücher und Altardecken (Weißstickereien) um 1300, Wandteppiche und Banklaken (Wollstickereien) um 1500 dokumentieren die Kunst- und Handfertigkeiten mittelalterlicher Klosterfrauen. La

## Museum für das Fürstentum Lüneburg

Wandrahmstraße 10, 21335 Lüneburg **Telefon** (0 41 31) 4 38 91 **Fax** (0 41 31) 40 54 97 **Internet** www.luene-info.de/fuerstmu/fuersta.html **Geöffnet** Di. – Fr. 10 – 16, Sa. u. So. 11 – 17, Führungen Di. 11, Sa. 15 Uhr **Eintritt** 4,– DM (~ 2,05 €); mit Führung 5,– DM (~ 2,56 €); Ermäßigungen **Träger** Museumsverein für das Fürstentum Lüneburg **Leiter** Dr. Eckhard Michael

Das Museum für das Fürstentum Lüneburg hat eine umfangreiche und über die Region Lüneburg hinausgehende, bedeutsame Sammlung, die auf den 1850 gegründeten Lüneburger Altertumsverein und das Schulmuseum der Lüneburger Ritterakademie zurückgeht. Bestände zur Lüneburger Stadtgeschichte bilden den Mittelpunkt der Museumssammlung und dokumentieren die Bedeutung der einst reichen und mächtigen

Museum für das Fürstentum Lüneburg, Ebstorfer Weltkarte, Kopie des 1943 in Hannover verbrannten, wohl um 1230–1250 entstandenen Originals

Hansestadt. Das Museumsgebäude wurde 1891 errichtet, später erweitert und 1945 teilweise zerstört. Erst 1970 konnten die Raumeinbußen mit einem Neu- und Erweiterungsbau behoben werden. Die Präsentation der Schausammlung steht auch heute noch ganz im Zeichen traditioneller Museumsgestaltung. Seit der teilweisen Neuaufstellung der Objekte im Jahre 1970 ist die Dauerausstellung nur unwesentlich überarbeitet worden. Schwerpunkte bilden Themen wie Lüneburger Patriziat, Handwerk, Saline, Buchdruck, Lüneburgensien, Raritätenkabinett, wissenschaftliche Altertümer. Die Ausstellung der vor- und frühgeschichtlichen Funde ist ihrer Bedeutung nicht angemessen. Altäre und kirchliche Gegenstände wie Reliquienbehälter, Kruzifixe, Pilgerzeichen und Andachtsbilder veranschaulichen die Bedeutung der Religion im Mittelalter. Besonders hervorzuheben ist eine Kopie der Ebstorfer Weltkarte, die als herausragender Beleg zur Weltsicht des mittelalterlichen Menschen gilt. La

## Naturmuseum Lüneburg – Haus für Natur und Umwelt

Salzstraße 26, 21335 Lüneburg **Telefon** (0 41 31) 40 38 83 **Fax** (0 41 31) 24 47 57 **Internet** www.luene-info.de/natur.html **Geöffnet** Di. – Sa. 10 – 16, So. 10 – 13 Uhr, feiertags geschlossen **Eintritt** 5,– DM (~ 2,56 €); Ermäßigungen **Träger** Naturwissenschaftlicher Verein für das Fürstentum Lüneburg von 1851 e.V. **Leiter** Prof. Dr. Kurt Horst

Das Naturmuseum Lüneburg versteht sich, wie aus dem Untertitel hervorgeht, primär als ein „Haus für Natur und Umwelt", als ökologisch ausgerichtete Bildungsstätte von regionaler Bedeutung. So sollen hier nicht nur „Altes" anschaulich präsentiert, sondern ein verstärktes Bewusstsein für die Bedeutung unserer Lebensräume und ihrer zunehmenden Bedrohung erzeugt werden. Der untere Ausstellungsbereich ist dem Wald, dem Moor und der Heide gewidmet. Aber auch die Stadt als Lebensraum für Tier und Pflanze wird mit Hilfe von Dioramen, Modellen, Inszenierun-

Naturmuseum Lüneburg – Haus für Natur und Umwelt

gen und Präparaten besuchergerecht aufgearbeitet. Auf der Geologieetage werden der bewegte Untergrund der Salzstadt und die für die Region bedeutsame Eiszeit präsentiert. Hier ist auch Raum für fachbezogene, wechselnde Sonderausstellungen, wie z.B. „Wunderwelt der Mineralien". Ein weiterer Ausstellungsschwerpunkt entsteht in einem Nebengebäude und im Museumshof unter dem Leitthema: Wasser – Urquell des Lebens. Hier geht es um die vielfältige Bedeutung des Wassers für alles Leben, für Mensch und Natur sowie die Wasserversorgung in früherer Zeit. Besucherinnen und Besucher können experimentieren und erleben, wie Grundwasser aus der Tiefe als Trinkwasser zum Verbraucher gelangt. An einer „amtlichen" Grundwassermessstelle kann der aktuelle Stand des Grundwasserspiegels unter den eigenen Füßen ermittelt werden. La

## Norddeutsches Brauerei-Museum im historischen Kronen-Brauhaus

Heiligengeiststraße 39 – 41, 21335 Lüneburg **Telefon** (0 41 31) 4 48 04 **Fax** (0 41 31) 40 14 02 **E-Mail** kronenbrauhaus@seminaris.de **Internet** www.seminaris.de/semLU_dt/lu_inc.htm **Geöffnet** Di. – So. 13 – 16.30 Uhr **Eintritt** frei; Gruppenführung 30,– DM (~ 15,34 €) **Service** Restaurant **Träger** Holsten-Brauerei AG

Lüneburg hat eine lange Brauerei-Tradition. In mehr als 80 Braustätten wurde hier einst Bier gebraut. Daran erinnert seit 1985 das Brauerei-Museum im ehemaligen Sudhaus der 500 Jahre alten Lüneburger Kronen-Brauerei. Auf vier Etagen wird eine umfangreiche und z.T. auch seltene Sammlung von Gerätschaften zu allen Stufen des Brauprozesses gezeigt. Zwei große kupferne Braukessel bilden das Herzstück der Präsentation. Neben diesem technischen Querschnitt durch die Produktion wird auch der historische Wandel in der Bierherstellung mit vielen Zeugnissen belegt. Ehemalige Mitarbeiter der Brauerei führen gern sachkundig durch die Ausstellung. Besuchern sei empfohlen, sich einer Führung anzuschließen, da sich ihnen das Museum mit seiner schwierigen Materie nicht immer ohne weiteres erschließt. In einem Nebengebäude ist eine kostbare Sammlung historischer Trinkgefäße angeschlossen. La

## Ostpreußisches Landesmuseum

Ritterstraße 10, 21335 Lüneburg **Telefon** (0 41 31) 7 59 95 - 0 **Fax** (0 41 31) 7 59 95 - 11 **E-Mail** Ostpreuss.Land.-museum@t-online.de **Internet** ostpreuss.landesmuseum.luene-info.de **Geöffnet** Di. – So. 10 – 17 Uhr **Eintritt** 5,– DM (~ 2,56 €); Ermäßigungen, Führungen 40,– DM (~ 20,45 €) (inkl. 1,50 DM [~ -,77 €] Verzehrbon für Gaststätte Kronen-Brauhaus) **Service** zugänglich für Behinderte **Träger** Ostpreußische Kulturstiftung **Leiter** Dr. Ronny Kabus

Warum ein Ostpreußisches Landesmuseum in Lüneburg? Niedersachsen wurde nach dem Zweiten Weltkrieg Hauptansiedlungsgebiet von Millionen Vertriebener aus den deutschen Ostgebieten jenseits von Oder und Neiße. In der Lüneburger Region sprach man um 1950 vom „Klein-Ostpreußen in der Lüneburger Heide". Ein 1958 gegründetes Ostpreußisches Jagdmuseum sollte die Erinnerung an die Heimat wach halten. Aus

Ostpreußisches Landesmuseum

ihm ging 1987 mit neuer Konzeption das Ostpreußische Landesmuseum hervor, das sich heute als kulturhistorisches Museum versteht. Landschaft, Geschichte und Kultur einer Region, die 700 Jahre lang untrennbar mit Deutschland verbunden war, werden in einem modernen Neubau dargestellt. Seit den politischen Umwälzungen in den ehemaligen Ostblockstaaten geschieht dies auch in wachsender Kooperation mit Einrichtungen Polens, Russlands und Litauens. Die naturkundliche Abteilung im Erdgeschoss will den Besucher mittels großer Dioramen auf die typischen Landschaften mit ihren Tierarten einstimmen. Sie setzt sich fort mit einer jagd- und forstgeschichtlichen Sammlung, zahlreichen Trophäen, ausgerotteten Tierarten und historischen Jagdwaffen. Ein besonderer Anziehungspunkt ist die Bernsteinabteilung. Sie zeigt das „Gold Ostpreußens" von der Gewinnung bis zu seiner vielfältigen Verarbeitung. Breiten Raum nimmt die Landesgeschichte Ostpreußens ein. Sie reicht von der prußischen Urbevölkerung bis zu Flucht und Vertreibung 1945. Ein originaler Treckwagen gemahnt in einer Inszenierung an die Vertreibung der Ostpreußen am Ende des Zweiten Weltkrieges. Weitere Schwerpunkte: Geistesgeschichte (Kant, Herder), Bildungswesen, kirchliches Leben, bildende Kunst (u.a. Lovis Corinth), ländliche Wirtschaft. La

Ostpreußisches Landesmuseum, Flucht, Verschleppung und Vertreibung

Feuerwehrmuseum Marxen

## Feuerwehrmuseum Marxen
## Außenstelle des Freilichtmuseums am Kiekeberg

Hauptstraße 20, 21439 Marxen **Telefon** (0 41 85) 44 50 0. (0 40) 79 01 76 - 0
**Fax** (0 40) 7 92 64 64 **E-Mail** info@kiekeberg-museum.de
**Internet** www.kiekeberg-museum.de **Geöffnet** Mai – Okt. So. 10 – 16 Uhr
**Eintritt** 2,– DM (~ 1,02 €); Ermäßigungen **Service** zugänglich für Behinderte
**Träger** Landkreis Harburg **Leiter** Prof. Dr. Rolf Wiese

In einer ausgebauten Scheune wird auf einer Fläche von 600 m² die Geschichte des Feuerwehrwesens der Region präsentiert. Eine Sammlung von Handdruckspritzen, Löschfahrzeugen, Uniformen, Löschgeräten, Werkzeugen, Modellen und schriftlichen Dokumenten zeigt die Entwicklung der Brandbekämpfung der letzten 100 Jahre auf. Die überwiegende Anzahl der Fahrzeuge ist fahrbereit und funktionstüchtig. Sie werden regelmäßig bei öffentlichen Veranstaltungen vorgeführt. La

## Kloster Medingen

Klosterweg 1, 29549 Bad Bevensen **Telefon** (0 58 21) 22 86 **Fax** (0 58 21) 96 77 51
**Geöffnet** 1. April – 15. Okt. Di. – Sa. 10 u. 14 – 17, So. 11 u. 14 – 17 Uhr; 16. – 31. Okt. nach Voranmeldung, Telefon (0 58 21) 78 33 für Gruppen; die Besichtigung ist nur mit Führung möglich **Eintritt** 5,– DM (~ 2,56 €); Ermäßigungen **Träger** Kloster Medingen
**Leitung** Äbtissin Monika von Kleist

Das 1228 gegründete Zisterziensernonnenkloster, das 1559 in ein evangelisches Damenstift umgewandelt wurde, brannte 1781 bis auf das gotische Brauhaus aus dem Ende des 14. Jh. ab. Der 1788 eingeweihte Neubau von Chr. L. Ziegler, eine großzügige klassizistische Anlage mit barockem Turm, ist ein für das Lüneburger Land ungewöhnliches Baudenkmal. Neben der stilrein aus der Erbauungszeit erhaltenen Einrichtung der Kirche, des Damenchors und des Festsaals verfügt das Kloster über mittelalterliches Mobiliar, Gobelins sowie andere vor dem Verbrennen gerettete Kunstschätze, darunter Lüneburger Silberarbeiten aus der Zeit um 1500 (u.a. Krummstab der Äbtissin). La

Moisburger Mühlenmuseum

## Moisburger Mühlenmuseum
## Außenstelle des Freilichtmuseums am Kiekeberg

Auf dem Damm 12, 21647 Moisburg **Telefon** (0 40) 79 01 76 - 0 **Fax** (0 40) 7 92 64 64 **E-Mail** info@kiekeberg-museum.de **Internet** www.kiekeberg-museum.de **Geöffnet** Mai – Okt. Sa. u. So. 11 – 18 Uhr **Eintritt** 2,– DM (~ 1,02 €); Ermäßigungen **Träger** Landkreis Harburg **Leiter** Prof. Dr. Rolf Wiese

In der alten Amtsmühle aus der ersten Hälfte des 18. Jh. werden den Besuchern Technik und Funktion einer vorindustriellen Wassermühle vorgeführt. Die Mühle ist in ihrer inneren Raumaufteilung auf den Zustand um 1920 zurückgeführt. Außer der weitgehend rekonstruierten Mühlentechnik sind das Werkzeug eines Mühlenbauers, eine Sammlung von bäuerlichen Kleinmühlen sowie kleinere Fotoausstellungen über die Mühlenlandschaft des Landkreises Harburg zu besichtigen. Jeden ersten Sonntag im Monat kann man einem Müller beim Mahlen zusehen und die Wassermühle in Funktion beobachten. La

## Panzermuseum Munster

Hans-Krüger-Straße 33, 29633 Munster **Telefon** (0 51 92) 25 52 (zu den Öffnungszeiten), 35 87 o. 13 0 - 2 48 **Fax** (0 51 92) 13 02 15
**Internet** www.panzermuseum.com/about-d.htm **Geöffnet** März, April u. Nov. Fr. – So. 13 – 17, Mai – Okt. Di. – So. 10 – 17 Uhr, Dez. – Febr. geschlossen
**Eintritt** 7,– DM (~ 3,58 €); Ermäßigungen **Service** zugänglich für Behinderte
**Träger** Stadt Munster **Leitung** Walter Grube

Das Panzermuseum Munster ist eine gemeinsame Einrichtung der Stadt Munster und der Panzertruppenschule der zentralen Ausbildungsstätte für den Offizier- und Unteroffiziernachwuchs der gepanzerten Kampftruppen. In fünf großen Hallen und auf einem Freigelände zeigt das Museum Gegenstände der deutschen Heeresgeschichte der letzten 100 Jahre. Im Mittelpunkt stehen Panzer und gepanzerte Fahrzeuge,

Panzermuseum Munster, Nachbau des Sturmpanzerwagens A7V von 1917

Handwaffen und Uniformen. Das Museum wurde zuletzt um eine umfangreiche Sammlung von Kampffahrzeugen der ehemaligen Nationalen Volksarmee der DDR erweitert. Dem Museum soll der Charakter einer militärfachlichen Lehrsammlung genommen werden. Es ist damit begonnen worden, die Sammlung in die historische Entwicklung Deutschlands im 19. und 20. Jh. einzuordnen. Säulen und Wandtafeln präsentieren dazu umfangreiche Texte, die aus der historischen Ausstellung des Deutschen Bundestages im Reichstagsgebäude in Berlin übernommen wurden. La

## Das kleine Wäschemuseum

Hauptstraße 21, 21259 Otter bei Tostedt **Telefon** (0 41 82) 83 77 **Geöffnet** Mai – Sept. Sa., So., Mo. 14 – 17.30 Uhr **Eintritt** frei **Trägerin** und **Leiterin** Rosemarie Goetze

Das kleine Privatmuseum zeigt Handarbeiten und Wäsche aus dem 19. und frühen 20. Jh. Vielfältige Stickereien, handgewebtes Leinen, Stickmustertücher, Weiß- und Buntwäsche, Tisch-, Bett- und Leibwäsche zeugen von der Kunstfertigkeit und dem Fleiß damaliger Mädchen- und Frauengenerationen. La

## Grenzlandmuseum Schnackenburg

Am Markt (Fischerhaus), 29493 Schnackenburg **Telefon** (0 58 40) 2 10 0. 2 25 (Stadtverwaltung) **Geöffnet** 1. Mai – 30. Sept. Mo. – Fr. 9 – 17, So. 10 – 17, 1. Okt. – 30. April Mo. – Fr. 10 – 16, So. 10 – 17 Uhr **Eintritt** 3,– DM (~ 1,53 €); Ermäßigungen **Träger** Förderverein Grenzlandmuseum Schnackenburg e.V. **Leiter** Hans Borchardt

In einem renovierten Fischerhaus sowie auf dem Gelände der früheren Grenzgemeinde Stresow wurde 1995 das Grenzlandmuseum eröffnet. Mit einer Vielzahl von Exponaten in dem 200 m² engen Ausstellungsgebäude und auf einer Außenanlage will der Förderverein Grenzlandmuseum die

Geschichte der innerdeutschen Grenze dokumentieren. Dabei werden besonders die Menschen, die an und mit dieser Grenze gelebt haben, in den Blickpunkt gestellt. Die Einrichtung soll Dokumentations- und Informationszentrum, Erinnerungs- und Mahnstätte zugleich sein. Ein 12 km langer Rundweg mit u.a. originalen oder nachgebildeten Teilen der einstigen Sperranlagen ergänzt die Ausstellung. La

## Grenzlandmuseum „Swinmark"

Göhr Nr. 13, 29465 Schnega **Telefon** (0 58 42) 2 46 o. 6 00 **Geöffnet** Mai – 3. Okt. Sa. u. So. 13 – 18, Mo. – Fr. n.V. **Eintritt** 2,– DM (~ 1,02 €); Ermäßigungen **Service** zugänglich für Behinderte **Träger** Förderverein Grenzlandmuseum e.V. **Leiter** Dietrich-Wilhelm Ritzmann

Nach der Maueröffnung 1989 entstanden allerorts an der ehemaligen innerdeutschen Grenze zahlreiche Museen, Denkmale und Gedenkstätten, um an die Geschichte der deutschen Teilung zu erinnern. Auch in dem Ort Schnega, etwa 5 km von der einstigen Grenze entfernt, wurde durch private Initiative ein Grenzlandmuseum eingerichtet. Ausgestellt werden die stummen Zeugen der deutschen Trennung wie DDR-Sperranlagen, Grenzmarkierungen oder im Außenbereich die Kanzel eines Beobachtungsturmes. Verschiedene Fahrzeuge der DDR-Grenzgruppen ergänzen die Ausstellung. La

## Heimathaus „De Theeshof"

Langelohsberg/Hansahlener Dorfstraße, 29640 Schneverdingen **Telefon** (0 51 93) 21 99 **Geöffnet** Mai – Okt. Di. – Sa. 15 – 18, So. 10 – 12 u. 15 – 18 Uhr **Eintritt** 2,– DM (~ 1,02 €), Kinder frei **Service** zugänglich für Behinderte **Träger** Heimatbund Schneverdingen e.V. **Leiter** Ernst-Otto Bosselmann

Der „Theeshof" war einer der ältesten und größten Höfe im ehemaligen Dorf Hansahlen und wurde bis 1972 bewirtschaftet. Seit 1978 dient er dem „Heimatbund Schneverdingen e.V." als Heimathaus. Unter dem Motto „Bäuerliches Leben gestern – kulturelles Leben heute" wird versucht, museale Sammlungen und Ausstellungen mit kulturellen Aktivitäten in Einklang zu bringen. Den Rahmen dafür bietet das Haupthaus, ein niederdeutscher Hallenbau um 1830. Sein ehemaliger Wohnbereich gibt einen Einblick in das bäuerliche Wohnen zwischen 1850 und 1950, in den Viehställen finden sich kleinere Abteilungen zu Handwerksberufen und zur Geschichte Schneverdingens. Interessant ist eine Uhrmacherwerkstatt mit Laden im Dachgeschoss. Ein ehemaliges Häuslingshaus beherbergt eine ständige Ausstellung über den in Schneverdingen geborenen Maler und Grafiker Frido Witte. Verschiedene Nebengebäude runden das Hofensemble ab. La

Pult- und Federkielmuseum Insel (Schulmuseum)

## Pult- und Federkielmuseum Insel (Schulmuseum)

Reinsehlener Weg 2, 29640 Schneverdingen-Insel **Telefon** (0 51 93) 80 05 06 **Geöffnet** Mai – Okt. Di., Mi., Sa. u. So. 14 – 17 Uhr **Eintritt** 2,– DM (~ 1,02 €); Ermäßigungen **Träger** Heimatbund Schneverdingen e.V. **Leiter** Ernst-Otto Bosselmann

Unterrichtet wird zwar nicht mehr in dem 250 Jahre alten Schulgebäude, doch seit 1998 ist wieder Leben in das Haus eingezogen. Eine Gruppe von engagierten Bewohnern hält in Schneverdingens Ortsteil Insel mit dem „Pult- und Federkielmuseum Insel" Erinnerungen an alte Schulzeiten wach. Mit gemischten Gefühlen betritt man ein nachgestelltes Klassenzimmer aus der Zeit um 1900. Dort trifft man auf die typischen Relikte früheren Schullebens wie Schulranzen, Arbeiten aus Werk- und Handarbeitsunterricht, Schultüten, Zeugnisse, Globen, Karten, Schiefertafeln. Auch Erinnerungen an ehemalige Lehrer werden wach gehalten. Eine Fundgrube zum Thema Schulgeschichte ist das Archiv mit seinem Bestand von 4000 Büchern im Dachgeschoss. La

## Museum Soltau

Poststraße 11, 29614 Soltau **Telefon** (0 51 91) 47 17 **Geöffnet** von Mitte Jan. – Mitte März Mi., Sa., So. 10 – 17, von Mitte März – Mitte Nov. Di. – So. 10 – 17, von Anfang Dez. – Mitte Dez. Di. – So. 14.30 – 18 Uhr **Eintritt** 2,– DM (~ 1,02 €); Ermäßigungen **Service** zugänglich für Behinderte **Träger** Heimatbund des Kreises Soltau e.V. **Leiter** Hans Schlieper

Das Museum widmet sich der Soltauer Stadt- und Regionalgeschichte von der Vor- und Frühzeit bis zur Industrialisierung. Szenisch wird das bürgerliche Leben um 1900 mit Küche und Wohnzimmer nachgestellt. Auch Handwerke der Soltauer Region werden in verschiedenen Werkstätten ausgestellt. Von überregionaler Bedeutung ist die Abteilung „Kriegsgefan-

Museum Soltau, Ikonostase aus der Abteilung Kriegsgefangenenvolkskunst, 1914–1918

genenvolkskunst aus dem Lager Soltau im Ersten Weltkrieg 1914–1918". Die hier gezeigten Objekte sind Hinterlassenschaften Gefangener aus Russland, Frankreich, Belgien und anderen Ländern, die während der Zeit der Entbehrungen und Depressionen versuchten, sich mit einfachsten Mitteln und Materialien schöpferisch zu betätigen. In einem Nebengebäude sollen ab Frühjahr 2001 die archäologischen Funde aus dem Landkreis Soltau-Fallingbostel ihren Platz finden. La

## Norddeutsches Spielzeugmuseum

Poststraße 7, 29614 Soltau **Telefon** (0 51 91) 8 21 82 **Fax** (0 51 91) 8 21 81 **E-Mail** ernstsoltau@hotmail.com **Geöffnet** Ostern – Ende Okt. tägl. von 10 – 18, von Nov. – Ostern tägl. von 14 – 17.30 Uhr **Eintritt** 5,– DM (~ 2,56 €); Ermäßigungen **Service** Shop **Träger** Stadt Soltau **Leiter** Hannelore und Mathias Ernst

Norddeutsches Spielzeugmuseum, große, doppelspännige Blechkutsche, Württemberg, um 1880

Dieses Museum macht seine Besucher befangen. Es führt sie zurück in die eigene Kindheit, in vergangene Spielwelten. Puppen, Puppenstuben, Teddybären, Eisenbahnen und Dampfmaschinen wecken unzählige Erinnerungen. Doch durchstreift man dieses 600 m² große Museum nicht nur mit nostalgischen Gefühlen, sondern ist fasziniert von der Vielzahl und Qualität der Exponate aus vier Jahrhunderten, deren ältestes Stück eine Puppe aus dem Jahre 1650 darstellt. Aus einer oberpfälzischen Adelsfamilie konnten über 100 Ausstellungsstücke aus der Zeit von 1700 bis etwa 1840 erworben werden. Spielzeugtieren, darunter Besonderheiten der Firma Steiff, ist eine eigene Abteilung gewidmet. Seit 30 Jahren wird diese private Sammlung von Familie Ernst zusammengetragen und ständig erweitert. Ein Museum nur zum Anschauen will dieses Haus nicht sein. Überall darf gespielt, ausprobiert und angefasst werden, so dass auch kleine Besucher nur schwer den Weg hinaus finden. Und wer noch nicht genug gesehen und gespielt hat, kann sich aus dem kleinen Shop etwas mit nach Hause nehmen. La

## Handwerksmuseum am Mühlenberg

Mühlenweg 15, 29562 Suhlendorf **Telefon** (0 58 20) 3 70 **Fax** (0 58 20) 98 79 29
**E-Mail** Museum-Suhlendorf@t-online.de
**Internet** www.handwerksmuseum-suhlendorf.city-map.de **Geöffnet** Di. – So. 10 – 18, 15. Okt. – 19. Dez. u. 1. Febr. – 15. März 10 – 16.30 Uhr **Eintritt** 5,– DM (2,50 €); Ermäßigungen **Service** eingeschränkt zugänglich für Behinderte, Restaurant
**Träger** Gemeinde Suhlendorf **Leiter** Eberhard Jankowski

Die Geschichte der Mühlen, ihre Bauweisen und Techniken sowie das Handwerk des Müllers waren das Thema des Suhlendorfer Mühlenmuseums, als es 1974 eröffnet wurde. Modelle unterschiedlicher Wind- und Wassermühlen aus der unmittelbaren und weiteren Umgebung Suhlendorfs weisen noch heute darauf hin. 1996 wurde die Anlage mit einem neuen Konzept in ein Handwerksmuseum umgewidmet. Ziel ist, alte Handwerke mit ihren Werkstätten und Techniken zu erhalten und

Handwerksmuseum am Mühlenberg, Frisörstube

darzustellen. Auf dem weiträumigen Außengelände werden nicht nur Gewerke wie Schuhmacher, Schmied, Sattler, Hausschlachter, Stellmacher u.a. gezeigt. Es wird vielmehr versucht, das Augenmerk auf eher „museumsuntypische“ Arbeitswelten (Frisör, Klempner, Pflasterer, Maler, Maurer) zu legen. La

## Heimatmuseum Uelzen – Schloß Holdenstedt

Schloßstraße 4, 29525 Uelzen **Telefon** (05 81) 3 89 24 82 vormittags o. 60 37 nachmittags **Fax** (05 81) 80 01 00 **E-Mail** museum@kreis-uelzen.de **Internet** www.kreis-uelzen.de/museum **Geöffnet** März – Okt. Di. – Sa. 14.30 – 17, So. 11 – 17, Nov. – Dez. Mi. u. Sa. 14.30 – 17, So. 11 – 17, Ostermontag, 26.12. u. 1.1. 11 – 17 Uhr **Eintritt** 4,– DM (~ 2,05 €); Ermäßigungen **Service** zugänglich für Behinderte, Café **Träger** Stadt und Kreis Uelzen / Museums- und Heimatverein Uelzen e.V. **Leiter** Dr. Reimer Egge

Ein schöner Rahmen für ein Museum. Eingebettet in einen Schlosspark präsentiert sich das Heimatmuseum Uelzen im Schloß Holdenstedt im Süden Uelzens. Doch außer den großzügigen Räumlichkeiten mit ihren stuckierten Decken werden im Inneren keine weiteren Erinnerungen an die herrschaftlichen Zeiten des Hauses wach gehalten. Vielmehr stehen die bürgerliche Kultur und besonders die Wohnkultur von der Gotik bis zum Jugendstil im Vordergrund. Wer eine umfassende Ausstellung zur Geschichte der Stadt erwartet, wird enttäuscht sein. Eine museale Aufarbeitung der stadtgeschichtlichen Entwicklung Uelzens wäre wünschenswert. Einen Museumsbesuch lohnt die Gläsersammlung des Privatsammlers Röver mit ihren vielen Hundert Gläsern von der Renaissance bis zur Gegenwart. Ebenfalls ein privater Sammler stellte dem Museum seine Radio-Sammlung zur Verfügung. 250 Geräte von 1922 bis in die 1960er Jahre füllen seit 1998 einen Museumsraum. Für die archäologischen Funde aus der Region wird zzt. eine neue Dauerausstellung geplant. Bis zu ihrer Fertigstellung werden in einem historischen Mühlengebäude im Schlosspark wechselnde Sonderausstellungen zu vorgeschichtlichen Themen gezeigt. La

Heimatmuseum Uelzen – Schloß Holdenstedt, erbaut 1700–1708, Bauherr Christian Ludwig von der Wense

Albert-König-Museum, Albert König, Abendstimmung

## Albert-König-Museum

Albert-König-Straße 10, 29345 Unterlüß **Telefon** (0 58 27) 3 69 **Fax** (0 58 27) 97 02 13
**Geöffnet** Mai – Okt. Di. – So. 14.30 – 17.30, Nov. – April Sa. u. So. 14.30 – 17.30 Uhr
**Eintritt** 4,– DM (~ 2,05 €); Ermäßigungen **Träger** Gemeinde Unterlüß
**Leitung** Dr. Klaus Homann

Wer war dieser Maler, dem man am Rande der Südheide ein eigenes Museum widmet? Albert König, Maler und Grafiker, am 22.3.1881 in Eschede geboren, erlernte zunächst das Malerhandwerk, wurde dann Schüler der Düsseldorfer Akademie (1901/02), bildete sich seit 1905 in Berlin und München in Privatschulen u.a. bei L. Corinth und G. Tappert weiter und kehrte 1911 nach Eschede zurück, wo er als Holzschneider und Maler bald Erfolg hatte. Ein Wendepunkt im Leben und Werk Albert Königs war der Umzug 1927 nach Unterlüß, wo er bis zu seinem Tode 1944 ein umfangreiches und bedeutendes künstlerisches Werk erstellte. 1987 wurden dem ehemaligen Wohnhaus des Künstlers eine Ausstellungshalle angegliedert und ein Museum eröffnet, das Werke aus allen Schaffensperioden Albert Königs zeigt. Die Sammlung verfügt über einen Bestand von etwa 240 Gemälden, 1200 Zeichnungen und Aquarellen und über 1000 Holzschnitten sowie über Briefe, Bücher und andere Dokumente zu seinem Leben und Werk. Hinzu kommen mehr als 3000 Arbeiten anderer historischer und zeitgenössischer Künstler. In einem 1999 errichteten Anbau werden in einer ständigen Ausstellung Entstehung, Gewinnung und Verarbeitung der Kieselgurvorkommen in Unterlüß dargestellt. Gezeigt werden daneben auch Arbeiten von Künstlern, die in den Kieselgurgruben gemalt haben. La

## Heimatmuseum Vietze

Hauptstraße 1, 29478 Höhbeck-Vietze **Telefon** (0 58 46) 5 32 o. 4 07 o. 21 43 o. 4 70
**Geöffnet** April – Okt. Mi., Sa., So. u. feiertags 16 Uhr Führungsbeginn, Gruppen n.V.
**Eintritt** 2,– DM (~ 1,02 €); Ermäßigungen **Träger** Ring der Heimatfreunde e.V.
**Leiter** Reiner Purwing

Um 1930 ermunterte der damalige Dorfschullehrer Walter Mencke seine Schüler, alten Hausrat für eine Schulsammlung mitzubringen. Daraus entstand 1932 eine Ausstellung, die seit 1935 zusammen mit archäologischen Funden im früheren Wirtschaftsteil des alten Schulhauses untergebracht wurde. Von Alfred Pudelko erweitert, zeigt sie heute in neun Räumen u.a. neben Grabungsfunden von der Steinzeit bis zum Mittelalter Gegenstände des bäuerlichen Lebens und Exponate zur heimischen Tierwelt, Jagd- und Waldwirtschaft. Für den Elbort spielten Fischfang und Schifffahrt auf der Elbe eine besondere Rolle, was ebenfalls veranschaulicht wird. Im alten Spritzenhaus ist die Löschausrüstung mit der Feuerspritze des Dorfes zu besichtigen. La

## Deutsches Vogelbauer-Museum

Im Vogelpark Walsrode, Am Rieselbach, 29664 Walsrode **Telefon** (0 51 61) 6 04 40
**Fax** (0 51 61) 82 10 **E-Mail** office@vogelpark-walsrode.de
**Internet** www.vogelpark-walsrode.de **Geöffnet** März – Okt. täglich 9 – 19, Nov. – Febr. täglich 10 – 16 Uhr **Eintritt** 20,– DM (~10,23 €); Ermäßigungen, der Besuch des Museums ist nur in Verbindung mit dem Besuch des Vogelparks Walsrode möglich
**Service** zugänglich für Behinderte, zwei Restaurants
**Träger** Vogelpark Walsrode GmbH **Leiter** Hans Geiger

Ein Museum mit einem ungewöhnlichen Thema und auch wohl einzigartig in seiner Art: das „Deutsche Vogelbauer-Museum". Es beherbergt eine umfassende Sammlung von Vogelkäfigen aus vier Jahrhunderten aus aller Welt sowie Gegenstände, die in Beziehung zur Stubenvogelhaltung stehen. Mag man anfangs angesichts der Museumsbezeichnung schmunzeln, so ist man nach seinem Besuch doch überrascht über die vielseitigen Aspekte eines kleinen Ausschnitts aus unserer Kulturgeschichte. Leider ist der Besuch des Museums nur bei gleichzeitiger Lösung einer Eintrittskarte für den Vogelpark Walsrode möglich. La

## Heidemuseum „Rischmannshof"

Hermann-Löns-Straße 8, 29664 Walsrode **Telefon** (0 51 61) 97 72 70 o. 97 71 96
**Fax** (0 51 61) 97 72 26 **E-Mail** Stadt@Walsrode.de **Internet** www.walsrode.de
**Geöffnet** Di. – Sa. 10 – 12.30 u. 13 – 18, So. u. feiertags 13 – 17 Uhr **Eintritt** 3,50 DM (~ 1,79 €); Ermäßigungen **Service** zugänglich für Behinderte **Träger** Stadt Walsrode
**Leiter** Dr. Gunther Gerhardt

Das Heidemuseum „Rischmannshof" gehört zu den ältesten Freilichtmuseen in Deutschland. Schon 1911/12 wurden das Zweiständer-Rauchhaus (1798), ein Treppenspeicher (1669) und ein Häuslingshaus (18. Jh.) hierher versetzt. In einem Aufruf zur Errichtung des Heidemuseums schrieben seine Initiatoren 1909: „Überaus viel wird heute die Lüneburger Heide durchwandert. Jeder will sehen, was man in anderen Gegenden

Heidemuseum „Rischmannshof", Hauptgebäude, Zweiständerhaus, 1798

nicht hat; aber da ist es die Heide nicht allein, dazu gehören eben auch alte Trachten, Möbel und häusliche Einrichtungen und dergl. mehr. Um alles dieses eben den Fremden vor Augen zu führen und unserer Nachwelt zu erhalten, darf ein Museum in unserem Heidestädtchen nicht fehlen." Schon damals lässt sich ein hoher pädagogischer Anspruch erkennen, ein Vorhaben, das bis heute einen besonderen Stellenwert in diesem Museum besitzt, wenngleich unter heutigen modernen museumsdidaktischen Gesichtspunkten. Mittlerweile ergänzen verschiedene Nebengebäude und historische Werkstätten die Anlage. Als Außenstellen sind in der Krelinger Heide ein historischer Schafstall sowie in der alten Dorfschule in Klein Eilstorf ein Schulmuseum errichtet worden. Zwei Männern widmet sich das Museum besonders: dem Walsroder Hans Brüggemann als Schöpfer des Bordesholmer Altars und Hermann Löns. An ihn erinnert ein Zimmer mit seinen Möbeln, Gebrauchsgegenständen und Erstausgaben seiner Werke. La

## Kloster Walsrode

Kirchplatz 2, 29664 Walsrode **Telefon** (0 51 61) 53 43 **Fax** (0 51 61) 91 23 13 **Geöffnet** 1. April – 30. Sept. Mo. – So. 15, 16 u. 17, Okt. Mo. – So. 15 u. 16 Uhr Führungen, Karfreitag und Johannistag (24. 6.) keine Führungen **Eintritt** 4,– DM (~ 2,05 €); Ermäßigungen **Träger** Kloster Walsrode **Leitung** Äbtissin Thea Bosse

Das urkundlich erstmals 986 erwähnte Kanonissenstift und spätere Benediktinernonnenkloster ist seit der Reformation evangelisches Damenstift. Von den Bauten des Mittelalters ist der Klosterchor, ein spätgotischer Backsteinbau mit Glasfenstern aus dem Ende des 15. Jh., erhalten. Die Klostergebäude stammen größtenteils aus dem 18. Jh. Kunstwerke, deren Zahl in den Napoleonischen Kriegen dezimiert wurde, sind aus dem 14. bis 18. Jh. erhalten, u.a. Äbtissinnenporträts, die Stifterfigur des Grafen Wale (Anf. 14. Jh.), das „Bambino" (gegen 1500), ein gotischer Reliquienschrank und ein Äbtissinnenstuhl (1752). La

## Ökologiehof Wennerstorf
## Außenstelle des Freilichtmuseums am Kiekeberg

Lindenstraße 4, 21279 Wenzendorf-Wennerstorf **Telefon** (0 41 65) 21 13 49 **Fax** (0 41 65) 21 13 49 **E-Mail** Info@kiekeberg-museum.de **Internet** www.kiekeberg-museum.de **Geöffnet** Mo. – Fr. 10 – 16.30, 15. Mai – 15. Okt. auch Sa. u. So. 10 – 18 Uhr **Eintritt** 3,– DM (~ 1,53 €); Ermäßigungen **Service** zugänglich für Behinderte, Sa. u. So. Kaffeeausschank, Gemüseverkauf aus Hofproduktion **Träger** Förderverein Freilichtmuseum am Kiekeberg . **Leiter** Prof. Dr. Rolf Wiese

Der Ökologiehof verbindet ökologischen Gemüsebau mit musealer Präsentation. Fast alle Gebäude einer typischen Hofanlage der Heideregion sind erhalten und wurden nach denkmalgerechter Restaurierung in die heutigen Betriebsabläufe integriert. Das Haupthaus aus dem 16. Jh. ist als Hofmuseum zugänglich. Eine Ausstellung in der ehemaligen Göpelscheune zeigt die Ursprünge und Ziele „alternativer" Landbaumethoden. Bewirtschaftet wird der Hof mit Hilfe einer Gruppe von körperlich und geistig Behinderten. Frisches Gemüse aus der Hofproduktion ist direkt vor Ort und im → Freilichtmuseum am Kiekeberg erhältlich. Im Sommerhalbjahr Gartenbaukurse und Sonderveranstaltungen.

## Kloster Wienhausen

An der Kirche 1, 29342 Wienhausen **Telefon** (0 51 49) 3 57 **Fax** (0 51 49) 9 28 67 **E-Mail** kloster.wienhausen@arcor.mail.de **Geöffnet** 1. April – 15. Okt. werktags und an nichtkirchlichen Feiertagen um 10, 11, 14, 15, 16 u. 17, So. und an kirchlichen Feiertagen 12 – 17 Uhr stündlich, Gruppenführungen n.V., Mo., Karfreitag und zu den Chortagen des Konvents geschlossen (Woche vor Pfingsten Di. – Do., Woche vor Michaelis Di. – Do.), Teppichausstellung auf Anfrage **Eintritt** 6,– DM (~ 3,07 €); Ermäßigungen **Träger** Kloster Wienhausen **Leitung** Äbtissin Renate von Randow

Das Kloster Wienhausen, dessen bedeutendste Gebäudeteile aus dem Anfang des 14. Jh. stammen, ist eines jener seltenen Bauwerke, in denen sich gotische Architektur und Innenausstattung im ursprünglichen Zusammenhang über die Jahrhunderte hinweg als Einheit erhalten haben. So bergen die Kreuzgänge noch heute mittelalterliche Möbel aus dem 13. bis 16. Jh., vor allem Truhen und Schränke für die klösterliche Mitgift der Nonnen, eine Sammlung von Geräten und persönlichen Gebrauchsgegenständen der Klosterfrauen, gotische Wand- und Glasmalereien, Skulpturen des 13. bis 16. Jh., wertvolle Handschriften (u.a. das bedeutsame Wienhäuser Liederbuch von etwa 1460), kostbare Altartücher und liturgische Behänge, vor allem aber die berühmten Wienhäuser Bildteppiche des 14. und 15. Jh. Diese Textilien werden jährlich von Freitag nach Pfingsten an 14 Tagen gezeigt (Öffnungszeiten dann durchgehend werktags von 10 – 18, sonnabends von 10 – 16, sonntags von 12 – 18 Uhr; Eintritt 12,– DM [~ 6,14 €], Schüler/Studenten 8,– DM [~ 4,09 €], keine Gruppenermäßigung). La

Deutsches Erdölmuseum, Ansicht der Bohranlage der Wintershall AG

## Deutsches Erdölmuseum

Schwarzer Weg 7 – 9, 29323 Wietze **Telefon** (0 51 46) 9 23 40/41 **Fax** (0 51 46) 9 23 42 **E-Mail** erdoelmuseum@t-online.de **Internet** www.kulturserver.de/home/demw **Geöffnet** März – Nov. Di. – So. 10 – 17, Juni, Juli u. Aug. – 18 Uhr **Eintritt** 6,– DM (~ 3,07 €); Ermäßigungen **Service** zugänglich für Behinderte
**Träger** Verein Deutsches Erdölmuseum e.V. **Leiterin** Dr. Susanne Abel

Branchenfremde Besucher verlassen das Deutsche Erdölmuseum in Wietze meistens überrascht. Ein Dallas in der Heide erwartet kaum einer. Doch altertümliche Fördertürme und -anlagen auf dem 20 000 m² großen Freigelände lassen schon von weitem die besondere Bedeutung des Erdöls für den Ort Wietze erahnen. Über 100 Jahre lang, von 1859 bis 1963, wurde hier das „schwarze Gold" gefördert. Insgesamt 3 Mio. Tonnen wurden aus Bohrlöchern und durch Erdölbergbau gewonnen. 1963, nach Wegfall des Schutzzolls, arbeitete der Betrieb nicht mehr rentabel und wurde geschlossen. Zahlreiche Bau- und Fördereinrichtungen blieben erhalten und bildeten die Grundlage für das Deutsche Erdölmuseum. 1997 wurde ein Museumsneubau mit neugestalteter Dauerausstellung eröffnet. Das Museum bietet einen Einblick in die Geologie des Wietzer Ölfeldes und in die Entwicklung des Ortes. Ein nachgebauter Stollen zeigt die Untertageförderung des Öls. Modelle und originale Geräte werden vorgeführt und können vom Besucher selbst in Bewegung gesetzt werden. Selbstbewusst wirbt das Museum für sich, auf Fragen über Fragen Antworten über Antworten zum Thema Erdöl zu haben. La

Museumshof Peetshof, Sommerfest auf dem Peetshof

## Museumshof Peetshof

Über der Brücke 1, 29649 Wietzendorf **Telefon** (0 51 96) 13 33 **Fax** (0 51 96) 12 23 **Geöffnet** Juni – Sept. Di., Do., Sa., So. 15 – 17 Uhr **Eintritt** frei **Service** zugänglich für Behinderte **Träger** Heimatverein Peetshof Wietzendorf e.V.
**Leiter** Gustav Isernhagen (Vors.)

1987 kaufte die Gemeinde Wietzendorf den Vollhof „Peetshof", um ihn zu einem dörflichen Veranstaltungs- und Museumshof umzugestalten. So konnte das historisch gewachsene Hofensemble, das sich bis in das 15. Jh. zurückverfolgen lässt, vor dem Verfall gerettet werden. Die Anlage offenbart jedoch die Probleme des Ineinklangbringens von musealer Bewahrung und Darstellung von Räumlichkeiten mit den dort stattfindenden vielfältigen kulturellen Veranstaltungen der Gemeinde. Das Haupthaus, ein Vierständer-Hallenhaus, wurde 1989/90 vollständig renoviert und umgestaltet, für museale Zwecke blieb der ehemalige Wohnbereich mit einer Darstellung bäuerlicher Wohnkultur um 1900. In der zum Veranstaltungsraum umgebauten Diele erinnern einige Ausstellungstafeln an die Geschichte des Hofes. Kleinere Ausstellungen zur Landtechnik, Imkerei und Torfstecherei finden sich in den Nebengebäuden. La

## Heidemuseum in Wilsede „Dat ole Huus"

Wilsede 3 a, 29646 Bispingen-Wilsede **Telefon** (0 41 75) 4 45 **Geöffnet** Mai – Okt. 10 – 13 u. 14 – 17 Uhr **Eintritt** 2,– DM (~ 1,02 €); Ermäßigungen **Service** zugänglich für Behinderte **Träger** Verein Naturschutzpark e.V., Niederhaverbeck, 29646 Bispingen, Telefon (0 51 98) 98 70 30, Fax (0 51 98) 98 70 39 **Leiter** Mathias Zimmermann

Das Heidemuseum ist ein niedersächsisches Heidebauernhaus in Zweiständerbauweise aus dem Jahre 1742. 1907 wurde es von Hanstedt nach Wilsede versetzt, um das Leben und Arbeiten in einem Heidedorf des 19. Jh. zu zeigen. Seine Gründer, der Lehrer Bernhard Dageförde und der bekannte Heidepastor Wilhelm Bode, beschreiben das Museum zutreffend auf ihre Art: „Das Museum will gar kein Museum im landläufigen Sinne sein, sondern ein lebenswahres und lebenswarmes Bild vom Leben

Heidemuseum in Wilsede „Dat ole Huus"

und Treiben der Altvorderen, das den Eindruck erweckt, als ob die Bewohner auf einen Augenblick zurückkehren könnten, ihre gewohnte Beschäftigung wieder aufzunehmen." Dieses so zu bewahren, ist der heutige Träger bemüht. Auf einem Zwischenboden befindet sich eine kleine Sammlung mit Funden von der Steinzeit bis in das frühe Mittelalter. La

## Winser Museumshof

Brauckmanns Kerkstieg, 29308 Winsen (Aller) **Telefon** (0 51 43) 81 40 **Fax** (0 51 43) 91 28 90 **E-Mail** whv.winsen.a@t-online.de **Geöffnet** Ostersonntag – Sept. Mi. u. Sa. 15 – 18, So. u. feiertags 11 – 18, Juni – Aug. zusätzl. Fr. 15 – 18, Okt. nur So. u. feiertags 11 – 18 Uhr, Gruppenführungen n.V. **Eintritt** 3,– DM (~ 1,53 €); Ermäßigungen **Service** zugänglich für Behinderte **Träger** Winser Heimatverein e.V.

Der Winser Museumshof hat sich zu einem kulturellen Mittelpunkt der Gemeinde Winsen (Aller) entwickelt. Er verdankt seine Entstehung dem mitgliederstarken Winser Heimatverein e.V., der stolz auf die weitgehend in Eigenarbeit geleisteten Baumaßnahmen (1982 – 1987) zurückblickt. Als Trägerverein organisiert er heute den Museumsbetrieb. Sieben Gebäude aus der Region wurden auf das Museumsgelände versetzt, mit dem Ziel, eine typische bäuerliche Hofanlage (Kötnerhof) der südlichen Lüneburger Heide nachzustellen und dabei die Lebens- und Arbeitswelt der Heidebauern besonders des 18. und 19. Jh. zu veranschaulichen. Den Mittelpunkt bildet ein vollständig eingerichtetes Rauchhaus in Zweiständerbauweise, hinzu kommen eine Mehrzweckscheune, zwei Treppenspeicher, ein Backhaus, eine Heuscheune und ein Schweinestall sowie ein

Winser Museumshof

Bienenzaun und ein Brunnen. Die Gebäude entstammen unterschiedlichen Epochen von 1653 bis etwa 1880. La

## Museum im Marstall

Schloßplatz 11, 21423 Winsen (Luhe) **Telefon** (0 41 71) 34 19 **Fax** (0 41 71) 33 83 **Geöffnet** Di. – Fr. 15 – 18, Sa. u. So. 10 – 13 u. 15 – 18 Uhr **Eintritt** 3,– DM (~ 1,53 €); Ermäßigungen **Service** Behindertenzugang, Café **Träger** Heimat- und Museumsverein Winsen (Luhe) und Umgebung e.V. **Leitung:** Ilona Johannsen M.A.

1989 konnte das Winsener Museum vom früheren Stift St. Georg in den 1599 errichteten Marstall umziehen. Gemeinsam mit der Stadtbücherei teilt es sich heute dieses restaurierte Fachwerkgebäude, das dem Besucher durch teilweise Öffnung der Böden Durchblicke durch das Haus und Einblicke in die alte Zimmermannskonstruktion bietet. Auch die Präsentation der Sammlung wurde umfassend überarbeitet und zeigt sich in moderner Gestalt. Auf vier Etagen werden Themen zur Lokal- und Regionalgeschichte dargestellt, u.a. mit Nachbildungen von Werkstätten von Blaudruckern, Lohgerbern, Bäckern, Schuhmachern und Sattlern sowie einer Buchdruckerei mit funktionstüchtigen Maschinen. Dem in Winsen (Luhe) geborenen Dichter und Goethe-Freund Johann Peter Eckermann und seiner Zeit ist eine eigene Präsentation gewidmet. La

Museum im Marstall, Eckermann und Goethe als Bogenschützen

Museum Wustrow, Kolonialwarenladen

## Museum Wustrow

Lange Straße 9, 29462 Wustrow **Telefon** (0 58 43) 2 44 u. 4 29 **Fax** (0 58 43) 99 94 **Internet** www.wendland-net.de/museum-wustrow **Geöffnet** Mo. – Do. 10 – 16, Fr. 10 – 13, So. u. feiertags 14 – 18 Uhr; Dez. bis Febr. nur n.V. **Eintritt** 3,– DM (~ 1,53 €); Ermäßigungen **Träger** Museumsverein Wustrow e.V.
**Leiter** Elke Meyer-Hoos, Dr. Rolf Meyer

Kein Heimatmuseum im herkömmlichen Sinne: Das Museum Wustrow im Hannoverschen Wendland dokumentiert die Sozial-, Wirtschafts-, Zeit- und Technikgeschichte sowie die Alltagskultur der Region Lüchow-Dannenberg im 19. und 20. Jh. Sogar das 21. Jh. gerät bereits in den Blickpunkt. Das Museum beherbergt das NS-Wendland-Archiv und hat umfangreiche Publikationen zu den Themen „NS-Zeit", „Flüchtlinge", „Erster Weltkrieg" und „Eisenbahnzeit" in der Region Wendland herausgebracht. Es ist ein lebendiges Museum, bei dem der Trägerverein ständig versucht, interessierte Bürger, Regionalforscher und Zeitzeugen umfassend mit in die Gestaltung der Ausstellungen einzubeziehen. Das gilt auch für das Thema „Gorleben". Das Museum wird die wirtschaftlichen, sozialen und politischen Verwicklungen darstellen, die dieser Standort für nukleare Anlagen mit sich brachte und bringt. Gearbeitet wird hauptsächlich mit dem Mittel der Wechselausstellung, so dass das Museum etwa alle ein bis zwei Jahre sein Gesicht verändert. Zzt. wird an dem Thema „Tod im Wendland" gearbeitet. Ständig zu besichtigen sind der sehenswerte originalgetreue Nachbau eines Kolonialwarenladens aus Bergen/Dumme und die umfangreiche DDR-Konsumgüter-Sammlung. Auch das Museumsgebäude selbst ist ein „Ausstellungsstück" und passt in den Zeitrahmen des Museumskonzeptes. Mit seiner Architektur und den mit viel Mühe restaurierten Stuckierungen und Wandmalereien ist es ein charakteristisches Werk des Historismus. La

# Braunschweiger Land

## Heimatstube Adenstedt

Große Straße 68, 31246 Lahstedt-Adenstedt **Telefon** (0 51 72) 61 33 (Leiter) **Geöffnet** April – Sept. jeden 3. So. im Monat 15 – 17 Uhr **Eintritt** frei **Träger** Heimatfreunde Adenstedt e.V. **Leiter** Friedrich Könnecker

Dem Heimatverein Adenstedt stehen für seine Heimatstube großzügige Räumlichkeiten in einem ehemaligen Schulgebäude zur Verfügung; diese weiß der Verein zu nutzen. Die Sammlungen sind klar strukturiert und werden ansprechend präsentiert. Die Bestände der Heimatstube gehen über das für Heimatstuben übliche Profil hinaus: Neben historischen Geräten aus den Bereichen Handwerk, Haus- und Landwirtschaft sowie Exponaten zur heimischen Tierwelt werden vor- und frühgeschichtliche Funde präsentiert sowie Bilder und Dokumente zur historisch-politischen und wirtschaftlichen Entwicklung des Ortes. Ein Schwerpunkt der Ausstellung liegt auf dem bis in die heutige Ortsmitte reichenden Eisenerztagebau, dem während des Ersten Weltkrieges ein Teil des Ortes mit der alten Kirche weichen musste. Sm

Bauernhausmuseum Bortfeld

## Braunschweigisches Landesmuseum – Abteilung Bauernhausmuseum Bortfeld

Katzhagen 7, 38176 Wendeburg-Bortfeld **Telefon** (0 53 02) 28 51 **Geöffnet** So. 10 – 13 u. 14.30 – 17 Uhr und nach Anmeldung bei Frau Reischwitz **Eintritt** frei **Service** zugänglich für Behinderte **Träger** Land Niedersachsen **Leiter** Gerd Biegel M.A.

Das 1726 errichtete Bauernhaus in Bortfeld konnte 1968 vom Braunschweigischen Landesmuseum als Freilichtmuseum für ländliches Arbeiten, Wirtschaften und Wohnen eröffnet werden. Das reetgedeckte

Hallenhaus ist ein für die Region typischer Zweiständerbau mit großer Däle in der Mitte, flankiert von niedrigen Kübbungen und drei nebeneinander liegenden Wohnräumen im rückwärtigen Teil. Die heutige Ausstattung entspricht im Wesentlichen der der zweiten Hälfte des 19. Jh. Eingerichtet sind eine Bauernstube, ein Schlafraum sowie eine Küche mit allem, was zum Waschen, Mangeln, Bügeln und Nähen benötigt wurde. In den Kübbungen befinden sich die Ställe für Schweine und Hühner, Pferde und Rindvieh. In den Kammern veranschaulichen Gerätschaften einige Bereiche der ländlichen Hauswirtschaft: Butter- und Käsebereitung, Ölgewinnung und Vorratshaltung, Flachsverarbeitung und Hausschlachtung. Am Rande des Grundstücks mit seinem Obst- und Bauerngarten beherbergt ein Schuppen landwirtschaftliche Geräte und Maschinen, wie sie bis in die 1960er Jahre benutzt wurden. Sm

## Braunschweigisches Landesmuseum

Burgplatz 1 (Vieweghaus) und Ausstellungszentrum Hinter Aegidien mit der Abteilung Jüdisches Museum, 38100 Braunschweig **Telefon** (05 31) 12 15 - 0 **Fax** (05 31) 12 15 26 07 **E-Mail** blm@landesmuseum-bs.de **Internet** www.landesmuseum-bs.de **Geöffnet** Di. – So. 10 – 17, Do. 10 – 20 Uhr **Eintritt** 5,– DM (~ 2,56 €); Ermäßigungen **Service** zugänglich für Behinderte, Buchhandlung (Vieweghaus), Museumscafé (Vieweghaus) **Träger** Land Niedersachsen **Leiter** Gerd Biegel M.A.

Im Jahre 1890 fand in Braunschweig eine große „Ausstellung vaterländischer Erinnerungen 1806 – 1815" zum Gedenken an das Ende der Befreiungskriege vor damals 75 Jahren statt. Ihr Erfolg und vor allem die Fülle der Ausstellungsgegenstände, die die Bevölkerung dafür zur Verfügung gestellt hatte, gaben den Anstoß zur Gründung des „Vaterländischen

Braunschweigisches Landesmuseum, Vieweghaus

Braunschweigisches Landesmuseum, Vieweghaus, Dauerausstellung zur Landesgeschichte, höfische Barockkultur

Museums" 1891, das später in „Braunschweigisches Landesmuseum" umbenannt wurde. Was vor über hundert Jahren aus patriotischen Beweggründen ins Leben gerufen wurde, ist heute ein modernes historisches Museum. Es bietet einen ebenso lehrreichen wie anschaulichen Überblick über die Geschichte des ehemaligen Herzogtums Braunschweig vom Mittelalter bis in die Gegenwart.

Vieweghaus

Nach dem Auszug aus den Räumen der Aegidienkirche, wo es seit 1906 untergebracht war, wurde das Braunschweigische Landesmuseum 1989 im klassizistischen Vieweghaus wiedereröffnet. Den großartigen, vom Stil der Revolutionsarchitektur geprägten, zweieinhalbgeschossigen Bau mit einem Säulenportikus zum Burgplatz hin hatte der Verleger Friedrich Vieweg 1802 – 1805 nach Plänen von David Gilly als Verlags- und Wohnhaus errichten lassen. Die Struktur der Innenräume wurde bei Sanierung und Umbau 1976 – 1985 so weit wie möglich erhalten. In seinen drei Etagen beherbergt das Gebäude auf über 3500 $m^2$ heute 14 Abteilungen, die chronologisch-thematisch geordnet sind. Hier können die Besucher nacheinander die Epochen der braunschweigischen Landesgeschichte von 720 bis 1989 kennen lernen oder sich punktuell in einzelne Themen vertiefen. Jede Epoche wird eingangs durch ein prägnantes Motto schlaglichtartig beleuchtet. Zeugnisse des höfischen, ländlichen und bürgerlichen Lebens, aus Kultur und Kunst, Wirtschaft und Technik, Volkskunde und Sozialgeschichte repräsentieren jeweils zeittypische Erscheinungen, Ereignisse und Persönlichkeiten. Im Mittelpunkt stehen dabei aussagekräftige Originale wie Gemälde, Plastiken, Dokumente, Waffen, Uniformen, Kleidungsstücke, Handwerksgeräte, Maschinen und Objekte des

Braunschweigisches Landesmuseum, Ausstellungszentrum Hinter Aegidien im historischen Klosterensemble

Alltagslebens. Sie werden durch erläuternde Beschriftung ergänzt und durch Bild-Text-Tafeln in einen übergreifenden thematischen Zusammenhang und in die deutsche sowie europäische Geschichte eingebunden. Bei der Präsentation sind die Übergänge von der Einzelaufstellung über die Ergänzung von Objektgruppen durch Hintergrund-Großfotos zur Inszenierung ganzer Räume fließend.
Im Erdgeschoss stehen mehrere Räume für wechselnde Kabinettausstellungen zur Verfügung. Große Sonderausstellungen finden im Ausstellungszentrum Hinter Aegidien statt. Zum Braunschweigischen Landesmuseum gehören weiterhin die Abteilungen Jüdisches Museum sowie Ur- und Frühgeschichte in → Wolfenbüttel und das Bauernhausmuseum Bortfeld in → Bortfeld, Landkreis Peine.

Abteilung Jüdisches Museum
Das Jüdische Museum wurde 1925 mit der Innenausstattung der Hornburger Synagoge und mit jüdischem Kulturgut aus Museumsbeständen in der Aegidienkirche eingerichtet. Bis Ende 1944 ist es der Öffentlichkeit zugänglich gewesen. Wegen der Kriegsereignisse mussten die Objekte in Depots eingelagert werden. Da der Ausstellungsraum nach dem Krieg nicht mehr zur Verfügung stand, sollte es mehr als 40 Jahre dauern, ehe eine Dauerausstellung zur jüdischen Geschichte im benachbarten Ausstellungszentrum Hinter Aegidien neu eingerichtet und 1987 wiedereröffnet werden konnte. Im Mittelpunkt der heutigen Präsentation steht die restaurierte Einrichtung der Hornburger Synagoge mit Thoraschrein, Almemor (Kanzel), Frauenempore, Sitzbänken, Lesepulten und Leuchtern. Darüber hinaus veranschaulichen Kultgegenstände vom 17. bis zum 20. Jh. den jüdischen Kultus und den religiös bestimmten Alltag mit seinen

Braunschweigisches Landesmuseum, Abteilung Jüdisches Museum, historische Synagogeneinrichtung aus Hornburg, 18. Jh.

wöchentlichen und jährlichen Feiertagen. Bild-Text-Tafeln klären über thematische und historische Hintergründe auf. Die gezeigten Judaica – darunter ein wertvoller Thoravorhang von 1770 und eine kostbare Machsor-Pergamenthandschrift von 1741 – entstammen zum Teil der Sammlung Alexander Davids (1686 – 1765), der als Kammeragent eine einflussreiche Stellung am braunschweigischen Fürstenhof bekleidete. Weitere Exponate belegen die reformjüdische Bewegung des 18. und 19. Jh. im Braunschweigischen sowie das Leiden der Juden im Konzentrationslager Bergen-Belsen und das dortige Wiederaufleben jüdischer Kultur nach der Befreiung. Eine inhaltliche und räumliche Erweiterung der Abteilung ist geplant. Sm

## Camera Museum

Hagenbrücke 5, 38100 Braunschweig **Telefon** und **Fax** (05 31) 2 40 36 63
**Geöffnet** Mo. – Fr. 12 – 18, So. 11 – 15 Uhr **Eintritt** 5,– DM (~ 2,56 €)
**Träger** und **Leiter** Siegfried Tautz

In der einst zum Schutz vor Feuersbrünsten errichteten steinernen Kemenate aus dem 13. Jh. befindet sich seit dem Herbst 1998 ein vorwiegend für Liebhaber und Sammler interessantes kleines Museum für Photographica, in dem vor allem Fotoapparate aus der Produktion der Braunschweiger Fabrik Voigtländer präsentiert werden, sowie einige Kuriositäten, wie z.B. eine in eine Zigarettenschachtel eingebaute Spionagekamera. Sm

## Friedrich-Gerstäcker-Museum

Wolfenbütteler Straße 56, 38124 Braunschweig **Telefon** (05 31) 35 01 89 (Leiter) **Fax** (05 31) 35 29 66 (Leiter) **Internet** www.gerstaecker-museum.de **Geöffnet** So. 10 – 13 Uhr sowie für Gruppen n.V. **Eintritt** frei **Service** zugänglich für Behinderte **Träger** Friedrich-Gerstäcker-Gesellschaft e.V. **Leiter** Thomas Ostwald

In einem der beiden um 1782 errichteten Kavaliershäuser des Schlösschens Richmond (errichtet 1768/69), das auch Treffpunkt der Gerstäcker-Gesellschaft ist, werden einige persönliche Gegenstände des Schriftstellers sowie wertvolle Buchausgaben gezeigt, außerdem völkerkundliche und naturkundliche Exponate aus den von Gerstäcker bereisten und beschriebenen Ländern. Sm

## Herzog Anton Ulrich-Museum

Museumstraße 1 (Haupthaus) u. Burgplatz 4 (Burg Dankwarderode), 38100 Braunschweig **Telefon** (05 31) 12 25 - 0 **Fax** (05 31) 12 25 - 24 08 **E-Mail** info@museum-braunschweig.de **Internet** www.museum-braunschweig.de **Geöffnet** Haupthaus Di., Do. – So. 10 – 17, Mi. 13 – 20 Uhr; Kupferstichkabinett Di. – Fr. 10 – 13, 14 – 16, Mi. 10 – 13, 14 – 18 Uhr; Burg Dankwarderode: Mittelaltersammlung Di., Do. – So. 11 – 17, Mi. 13 – 14.30, 16 – 20 Uhr; Rittersaal Di., Do. – So. 10 – 11, Mi. 14.30 – 16 Uhr **Eintritt** 5,– DM (~ 2,56 €); Ermäßigungen; erhöhte Eintrittspreise bei Sonderausstellungen **Service** Aufzug vorhanden, Cafeteria im Haupthaus **Träger** Land Niedersachsen **Leiter** Dr. Jochen Luckhardt

Herzog Anton Ulrich von Braunschweig und Lüneburg (1633 – 1714), dessen Regentschaft dem Herzogtum eine einzigartige kulturelle Blütezeit beschert hat, ist der Namensgeber dieses Museums. Seine reichen Kunstsammlungen aus dem Schloss Salzdahlum bilden bis heute den Kernbestand des Hauses und geben ihm den Charakter einer Barocksammlung. Hervorgegangen ist das Museum aus dem Herzoglichen Kunst- und Naturalienkabinett, das 1754 von Herzog Carl I., einem Großneffen Anton Ulrichs, gegründet wurde und als das erste öffentliche Museum auf deutschem Boden gilt.

Herzog Anton Ulrich-Museum
1887 wurde der von Oskar Sommer errichtete Neubau eröffnet, der das Museum seitdem beherbergt. Die Gemäldegalerie im ersten Geschoss bietet einen Überblick über die Geschichte der europäischen Malerei von 1400 bis 1800. Hochrangige Werke, denen das Herzog Anton Ulrich-Museum seinen internationalen Ruf verdankt, sind etwa Rubens' „Judith mit dem Haupt des Holofernes", Vermeers „Mädchen mit dem Weinglas" und die fünf Gemälde von Rembrandt, darunter das berühmte „Familienbild".
Die vier Oberlichtsäle in der Hauptachse zeigen Italiener des 16. und 17. Jh. (Giorgione, Palma Vecchio, Veronese, Tintoretto; Gentileschi, Manfredi, Lanfranco, Mola; Palma Giovane, Giordano, Cavallino, Assereto), eine Barockgalerie sowie Flamen des 17. Jh. (de Vos, Rubens, Jordaens, van Dyck). In den angrenzenden Kabinetten sind Italiener des 14./15. Jh., Altdeutsche (Cranach, Holbein d. J.), niederländische Manieristen, deutsche Landschaften (Elsheimer; Hackert, Weitsch) sowie französische und deutsche

Herzog Anton Ulrich-Museum, Jan Vermeer van Delft, Das Mädchen mit dem Weinglas

Porträts (Rigaud, Liotard; Pesne, Graff, de Gasc) des 17. und 18. Jh. zu sehen. Auf der Südseite findet man die Niederländer des 17. Jh. Das „goldene Zeitalter" der holländischen Malerei repräsentieren hier u.a. die Gattungen Bildnis (van der Helst, Rembrandt, Lievens, Flinck), Landschaft (de Molyn, van Goyen, van der Neer, Everdingen, Ruisdael), Genre (Vermeer van Delft), Stillleben (Claesz Heda, van Huysum) und Architekturbild (Saenredam, de Witte) sowie die galante Malerei der 2. Jahrhunderthälfte (Netscher, Schalcken, van der Werff). Dem stehen Historienmalerei (Lastmann, Lievens, de Bray), italianisierende Landschaften (van Asselijn, Berchem, Pynacker) sowie flämische Landschaften vom Ende 16./Anfang 17. Jh. (van Valckenborgh, de Momper, Verhaeght) gegenüber.
Im zweiten Geschoss sind die Antiken ausgestellt, darunter das kunstvoll geschnittene „Mantuanische Onyxgefäß" von um 200 n. Chr., sowie Skulpturen und Kunsthandwerk vom 16. bis 18. Jh. Die Skulpturensammlung umfasst italienische, deutsche und niederländische Kleinbronzen der Renaissance und des Manierismus (Riccio, Giovanni da Bologna) sowie Kleinplastiken aus Holz (Kern) und Elfenbein (Permoser). Zur Abteilung

Kunsthandwerk gehören Erzeugnisse der 1747 unter Herzog Carl I. gegründeten Porzellanmanufaktur Fürstenberg, italienische Majoliken und französische Emailarbeiten des 16. Jh. sowie Ostasiatica des 17. und 18. Jh., ferner kostbare Kunstschränke und -uhren, Elfenbeinarbeiten und Spitzen. Den Abschluss bildet ein Kabinett, das nach Art einer Kunst- und Wunderkammer eingerichtet ist.
Im Erdgeschoss befindet sich neben Bibliothek und Sonderausstellungsräumen das Kupferstichkabinett. Es birgt u.a. eine ca. 100 000 Blatt umfassende Sammlung des 16. bis 20. Jh., v.a. deutsche sowie italienische Renaissance- und französische Barockgrafik. Dazu kommt ein überaus kostbarer Bestand von mehr als 10 000 niederländischen, deutschen, italienischen und französischen Handzeichnungen vom 14. bis zum 20. Jh. Thematische Wechselausstellungen innerhalb und außerhalb der Räume des Kupferstichkabinetts stellen diese Bestände der Öffentlichkeit vor. Darüber hinaus können alle Interessierten sich im Studienraum auf Wunsch Blätter vorlegen lassen.

Burg Dankwarderode –
Mittelalterabteilung des Herzog Anton Ulrich-Museums
Die Burg Dankwarderode in ihrer heutigen Form ist eine freie Rekonstruktion der zwischen etwa 1160 und 1175 errichteten Burg Heinrichs des Löwen. Sie wurde Ende des 19. Jh. von Ludwig Winter im Stil des Historismus erbaut. Im ersten Geschoss ist der 1994/95 restaurierte Rittersaal mit der Ausmalung zu besichtigen, während im Knappensaal im Erdgeschoss die Mittelaltersammlung des Herzog Anton Ulrich-Museums präsentiert wird.

Herzog Anton Ulrich-Museum,
Das Mantuanische Onyxgefäß, Römische Kaiserzeit,
um 200 n. Chr.

Herzog Anton Ulrich-Museum, Giovanni Battista Tiepolo, Die Heiligen Ludwig von Frankreich, Augustinus, Johannes Evangelist und ein Bischof, vor 1737

Herausragendstes Exponat ist das Original des bronzenen Burglöwen, den Heinrich der Löwe 1166 als Zeichen seiner Gerichtshoheit und Herzogswürde auf dem Burgplatz aufstellen ließ. Weitere bedeutende Exponate sind das „Gandersheimer Elfenbeinkästchen" (um 875), das Armreliquiar des hl. Blasius (um 1040) – eines der in Braunschweig verbliebenen Stücke aus dem Welfenschatz –, ein geschnitztes Elfenbeinhorn (11. Jh.), der prächtige Mantel Kaiser Ottos IV. (Anf. 13. Jh.), das Evangeliar aus St. Aegidien (um 1160/80), eine gestickte Altardecke (um 1340/50), die Reliquienbüste des hl. Cyriakus (2. Viertel 13. Jh.) und ein mit figürlicher Schnitzerei versehener Prunksattel (um 1400). Dazu kommen weitere Sakralgeräte, Messgewänder sowie Werke der niedersächsischen Tafelmalerei, darunter der faszinierende „Braunschweiger Domaltar" (um 1505). Sm

## Kunstverein Braunschweig e.V.

Haus Salve Hospes, Lessingplatz 12, 38100 Braunschweig **Telefon** (05 31) 4 95 56 **Fax** (05 31) 12 47 37 **E-Mail** Info@Kunstverein-bs.de **Internet** Kunstverein-bs.de **Geöffnet** Di. – So. 11 – 17, Mi. 11 – 20 Uhr **Eintritt** 5,– DM (~ 2,56 €) **Träger** Kunstverein Braunschweig e.V. **Leitung** Karola Grässlin

## Mineralien-Kabinett der Technischen Universität Braunschweig

Gaußstraße 28, 38106 Braunschweig **Telefon** (05 31) 3 91 - 36 55 (Institut für Geowissenschaften) **Fax** (05 31) 3 91 81 31 **Internet** www.tu-bs.de/institute/geowiss **Geöffnet** Mi. 15 – 18 u. am 2. So. im Monat 10 – 12 Uhr sowie n.V. **Eintritt** frei **Träger** Technische Universität Braunschweig, Institut für Geowissenschaften, Abt. Mineralogie **Leiter** Prof. Dr. Dietmar Reinsch

Das Mineralien-Kabinett wurde 1978 zu Studienzwecken eingerichtet und 1980 auch der Öffentlichkeit zugänglich gemacht. Durch die Stiftung der Mineralogischen Sammlung Walter Richard Kahn 1982 verdoppelte sich der Bestand. Er umfasst heute ca. 8000 Stücke, von denen etwa 800 auf 90 $m^2$ in 26 Vitrinen ausgestellt sind. Während die Studienschausammlung der Darstellung der Mineralsystematik gewidmet ist, sind im eigentlichen Mineralien-Kabinett verschiedene Mineralarten zu sehen, darunter Edelsteine in rohem und geschliffenem Zustand und eine reiche Sammlung schöner Stücke aus Tsumeb, Namibia. Dazu gehört auch ein nach seinem Finder, Walter Richard Kahn, benannter Warikahnit, mit ca. 3 cm Länge das bisher größte Exemplar dieser Art. Sm

## Museum für Photographie

Helmstedter Straße 1, 38102 Braunschweig **Telefon** (05 31) 7 50 00 **Fax** (05 31) 7 50 36 **E-Mail** info@photomuseum.de **Internet** www.photomuseum.de **Geöffnet** Di. – Fr. 13 – 18, Sa. u. So. 14 – 18 Uhr sowie für Gruppen n.V. **Eintritt** 5,– DM (~ 2,56 €); Ermäßigungen **Träger** Museum für Photographie e.V. **Leiter** Klaus Kohn (Vorstand)

In einem der beiden klassizistischen Torhäuschen von Peter Josef Krahe an der Helmstedter Straße ist das Museum für Photographie untergebracht. Es wurde 1984 von 13 Fotografinnen, Fotografen und Fotointeressierten gegründet. Hier werden sowohl Fotografiegeschichte als auch

Museum für Photographie, Boulevard Diderot, Paris, Henri Cartier-Bresson / Magnum Photos

zeitgenössische Fotografie gesammelt und gezeigt, erkundet und betrieben. Die auf eine vollständige Kulturgeschichte der Fotografie hin konzipierte Sammlung umfasst zurzeit ca. 80 Fotografien aus den ersten 30 Jahren der Fotografie, darunter Arbeiten von Henry Fox Talbot, Hill & Adamson, Felix Nadar, darüber hinaus Arbeiten zeitgenössischer Fotografen wie Bernhard Johannes Blume, Verena von Gagern, André Gelpke, Joan Fontcuberta, Sebastião Salgado, Christina García Rodero, Thomas Höpker u.a. Dabei sind auch die wichtigsten Verfahren wie Kalotypien, Woodburytypien, Daguerreotypien, Albuminabzüge sowie Salzpapierabzüge. Seit einigen Jahren erforscht das Museum die Fotoindustriegeschichte Braunschweigs und Teilbereiche aus der Kultur- und Sozialgeschichte der Fotografie. Anstelle einer Dauerausstellung werden im Jahr ungefähr sechs Ausstellungen aus dem Bestand und mit Leihgaben gezeigt mit dem Ziel, die Geschichte sowie die vielfältigen Formen und Wirkungsweisen der Fotografie zu veranschaulichen. Dabei werden gleichermaßen historische wie zeitgenössische, überregionale wie regionale Aspekte und Persönlichkeiten berücksichtigt. Zu den Ausstellungen werden Führungen, Ausstellungsgespräche, Künstlergespräche und Workshops angeboten und Fotoeditionen herausgegeben. Sm

## Raabe-Haus mit Wilhelm-Raabe-Forschungsstelle

Leonhardstraße 29 a, 38102 Braunschweig **Telefon** (05 31) 4 70 - 48 41 u. - 48 47 **Fax** (05 31) 4 70 48 44 **E-Mail** kulturinstitut.St_braunschweig@t-online.de **Internet** www.braunschweig.de **Geöffnet** Di. 9 – 14, Mi. 9 – 17, Do. 13 – 19, So. 15 – 17 Uhr sowie n.V. **Eintritt** frei **Träger** Kulturinstitut der Stadt Braunschweig **Leiter** des Raabe-Büros Andreas Böttcher, **Leiterin** der Wilhelm-Raabe-Forschungsstelle Dr. Gabriele Henkel

Der Schriftsteller Wilhelm Raabe gilt als einer der bedeutendsten und modernsten Vertreter des poetischen Realismus. In der Wohnung, in der Raabe bis 1919 lebte und die Treffpunkt und Veranstaltungsort der Raabe-Gesellschaft ist, sind sein Arbeitszimmer mit Bibliothek, Fotos, Dokumenten, Briefen und Persönlichem aus dem Nachlass Raabes zu besichtigen, außerdem einige Bilder seiner Tochter, der Malerin Margarethe Raabe, die hier bis zu ihrem Tod 1947 sein Erbe betreute (eine weitere Gedenkstätte ist in Raabes Geburtshaus in → Eschershausen im Weserbergland eingerichtet). Sm

## Sammlung historischer Fahrzeuge des Vereins Braunschweiger Verkehrsfreunde e.V.

Borsigstraße 2 a, 38126 Braunschweig (Postfach 47 24, 38126 Braunschweig) **Telefon** (05 31) 26 40 34 - 0 **Fax** (05 31) 26 40 34 - 15 **Internet** www.vbvev.org **Geöffnet** jeden letzten Sa. im Monat 10 – 16 Uhr und n.V. **Eintritt** frei **Träger** Verein Braunschweiger Verkehrsfreunde e.V. **Leiter** Herr Peters

Auf dem Gelände des ehemaligen Dampflok-Ausbesserungswerks der Deutschen Bahn betreut eine der ältesten Vereinigungen von Verkehrsfreunden in Deutschland im einstigen Anheizschuppen West mit sechs Hallen- und 30 Freigleisen rund 75 historische Fahrzeuge. Viele der

Fahrzeuge sind für den Einsatz auf Gleisen der Deutschen Bahn AG zugelassen, darunter die betriebsfähige ehemalige Dampflok 2 der Hafen Betriebsgesellschaft Braunschweig sowie der zum Markenzeichen des Vereins Braunschweiger Verkehrsfreunde avancierte historische „Preußenzug", ein kompletter preußischer Nebenbahn-Personenzug mit der Dampflokomotive „Cöln 1857" aus dem Jahr 1895. Schmuckstück des Werkstattbereiches ist eine Radsatzdrehbank von 1906. Der Verein veranstaltet mehrmals im Jahr öffentlich zugängliche Pendel- und Rundfahrten mit historischen Schienenfahrzeugen. Sm

## Staatliches Naturhistorisches Museum

Pockelsstraße 10, 38106 Braunschweig **Telefon** (05 31) 3 91 - 43 51 o. 3 91 - 43 56 (Museumspädagogik) **Fax** (05 31) 3 91 - 43 70 **Eintritt** 3,– DM (~ 1,53 €); Ermäßigungen **Geöffnet** Di. – So. 9 – 17, Mi. 9 – 19 Uhr **Service** Aufzug vorhanden **Träger** Land Niedersachsen **Leiter** Prof. Dr. Gerhard Boenigk

Im Jahre 1754 öffnete Herzog Carl I. von Braunschweig und Lüneburg seine Sammlungen als Kunst- und Naturalienkabinett der Öffentlichkeit und schuf damit das erste Museum auf deutschem Boden. 1857 wurden die Naturaliensammlungen von den Kunstsammlungen getrennt und als eigenständiges Museum geführt, dem heutigen Staatlichen Naturhistorischen Museum. 1937 zog es in sein heutiges, damals neu errichtetes Gebäude ein.
Das Museum besitzt reiche zoologische und paläontologische Sammlungen. Besonders beeindruckend sind die 29 Landschaftsdarstellungen, auch Dioramen genannt, die Säugetiere und Vögel der Region in ihrer natürlichen Umgebung zeigen, darunter auch ausgestorbene Arten, wie den letzten Luchs des Harzes.

Staatliches Naturhistorisches Museum, 29 Dioramen zeigen Tiere, wie hier den Elch, in ihrer natürlichen Umgebung

Staatliches Naturhistorisches Museum, in einem der geräumigen Becken des Aquariums ist ein Schwarm Piranhas *(Serrasalmus notatus)* aus dem Orinocogebiet zu sehen

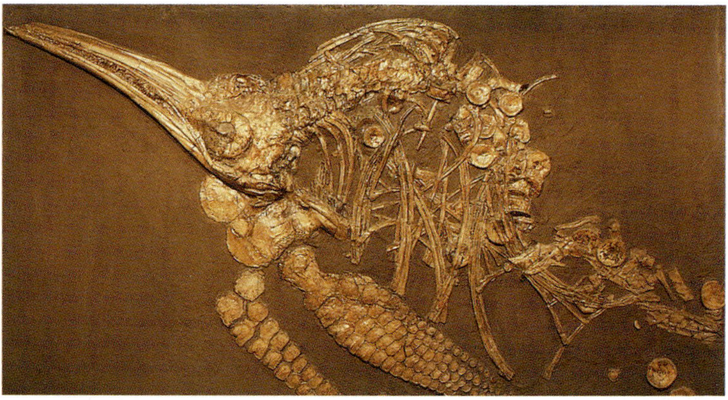

Staatliches Naturhistorisches Museum, Fischechse, Ichthyosaurier *(Stenopterygius crassicostatus)* aus dem Posidonienschiefer (Lias ε, 185 Mio. Jahre) von Schandelah bei Braunschweig

Exotischer geht es im Schauaquarium mit seinen 19 Aquarien und Terrarien zu. Hier lassen sich Korallenfische, Tanganjika-Buntbarsche, Piranhas, ein Afrikanischer Lungenfisch oder ein Zitteraal aus dem Amazonas beobachten.
Im 1. Stock kann man die Tanzsprache der Bienen erlernen. Die Bienen im Beobachtungsstock machen vor, wie Rund- und Schwänzeltanz funktionieren. Und mit der Bienentanzuhr kann jeder entschlüsseln, woher der gerade eingetragene Nektar und Pollen kommen. Weitere Einblicke in die Insektenwelt bietet ein Stereomikroskoptisch im Insektensaal. Über 100

verschiedene Insekten können hier bis zu 40-fach vergrößert betrachtet werden.
Der 1999 neu eröffnete Fossiliensaal gibt interessante Einblicke in die Erdgeschichte des Braunschweiger Landes u.a. durch Landschafts- und stratigrafische Modelle, Lebensbilder aus dem Erdmittelalter und eine umfangreiche Fossiliensammlung. An zwei Stereomikroskopen können Bernsteineinschlüsse und Mikrofossilien genau studiert werden.
Das Museum befindet sich in einer mehrjährigen Umstrukturierung, in der die Ausstellungen erneuert und der Besucherservice grundlegend verbessert werden sollen. In diesem Rahmen wird auch die größte Kostbarkeit, das fast vollständige, gut 7 m lange Skelett der Stellerschen Riesenseekuh aus dem Bering-Meer, neu präsentiert werden. Die Art wurde 1741 entdeckt und war bereits 1768 vollständig ausgerottet. Sm

## Städtisches Museum Braunschweig

Am Löwenwall (Haupthaus), Altstadtmarkt 7 (Abt. Stadtgeschichte), Löwenwall 16 (Abt. Formsammlung), 38100 Braunschweig **Telefon** (05 31) 4 70 - 45 05 **Fax** (05 31) 4 70 45 55 **E-Mail** info@braunschweig.de **Internet** www.braunschweig.de **Geöffnet** Haupthaus und Altstadtrathaus Di. – So. 10 – 17, Do. 10 – 20; Formsammlung Di. – Fr. u. So. 10 – 13 Uhr **Eintritt** frei **Service** Museumscafé im Haupthaus **Träger** Stadt Braunschweig **Leiter** Dr. Gerhard Spies

Im Jahre 1861, als die Stadt Braunschweig mit einer großen „Jubelfeier" ihr vermeintliches 1000-jähriges Jubiläum beging, wurde auf Anregung des historisch interessierten Bürgertums das Städtische Museum gegründet. Mit dem 1904 – 1906 von Max Osterloh errichteten Bau erhielt es sein eigenes Haus. In den 1970er Jahren erbrachte ein Umbau – leider auf Kosten der Raumwirkung des Lichthofs und der Übersichtlichkeit – die notwendige Erweiterung der Ausstellungsfläche. Auf mehreren Ebenen werden – nach Sachgruppen geordnet – Exponate aus folgenden Sammlungsgebieten gezeigt: Baufragmente in Stein und Holz, Waffen, Zinn, Möbel, Musikinstrumente, Münzen und Medaillen, Porzellan, kirchliche Kunst, Topografie, Handwerk und Zunft, feinmechanische und medizinische Geräte und Volkskunde. Im zweiten Geschoss befinden sich eine Zinngießerwerkstatt, eine Schmiede und eine Setzergasse. Akzente innerhalb der Dauerausstellung setzen die 1991 bzw. 1993 neu eröffneten Abteilungen Völkerkunde und Braunschweiger Lackkunst sowie die neu eingerichtete Gemäldegalerie. Sie reicht von Fürstenbildnissen und Bürgerporträts des 18. und 19. Jh. über Historien- und Landschaftsmalerei des 19. Jh. bis zu Werken des 20. Jh. Die Abteilung Lackkunst präsentiert in professionellem Ausstellungsdesign Erzeugnisse der 1764 gegründeten Manufaktur Stobwasser von Tabletts über Gemälde bis zu Mobiliar und eine große Zahl Schnupftabakdosen mit stadt-, kunst- und kulturgeschichtlich interessanten Motiven. Besondere Aufmerksamkeit verdient die Abteilung Völkerkunde. Aus der reichen und bedeutenden Sammlung des Museums sind Objekte aus der Südsee, Indonesien und den westafrikanischen Königreichen ausgestellt. Landkarten und Bild-Text-Tafeln erläutern den kulturgeschichtlichen Kontext der kunstvollen Masken, Skulpturen, Waffen, Stoffe, Schmuck-, Kult- und Gebrauchsgegenstände.

Städtisches Museum Braunschweig, Schnupftabakdose „Ansicht vom Brockenhaus", Stobwassers Fabrik

Abteilung Stadtgeschichte (Altstadtrathaus)
Im gotischen Altstadtrathaus am Altstadtmarkt hat die Abteilung Stadtgeschichte des Städtischen Museums ihren angemessenen Ort gefunden. Seit Ostern 2000 wird hier die Ausstellung „Messe, Markt, Handel im alten Braunschweig" gezeigt, die sich in die Teile „Handel: Münzen, Maße und Gewichte" und in den Teil „Handelswaren" gliedert. Messinstrumente wie Waagen und Ellen sowie Prägestempel zum Schlagen von Münzen zeugen von dem engen Zusammenhang zwischen Politik und Handel. Handelswaren aus Braunschweiger Produktion, wie reich verzierte Schränke, Tisch- und Ofenplatten, Fayencen sowie mächtige Braut- und Geldtruhen, machen den wachsenden Wohlstand und den daraus resultierenden Einfluss des Patriziats deutlich.
Im Eingangsfoyer, dem ehemaligen Autorshof, veranschaulichen ein großes Stadtmodell, welches den Bauzustand Braunschweigs im Jahr 1671 vor Augen führt, sowie mehrere Übersichtskarten die Entwicklung des Stadtbildes. Fachwerkbalken im Treppenaufgang erinnern an die historische Fachwerkstadt Braunschweig, die 1944 weitgehend zerstört wurde. Im Obergeschoss befinden sich die Kleine und die Große Dornse, die auch heute noch ihre alte repräsentative Funktion behalten. Der obere Laubengang ermöglicht den Besuchern einen hervorragenden Blick auf den Altstadtmarkt und erhebt den Profanbau aus dem 13. Jh. selbst zum Exponat.
Im Untergeschoss befindet sich die ständige Ausstellung „Geschichte der Stadt Braunschweig im Überblick". Sie ist in vier Abteilungen gegliedert: Die Abteilung I „Die Stadtwerdung" (9. Jh. – 1227) stellt die stadtarchäologischen Grabungen vor und versucht, den Entwicklungsgang von den ersten Siedlungszellen bis zur Residenz Heinrichs des Löwen nachzuvoll-

ziehen. In der Abteilung II „Die Bürger- und Hansestadt" (1227 – 1671) werden Braunschweigs Bedeutung als Mitglied der Hanse sowie sein Kampf um die Stadtfreiheit behandelt. Die Abteilung III „Die Residenzstadt" (1671 – 1830) dokumentiert die Entwicklung Braunschweigs nach der Inbesitznahme durch die welfischen Herzöge bis hin zu französischer Besetzung im Königreich Westphalen, den Freiheitskriegen und der Restituierung des Herzogtums. In der Abteilung IV „Die Industriestadt" (1830 – heute) kommen die politischen und gesellschaftlichen Umwälzungen von der Vertreibung Herzog Karls II. bis zu den 90er Jahren des 20. Jh. zur Darstellung. In einem Medienraum können die Tonbildschauen „Das Stadtbild Braunschweigs in 900 Jahren" und „Die Entwicklung der Stadt Braunschweig" sowie zehn Filme nach Wunsch angesehen werden.

Abteilung Formsammlung
Die Villa des Zuckergroßhändlers Louis Gerloff, die Ludwig Winter 1888/89 am Löwenwall im Stil der Neorenaissance erbaute, beherbergt seit 1983 die Formsammlung des Städtischen Museums. Sie umfasst historische und moderne Gefäße und Behälter, die in bürgerlichen und bäuerlichen Haushalten im alltäglichen Gebrauch waren, und zwar sowohl handwerklich wie industriell gefertigte Stücke. Die in den 1930er Jahren angelegte Sammlung des konstruktivistischen Malers Walter Dexel bildet den Grundstock der Formsammlung. Wie schon ihr Name besagt, ist die Form Leitlinie des Konzepts. „Form" meint dabei nicht nur die Einheit von Schönheit, Funktion, Material und Technik, wie sie seit Ende des 19. Jh. für das Kunstgewerbe angestrebt wurde, sondern auch die

Städtisches Museum Braunschweig, Konzertflügel der Klara Schumann (1819 – 1866), Grotrian-Helfferich-Schulz, Th. Steinweg Nachf., Braunschweig

Städtisches Museum Braunschweig, das Haus der Formsammlung in der ehem. Villa Gerloff

von modischen Zeiterscheinungen unabhängige, klassische Form. In diesem Sinne vertritt die Sammlung eine Art Typenlehre von Formen verschiedener Epochen und Kulturen. Dazu gehören römisches Glas und japanische Teebehälter aus Holz ebenso wie islamische Fayencen und chinesisches Porzellan, mittelalterliche Grapen aus Bronze und seriell produzierte Geschirre der Gegenwart (neben der Dauerausstellung jährliche Wechselausstellungen). Im Garten der Villa sind einige Skulpturen von Braunschweiger Bildhauern des 20. Jh. aufgestellt. Sm

## Heimatstube Bienrode

Altmarkstraße 33, 38110 Braunschweig **Telefon** (0 53 07) 63 14 (Leiterin) **Geöffnet** n.V. **Eintritt** frei **Träger** Heimatverein Bienrode 1984 **Leiterin** Hildegard Borchers

Im Dachgeschoss des ehemaligen Bienroder Schulgebäudes präsentiert der örtliche Heimatverein Alltagsgegenstände, Bilder und Dokumente zur Ortsgeschichte überwiegend aus der zweiten Hälfte des 19. und der ersten Hälfte des 20. Jh. Der Schwerpunkt der Ausstellung liegt auf der Darstellung der Wohnkultur in der Zeit um 1900. Kleingeräte aus den Bereichen der Landwirtschaft und des Handwerks vermitteln Eindrücke aus der Arbeitswelt jener Zeit. Sm

## Heimatstube Rautheim

Braunschweiger Straße 4 (Post: Lehmweg 1), 38126 Braunschweig **Telefon** und **Fax** (05 31) 6 21 02 (Leiter) **Geöffnet** n.V. **Eintritt** frei **Träger** Heimatpflege Rautheim **Leiter** Hermann Buchheister

In der 1906 errichteten Schule ist die anlässlich der 950-Jahr-Feier Rautheims im Jahr 1981 entstandene Heimatstube beherbergt. Gezeigt werden auf Zeitleisten die Entwicklung des Ortsnamens und der Einwohnerzahl,

Hausrat sowie Werkzeug und Gerät aus dem Bereich des Handwerks (Schuhmacher, Schneider, Zimmermann). Den größten Raum der Sammlungen nehmen Karten und Pläne ein, die die Entwicklung des einstigen Bauerndorfes bis zum eingemeindeten Stadtteil zeigen. Außerdem sind eine Sammlung zum Vereinsleben im Ort und eine Dokumentation zum Wandel des Ortsbildes seit 1920 zu sehen. Sm

## Zisterziensermuseum Riddagshausen

Klostergang 64, 38104 Braunschweig **Telefon** (05 31) 37 22 53 o. 28 58 - 3 01
**Fax** (05 31) 28 58 - 2 55 **Internet** www.braunschweig.de **Geöffnet** Sa., So. 12 – 17 Uhr sowie für Gruppen n.V. **Eintritt** 3,– DM (~ 1,53 €); Ermäßigungen
**Träger** Bürgerschaft Riddagshausen mit Freundeskreis e.V.

Im renovierten Torhaus des ehemaligen Zisterzienserklosters Riddagshausen in unmittelbarer Nähe der berühmten Klosterkirche wurde Ende der 1980er Jahre das Zisterziensermuseum eingerichtet. Bedeutendstes Exponat ist das aus dem 12. Jh. stammende Gebäude selbst, dessen baugeschichtlich bemerkenswerte Details ebenso wie die daran anschließende Fremdenkapelle aus dem 13. Jh. in die Präsentation einbezogen wurden. Einige wertvolle Originale und Reproduktionen, v.a. aber ausführliche Bild-Text-Tafeln vermitteln Kenntnisse über Anfänge und Entwicklung des Klosterlebens im Allgemeinen, über Ursprung, Geschichte, Kultur und Klosterleben des Zisterzienserordens bis zum heutigen Tag sowie über das Kloster Riddagshausen im Besonderen. Inszenierende Ausstellungseinheiten und Großmodelle erleichtern dem Besucher den Einstieg in Geschichte und Leben der Zisterzienser. Vom Leben der Mönche einst und jetzt berichten zusätzlich eine Tonbildschau und ein Video. Neben der Geschichte und Wirtschaftsgeschichte des Zisterzienserordens gilt die spezielle Aufmerksamkeit der Entstehung und Verbreitung der Zisterzienserbaukunst von der französischen Romanik des frühen 12. Jh. bis zur deutschen Gotik des 13. Jh. sowie der Baugeschichte der Klosterkirche Riddagshausen mit ihren Beziehungen zu Maulbronn, Ebrach und Magdeburg. Sm

Zisterziensermuseum Riddagshausen, romanisches Torhaus und „Kleines Meierei-Gebäude" von Süden

Landtechnikmuseum Braunschweig Gut Steinhof, stationäre Dreschmaschine mit Dampflokomobile

## Landtechnikmuseum Braunschweig Gut Steinhof

Celler Heerstraße 336 (B 214), 38112 Braunschweig **Telefon** (05 31) 51 33 70 (Peters) o. (05 31) 51 18 75 (Diestel) **Fax** (05 31) 59 63 63 (Forschungsanstalt für Landwirtschaft) **Internet** www.braunschweig.de **Geöffnet** Sa. 10 – 17 Uhr, nach telefon. Absprache auch werktags **Eintritt** frei **Service** zugänglich für Behinderte **Träger** Förderkreis Gut Steinhof e.V. **Leiter** Heinrich Peters

Die Anfänge des Gutes Steinhof sind bis ins Jahr 1326 urkundlich nachgewiesen. 1984 konnte der engagierte Förderkreis den Hof aus dem 16. Jh. vor dem Abbruch bewahren mit dem Ziel, hier ein Landtechnikmuseum mit Schwerpunkt 19. und 20. Jh. einzurichten. In zwei einst als Scheune und Rinderstall genutzten Gebäuden werden Geräte zur Bodenbearbeitung, Saat-, Pflanz- und Düngemaschinen, Geräte zur Pflanzenpflege und Ernte sowie Zug- und Kraftmaschinen ausgestellt und durch ausführliche und gut gegliederte Bild-Text-Tafeln erläutert. Im 1888 erbauten Speicherhaus befinden sich eine Sammlung von Hauswirtschaftsgeräten sowie eine kleine Sammlung von Kutschen. Bei den beliebten und stets gut besuchten Maschinenvorführungen am Erntedankfest sind u.a. ein funktionstüchtiger Pferdegöpel sowie eine stationäre und von einer Dampflokomobile der Firma Lanz von 1907 angetriebene Dreschmaschine in Aktion zu bewundern. Sm

## Museum Burg Brome

Burg Brome, Junkerende, 38465 Brome **Telefon** (0 58 33) 18 20 u. (0 53 71) 30 14 (Leiter) **Fax** (0 53 71) 94 36 21 **E-Mail** Kreisarchaeologie.Gifhorn@web.de **Internet** www.gifhorn.de/Museen/Brome_A.htm **Geöffnet** März – Dez. Di. – Fr. 15 – 17, Sa. 14 – 17, So. 12 – 18 Uhr, für Gruppen n.V. **Eintritt** frei **Service** Kaffee und Kuchen an Sonn- und Feiertagen 14 – 18 Uhr, für Gruppen n.V., Telefon (0 58 33) 16 23 **Träger** Landkreis Gifhorn, Förderverein: Museums- und Heimatverein Brome e.V. **Leiter** Dr. Andreas Wallbrecht

Von der 1203 erstmals urkundlich erwähnten Burg Brome, einer ehemaligen Grenzfeste des Fürstentums Lüneburg, ist heute noch der zweigeschossige Nordflügel in Backsteinbauweise mit rundem Treppenturm aus dem 16. Jh. erhalten. Nach der Renovierung, die 1974 – 1978 auf Betreiben einer Bürgerinitiative stattfand, wurde hier und im ehemaligen Wirtschaftsgebäude ein Heimatmuseum eingerichtet, das sich mit großem Engagement v.a. der Darstellung der ländlichen Selbstversorgung und des alten Handwerks im Flecken Brome widmet. In seltener Ausführlichkeit und zum Be-Greifen wird der Prozess der Flachs- und Wollverarbeitung bis zum Färben und Weben anhand der dazu notwendigen Arbeitsgeräte und interessanten Bild-Text-Tafeln veranschaulicht. Es schließen sich eine Korbimkerei sowie eine reich ausgestattete Küche an. Im Weiteren sind in kompletten Werkstätten folgende Handwerke dargestellt: Schmied, Klempner, Kupferschmied, Zimmermann, Schuhmacher, Böttcher, Drechsler, Seiler, Kiepenmacher, Holzschuhmacher, Steinmetz, Sattler, Schneider, Tischler, Stellmacher, Buchdrucker und Mollenhauer. Die Exponate werden ausführlich erläutert, Fotoserien und Texte machen Arbeitsabläufe und Funktion der Werkzeuge verständlich. Die alten Arbeitstechniken werden an vier „Aktivsonntagen" und beim jährlich stattfindenden Burgfest unter Zuhilfenahme von Originalwerkzeugen vermittelt. Besucher können unter Anleitung mit-„arbeiten". In weiteren Abteilungen werden die Heimatgeschichte von der Frühgeschichte bis zur Gegenwart mit der Präsentation „Zerrissenes Bromer Land" und der Naturraum Bromer Land mit heimischen Tierarten und Bromer Biotopen vorgestellt.
Zum Museum gehören weiterhin der Burggarten mit alten Heilkräutern und Gemüsesorten, ein Bienenzaun und eine Schnuckenweide. Sm

Museum Burg Brome, der Schuhmacher bei der Arbeit

## Heimatmuseum Büddenstedt

Rathausplatz 1, 38372 Büddenstedt **Telefon** (0 53 52) 72 07 o. 96 80 - 0 (Gemeindeverwaltung) **Fax** (0 53 52) 71 37 o. 96 80 40 (Gemeindeverwaltung) **Geöffnet** So. 10 – 11 Uhr u. n.V. **Eintritt** frei **Träger** Förderverein des Heimatmuseums Büddenstedt e.V. **Leiter** Hans Germer

Das 1985 gegründete und 1989 eröffnete Heimatmuseum Büddenstedt ist in der ehemaligen Gemeindebäckerei, einem Fachwerkhaus von 1811, untergebracht. Außer der Backstube sind hier u.a. eine Küche, eine Wohn- und Schlafstube sowie allerlei Notbehelfe der Nachkriegszeit zu besichtigen. Hervorzuheben ist eine stattliche Sammlung Sommerschenburger Keramik. Sm

## Museumshof Emmerstedt

Leineweberstraße 3, 38350 Helmstedt-Emmerstedt **Telefon** (0 53 51) 3 48 43 (Kamrath) o. 53 93 59 **Fax** (0 53 51) 3 12 06 (Kaminski) **E-Mail** G.Kaminski @t-online.de **Internet** www.museumshof-emmerstedt.de **Geöffnet** Mai – Okt. So. 15 – 17 Uhr **Eintritt** frei **Träger** Heimatkreis Emmerstedt e.V. **Leiter** Friedrich-Karl Kamrath

1991 konnte der Heimatkreis Emmerstedt e.V. ein Kleinbauerngehöft von um 1900 erwerben und als Museumshof einrichten. Im Wohnhaus sind u.a. eine Spinn- und Webstube, eine Küche, Trachten, heimische Vögel und Waldtiere, Kinderspielzeug und eine Imkerei zu besichtigen. In den Ställen befinden sich landwirtschaftliche Großgeräte und Fahrzeuge sowie eine Kutsche, außerdem eine Waschküche, Geräte zu Hausschlachtung und Milchwirtschaft sowie eine Tischler- und Böttcherwerkstatt. Bei besonderen Veranstaltungen werden Tiere in den Ställen untergebracht. Sm

## Heimatstube Gadenstedt

Am Thie 1, 31246 Lahstedt-Gadenstedt **Telefon** (0 51 72) 85 97 (Meyer) **Geöffnet** jeden 2. Do. im Monat ab 19 Uhr und n.V. **Eintritt** frei **Träger** Heimatgruppe Gadenstedt e.V. **Leiter** Dieter Meyer

In der 1988 gegründeten Heimatstube im alten Rathaus werden auf ca. 280 m² Exponate zur Dorfgeschichte gezeigt, darunter Zeugnisse des Lebens der ländlichen Dorfgemeinschaft wie Chroniken, Schützenscheiben und Fahnen, außerdem Militaria und Alltagsgegenstände wie Geräte aus dem Bereich der Hauswirtschaft, Spielzeug aus der ersten Hälfte des 20. Jh. und die Kleidung eines Brautpaares aus der Zeit um 1900. Zahlreiche Fotos lassen die Geschichte des 822 erstmals urkundlich erwähnten Ortes lebendig werden. Besonders erwähnenswert ist ein ca. 4 m² großes Dorfmodell von 1969, das Gadenstedt im Jahr 1769 zeigt. Sm

## Historisches Museum im Schloß Gifhorn

Schloßplatz 1, 38518 Gifhorn **Telefon** (0 53 71) 82 - 422 o. - 424 **Fax** (0 53 71) 8 24 13
**E-Mail** gfverwaltung@gifhorn.de **Internet** www.gifhorn.de/Museen
**Geöffnet** Di. – Fr. 14 – 18, Sa., So. u. feiertags 11 – 17 Uhr, Gruppen n.V.
**Eintritt** frei **Service** Schloßrestaurant im Hause **Träger** Landkreis Gifhorn
**Leiter** Dr. Jürgen Conrad

Das 1581 fertig gestellte Gifhorner Schloss war von 1539–1549 Residenz des Herzogs Franz von Braunschweig und Lüneburg. 1978–1983 wurde es renoviert und mit modernen Elementen teilweise neu gestaltet. Seit 1982 beherbergt das Kommandantenhaus des Renaissanceschlosses das 1914 gegründete Historische Museum Schloß Gifhorn, das in vier chronologisch-thematischen Abteilungen die Kulturgeschichte des Landkreises Gifhorn von der Urzeit über die Entwicklung ländlicher und städtischer Kultur bis zur Industrialisierung und Gegenwart aufzeigt. Die Schwerpunkte der Abteilungen sind Vor- und Frühgeschichte (vom Sammler und Jäger zum sesshaften Ackerbauern), Adel und Landvolk, Handwerker und Kaufleute, Bauern, Arbeiter und Bürger. Eine weitere Ausstellungseinheit gibt einen Einblick in Flora und Fauna der Region. Die Ausstellung erschließt sich dem Besucher dank ausführlicher Bild-Text-Tafeln und einer klaren Konzeption sehr gut. In den Museumsbereich integriert ist die Schlosskapelle von 1547, in der herausragende historische und zeitgenössische Kirchenkunst von der spätgotischen expressiven Rethener Kreuzigungsgruppe Levin Storchs bis zum Altarbild „Der ungläubige Thomas" Johannes Grützkes präsentiert ist. Eine neue Ausstellungseinheit zur regionalen Kirchengeschichte und -kunst ist in Vorbereitung. Zu den Museen des Landkreises Gifhorn zählen außerdem das Kavalierhaus Gifhorn, das Klosterhofmuseum → Hankensbüttel-Isenhagen, das Schulmuseum → Steinhorst sowie das Museum Burg Brome in → Brome. Sm

Historisches Museum im Schloß Gifhorn, Rethener Kreuzigungsgruppe von Levin Storch, um 1525

## Internationales Wind- und Wassermühlen-Museum Gifhorn

Bromer Straße 2, 38518 Gifhorn **Telefon** (0 53 71) 5 54 66 **Fax** (0 53 71) 5 56 40 **E-Mail** office@muehlenmuseum.de **Internet** www.muehlenmuseum.de **Geöffnet** 16. März – 31. Okt. täglich 10 – 18, 1. Nov. – 22. Dez. nur Sa. u. So. 10 – 17 Uhr, an Feiertagen und bei schlechtem Wetter geschl., 23. Nov. geschl. **Eintritt** 11,– DM (~ 5,62 €); Ermäßigungen; Besichtigung der russischen Kirche 5,– DM (~ 2,56 €) **Service** zugänglich für Behinderte, Restaurant im „Backhaus" und im „Trachtenhaus" **Träger** Horst und Rosita Wrobel oHG **Leitung** Horst und Rosita Wrobel

Der Besuch einer alten Bockwindmühle im Elmdorf Abbenrode weckte 1965 in dem Designer Horst Wrobel das Interesse am Mühlenwesen: Er begann Modelle von Mühlen aus aller Welt nachzubauen. Dieses Hobby führte 1980 zur Eröffnung seines populären Mühlenmuseums im Stil eines Freizeitparks auf einem ca. 10 ha großen Gelände an der Ise in Gifhorn. Hier wird – laut Werbeprospekt – „ein Hauch Romantik spürbar". Im Mittelpunkt steht die 800 $m^2$ große Ausstellungshalle mit der Sammlung von über 40 Modellen von Wind- und Wassermühlen aus aller Herren Länder. Auf dem Freigelände sind neun Mühlen zu besichtigen, bei denen es sich zum überwiegenden Teil um Rekonstruktionen handelt: eine portugiesische und eine griechische Windmühle von der Insel Mykonos, eine Erdholländer-Kellermühle aus Dithmarschen, eine Bockwindmühle von 1882, eine Tiroler Wassermühle, eine ungarische Schiffsmühle, eine Ross-Göpelmühle aus Westfalen, ein Nachbau der Galerie-Holländermühle von Potsdam-Sanssouci und einer ukrainischen Windmühle. Drei Fachwerkhäuser im „Niedersachsenhausstil" beherbergen die museumseigenen Verpflegungsbetriebe, in denen sich Besucher mit Streuselkuchen und frischem „Mühlenbrot" stärken können. Am Rande des Mühlenparks ist der Nachbau der Christi Verklärungskirche aus Suzdal bei Moskau zu besichtigen. Sm

## Kavalierhaus Gifhorn – Museum für bürgerliche Wohnkultur der ersten Hälfte des 20. Jahrhunderts in Gifhorn

Steinweg 3, 38518 Gifhorn **Telefon** (0 53 71) 82 - 4 83 o. - 4 17 **Fax** (0 53 71) 8 24 11 **E-Mail** gfverwaltung@gifhorn.de **Internet** www.gifhorn.de/Museen **Geöffnet** jeden letzten So. im Monat 11 Uhr Führung sowie n.V., Besichtigung nur mit Führung möglich **Eintritt** 3,– DM (~ 1,53 €) (inklusive Stadtführung) **Träger** Landkreis Gifhorn **Leiter** Wolfgang Böser

Das so genannte Kavalierhaus ist der älteste Profanbau der Stadt, seine für Gifhorn untypische steinerne Renaissancefassade, das mächtige Eichenbalkenfachwerk der Gebäuderückseite sowie ein intaktes Lastenaufzugsrad aus dem 17. Jh. auf dem Kaltdachboden machen das um 1540 errichtete Gebäude zur architekturgeschichtlichen Besonderheit. 1997 erwarb der Landkreis Gifhorn das Gebäude, das die letzte Besitzerin rund 70 Jahre lang bewohnt hatte. Die gesamte Inneneinrichtung mit dem sonstigen Inventar wurde übernommen und an Ort und Stelle belassen; sie repräsentiert eine für die Region typische kleinstädtisch-bürgerliche Wohnkultur. Der Besucher wird durch alle sechs Wohnräume, Diele, Bad,

Kavalierhaus Gifhorn, Blick in das Wohnzimmer

Küche und Speisekammer in der ersten Etage, den für die Vorratshaltung genutzten halbseitigen Gewölbekeller, den Dachboden sowie in den Garten geführt. Sm

## Kunstverein Gifhorn

Steinweg 20 (Georgshof), 38518 Gifhorn **Telefon** (0 53 71) 5 55 26 o. 34 08 (Leiterin) **Fax** (0 53 71) 5 55 26 **Internet** www.kunstverein-gf.de **Geöffnet** Do. 17 – 20, Sa. u. So. 11 – 17 Uhr **Eintritt** frei **Leiterin** Dr. Henrike Junge-Gent

## Heimatstube Groß Denkte

Kirchstraße 9, 38321 Denkte-Groß Denkte **Telefon** (0 53 31) 6 38 74 (Leiter) **Geöffnet** April – Okt. n.V. **Eintritt** frei **Träger** und **Leiter** Erhard Schrader

Die Heimatstube Groß Denkte zeigt neben Geräten aus den Bereichen Land- und Hauswirtschaft ein altes Lehrerpult und eine Schulbank mit Tornister und Schulbüchern. Erwähnenswert ist außerdem eine Brauttracht aus der ersten Hälfte des 19. Jh. Sm

## Heimatstube Groß Gleidingen

Brinkstraße 4, 38159 Vechelde-Groß Gleidingen **Telefon** (0 53 00) 18 18 (Leiter) **Geöffnet** n.V. **Eintritt** frei **Träger** und **Leiter** Heinrich Heike-Cramm

Auf dem Kornboden eines stillgelegten denkmalgeschützten Bauernhofs vom Typ des mitteldeutschen Gehöfts werden auf engstem Raum Gegenstände und Geräte aus den Bereichen Landwirtschaft, Hauswirtschaft und Handwerk gezeigt, außerdem Sammlungen von Fahnen, von Eiern heimischer Vogelarten sowie Versteinerungen aus der Region. Sm

## Heimatstube Groß Lafferde

Bernwardstraße 8, 31246 Lahstedt-Groß Lafferde **Telefon** (0 51 74) 86 30 o. 4 01 (Leiter) **Geöffnet** n.V. **Eintritt** frei **Träger** Heimat- und Kulturverein Groß Lafferde e.V. **Leiter** Karl Könnecker

1995 richteten Bürger des Ortes im Wasserturm ein Museum ein, das neben den für Heimatstuben üblichen Gerätschaften aus den Bereichen Handwerk, Haus- und Landwirtschaft vor allem Urkunden, Flurpläne und andere Zeugnisse der Ortsgeschichte zeigt. Ein Dorfmodell rekonstruiert das Ortsbild von 1776, Exponate wie ein Nachtwächterhorn aus dem 19. Jh. und eine Klingel des Gemeindeausrufers runden die Ausstellung ab. Sm

## Kloster Isenhagen

29386 Hankensbüttel-Isenhagen **Telefon** (0 58 32) 3 13 **Fax** (0 58 32) 97 94 08 **Geöffnet** 1. April – 15. Okt. Di. – Sa. 9 – 11 u. 15 – 17, So. u. feiertags 13.30 – 17 Uhr, Gruppen nur nach Voranmeldung, Besichtigung nur mit Führung möglich **Eintritt** 5,– DM (~ 2,56 €); Ermäßigungen für Gruppen u. Schulklassen **Träger** Kloster Isenhagen **Leitung** Frau Äbtissin Barbara Möhring

Das 1243 in Alt-Isenhagen gegründete Kloster wurde mehrfach verlegt und erhielt 1346 seinen jetzigen Standort. Aus dieser Zeit stammen die gotische Backsteinkirche mit dem für Niedersachsen typischen erhöhten Nonnenchor sowie Teile des Nord- und Ostkreuzganges und einige Nebenbauten. West- und Südflügel wurden nach einem Brand 1721 neu errichtet. Aus der vorwiegend dem 14. – 17. Jh. entstammenden Ausstattung von Gemeindekirche und Nonnenempore ragt das Lesepult heraus, das um 1200 als Thronsitz geschaffen worden war. Auf den Fluren der Flügelbauten stehen die größtenteils mittelalterlichen Truhen und Schränke der Nonnen. Bemerkenswert sind die im Kloster bewahrten zahlreichen kostbaren Stickereien des 13. – 15. Jh. (Paramente, Antependien), die teils mit Brakteaten und Perlen (Korallen und Flussperlen) verziert sind. Daneben besitzt das Kloster eine Anzahl alter Bibeln und theologischer Werke aus nachreformatorischer Zeit. Sm

Kloster Isenhagen, Blick in den östlichen Kreuzgang

Klosterhofmuseum Isenhagen im ehemaligen Wirtschaftsgebäude von 1436

## Klosterhofmuseum Isenhagen

Klosterstraße, 29386 Hankensbüttel-Isenhagen **Telefon** (0 58 32) 22 24 o. (0 53 71) 82 - 4 25 (Leiter) **Fax** (0 53 71) 8 24 13 (Kreisverwaltung) **Geöffnet** Di. – Fr. 14 – 16, Sa., So. u. feiertags 11 – 17 Uhr, Gruppen n.V. **Eintritt** frei **Service** Behindertenzugang Erdgeschoss und Kräutergarten **Träger** Landkreis Gifhorn **Leiter** Dr. Jürgen Conrad

Im ehemaligen Speichergebäude des Klosters Isenhagen wurde 1993 das zu den Museen des Landkreises Gifhorn gehörende Klosterhofmuseum Isenhagen eröffnet. Allererstes Exponat ist das Gebäude selbst, das 1436 in Backstein mit einem prächtigen Treppengiebel errichtet wurde, der den damaligen Wohlstand des Klosters demonstriert. Im Innern des mit viel ästhetischem Fingerspitzengefühl restaurierten und rekonstruierten Gebäudes zählen eine alte Blockstufentreppe und der vollständig erhaltene gotische Dachstuhl zu den Besonderheiten. Hier wurde eine Dauerausstellung zur Geschichte des Zisterzienserordens und des Klosters Isenhagen eingerichtet, wobei der Schwerpunkt konsequenterweise auf das Wirtschaftsleben gelegt wurde. In einem feinen, raumgliedernd eingesetzten Ausstellungsdesign werden Originalobjekte aus den Bereichen Brauereiwesen, Handwerk und Landwirtschaft gezeigt. Das zugehörige Kräutergärtchen erfreut die Sinne und bietet die Gelegenheit, Heil- und Würzkräuter, wie sie schon im Mittelalter Verwendung fanden, kennen zu lernen. Sm

## Förderkreis Bildende Kunst

Batteriewall 15, 38350 Helmstedt **Telefon** (0 53 51) 87 51, 90 43 o. 87 89 **Geöffnet** Di. – Fr. 16 – 18.30, Sa., So. 11 – 13 Uhr **Eintritt** frei **Träger** Förderkreis Bildende Kunst im Kulturverein Helmstedt e.V. **Leitung** Eberhard Witte, Erich Mosch

## Kloster St. Marienberg – Schatzkammer

Klosterstraße 4, 38350 Helmstedt **Telefon** (0 53 51) 67 69 **Fax** (0 53 51) 67 81 **Geöffnet** Mo. – Fr. n.V., Besichtigung nur mit Führung möglich **Eintritt** 5,– DM (~ 2,56 €); Ermäßigungen **Träger** Braunschweigischer Vereinigter Kloster- und Studienfonds **Leitung** Konvent und Domina des Klosters St. Marienberg

In den Räumen des ehemaligen, 1176 gegründeten Augustiner-Chorfrauenstifts St. Marienberg wird vom 1989 neu gegründeten evangelischen Konvent eine Reihe restaurierter mittelalterlicher Textilien präsentiert. Sie wurden vor Einführung der Reformation 1569 z.T. im Kloster gefertigt und dort 1862 auf dem Dachboden wiederentdeckt. Eine Führung durch diesen Mikrokosmos mittelalterlicher Textilkunst vermittelt Kenntnisse der Geschichte, Symbolik, Materialkunde, Technik und Funktion der überwiegend gestickten Teppiche, bei denen es sich vor allem um Antependien (Altarbehänge) handelt. Das älteste ist das auf 1260 datierte „Heininger Antependium", eine in verschiedenen Techniken ausgeführte, kostbare weiße Leinenstickerei. Zu den jüngsten gehören mehrere Tuchteppiche mit Lederkonturen, Ende 15. Jh., und ein um 1500 gewirktes Marienantependium mit farbenprächtigen Gewand- und Blumenmotiven. Zwei Margaretenbehänge, Ende 13. und Mitte 14. Jh., und der Elisabethteppich, Mitte 15. Jh., erzählen in einer außerordentlich anschaulichen Bildsprache vom bewegten Leben dieser Heiligen. Außerdem zeigt eine Vitrine bedeutende Stücke aus der Gründungszeit (2. H. 19. Jh.) der noch heute im Kloster ansässigen Paramentenwerkstatt der Von-Veltheim-Stiftung. Sm

## Kreis- und Universitätsmuseum Helmstedt

Collegienplatz 1, 38350 Helmstedt **Telefon** (0 53 51) 12 04 61 **Fax** (0 53 51) 1 21 16 00 **Internet** www.helmstedt.de **Geöffnet** Di. – Fr. 10 – 12 u. 15 – 17, Sa. u. So. 15 – 17 Uhr **Eintritt** frei **Service** Behindertenzugang mit Klingel **Träger** Landkreis Helmstedt **Leiterin** Marita Sterly M.A.

Kreis- und Universitätsmuseum Helmstedt, Ausschnitt einer astrologischen Scheibe, 1575, Sammlung zur Helmstedter Universitätsgeschichte

Das Kreis- und Universitätsmuseum Helmstedt ist seit 1971 im „Juleum", dem ehemaligen Domizil der ihrerzeit bedeutenden Helmstedter Universität, untergebracht, die 1576 gegründet und nach ihrem Gründer, Herzog Julius, benannt wurde. Der großartige Renaissancebau wurde 1592 – 1597 von Paul Francke errichtet und bis 1612 von Jakob Meyerheine mit Skulpturenschmuck versehen. Nach umfangreicher Neugestaltung ist seit Mitte 2000 die Geschichte der Universität Helmstedt Schwerpunkt der neuen Ausstellung. Unter den Zeugnissen sind ein 1590 entstandenes Porträt des Universitätsgründers Herzog Julius (1528 – 1589) hervorzuheben sowie ein vermutlich um 1400 im Kloster Berge geschaffenes Abendmahlsrelief, das als Fragment eines spätgotischen Flügelaltars aus der ehem. Universitätskirche überliefert ist. Ein Exemplar von Johann Hieronymus Schroeters (1745 – 1816) Standardwerk der Mondforschung „Selenotopographische Fragmente zur genauen Kenntnis der Mondfläche, ihrer erlittenen Veränderungen und Atmosphäre, sammt den dazugehörigen Specialcharten und Zeichnungen" von 1791 stellt ein weiteres interessantes Exponat des Kreis- und Universitätsmuseum dar. Sm

## Zonengrenz-Museum Helmstedt

Südertor 6, 38350 Helmstedt **Telefon** (0 53 51) 1 21 - 11 33 **Fax** (0 53 51) 1 21 16 00 **Internet** www.helmstedt.de **Geöffnet** Di. – Fr. 15 – 17, Mi. 10 – 12 u. 15 – 17, Do. 15 – 18.30, Sa. u. So. 10 – 17 Uhr **Eintritt** frei **Service** zugänglich für Behinderte **Träger** Landkreis Helmstedt **Leiterin** Marita Sterly M.A.

Im ehemaligen Kreisverwaltungsgebäude, einem klassizistischen Bau von 1827, wurde 1994 das Zonengrenz-Museum Helmstedt eröffnet. Es dokumentiert anhand von Originalobjekten (Ausweise, Urkunden, Akten, Zeitungsausschnitte, Flugblätter, Fotos, Uniformen), einigen Modellen und Inszenierungen die Geschichte der deutsch-deutschen Grenze, besonders im Landkreis Helmstedt. Das Museum bemüht sich dabei um möglichst objektive Darstellung der Ereignisse und will gerade dadurch

Zonengrenz-Museum Helmstedt, Abteilung „Das Gesicht der Grenze"

Besuchern aus Ost und West Denkanstöße geben. Der Rundgang deckt in vier thematischen Abteilungen den Zeitraum 1945 – 1989 ab: „Das Gesicht der Grenze" (hier ist u.a. ein Stück originaler Grenzzaun mit Modell einer Selbstschussanlage zu sehen), „Wirtschaft und Verkehr" und „Grenzöffnung 1989". Der Bereich „Grenzkunst" zeigt abschließend unterschiedliche Auseinandersetzungen mit der Grenze durch das Medium Kunst aus Ost und West. Darüber hinaus stehen Videos zur Verfügung, u.a. ein 1950 in Helmstedt gedrehter Film sowie Propagandafilme aus der DDR. In Hötensleben ist ein Stück Grenzanlage zu besichtigen. Sm

## Heimatstube Hohenhameln

Harber Straße 16 (Schulzentrum), 31249 Hohenhameln **Telefon** (0 51 28) 73 10 (Leiter) **Geöffnet** n.V. **Eintritt** frei **Träger** Heimatverein Hohenhameln e.V. **Leiter** Helmut Wittenberg

Die bisher im Schulzentrum untergebrachte Sammlung umfasst über 1000 Objekte aus den Bereichen Land- und Hauswirtschaft, insbesondere aus dem Bereich der Milchwirtschaft bzw. Butterbereitung, zur ehemaligen Zuckerfabrik Groß Lafferde sowie zum Vereinswesen (Schützen- und Handwerkergesangverein). Die Sammlung ist zur Zeit eingelagert. Sm

## Feuerwehrmuseum Hordorf

Bäckerstraße, 38162 Cremlingen-Hordorf **Telefon** (0 53 06) 14 64 (Weber) **Geöffnet** n.V. **Eintritt** frei **Träger** Gemeindefeuerwehr Cremlingen, Ortsfeuerwehr Hordorf **Leiter** Ortsbrandmeister Detlef Kaatz

1986 wurde das kleine Spezialmuseum im alten Spritzenhaus eingerichtet. Neben einem ledernen Löscheimer aus dem Jahr 1868 und einer kompletten Ausstattung eines Feuerwehrhauptmanns aus der Zeit um 1875 sind vor allem funktionstüchtige Löschanhänger aus der ersten Hälfte des letzten Jahrhunderts sowie zugehörige Zugmaschinen und weiteres Gerät zu sehen. Sm

## Heimatmuseum Hornburg

Montelabbateplatz 1, 38315 Hornburg **Telefon** (0 53 34) 15 07 o. 14 11 (Leiter) **Geöffnet** Di. – Sa. 14 – 16, So. u. feiertags 11 – 12 u. 15 – 18 Uhr **Eintritt** 2,– DM (~ 1,02 €); Ermäßigungen **Träger** Förderkreis Heimatmuseum Hornburg e.V. **Leiter** Dietfried Berndt

Das 1972 eröffnete Museum wurde in ehrenamtlicher Gemeinschaftsarbeit von Hornburger Bürgerinnen und Bürgern in einem Fachwerkhaus aus dem Jahr 1769 eingerichtet und zeigt u.a. Exponate zur Stadt- und Burggeschichte, zum Handwerk, Trachten, landwirtschaftliche Geräte und Fahrzeuge, eine Kutsche und eine alte Feuerwehrspritze. Hervorzuheben sind der Gedenkraum für den aus Hornburg stammenden Papst Clemens II. (1046 – 1047), der Bereich „Leben an der Grenze" sowie eine sehr lehrreiche Dokumentation zur Holzbaukunst in Europa, zum Fachwerkbau in

Heimatmuseum Hornburg, Ausstellungsbereich „Leben an der Grenze"

Europa und zum Stadtbild Hornburgs. Als Außenstelle gehört das Biedermeierhaus am Burggraben 7 zum engagiert geführten Museum. Hier werden das Leben und Wohnen zur Zeit um 1900 gezeigt. Sm

## Kaiserdom-Museum Königslutter

Vor dem Kaiserdom 3 – 4, 38154 Königslutter am Elm **Telefon** (0 53 53) 27 29 (Leiter) **Fax** (0 53 53) 50 11 55 (Stadtverwaltung) **Geöffnet** Mo. – Fr. 15 – 18, Sa. 14 – 18, So. 11 – 13 u. 14 – 18 Uhr **Eintritt** 1,– DM (~ –,51 €); Ermäßigungen **Service** Café **Träger** Verein, Stift und Stadt **Leiter** Wolfgang Itter

Im Gebäude der ehemaligen Steinmetzschule von 1871 gegenüber dem Chor des Kaiserdoms wurde 1986 eine mittlerweile arg vernachlässigte Ausstellung von Schautafeln über die Geschichte von Stadt, Stift, Benediktinerkloster und Dom Königslutter sowie über ihren Gründer, Kaiser Lothar von Süpplingenburg, eingerichtet. Nach der Besichtigung des Domes kann man hier u.a. mehr über seine Baugeschichte, Architekturformen und Bauplastik, über deren Wurzeln in der oberitalienischen Baukunst der Romanik und ihre Ausstrahlung im sächsischen Raum erfahren. Angeschlossen ist eine recht informative Abteilung zur Darstellung des Steinmetzhandwerks. Sm

## Otto-Klages-Sammlung

Sack 1 (Stadtbücherei), 38154 Königslutter am Elm **Telefon** (0 53 53) 99 01 32 **Fax** (0 53 53) 91 21 55 **E-Mail** koenigslutter@t.online.de **Internet** www.koenigslutter.de **Geöffnet** Mo. – Do. 16 – 17, Sa. u. So. 15 – 17 Uhr, Gruppen n.V. (außer Fr.) **Eintritt** 1,– DM (~ –,51 €); Ermäßigungen **Träger** Stadt Königslutter **Leitung** Der Stadtdirektor

In drei Räumen in unmittelbarer Nachbarschaft zur Stadtbibliothek ist die mehr als 2000 Fossilien, Steine und Mineralien aus der ganzen Welt umfassende geologische Privatsammlung untergebracht, die Otto Klages

1972 der Stadt Königslutter vermachte. Die Schausammlung der Mineralien, Fossilien und Edelsteine, die allen Erdzeitaltern und Kontinenten entstammen, ist nach erdgeschichtlichen, landschaftlichen und mineralogischen Gesichtspunkten systematisch gegliedert. Sie enthält viele bemerkenswerte Stücke, darunter große Ammoniten und verkieseltes Holz. Durch geologische Karten und Tafeln wird sie didaktisch ergänzt. Sm

## Museum im Dorf Lüben

Lüben Nr. 4, 29378 Wittingen **Telefon** (0 58 31) 21 15 (Wolter-Niefend) o. 71 20 (Gasthaus Wolter) **Geöffnet** So. 11 – 17 Uhr **Eintritt** 3,– DM (~ 1,53 €); Ermäßigungen **Träger** Verein zur Erhaltung historischer land- und hauswirtschaftlicher Maschinen und Geräte im Landkreis Gifhorn e.V. **Leitung** Klaus Bieber, Marianne Wolter-Niefend

In einer alten Scheune werden Geräte aus den Bereichen Land- und Hauswirtschaft aus dem 19. und der ersten Hälfte des 20. Jh. gezeigt, bei denen man sich z.T. leider um eine Rückversetzung in den Originalzustand bemüht hat. Besonderen Raum nehmen dabei die Hackfruchtbestellung und -ernte, der Getreideanbau, die Hausschlachtung, Imkerei, Flachs- und Wollverarbeitung ein. In einer kleinen Ausstellung wird das Dorf Lüben vorgestellt. Sm

## Heimatstube Münstedt

Heckenweg 1, 31246 Lahstedt-Münstedt **Telefon** (0 51 72) 21 98 (Leiter) **Geöffnet** Mai – Sept. jeden 2. So. im Monat und 1. Advent 14 – 17 Uhr **Eintritt** frei **Service** Heimatstuben-Café während der Öffnungszeiten **Träger** Heimat- und Kulturverein Münstedt e.V. **Leiter** Horst Siedentopf

Heimatstube Münstedt, Kücheneinrichtung, Anfang 20. Jh.

Die ortsgeschichtliche Sammlung der Heimatstube, die in der ehemaligen Dorfschule untergebracht ist, umfasst Objekte aus Vor- und Frühgeschichte, Land- und Hauswirtschaft (u.a. eine Küche) sowie Handwerksgerät und Kleidung. In der Heimatstube werden während der Öffnungszeiten besondere handwerkliche Tätigkeiten, wie z.B. Sticken auf Gerstenkornleinen, Stühle flechten, Arbeit mit dem Spinnrad oder die Butterherstellung aus Ziegen- und Kuhmilch, gezeigt. Sammlungsschwerpunkt sind alte Traktoren und Landmaschinen, die bei besonderen Anlässen vorgeführt werden. Sm

## Heimatstube Oberg

Bürgermeister-Ohlms-Straße 1, 31246 Lahstedt-Oberg **Telefon** (0 51 72) 25 62 (Leiter) o. 86 16 (Gerken) **Geöffnet** n.V. **Eintritt** frei **Träger** Heimat-Verein Oberg e.V. **Leiter** Hans Sievers

Der Heimat-Verein Oberg e.V. richtete 1987 seine Heimatstube ein, in der Gegenstände aus den Bereichen Hauswirtschaft, Landwirtschaft und Alltagsleben überwiegend aus der Zeit des ausgehenden 19. und der ersten Hälfte des 20. Jh. zu besichtigen sind. Darüber hinaus zeugen Archivalien wie Rezesse, Schul- und Dorfchroniken von der wechselvollen Geschichte des Ortes Oberg, der 1152 erstmals urkundlich erwähnt wurde. Ein weiteres Thema der Dauerausstellung ist eine Dokumentation zur Gewinnung von Erdöl in der Oberger Feldmark, die von 1919 bis 1990 industriell betrieben wurde.
Ferner können Besucher der Heimatstube den 1915 erbauten Bismarckturm auf dem Lahberg besichtigen und die Aussicht auf das Lahstedter Land genießen. Sm

## Kreismuseum Peine

Stederdorfer Straße 17, 31224 Peine **Telefon** (0 51 71) 4 01 - 5 00 **Fax** (0 51 71) 4 0 16 08 **E-Mail** kreismuseum@landkreis-peine.de **Internet** www.regiopolis-peine.de/dfs/museen.html **Geöffnet** Di. – So. 11 – 17 Uhr **Eintritt** frei **Service** Behindertenzugang Erdgeschoss **Träger** Landkreis Peine **Leiterin** Dr. Ulrika Evers

Das 1988 eröffnete Kreismuseum befindet sich im Vollheyeschen Glückaufhaus, einem Mitte des 18. Jh. errichteten zweigeschossigen Traufenhaus mit klassizistischem Dachgesims, sowie in einem Kreishausneubau von 1988. Es wurde konzipiert als historisches Museum zur Geschichte der Region und Alltagskultur der im Landkreis lebenden Bevölkerung und zeigt über drei Etagen auf knapp 1000 $m^2$ Objekte aus Wirtschafts- und Sozialgeschichte, Kultur- und Regionalgeschichte, Volkskunde, Ur- und Frühgeschichte des Kreises Peine – von bronzezeitlichen Pfeilspitzen aus Stein über Münzen, Waffen, Sakralgerät, Kleidung, Porzellan und Glas bis zu Arbeitsgeräten für die Leinenherstellung und den Modellen des Hochofens Ilsede und des Stahl- und Walzwerks Peine. Dabei wurde versucht, in den 18 Abteilungen Geschichte nicht als chronologischen Ablauf vorzuführen, sondern durch thematisch ausgerichtete Objekteinheiten und Inszenierungen jeweils ausgewählte Aspekte einer Epoche zu beleuchten. So soll etwa die Abteilung „Leben und Stil" das bürgerliche

Kreismuseum Peine, Stederdorfer „Konsum“, Anfang 20. Jh.

Selbstverständnis des 19. Jh. am Beispiel des Biedermeier-Zimmers des Peiner Amtmanns Ziegler aufzeigen. Die bäuerliche Wirtschaft im 18. Jh. wird durch Möbel und Wirtschaftsgeräte unter dem Thema „Frau und Familie" dargestellt. Ein besonderer Anziehungspunkt sind das Schulmuseum, in dem Unterricht bei einer Lehrerin gebucht werden kann, sowie der Stederdorfer „Konsum". Sm

## Rausch Schokoland

Wilhelm-Rausch-Straße 4, 31228 Peine **Telefon** (0 51 71) 99 01 20 **Fax** (0 51 71) 1 41 81 **Geöffnet** Mo. – Fr. 10 – 17, Sa. 10 – 16, So. 12 – 17 Uhr **Eintritt** 2,50 DM (~ 1,28 €), Führungen zzgl. 2,50 DM (~ 1,28 €) **Service** zugänglich für Behinderte, Café **Träger** Rausch GmbH **Leiter** Michael Mai

In dem Schokoladenmuseum erfährt man alles über die Geschichte der Kakaobohne und ihre Veredelung zu Schokolade oder Kakaopulver. Dabei wird die Bedeutung des Kakaos als einstmals wichtiges Zahlungs-, Nahrungs- und Heilmittel der Maya, Azteken und Tolteken und als wichtiges Handelsgut der heutigen Zeit mit Bild-Text-Tafeln und Kunstgegenständen aus der Heimat des Kakao dargestellt. Eine kleine Sammlung von Schokoladen-Automaten vom Beginn des 20. Jh., Kakaodosen, Pralinenschachteln und -formen sowie Werbeplakaten verrät von der Verbreitung der Kakaoerzeugnisse, in deren aktuelle Produktion der Besucher Einblick nehmen kann. In einem historischen Maschinensaal werden funktionstüchtige Maschinen, mit deren Hilfe vor 100 Jahren Schokolade, Marzipan und Nougat hergestellt wurde, vorgeführt. Sm

## Kunstverein Salzgitter

Wehrstraße 27, 38226 Salzgitter-Lebenstedt (Postfach 10 04 29, 38204 Salzgitter) **Telefon** (0 53 41) 1 71 61 o. 5 33 40 **Geöffnet** Öffnungszeiten richten sich nach dem jeweiligen Ausstellungsort **Eintritt** frei **Träger** Kunstverein Salzgitter e.V. **Leiter** Dr. Klaus Berner

## Städtische Kunstsammlungen Schloß Salder

Museumstraße 34, 38229 Salzgitter **Telefon** (0 53 41) 8 39 - 46 11 o. - 46 39 **Fax** (0 53 41) 8 39-46 30 **Geöffnet** Mi. – So. 11 – 17 Uhr **Eintritt** frei **Service** Behindertenzugang Erdgeschoss **Träger** Stadt Salzgitter **Leiter** Alexander Baier

Der Städtischen Kunstsammlung Schloß Salder stehen mit dem renovierten Kuhstall großzügige Ausstellungsräume zur Verfügung. Auf zwei Etagen finden Wechselausstellungen vor allem zeitgenössischer Kunst statt, wobei sowohl Arbeiten international anerkannter Künstlerinnen und Künstler als auch junge Kunst aller Techniken und Richtungen gezeigt werden. Besonders umfangreich ist die Motivsammlung der Stadt Salzgitter Arbeiten auf Papier zum Thema „Arbeitswelt", die seit 1975 ständig erweitert wird. Das Programm KUNSTüberall, das auf acht Grünflächen und Parks der Stadt zeitgenössische Kunstobjekte nach den Gesichtspunkten einer Kunstsammlung im öffentlichen Raum vereinigt, belegt eindrucksvoll das Engagement der Stadt Salzgitter für moderne bildende Kunst. Sm

Städtisches Museum Schloß Salder, Schlossansicht

## Städtisches Museum Schloß Salder

Museumstraße 34, 38229 Salzgitter **Telefon** (0 53 41) 8 39 - 46 19, - 46 18, - 46 31 **Fax** (0 53 41) 8 39 46 30 **Internet** www.salzgitter.de **Geöffnet** Di. – Sa. 10 – 17, So. 11 – 17 Uhr **Eintritt** frei **Service** Behindertenzugang Sonderausstellungsgebäude, Landwirtschaftliche u. Bergbauabteilung **Träger** Stadt Salzgitter **Leitung** Dr. Jörg Leuschner, Dr. Broder-Heinrich Christiansen

Seit 1962 wird das 1608 von Paul Francke erbaute Renaissanceschloss Salder, benannt nach dem Adelsgeschlecht, das hier bis 1600 ansässig war, als Städtisches Museum genutzt. Im Schloss befinden sich zunächst die Abteilungen Geologie, Vor- und Frühgeschichte und Stadtgeschichte.

Städtisches Museum Schloß Salder, Spielzeug für die Straße

Dieser neu konzipierte Bereich führt mit Originalobjekten, Dokumenten, Fotos, Zeitzeugenberichten und Inszenierungen die Entwicklung der Stadt Salzgitter von den 1937 gegründeten Hermann-Göring-Werken bis zu Bergbau und Stahlindustrie heute vor Augen. Im ersten Geschoss befinden sich der Fürstensaal und eine Folge von kulturhistorischen Räumen, die bürgerliches Leben und regionale Alltagskultur des 19. und frühen 20. Jh. veranschaulichen. Das zweite Obergeschoss ist der Geschichte der Kindheit in der Region Salzgitter vorbehalten. Neben einer Schulstube um 1900, zahlreichen Kinderwiegen und -wagen ist eine sehr umfängliche Dauerausstellung historischer Spielwaren des 19. und 20. Jh. zu sehen. Auf dem Freigelände sind eine Bockwindmühle von 1819 sowie Geräte und Fahrzeuge aus dem Bergbau aufgestellt. Im ehemaligen Schafstall wird neben landwirtschaftlichen Großgeräten und dörflichen Handwerksbetrieben ein Einblick in den ländlichen Alltag des 19. und 20. Jh. gegeben. Der ehemalige Pferdestall beheimatet die Abteilung Bergbau und Industriegeschichte der Region Salzgitter. Sm

## Gedenk- und Dokumentationsstätte KZ Drütte

Auf dem Werksgelände der Salzgitter AG, Tor 1, Salzgitter-Watenstedt (Post: Wehrstraße 27, 38226 Salzgitter) **Telefon** (0 53 41) 4 45 81 (Arbeitskreis Stadtgeschichte e.V.) **Fax** (0 53 41) 17 92 13 **E-Mail** GDDruette@aol.com **Geöffnet** jeden 2. Sa. im Monat 15 – 17 Uhr sowie n.V. **Eintritt** 5,– DM (~ 2,56 €); Ermäßigungen **Service** zugänglich für Behinderte **Träger** Arbeitskreis Stadtgeschichte e.V. **Leiterin** Elke Zacharias

Unter einer Hochstraße auf dem Gelände der damaligen Reichswerke „Hermann Göring" wurde ab 1942 eines der ersten KZ-Außenlager des Stammlagers Neuengamme bei Hamburg eingerichtet. Ein mit 500 Volt geladener Stacheldrahtzaun umgab das Häftlingslager. Jeder der Blocks war rund 40 m lang, 13 m breit und hatte eine Höhe von ca. 6 m. Bis zu

Gedenk- und Dokumentationsstätte KZ Drütte, ehemaliger Unterkunftsblock des KZ Drütte

700 Männer mussten zu zweit auf Holzpritschen schlafen, die drei- bis vierstöckig übereinander standen. Bis zur „Evakuierung" registrierte die SS 630 Todesfälle. Die tatsächliche Anzahl liegt jedoch weit höher, da kranke, nicht arbeitsfähige Häftlinge in das Stammlager Neuengamme zurückgeschickt wurden. Der 1983 gegründete Arbeitskreis Stadtgeschichte e.V. richtete am historischen Ort eine hervorragend konzipierte Gedenkstätte ein. Sechs Stahlkuben grenzen den eigentlichen Ausstellungsbereich ab; sie gliedern die Ausstellung in Themenbereiche und vermitteln zugleich einen Eindruck der Enge der damaligen überfüllten Unterkünfte. Die Ausstellung geht auf die Vorgeschichte der „Reichswerke Hermann Göring", die Lebensbedingungen im Lager, die Arbeit der Häftlinge, die täglichen Schikanen im Lager, die „Evakuierung" des Lagers und unterschiedliche Aspekte der Vergangenheitsbewältigung ein. Sm

## Heimatstube Schandelah

Poststraße 39 (Grundschule), 38162 Cremlingen-Schandelah **Telefon** (0 53 06) 35 51 **Geöffnet** n.V. **Eintritt** frei **Träger** Kulturverein Schandelah e.V. **Leiter** Rainer Kielhorn

In der Heimatstube Schandelah werden einige interessante Schriftstücke aus dem 18. bis 20. Jh. sowie überwiegend aus dem 19. und 20. Jh. stammende Alltagsgegenstände und Geräte aus Haushalt und Landwirtschaft gezeigt, darunter Flachsbearbeitungsgeräte und ein eingerichteter Webstuhl. Als Besonderheit sind eine Uhrmacherwerkstatt aus dem Ort zu nennen, außerdem eine Sammlung an Trachten aus der Region, Stickmustertüchern und Wäsche. Einige Fossilien und Ölschieferstücke werden als Zeugnisse der Ur- und Frühgeschichte der Region präsentiert. Sm

## Heimathaus Alte Mühle

Mühlenstraße 1, 38315 Schladen **Telefon** u. **Fax** (0 53 35) 62 26 (Leiter) **Geöffnet** jeden 1. So. im Monat 15 – 17 Uhr **Eintritt** frei **Träger** Förderkreis „Heimathaus Alte Mühle" **Leiter** Peter Brandes

Seit 1969 beherbergt das 1704 errichtete Mühlenhaus das Heimatmuseum. In der Dauerausstellung wird mit Bild-Text-Tafeln und Ausgrabungsfunden die Geschichte der Pfalz Werla dargestellt. Ferner wurde eine Wohnstube aus dem 19. Jh. eingerichtet. Kleidung aus jener Zeit sowie Haushaltsgegenstände, Arbeitsgeräte eines Schuhmachers aus dem Ort aus der Zeit des späten 19. und frühen 20. Jh. werden präsentiert.
Im Obergeschoss befindet sich Kirchenkunst aus der katholischen Kirche des Ortes. Wechselausstellungen mit Bezug auf die Region finden in unregelmäßigen Abständen statt. Sm

## Heimatmuseum Schöningen

Markt 33, 38364 Schöningen **Telefon** (0 53 52) 22 14 (Leiter) o. 5 91 72 (Hausmeister) **Fax** (0 53 52) 51 21 99 (Stadtverwaltung) **Geöffnet** Mi. 15 – 17, So. 10.30 – 12.30 Uhr **Eintritt** frei **Träger** Heimatverein Schöningen und Umgebung e.V. **Leiter** Dipl.-Ing. Werner Köhler

Heimatmuseum Schöningen

Das Schöninger Heimatmuseum befindet sich in einem Renaissancegebäude von 1593, in dem die Herzogin Anna Sophie 1639 eine Lateinschule hatte einrichten lassen. Im Erdgeschoss dokumentieren Fossilien und Grabungsfunde, Modelle, Urkunden, Kleidungsstücke und andere Originalobjekte sowie Reproduktionen die Geschichte von Stadt und Region einschließlich des Abbaus von Bodenschätzen, Saline und chemischer Industrie. Interessant ist dabei auch die Sammlung zur Ur- und Frühgeschichte aus dem Nachlass des Schöninger Lehrers Emil Sader, deren Aufbau und Präsentation den Wissensstand der 1950er Jahre zeigt und die in reizvollem Kontrast zur übrigen Ausstellung steht. Die erste Etage führt mehrere Handwerke, die örtliche Damastweberei und den Blaudruck vor. Ferner sind dort bürgerliches Mobiliar, eine Küche und eine Schlafstube mit einem Gebärstuhl zu sehen sowie z.T. besondere Geräte aus Landwirtschaft und Imkerei. Ein Schulzimmer zwischen Vitrinen zu Flora und Fauna der Umgebung schließt den Rundgang durch das kleine, engagiert geführte Haus. Bei der Stadtverwaltung können Museums- und Stadtführungen auch in niederdeutscher Mundart vereinbart werden. Sm

## Till Eulenspiegel-Museum Schöppenstedt

Nordstraße 4 a, 38170 Schöppenstedt **Telefon** (0 53 32) 9 38 - 1 52 **Fax** (0 53 32) 9 38 - 1 01 **Geöffnet** Di. – Fr. 14 – 17, Sa, So. u. feiertags 10 – 12 u. 14 – 17 Uhr **Eintritt** 3,– DM (~ 1,53 €); Ermäßigungen **Service** zugänglich für Behinderte **Träger** Samtgemeinde Schöppenstedt und Freundeskreis Till Eulenspiegels e.V. **Leiterin** Dorothee Charlotte Papendorf

1999 wurde die völlig neu konzeptionierte Dauerausstellung des Till Eulenspiegel-Museums in Schöppenstedt eröffnet. Im Vorraum, einem auch für Sonderausstellungen genutzten modernen Anbau in Form einer Narrenkappe, finden sich Plastiken sowie Zeichnungs- und Grafikzyklen u.a. von A. Paul Weber, Adi Holzer und Josef Hegenbart. In fünf weiteren

Till Eulenspiegel-Museum Schöppenstedt

Räumen wird der Frage nachgegangen: Wer war Till Eulenspiegel? Dabei wird das Bild Eulenspiegels als Kinderbuchheld oder derber Vagabund, Schalk oder Gesellschaftskritiker in mehreren Facetten aufgezeigt, die Bedeutungen der Narrenkappe im Mittelalter wird erläutert, Fragen nach dem Verfasser werden aufgeworfen; ihnen wird auf interessante und anschauliche Weise nachgegangen. Ferner werden der Wandel der Figur Till Eulenspiegel und das Weiterleben des Eulenspiegel-Stoffes in Literatur, Bühne, Film und Musik anhand von Bild-Text-Tafeln und Eulenspiegel-Ausgaben dargestellt. Dabei zeigt die Verschiedenheit der einzelnen Eulenspiegel-Darstellungen und -Vorstellungen, wie anregend die Figur Till Eulenspiegel seit dem frühen 14. Jh. bis heute international für Kunst und Literatur ist. Sm

## Schulmuseum Steinhorst

Marktstraße 20, 29367 Steinhorst **Telefon** (0 51 48) 40 15 o. (0 53 71) 8 24 17 **Fax** (0 51 48) 91 11 05 **E-Mail** gfverwaltung@gifhorn.de **Internet** www.gifhorn.de/Museen/Schulm_A.htm **Geöffnet** Di. – Fr. 14 – 16, Sa., So. 11 – 17 Uhr, Gruppen n.V. **Eintritt** frei **Träger** Landkreis Gifhorn **Leiter** Wolfgang Böser

Das 1992 im Geburtsort des Pädagogen Erich Weniger eröffnete Schulmuseum befindet sich in einem restaurierten Flettdeelenhaus mit Zweiständerkonstruktion aus dem 17. Jh., wie es noch im 19. Jahrhundert auf dem Lande vielfach als Unterrichtsort diente. Außer einem historischen Klassenzimmer, wo Gruppen am „Unterricht früher" teilnehmen können, zeigt eine kleine Dauerausstellung in sechs Kabinetten in den beiden Seitenschiffen der Deele Aspekte der Entwicklung des Schulwesens: Lesen und Schreiben, Anschauungsmittel, Mädchenbildung sowie Schule im Nationalsozialismus und Neuanfang nach 1945. Wesentlicher Bestandteil des Museums- und Ausstellungskonzepts sind zudem drei bis vier Sonderausstellungen im Jahr, wobei eng mit der Forschungsstelle für

Schulmuseum Steinhorst, alte Schreibutensilien

Schulgeschichte der TU Braunschweig zusammengearbeitet wird. Themen waren bisher u.a. die deutsch-deutsche Schulgeschichte von 1945 – 1990, Mädchen- und Frauenbildung auf dem Lande im 19. und 20. Jahrhundert am Beispiel der Region Gifhorn und Kindheit auf dem Lande. Sonderführungen für Schulklassen, das Kulturprogramm „Lesesommer" in den Sommermonaten sowie eine umfassende Schulbuchsammlung ergänzen das Angebot. Sm

## Kinomuseum – Museum für Kinematographie

Raiffeisenstraße 11, 38551 Vollbüttel **Telefon** (0 53 73) 12 38 o. 16 87 (Leiter) **E-Mail** p.schade-didschies@tu-bs.de **Geöffnet** Sa., So. 14 – 18 Uhr, Gruppen n.V. **Eintritt** frei **Service** Museumscafé **Träger** Verein der Freunde und Förderer des Museums für Kinematographie e.V. **Leiter** Peter Schade-Didschies

Kinomuseum – Museum für Kinematographie

In der Ausstellung des in Privatinitiative entstandenen Kinomuseums an einem ungewöhnlichen Standort werden über 100 Jahre Filmgeschichte lebendig. Alte und neue Exponate aus allen Bereichen der Film- und frühen Fernsehtechnik zeigen den Weg von der Laterna magica zum Kino und den Weg mehrerer Einzelbilder zum fertigen Film. Neben einem kompletten Kinovorführraum werden Phasenbildreihen zum Einlegen in eine Wundertrommel, ein Filmprojektor vom Typ Ernemann I von 1910, eine 35-mm-Kamera Winkler-Cinematik und viele andere Exponate gezeigt und zum Teil im Betrieb vorgeführt. Der Nachlass der Stummfilmschauspielerin Carla Nelsen mit Fotos und ihrer Korrespondenz dokumentiert einen Teil Filmgeschichte. Sm

## Heeseberg-Museum

Ringstraße 3, 38384 Gevensleben-Watenstedt **Telefon** (0 53 32) 14 17 (Leiter) o. (0 53 54) 2 96 (1. Vors.) **Geöffnet** April – Okt. So. 14 – 16 Uhr **Eintritt** 2,– DM (~ 1,02 €); Ermäßigungen **Träger** Samtgemeinde Heeseberg u. Förderkreis Heeseberg-Museum e.V. **Leiter** Hartwig Schnepf

Südlich des Elm, im schönen, alten Dorf Watenstedt, hat der Lehrer Heinrich Kumlehn eine Sammlung volkskundlicher Gegenstände aus den Heeseberg-Dörfern vom 19. Jh. bis zur Gegenwart angelegt. Sie ist seit 1981 in einem um 1850 erbauten, renovierten Gehöft untergebracht. Im Wohnhaus werden Trachten, Exponate zur Zuckerfabrik Watenstedt, zur Schule und zu Vereinen und zur Tierwelt gezeigt, im Tagelöhnerhaus sind u.a. eine Küche und eine Spinnstube eingerichtet. In Scheune und Stall werden landwirtschaftliche Geräte, Kutschen, Schlitten und Feuerwehrwagen bewahrt sowie Haushaltsgeräte, die Ausstattung einer Backstube und eine Schmiede. Sm

## Kirchboden-Museum Weddel

Weststraße (Christus-Kirche), 38162 Weddel **Telefon** (0 53 06) 41 57 (Pfarramt) **Geöffnet** n.V. **Eintritt** frei **Träger** Evangelische Kirchengemeinde Weddel **Leiter** Wolfgang Delfs

Die Christus-Kirche zu Weddel ist eine mittelalterliche Bruchsteinkirche. Spätere Anbauten veränderten das ursprüngliche Erscheinungsbild der Kirche. Auf ihrem Dachboden findet sich ein sehenswertes kleines Museum mit Exponaten zur Geschichte der Christus-Kirche. Eines der Schmuckstücke ist die erste Kirchenuhr der Weddeler Christus-Kirche, die 1669 angefertigt und 1731 von Volkmarode nach Weddel überführt wurde. Die Uhr besitzt ein Gehwerk, ein Schlagwerk und kein Zifferblatt. Auf dem Dachboden finden sich außerdem noch Exponate zur Geschichte des Dorfes Weddel, überwiegend aus dem Bereich der Hauswirtschaft. Sm

## Braunschweigisches Landesmuseum Abteilung Ur- und Frühgeschichte

Kanzleistraße 3, 38300 Wolfenbüttel **Telefon** (0 53 31) 2 70 71 **Fax** (0 53 31) 2 94 97 **Geöffnet** Di. – Fr. u. So. 10 – 17 Uhr **Eintritt** 3,– DM (~ 1,53 €); Ermäßigungen **Service** Behindertenzugang (Klingel) **Träger** Land Niedersachsen **Leiter** Gerd Biegel M.A.

Die Bestände der Abteilung Ur- und Frühgeschichte des Braunschweigischen Landesmuseums gehen zurück auf Sammlungen verschiedener Braunschweiger Museen und aus Privatsammlungen. 1937 wurde die Sammlung zu einem selbstständigen Museum, dem „Haus der Vorzeit", zusammengefasst, das 1944 vollständig zerstört wurde. Die Sammlung blieb dagegen durch frühzeitige Auslagerung erhalten und konnte nach Kriegsende dem Braunschweigischen Landesmuseum als Abteilung angegliedert werden. Seit 1959 befindet sich diese in der Alten Kanzlei in Wolfenbüttel. Die aktuelle Ausstellung „Vor 500 000 Jahren bis 772 n. Chr. – Die Ur- und Frühgeschichte des Braunschweiger Landes" wurde 1996 eröffnet.

Die Abteilung präsentiert in einer Mischung zwischen Objektpräsentation und Großinszenierungen auf anschauliche Art ihre reichen Bestände, die einen geschlossenen Überblick über die ur- und frühgeschichtliche Entwicklung des westlichen Vorharzlandes und der angrenzenden mitteldeutschen Gebiete bieten. Alte Bestände wurden durch Plangrabungen, besonders nach 1950, systematisch ergänzt. Als herausragender Fundkomplex für die Altsteinzeit vor 50 000 Jahren ist das Neandertaler-Lager von Salzgitter-Lebenstedt mit dem Fragment eines Schädels als ältestem Menschenfund in Niedersachsen, zahlreichen Feuerstein- und Knochengeräten sowie Jagdbeuteresten zu nennen. Die ersten Tongefäße, importierter Schmuck aus dem Mittelmeergebiet, Idolfiguren und Schädeltrepanationen (operative Öffnung des Schädels) stellen interessante

Braunschweigisches Landesmuseum, Abteilung Ur- und Frühgeschichte, Alte Kanzlei

Objekte der jungsteinzeitlichen, frühesten Bauernkulturen unseres Landes dar. Funde aus einer Handelssiedlung und ein Händlerdepot mit zahlreichen Bronzeobjekten, beide aus Watenstedt, sind für die Bronzezeit hervorzuheben. Inventare verschiedener Kulturgruppen aus Gräbern und Siedlungen dokumentieren die germanische Stammesbildung seit der frühen Eisenzeit. Unter den frühgeschichtlichen Funden ragt eine Silberfibel mit Runeninschrift aus der Zeit um 500 n. Chr. heraus. Sm

## Gedenkstätte in der JVA Wolfenbüttel

Ziegenmarkt 10, 38300 Wolfenbüttel **Telefon** (0 53 31) 8 07 - 0 o. 8 07 - 2 44
**Fax** (0 53 31) 80 71 35 **Geöffnet** täglich 8 – 20 Uhr nach Anmeldung **Eintritt** frei
**Träger** Niedersächsische Landeszentrale für politische Bildung
**Leiter** Wilfried Knauer

Die Justizvollzugsanstalt Wolfenbüttel befindet sich auf dem Gelände des ehemaligen Philippsbergs, des nordöstlichen Bollwerks der Bastionsanlagen aus dem 17. Jh. Bereits zu dieser Zeit wurde ein Zeughaus, dessen älteste Bausubstanz aus dem 15. Jh. stammt, als Gefängnis genutzt. Das aus dem 16. Jh. stammende Gewölbe dieses Hauses diente noch bis in die 1960er Jahre als Gemeinschaftszelle für politische Häftlinge. Hier wurde am 11. 4. 1995, dem 50. Jahrestag der Befreiung, mit dem Abschnitt „NS-Strafvollzug 1933 – 1945" der erste Teil der Dauerausstellung eröffnet. Sie soll nach ihrer endgültigen Fertigstellung die Entwicklung von Recht, Justiz und Strafvollzug von ca. 1900 bis in die 1980er Jahre dokumentieren. In der früheren Hinrichtungsstätte wurde zwischen 1937 und 1945 an über 500 Menschen, v.a. so genannten N. N. (= Nacht- und Nebel)-Gefangenen, Widerstandskämpfern aus Frankreich, Belgien und den Niederlanden, das Todesurteil vollstreckt. Der eigentliche Hinrichtungsraum ist als Gedenkstätte eingerichtet. In weiteren Räumen befindet sich eine Dokumentation zur NS-Justiz und zum Schicksal jener Männer und Frauen, die ihr an dieser Stelle zum Opfer gefallen sind. Sm

## Herzog August Bibliothek Wolfenbüttel

Lessingplatz 1, 38304 Wolfenbüttel **Telefon** (0 53 31) 8 08 - 0 o. 8 08 - 2 14
**Fax** (0 53 31) 80 82 48 **E-Mail** auskunft@hab.de **Internet** www.hab.de **Geöffnet**
Di. – So. 10 – 17 Uhr außer Karfreitag, 24., 25. u. 31. Dez. **Eintritt** 6,– DM/ (~ 3,07 €);
Ermäßigungen **Träger** Land Niedersachsen **Leiter** Prof. Dr. Helwig Schmidt-Glintzer

Die 1572 gegründete Bibliothek ist nach ihrem bedeutendsten Sammler, dem friedliebenden und gelehrten Herzog August d. J. zu Braunschweig und Lüneburg (1579 – 1666), benannt. Die von ihm selbst auf höchstem Bildungsniveau zusammengetragene und systematisch katalogisierte Sammlung von 135 000 Schriften aus allen Wissensgebieten war die größte europäische Bibliothek seiner Zeit und galt als achtes Weltwunder. Heute ist die Herzog August Bibliothek eine internationale Forschungsstätte: Ihre 350 000 alten Drucke vor 1830, 12 000 Handschriften (darunter 3000 mittelalterliche) und umfangreiche Sonderbestände (Musik- und Kartensammlung, 40 000 Porträtstiche u.a.) sind Zeugnisse europäischer Kulturgeschichte vom Ausgang der Antike bis zum Ende des 18. Jh.

und werden von Wissenschaftlern aus aller Welt genutzt. Die Bibliothek umfasst heute ca. 750 000 Bände. Neben Forschungsprogramm, Publikationswesen und bibliothekarischen Diensten tritt ein breit angelegtes Kulturprogramm mit Vorträgen, Ausstellungen, Konzerten u.a.

Bibliotheca Augusta
Die musealen Räume befinden sich in der Bibliotheca Augusta, die 1884 – 1887 anstelle der berühmten, 1705 – 1713 erbauten und wegen Baufälligkeit abgerissenen Bibliotheksrotunde von Hermann Korb errichtet wurde. In den 1960er/70er Jahren schuf ein Umbau des zentralen Innenraums, der Augusteer Halle, die Möglichkeit, hier die Büchersammlung Herzog Augusts geschlossen in der von ihm erstellten Ordnung zu präsentieren; außerdem sind hier sein „Bücherrad" mit den Faksimiles seiner handgeschriebenen Kataloge sowie eine Auswahl wertvoller Inkunabeln zu sehen. In der benachbarten „Oberen Schatzkammer" werden im Wechsel besonders kostbare Handschriften gezeigt, wie etwa der Sachsenspiegel oder – einmal im Jahr für sechs Wochen – das Evangeliar Heinrichs des Löwen. Im Kellergeschoss befindet sich die „Untere Schatzkammer", wo kleinere Ausstellungen im Wechsel stattfinden. Nebenan gewähren Globen und Karten aus dem Besitz Herzog Augusts, darunter das Paar eines Erd- und Himmelsglobus' aus der Universität Helmstedt und eine für Kaiser Karl V. angefertigte Karte, einen Blick auf das Weltbild der Wissenschaft des ausgehenden 16. Jh. Gegenüber wird die vom früheren Bibliotheksdirektor Erhart Kästner begonnene Sammlung der Maler-

Herzog August Bibliothek Wolfenbüttel, Augusteerhalle

Herzog August Bibliothek Wolfenbüttel, Bücherrad

bücher des 20. Jh. bewahrt – Weltliteratur, illustriert von Künstlern der klassischen Moderne (z. B. Maillol, Bonnard, Picasso, Klee) bis zur Gegenwart. In einem Nebenraum des Malerbuchkabinetts findet sich die Dauerausstellung „Hermann Zapf". Außerdem befinden sich in der Bibliotheca Augusta ein Lesesaal für Handschriften und Sondersammlungen. Der Hauptlesesaal, die Kataloge und Nachschlagewerke befinden sich im ehemaligen Zeughaus, einem Renaissancebau von 1618, der 1976 – 1981 saniert wurde und heute die Präsenzbibliothek beherbergt.

Lessinghaus
In dem um 1735 erbauten Haus schließlich, wo Lessing von 1777 bis zu seinem Tod 1781 wohnte – darunter ein glückliches Jahr lang an der Seite Eva Königs – dokumentieren Bücher, Handschriften, Briefe u.a. sein Leben und Werk der Wolfenbütteler Zeit: 1770 als Bibliothekar hierher berufen, nahm er die systematische Neuordnung der Bestände in Angriff und edierte von ihm entdeckte Handschriften, darunter das „Fragment eines Unbekannten", mit dem er 1773 den berühmten Fragmentenstreit entfachte. Hier entstanden u.a. auch „Die Erziehung des Menschengeschlechts" sowie die Schauspiele „Emilia Galotti" und „Nathan der Weise". Sm

## Kunstverein Wolfenbüttel

Reichsstraße 1, 38300 Wolfenbüttel **Telefon** (0 53 31) 2 78 75 o. (05 31) 6 65 69 (Leiter) **Geöffnet** Di. – Fr. 16 – 18, Sa. u. So. 11 – 13 Uhr **Eintritt** frei **Träger** Kunstverein Wolfenbüttel e.V. **Leiter** Günther Langer

## Museum im Schloß Wolfenbüttel

Schloßplatz 13, 38304 Wolfenbüttel **Telefon** (0 53 31) 92 46 - 0 **Fax** (0 53 31) 92 46 18
**E-Mail** Museum.Schloss.Wolfenbuettel@t-online.de
**Internet** www.wolfenbuettel.de/fmis **Geöffnet** Di. – So. 10 – 17 Uhr, Führungen nach Voranmeldung **Eintritt** 5,– DM (~ 2,56 €); Ermäßigungen **Service** Zugang für Behinderte mit Aufzug **Träger** Stadt Wolfenbüttel **Leiter** Dr. Hans-Henning Grote

Die Baugeschichte des Wolfenbütteler Schlosses beginnt mit der Errichtung einer Burg um 1283. Das Schloss war von 1432 – 1753/54 Residenz der Herzöge von Braunschweig-Wolfenbüttel; seine heutige Gestalt erhielt es durch zahlreiche Um- und Neubauten des 16. – 18. Jh., an denen die Baumeister F. Chiaramella, P. Francke, J. B. Lauterbach und H. Korb beteiligt waren. 1955/57 wurden die ehemaligen Gemächer des Herzogs Anton Ulrich (1633–1714) und seiner Gemahlin als Museum eingerichtet. Die originale Ausstattung dieser Raumflucht im Nordwestflügel wurde um zeitgenössische Tapisserien, Möbel, Gemälde und Kunsthandwerk ergänzt. So entsteht ein lebendiger Eindruck vom fürstlichen Wohnen und Leben um 1700, zumal das Staatsappartement des Herzogs 1997/98 restauriert wurde und nun wieder im einstigen Glanz erstrahlt. Besonders hervorzuheben sind in diesem Zusammenhang die Stuckdecken von Giacomo Perinetti im Speisesaal, das wertvolle Deckengemälde „Triumph der Venus" aus dem 1722 fertig gestellten und mittlerweile abgebrochenen Herrenhaus Groß-Schwülper sowie Intarsienwände aus Nusshölzern und Elfenbein aus der ersten Hälfte des 18. Jh. In die Außenwände der beiden Appartements integrierte Vitrinen zeigen Wolfenbütteler Silberarbeiten und Fürstenberger Porzellan. Die 1994 eingerichtete Dauerausstellung „Zeiträume – ein Gang durch die Geschichte Wolfenbüttels" hat die Wirtschafts-, Sozial- und Kulturgeschichte von Stadt und Land von 1570 – 1990 zum Thema. 1997 kam das Porzellan-Kabinett dazu, dessen wertvolle Objekte zumeist aus der Produktion der 1747 von Wolfenbüttel aus gegründeten Manufaktur Fürstenberg stammen. Eine Dokumentation zur Geschichte des Schlosses Salzdahlum mit einer Tonbildschau schließt sich an. Sm

Museum im Schloß Wolfenbüttel

## Burg Neuhaus

38446 Wolfsburg, **Telefon** (0 53 63) 4 00 17 o. (0 53 61) 28 20 89 **Geöffnet** Mo. – Do. 13 – 16.30, So. 14 – 17 Uhr u. n.V. **Eintritt** frei **Träger** Stadt Wolfsburg **Leiterin** Dr. Bettina Greffrath

Die sechs Kilometer vom Zentrum Wolfsburgs entfernt gelegene Wasserburg wurde 1372 als Gegenfestung zur Burg Vorsfelde, die bereits ein Jahrhundert später zerstört wurde, errichtet und später vielfach umgebaut. Heute gilt sie als eine der am besten erhaltenen mittelalterlichen Wasserburgen im norddeutschen Raum. Im Rundturm informiert eine kleine Ausstellung von Modellen, Waffen, Grabungsfunden und Münzen, ergänzt durch didaktische Schautafeln zu den Themen Wirtschaft, Zoll und Gerichtsbarkeit, über die Geschichte der Burg und des ehemaligen Amtes Neuhaus. Sm

Erinnerungs- und Dokumentationsstätte an die Zwangsarbeit im Volkswagenwerk, Raum 1 der Erinnerungsstätte zu dem Thema „Projekt Volkswagen"

## Erinnerungs- und Dokumentationsstätte an die Zwangsarbeit im Volkswagenwerk

Auf dem Werksgelände der Volkswagen AG, 38436 Wolfsburg (Volkswagen AG, Team Unternehmensarchiv, Brieffach 1974, 38436 Wolfsburg) **Telefon** (0 53 61) 92 56 67 **Fax** (0 53 61) 97 69 57 **E-Mail** unternehmensarchiv@volkswagen.de **Geöffnet** nach telefonischer Absprache **Eintritt** frei **Service** zugänglich für Behinderte, einige Schwellen **Träger** Volkswagen AG **Leiter** Dr. Manfred Grieger

Die am 17. Dezember 1999 eröffnete Erinnerungsstätte an die Zwangsarbeit auf dem Gelände des Volkswagenwerks befindet sich am historischen Ort in ehemaligen Luftschutzräumen im Sockelgeschoss von Halle 1.
Im Zweiten Weltkrieg suchten die deutsche Belegschaft und die Zwangsarbeiter in den Bunkern Schutz vor Bombenangriffen.

Die Initiative zur Ausstellung ging von VW-Auszubildenden aus, die auch an deren Realisierung maßgeblich beteiligt waren. Neben Leihgaben und Erlebnisberichten Betroffener zeigt die Ausstellung mit zeitgenössischen Fotografien, Dokumenten und Exponaten die Anfänge und Systematisierung der Zwangsarbeit im Volkswagenwerk.
Die Einbindung in die Kriegswirtschaft des Dritten Reiches führte im August 1940 zur Rekrutierung polnischer Frauen. Danach folgten Zivilarbeiter aus anderen vom Deutschen Reich besetzten Ländern Europas sowie Kriegsgefangene und KZ-Häftlinge. Insgesamt handelte es sich hierbei um schätzungsweise 20 000 Menschen. Amerikanische Soldaten befreiten die Zwangsarbeiter im Hauptwerk am 11. April 1945. Sm

## Kunstmuseum Wolfsburg

Porschestraße 53, 38440 Wolfsburg **Telefon** (0 53 61) 26 69 - 0 **Fax** (0 53 61) 26 69 66 **E-Mail** info@kunstmuseum-wolfsburg.de **Internet** www.kunstmuseum-wolfsburg.de **Geöffnet** Di. 11 – 20, Mi. – So. 11 – 18 Uhr **Eintritt** 12,– DM (~ 6,14 €); Ermäßigungen **Service** zugänglich für Behinderte, Bistro „walino", Telefon (0 53 61) 2 55 99, Museumsshop **Träger** Kunststiftung Volkswagen
**Leiter** Prof. Dr. Gijs van Tuyl

Im Mai 1994 wurde das Kunstmuseum Wolfsburg eröffnet, das als lebendiger Ort für die Kunst des 20. und 21. Jh. mit Wirkung vor Ort und internationaler Ausstrahlung konzipiert ist. Die noch im Aufbau begriffene Sammlung will sich auf Schlüsselwerke ausgewählter zeitgenössischer Künstlerinnen und Künstler ab 1968 konzentrieren und auch die Fotografie einbeziehen. Mit Bezug auf den Standort, die 1938 gegründete Industriestadt Wolfsburg, orientiert sie sich an den Leitmotiven Natur, Geschichte und Technologie. Dafür steht programmatisch der technoide

Kunstmuseum Wolfsburg

Kunstmuseum Wolfsburg, Mario Merz Raum

Neubau in Stahl, Glas und Holz, vom Architekten als „Stadtloggia" aufgefasst. Seinen Kern stellt die 40 x 40 m große, hohe Ausstellungshalle dar, die an drei Seiten und auf zwei Stockwerken von Sälen und kleineren Kabinetten umgeben ist. Hier werden jährlich sechs bis zehn Ausstellungen gezeigt, von denen mindestens drei gleichzeitig zu sehen sind. Schwerpunkt ist dabei die zeitgenössische Kunst unter besonderer Berücksichtigung der aktuellen und jungen Kunst. Den Anfang machten „Fernand Leger – Der Rhythmus des modernen Lebens" und „Tuning up", was soviel heißt wie „Einstimmen". Letztere gab den Auftakt zu einer ganzen Reihe von Ausstellungen zeitgenössischer Werke, von denen jeweils einige für die Sammlung angekauft werden. Die Sammlung umfasst bis jetzt rund 250 Werke von Andre, Artschwager, Cragg, Daniels, Dibbets, Gilbert & George, Horn, Immendorf, Kiefer, Koons, McCollum, Merz, Naumann, Panamarenko, Cindy Sherman, Warhol u.a., die wechselweise zu sehen sind. Zum Konzept des Museums gehört ein breit angelegtes museumspädagogisches Angebot mit Führungen, Besucherseminaren, Kursen und Workshops für alle Altersstufen. Sm

## Museen und Galerien in Schloss Wolfsburg

Wie eine Insel am Rande der jungen Industriestadt Wolfsburg liegt inmitten eines Parks das alte Wolfsburger Schloss. Es ist 1302 erstmals erwähnt und war Sitz des märkischen Adelsgeschlechtes derer von Bartensleben. Vom spätmittelalterlichen Bau ist nur noch der mächtige, rechteckige Bergfried in der Nordwestecke der Gebäudegruppe erhalten. Die Vierflügelanlage wurde im späten 16. Jh. errichtet und gilt als das nördlichste Beispiel für einen Bau im Weserrenaissance-Stil. Der Westflügel wurde 1840 neu erbaut. Die nachfolgenden drei Einrichtungen sind im Schloss bzw. in Nebengebäuden untergebracht. Sm

## Kunstverein Wolfsburg

Schloss Wolfsburg, Schloßstraße 8, 38448 Wolfsburg **Telefon** (0 53 61) 6 74 22 **Fax** (0 53 61) 65 08 62 **E-Mail** Kunstverein@wolfsburg.de **Internet** www.kunstverein-wolfsburg.de **Geöffnet** Di. – Fr. 12 – 17, Sa. 13 – 18, So. 10 – 18 Uhr **Tagesmitgliedschaft** 5,– DM (~ 2,56 €) **Service** Behindertenzugang über separaten Eingang und Aufzug **Träger** Kunstverein Wolfsburg e.V. **Leitung** N.N.

## Städtische Galerie Wolfsburg

Schloss Wolfsburg, Schloßstraße 8, 38448 Wolfsburg **Telefon** (0 53 61) 82 85 - 10 o. - 15 o. - 17 **Fax** (0 53 61) 82 85 25 **E-Mail** staedtische.galerie@stadt.wolfsburg.de **Internet** www.stadt.wolfsburg.de/galerie **Geöffnet** Di. – Fr. 10 – 17, Sa. 13 – 18 u. So. 10 – 18 Uhr **Eintritt** 2,50 DM (~ 1,28 €); Ermäßigungen **Service** Behindertenzugang über separaten Eingang und Aufzug, Espressobar, Museumsshop **Träger** Stadt Wolfsburg **Leiterin** Dr. Susanne Pfleger

Im 1. Geschoss des Ostflügels haben der Kunstverein Wolfsburg, im 2. und 3. Geschoss die 1974 eröffnete Städtische Galerie Wolfsburg ihren Sitz, 1990 kamen zwei Grafiketagen im Südflügel hinzu. Ihre seit 1961 aufgebaute Sammlung ist auf Gegenwartskunst des deutschsprachigen Raums sowie auf internationale Druckgrafik ausgerichtet, wobei im Falle der Fotokunst und der Objektkunst auch Werke in die Sammlung integriert sind, die den internationalen Kontext herstellen, und umfasst rund 5000 Gemälde, Plastiken, Objekte, Collagen, Zeichnungen, Mischtechniken, Druckgrafiken und Fotografien. Neben den so genannten Lehrmeistern der Moderne wie Baumeister, Ernst, Oelze, Goller, Radziwill, Nay, Winter und Trier befinden sich Werke des deutschen Informel von K. O. Götz, Brüning, Dahmen, Thieler, Bernard Schultze und Emil Schumacher im

Städtische Galerie Wolfsburg, Thomas Schütte, Richard Deacon Them and US, 1995

Bestand der Sammlung. Ausgehend von der Nachkriegsavantgarde, dokumentiert die Galerie in ihren Bestandsausstellungen Werke, die auf vielfältige Weise das breite Spektrum zeitgenössischer Kunst widerspiegeln. Gezeigt werden wechselnde Ausstellungen aus dem reichen Bestand der Sammlung, deren Ziel es vor allem ist, ein lebendiges Bild von der Qualität und Entwicklung moderner Kunst zu vermitteln, sowie Sonderausstellungen. Seit 1992 wird jährlich der 1959 eingerichtete Kunstpreis der Stadt Wolfsburg, „Junge Stadt sieht Junge Kunst" als eigenständiger Kunstpreis vergeben. Sm

## Stadtmuseum Schloß Wolfsburg

Schloss Wolfsburg, Schloßstraße 8, 38448 Wolfsburg **Telefon** (0 53 61) 82 85 - 40 / - 42 o. 28 24 73 (Museumspädagogik) **Fax** (0 53 61) 82 85 41 **Internet** www.wolfsburg.de **Geöffnet** Di. – Fr. 10 – 17, Sa. 13 – 18, So. 10 – 18 Uhr; Landwirtschaftsabteilung geöffnet Mai – Okt. für Sonderveranstaltungen und angemeldete Gruppen **Eintritt** 2,50 DM (~ 1,28 €); Ermäßigungen **Service** zugänglich für Behinderte **Träger** Stadt Wolfsburg **Leiterin** Dr. Bettina Greffrath

Das 1951 als Heimatmuseum gegründete Stadtmuseum, seit 1980 im Schloss Wolfsburg untergebracht, wird derzeit vollständig umgestaltet. Es wurde mit den Schwerpunkten Geschichte des Schlosses und der Stadt Wolfsburg im Jahr 2000 in der sanierten Schlossremise neu eröffnet.

Die erste Abteilung gibt Einblicke in die Vor-, Bau- und Entwicklungsgeschichte des Schlosses und den ursprünglich agrarischen Charakter des Wolfsburger Raumes. Die zweite, im Sommer 2000 fertig gestellte stadtgeschichtliche Abteilung zeigt unter Einzelaspekten wie Stadtplanung, Bauen und Wohnen, Arbeit und Freizeit, Kultur und Öffentlichkeit ein Gesamtporträt der Stadt Wolfsburg von der nationalsozialistischen „vorbildlichen Arbeiterstadt" über die „menschengerechte Wirtschafts-

Stadtmuseum Schloß Wolfsburg, Ansicht des Schlosses aus dem 19. Jh.

Stadtmuseum Schloß Wolfsburg, Frisörsalon der 1950er Jahre

wunderstadt" bis zur zukunftsorientierten Großstadt. Zahlreiche Exponate erlauben einen kulturhistorischen Rückblick besonders auf die 1950er und 1960er Jahre, zeichnen aber auch ein aktuelles Stadtporträt. Am Beispiel Wolfsburgs lassen sich typische städtebauliche, soziale und kulturelle Entwürfe, Entwicklungen und Erscheinungen der deutschen Geschichte des 20. Jh. modellhaft nacherleben. In der dritten Abteilung, der Dokumentation über die Kriegswirtschaft und Zwangsarbeit im Volkswagenwerk, ergänzen Zeitzeugenberichte als wichtige und für manche Bereiche auch einzige Quellen die historische Dokumentation. Diese bereits seit 1990 bestehende Abteilung wurde im Zuge der Neugestaltung durch persönliche Erinnerungsstücke der ehemaligen Zwangsarbeiter wie Handzeichnungen, Abzeichen, Essgeschirr und private Fotos ergänzt.

Landwirtschaftsabteilung
Die Landwirtschaftsabteilung des Museums in der benachbarten, wohl um 1750 errichteten Brauscheune zeigt eine Ausstellung von landwirtschaftlichen Werkzeugen, Geräten und Maschinen vom Ende des 19. Jh. bis 1950 sowie Pferdekutschen und eine Feuerspritze.
Zum Verbund Historische Museen Wolfsburg gehören weiterhin das Hoffmann-von-Fallersleben-Museum im Stadtteil Fallersleben, die Dokumentation zur Geschichte der Wasserburg Neuhaus im Stadtteil Neuhaus sowie die Bockwindmühle im Stadtteil Kästorf. Sm

## Stiftung AutoMuseum Volkswagen

Dieselstraße 35, 38446 Wolfsburg **Telefon** (0 53 61) 5 20 71 **Fax** (0 53 61) 5 20 10 **Internet** automuseum.volkswagen.de **Geöffnet** täglich 10 – 17 Uhr, vom 24.12. – 1.1. geschlossen **Eintritt** 9,– DM (~ 4,60 €); Ermäßigungen **Service** zugänglich für Behinderte **Träger** Stiftung AutoMuseum Volkswagen **Leiter** Dr. Bernd Wiersch

In einer ehemaligen Kleiderfabrik aus der 2. Hälfte der 1960er Jahre eröffnete Volkswagen 1985 sein Werksmuseum, heute eigenständige Stiftung. Im Eingangsbereich führt eine knappe Chronologie von 1938 bis 1991 in die Geschichte des VW-Werks ein, wobei die Produktionsentwicklung und die Leistungen der führenden Persönlichkeiten von Porsche bis Piëch den Leitfaden abgeben. In der Ausstellungshalle werden mit ca. 150 Exponaten Fahrzeuge aus der über 50-jährigen Geschichte des VW-Konzerns (beginnend mit dem legendären „Käfer") und der früheren AutoUnion (Audi, DKW, Horch und Wanderer) sowie NSU präsentiert. Weitere Gruppen sind Motorsport- und Forschungsfahrzeuge sowie Forschungsobjekte, außerdem Prototypen, die nie auf öffentlichen Straßen fuhren und z.T. Wegbereiter heutiger Modelle waren. Die Beschriftung vermittelt technische Daten; Schnittmodelle, Motoren, ein Industrieroboter und ein Modell des Volkswagen-Windkanals geben einen Einblick in Automobil- und Produktionstechniken. Sm

## Hoffmann-von-Fallersleben-Museum zur Geschichte deutscher Dichtung und Demokratie im 19. Jahrhundert

Schloss Fallersleben, 38442 Wolfsburg-Fallersleben **Telefon** (0 53 62) 5 26 23 **Fax** (0 53 43) 66 59 81 **Internet** www.wolfsburg.de **Geöffnet** Di.–Fr. 10 – 17, Sa. 13 – 18, So. 10 – 18 Uhr sowie für Gruppen n.V. **Eintritt** 2,50 DM (~ 1,28 €); Ermäßigungen **Träger** Stadt Wolfsburg **Leiterin** Dr. Bettina Greffrath

Im restaurierten Schloss Fallersleben, einem 1551 errichteten Ziegel-Fachwerkbau auf hohem, massivem Kellergeschoss, wurde 1991 das Hoffmann-von-Fallersleben-Museum eröffnet. Den Grundstock der Sammlung bilden Handschriften von August Heinrich Hoffmann von Fallersleben (1798 – 1874), die die Stadt Fallersleben 1928 aus dem Nachlass von dessen Sohn, dem Maler Franz Hoffmann-Fallersleben (1855 – 1927), erworben hat.
Ein Rundgang im unteren Geschoss erschließt dem Besucher ausführlich die wichtigen Aspekte von Persönlichkeit, Leben und Werk Hoffmanns in seiner Zeit: Die politischen Verhältnisse von 1789 bis 1848 und die geistigen Strömungen im Deutschland des 19. Jh. werden ebenso vorgestellt wie Hoffmanns Schaffen als Literaturforscher, Bibliothekar und Dichter, die Musik seiner Zeit sowie die mit ihm bekannten Frauen, deren Leben zugleich ein Stück Frauengeschichte des 19. Jh. repräsentiert. Dabei werden die Originalexponate ergänzt durch Medien wie didaktische Spiele, Tonträger, Video und informative Texttafeln. Sehr gelungen ist die Präsentation im Raum „Das Lied der Deutschen – umstritten bis zum heutigen Tag": Zu beiden Seiten einer Litfaßsäule mit Pressestimmen zum Für und Wider der Nationalhymne von 1922 bis heute kommen prominente Gegner und Befürworter zu Wort. Besonders bei jungen Museumsbesuchern kommt der Liederbaum mit Hoffmanns Kinderliedern gut an.

Hoffmann-von-Fallersleben-Museum zur Geschichte deutscher Dichtung und Demokratie im 19. Jahrhundert, Liederbaum im Kinderliederzimmer

Sonderausstellungen finden im Fachwerk-Flügel des Obergeschosses statt. Im anderen Flügel befindet sich u.a. ein Vortragsraum. Hier hängen auch, wie schon im Eingangsbereich, Gemälde von Franz Hoffmann-Fallersleben.
In einem Nebengebäude des Schlosses, im alten Amtsgericht Fallersleben, bietet seit 1997 die Hoffmann-von-Fallersleben-Gesellschaft Wissenschaftlern, Studierenden, Schulklassen und anderen Besuchern des Museums speziell ausgestattete Räumlichkeiten für Recherchen und Seminare zu Leben und Werk Hoffmann von Fallerslebens und seines geistig-politischen Umfeldes an. Sm

## Heinrich-Büssing-Haus

Hehlinger Straße 11, 38446 Wolfsburg-Nordsteimke **Telefon** (0 53 63) 41 72 0. (0 53 41) 28 17 40 (MAN Salzgitter) **Fax** (0 53 63) 41 72 **Internet** www.wolfsburg.de **Geöffnet** So. 14 – 17 Uhr sowie n.V. **Eintritt** frei **Träger** MAN Nutzfahrzeuge AG **Leiter** Dr. Eckhard Fischer, Betreuerin Gudrun Kipry

Die Firma MAN, die 1971 die Büssing-Werke übernahm, ließ das Haus, in dem Heinrich Büssing 1843 geboren wurde, restaurieren und dort mehrere Erinnerungsräume einrichten. Persönliches aus dem Nachlass, Fotos, Dokumente, Plakate, Fahrzeugmodelle und Bild-Text-Tafeln, auf Wunsch auch ein Film informieren über Leben und Werk des Industriepioniers, der die Fabrik für Eisenbahn-Signalwesen (heute Firma Siemens, Braunschweig) und 1903 die nach ihm benannte Fabrik für Lastkraftwagen und Omnibusse gegründet hatte. Hauptattraktion ist die alte, von Büssings Vater betriebene und voll funktionstüchtige Schmiede. Sm

Harz, Südniedersachsen

## Heimatstube Altenau

Hüttenstraße 5, 38707 Altenau **Telefon** (0 53 28) 4 61 (Leiter) o. 8 02 22 (Kurbetriebsgesellschaft) **Geöffnet** Mi. u. Sa. 15.30 – 17.30, So. 10.30 – 12 Uhr **Eintritt** frei **Service** Restaurant im Haus **Träger** Arbeitsgemeinschaft für Heimatkunde Altenau e.V. **Leiter** Heinz Riesen

Seit 1995 befindet sich die 1958 gegründete Heimatstube Altenau mit ihrer Sammlung im neu erbauten Kurgastzentrum. Gezeigt werden Exponate zu den Lebensumständen im Oberharz, die durch Bergbau, Hüttenwesen, Waldarbeit, Köhlerei und Fuhrwesen geprägt waren, sowie Arbeiten des 1858 in Altenau geborenen Künstlers Karl Reinecke. Sm

## Museum der Stadt Bad Gandersheim

Markt 10, 37581 Bad Gandersheim **Telefon** (0 53 82) 7 34 13 **Fax** (0 53 82) 7 34 40 (Kulturamt) **Internet** www.museumsverbund.de **Geöffnet** Mai – Okt. Di. – Sa. 15 – 18, So. 10 – 12 u. 15 – 18, Nov. – April Di. – Sa. 15 – 17, So. 10 – 12 Uhr, Mitte Dez. – Mitte Jan. geschlossen **Eintritt** frei **Service** Ratsbrauhaus Köhler **Träger** Stadt Bad Gandersheim **Leitung** Amt für Kultur, Touristik und Stadtmarketing

Das Museum befindet sich im Dachgeschoss des Rathauses von 1583. Ein Rundgang erschließt die Geschichte der Stadt, ausgehend von der Gründung des Kanonissen-Stifts Gandersheim im Jahre 852. Besonderer Raum wird der kulturellen Blütezeit des Stifts unter den ottonischen Kaisern mit seiner berühmtesten Vertreterin, der ersten deutschen Dichterin Roswitha (ca. 935–980) gegeben. Weitere Schwerpunkte der stadtgeschichtlichen Abteilung sind dem städtischen Brandschutz, der Post- und Eisenbahngeschichte sowie der Entwicklung des Kurbades gewidmet. Bemerkenswert ist die seit 1572 überlieferte Apotheke des Nicolaus Reineccius, deren Interieur aus dem 18. Jh. zu bewundern ist. Die volkskundliche Abteilung zeigt reichhaltige Sammlungen von Lampen und Leuchten, Maßen, Waagen und Gewichten sowie Uhren und erinnert an verschiede-

Museum der Stadt Bad Gandersheim, Möbel der Gandersheimer Apotheke von 1746

ne traditionelle Handwerke. Ein bürgerliches und ein ländliches Wohnzimmer aus der ersten Hälfte des 19. Jh. runden den Einblick in die Kulturgeschichte ab. Im Obergeschoss ist eine umfangreiche Militaria-Sammlung für interessierte Besucher zugänglich.
Im ehemaligen Benediktinerkloster Brunshausen an der Hildesheimer Straße werden weitere Sonderausstellungen gezeigt. He

## Bergbaumuseum „Schachtanlage Knesebeck"

Knesebeck 1, 37539 Bad Grund (Harz) **Telefon** (0 53 27) 28 58 (Büro) o. 8 29 80 13 (Kasse) **Fax** (0 53 27) 8 29 80 10 **E-Mail** knesebeckschacht@t-online.de **Internet** www.knesebeckschacht.de **Geöffnet** April – Okt. Di. – So. 10 – 16, Nov. – März Do. u. So. 10 – 16 Uhr, stündl. Führungen, Gruppenführungen u. Wanderungen n.V. **Eintritt** 5,– DM (~ 2,56 €) (mit Untertageführung); Ermäßigungen **Service** n.V. „Tzscherpermahl" unter Tage **Träger** Bergstadt Bad Grund (Harz) **Leiter** Bernhard Klingebiel

Die technische Entwicklung des örtlichen Bergbaus bis zum Betriebsende des Erzbergwerks Grund (Grube Hilfe Gottes) 1992 steht im Mittelpunkt dieses Denkmalensembles und Museums. Erhalten sind u.a. die historische Fördermaschine und ein großer Elektrokompressor von 1923 sowie zwei restaurierte „Radstuben". Wahrzeichen der Anlage ist der 47 m hohe Hydrokompressorenturm. Dieses einzigartige Montandenkmal wurde 1912 errichtet und war Teil einer wassertechnischen Anlage, mit der jahrzehntelang Druckluft für die Maschinen in der Grube erzeugt wurde. In den ehemaligen Betriebsräumen wird eine umfassende Ausstellung zur über 500-jährigen Grundner Montangeschichte aufgebaut. Erzstufen, Grubenmodelle sowie vor Ort belassene Gerätschaften und Maschinen geben Einblicke in die geologischen Voraussetzungen und die Betriebsorganisation. In einem Stollennachbau auf dem Freigelände werden im Grundner Erzrevier ehemals verwendete Untertagefahrzeuge „im Arbeitseinsatz" präsentiert. Der Zugangsstollen des „Unteren Eichelberger

Bergbaumuseum „Schachtanlage Knesebeck", Hydrokompressorenturm

Wasserlaufs" (1855) und ein 1894 angehauener Suchstollen in den Eichelberg wurden 1997 durch eine neue Strecke verbunden und als Besucherbergwerk ausgebaut. Eine dezentrale Ausstellung „Rohstoffquelle Harz" im nahe gelegenen Haus des Gastes informiert über die wirtschaftliche Bedeutung des Bergbaus für die Region. Das Museum bietet außerdem attraktive montanhistorische Wanderungen in die Umgebung an. He

## Uhrenmuseum Bad Grund

Elisabethstraße 14, 37539 Bad Grund (Harz) **Telefon** (0 53 27) 10 20 0. 42 96 (privat) **Fax** (0 53 27) 82 93 42 **Internet** www.badgrund.de **Geöffnet** Di. – So. 10 – 18 Uhr **Eintritt** 7,– DM (~ 3,58 €); Ermäßigungen **Service** Erdgeschoss zugänglich für Behinderte, Café **Träger** Bergstadt Bad Grund (Harz) **Leiter** Familie Berger

In der Bergstadt Bad Grund gehen viele Uhren anders. Wer das 1994 umgebaute und erweiterte Uhrenmuseum betritt, gerät mit Auge und Ohr in den Bann von fast 1600 funktionierenden Uhrwerken. Sie schlagen zu unterschiedlichen Zeiten, damit Besucher die Vielfalt und Schönheit der Mechanik aus rund 550 Jahren Uhrengeschichte wahrnehmen können. Eine eindrucksvolle Sammlung meisterlicher Präzisionsarbeiten ist in mehr als 40 Jahren Sammelleidenschaft von Karin und Erwin Berger zusammengetragen worden. Wand-, Stand-, Kamin- und Taschenuhren, Präzisionsuhren mit Kompensationspendel, Uhren mit Spielwerken, Automaten und Glockenspiele werden z.T. im jeweiligen zeitgenössischen Ambiente präsentiert. Zahlreiche Turmuhren sind in einem eigens dafür entworfenen hohen Saal untergebracht. Bei den regelmäßig stattfindenden Führungen lassen sich manche seltene Uhren zu klingenden Darbietungen verleiten. Eine kuriose Rolling-Ball-Clock aus England ist zu bestaunen. Das derzeit älteste Stück ist eine Schweizer Klosteruhr, ein Schlagwerk ohne Zeiger aus der Zeit um 1430. He

Uhrenmuseum Bad Grund

Heimatmuseum Bad Lauterberg

## Heimatmuseum Bad Lauterberg

Ritscherstraße 13, 37431 Bad Lauterberg im Harz **Telefon** (0 55 24) 57 22 (Asmussen) **Geöffnet** Fr. u. Sa. 9.30 – 12.30, 14.30 – 17, So. 9.30 – 12.30 Uhr **Eintritt** 2,– DM (~ 1,02 €); Ermäßigungen **Träger** Stadt Bad Lauterberg im Harz **Leiterin** S. Asmussen

Der Rundgang im ehemaligen Haus des Arztes und Badgründers Dr. Ernst Benjamin Ritscher beginnt mit einem anschaulichen Überblick über die Geschichte der Grafen von Scharzfeld und Lutterberg sowie die Ortsgründung, wobei die urkundliche Überlieferung gelungen in die Ausstellung einbezogen ist. Weitere Schwerpunkte sind eine Darstellung des Schwerspatbergbaus und die sehenswerte bergbauhistorische sowie eine reichhaltige Sammlung Harzer Mineralien. Historische Kleidung und Uniformen sowie ein ländlich-bürgerliches Wohnzimmer geben Einblicke in das 18. und 19. Jh. und leiten über zur Geschichte der Königshütte, die überwiegend Kunstgussprodukte herstellte. Daneben wurde eine Nagelschmiede wieder aufgebaut. Ein Raum erinnert an den Badgründer; ein weiterer, leider unkommentiert, an den Afrikaforscher und Gouverneur in Deutsch-Ostafrika, Hermann von Wißmann (1853–1905). Eine umfangreiche Vogel- und Schmetterlingsammlung ist ebenfalls vorhanden. He

## Kinderland- und Spielzeugmuseum

Ritscherstraße 4 (Haus des Gastes), 37431 Bad Lauterberg im Harz **Telefon** (0 55 24) 92 04 - 0 **Fax** (0 55 24) 55 06 **E-Mail** Kurverwbl@badlauterberg.de **Internet** www.badlauterberg.de **Geöffnet** Di., Do., Sa. u. So. 10.30 – 12 u. 14 – 17.30, Mi. u. Fr. 14.30 – 17.30 Uhr **Eintritt** 4,– DM (~ 2,05 €); Ermäßigungen **Service** Aufzug zur 1. Etage, Café **Träger** und **Leitung** Kur- und Touristikbetrieb GmbH Bad Lauterberg

Im Kurzentrum wird eine Sammlung präsentiert, die Kinder und Erwachsene gleichermaßen begeistern kann. Kinderleben und Kinderwelt der Vergangenheit (ca. 1860 – ca. 1960) in vielen Aspekten darzustellen, ist

Kinderland- und Spielzeugmuseum

den privaten Initiatoren anschaulich gelungen. Überraschend ist die Zahl der Puppenhäuser und Kaufmannsläden (1920er – 1950er Jahre). Blechspielzeug ist ebenso vertreten wie Kinderfahrzeuge, vom Schaukelpferd über das Dreirad bis zum (Tret-)Rennauto, zur Eisenbahn und Dampfmaschine. Eine andere Ebene tut sich mit Dokumenten und Objekten auf, die die Lebensabschnitte der Heranwachsenden bis heute markieren: Taufe, Schulzeit, Konfirmation. Im zweiten Obergeschoss wird die häusliche Umgebung der Kinder zwischen 1900 und 1920 nachgestellt, Harzer Ski und Rodel verweisen auf beliebte Freizeitbeschäftigungen. Eine besondere Abteilung ist dem erzgebirgischen Holzspielzeug und Spielzeug aus Papier (vom Glanzbild bis zum Papiertheater) gewidmet. He

## Südharzer Eisenhüttenmuseum

Königshütte, 37431 Bad Lauterberg im Harz **Telefon** (0 55 24) 49 19 (Schorisch) o. (05 51) 7 70 06 83 (Hillegeist) **Geöffnet** jeden 2. u. 4. Di. im Monat 15.00 Uhr Führung, Sonderführungen n.V. **Eintritt** frei **Träger** Förderkreis Königshütte Bad Lauterberg e.V. **Leiter** Hans-Heinrich Hillegeist

Aus dem schon halbverfallenen Probierhaus entstand 1997 in vorbildlicher Initiative des Trägervereins ein kleines Museum, das die wechselvolle Geschichte der 1733 gegründeten und heute noch produzierenden Königshütte beleuchtet. Die obligaten sachkundigen Führungen (Beginn jeweils 15 Uhr am Hüttenbrunnen) über das Firmengelände mit denkmalgeschütztem Gebäudeensemble enden im Museum. Hier erfahren die Besucher vieles über die unterschiedlichen Erze, über die wirtschaftlichen Zusammenhänge von Eisensteinbergbau und Verhüttung im Südharz, über Wasserführung und Köhlerei sowie über die früheren Produktionszweige der Hütte (Stahlerzeugung, Eisengießerei, Walzwerke). Eine schöne

Südharzer Eisenhüttenmuseum

Sammlung von Gebrauchs- und Kunstgussprodukten (Ofenplatten und Zimmeröfen, Figuren und Gebrauchsgegenstände) ist hier ebenfalls zusammengetragen. He

## Grenzland-Museum Bad Sachsa

Dorfgemeinschaftshaus Tettenborn, 37441 Bad Sachsa-Tettenborn
**Telefon** (0 55 23) 99 97 73 o. 13 23 (Böhle) o. (01 77) 5 31 92 31 **Fax** (0 55 23) 99 97 73
**Internet** www.bad-sachsa.de/grenzlandmuseum **Geöffnet** So. 10 – 12 Uhr, Gruppen ab 10 Pers. n.V. **Eintritt** 5,– DM (~ 2,56 €); Ermäßigungen **Träger** Förderverein Grenzland-Museum e.V. **Leiter** Rainer Böhle

Seit 1992 hat ein kleiner Verein eine breit gefasste Sammlung von Objekten und Dokumenten zur Grenzgeschichte, aber auch zum Alltag der ehemaligen DDR zusammengetragen. Besucher können u.a. die angsteinflößenden Sicherungsanlagen ganz aus der Nähe betrachten, die Stelle eines Wachoffiziers auf einem Kontrollturm einnehmen und sich in das isolierte Leben der Grenztruppen versetzen. Was viele Besucher jetzt noch aus eigener Erinnerung kennen mögen, bedarf schon bald der textlichen Erläuterung. He

## Heimatmuseum Bodenfelde

Blumenstraße 4, 37194 Bodenfelde **Telefon** (0 55 72) 5 15 (Fischer) **Fax** (0 55 72) 22 48
**Geöffnet** n.V. **Eintritt** frei **Träger** Heimatverein Bodenfelde e.V. **Leiter** Ralf Fischer

Das Museum, neu eingerichtet in einem restaurierten Fachwerkhaus, erläutert Natur und Landschaft des Oberweser-Solling-Raumes und die Ortsgeschichte. Wechselnde Ausstellungen geben Einblicke in Landwirtschaft, Handwerk, Industrie und Lebenswelt der Bevölkerung. He

Heimat- und Skimuseum Braunlage, Ski- und Wintersportabteilung

## Heimat- und Skimuseum Braunlage

Am Graben 4, 38700 Braunlage **Telefon** (0 55 20) 16 46 o. 5 81 (Fischer) **Fax** (0 55 20) 99 99 86 (Fischer) **Geöffnet** Di. u. Fr. 10 – 12 Uhr **Eintritt** 2,– DM (~ 1,02 €); Ermäßigungen **Träger** Museumsgesellschaft e.V. Braunlage **Leiter** Karl-Günther Fischer

Das 1916 eröffnete Heimat- und Skimuseum zeigt Exponate aus Geologie, zur regionalen Industrie (z.B. Schmiede der Südharzeisenbahn, Glashütte Röhrig, Kistenfabrik Fuchs, Blaufarbenwerk, Holzverarbeitung), zu Land- und Forstwirtschaft, Handwerk und Hauswirtschaft. Den Schwerpunkt bildet die umfangreiche Präsentation von Schneeschuhen, Bindungen und Schlitten sowie Exponaten zur Person des Oberförsters Arthur Ulrichs, der 1883 den Schneelauf in Braunlage eingeführt hatte. Im Sakralraum sind Gegenstände aus der ersten Braunlager Kirche ausgestellt: ein Altarbild von 1613, ein Taufstein von 1657 mit Engel, ein Opferstock und Bücher. Sm

## Geosammlung der Technischen Universität Clausthal

Adolph-Roemer-Straße 2 a, 38678 Clausthal-Zellerfeld **Telefon** (0 53 23) 72 27 37 o. 72 25 86 **Fax** (0 53 23) 72 28 10 **E-Mail** strauss@immr.tu-clausthal.de **Internet** www.tu-clausthal.de/geosammlung/ **Geöffnet** Di. – Fr. 9.30 – 12.30 u. 14 – 17, Sa. 14 – 17, So. 10 – 13 Uhr (an Feiertagen geschlossen) **Eintritt** 3,– DM (1,50 €); Ermäßigungen **Träger** Technische Universität Clausthal **Leiter** Dr. Karl W. Strauß

Durch den Jahrhunderte dauernden Bergbau hat die Beschäftigung mit mineralogischen, geologischen und paläontologischen Fragestellungen in Clausthal eine lange Tradition. Dies führte im Jahr 1775 zur Gründung einer montanistischen Lehrstätte, die sich 1810 zur Bergschule, 1864 zur Bergakademie und schließlich 1968 zur Technischen Universität entwickelte. Nach einer umfassenden Neugestaltung werden seit Sommer 2000 in der Geosammlung drei Sammlungsbereiche präsentiert.

Die Mineralogischen Sammlungen der TU Clausthal nehmen mit einem Bestand von mehr als 120 000 Stücken in Deutschland eine Spitzenposition ein. Herausragend ist ihre Bedeutung auf den Gebieten der Erze und nichtmetallischen mineralischen Rohstoffe. Die Abteilung ist in ihrer Präsentation primär nicht auf die Ästhetik der Minerale ausgerichtet, sondern nach Kriterien der wissenschaftlichen Systematik und nach genetischen Aspekten geordnet. Dennoch ist der öffentliche Teil dank der Schönheit der Minerale nicht nur für Spezialisten und Sammler interessant. Die ausgestellten Exponate sind sowohl ein Abbild der mineralogisch-geologischen Entwicklungsgeschichte der Region als auch ein Beleg für den wirtschaftlichen Aufstieg und Niedergang des Harzer Bergbaus. Viele der ausgestellten Minerale, Erze und Gesteine stammen aus längst erschöpften und aufgelassenen Gruben, deren Zugang für immer verschlossen bleibt.
Die Gliederung der Ausstellung „Erd- und Lebensgeschichte“ soll in erster Linie die Entwicklung des Lebens veranschaulichen und widmet sich den wichtigsten Abläufen der Evolution, wie der Besiedlung des Festlandes durch Pflanzen, Gliederfüßler und Wirbeltiere sowie der Eroberung des Luftraumes durch Insekten, Vögel und Fledermäuse. Behandelt werden die Fossil-Fundstellen von Messel (Alt-Tertiär), Solnhofen (Ober-Jura) und Hagen-Vorhalle (Oberkarbon). Einmalig sind Modelle der größten fossilen Fluginsekten (Libellen und Urnetzflügler aus dem Karbon). Ein weiterer Schwerpunkt ist die Darstellung im Harz und Harzvorland vorkommender Fossilgruppen (Ammoniten und Trilobiten).
Die gesamte überlieferte Erdgeschichte im Harzgebiet umfasst einen Zeitraum von rund 480 Millionen Jahren. Wesentliche Ereignisse waren u.a. das Aufdringen des Harzburger Gabbros und des Brockengranits, die Bildung der hydrothermalen Erzlagerstätten, die tektonische Aufschiebung des Harzes auf sein nördliches Vorland. Ein weiterer Schwerpunkt in der Sammlung sind die paläobotanischen Belege des jüngsten Abschnitts der Tertiär-Zeit. Einen Einblick in die jüngste geologische Entwicklung des Harzes geben bildliche Darstellungen der Eiszeit im norddeutschen Raum. Das heutige Bild der Harzvegetation und das des Vorlandes ist vor allem vom menschlichen Einfluss geprägt. All dies dokumentiert in höchst anschaulicher Form die Geosammlung der TU Clausthal. Sm

Geosammlung der Technischen Universität Clausthal, so spielt die Natur mit Formen: Calcit

## Das Oberharzer Bergwerksmuseum Museum für Technik- und Kulturgeschichte

Bornhardtstraße 16, 38678 Clausthal-Zellerfeld **Telefon** (0 53 23) 98 95 - 0
**Fax** (0 53 23) 98 95 69 **E-Mail** info@OberharzerBergwerksmuseum.de
**Internet** www.OberharzerBergwerksmuseum.de **Geöffnet** täglich 9 – 17 Uhr, Besichtigungs- und Fahrtermine mit der Tagesförderbahn zum Ottiliae-Schacht: von Mai – Oktober Sa., So. und feiertags 11 u. 14 Uhr, Sonderfahrten n.V.
**Eintritt** 7,– DM (~ 3,58 €); Ermäßigungen; Ottiliae-Schacht 8,– DM (~ 4,09 €); Ermäßigungen; Kombi-Karte 12,– DM (~ 6,14 €); Ermäßigungen
**Service** Museumsgaststätte, Telefon (0 53 23) 8 22 61
**Träger** Oberharzer Geschichts- und Museumsverein e.V. / Samtgemeinde Oberharz
**Leitung** Helmut Radday, Dipl.-Ing. Wilhelm Marbach

Das schon 1892 gegründete Bergwerksmuseum mit Freigelände und Schaubergwerk zeigt die heute umfangreichste und wertvollste Sammlung zur Technik- und Kulturgeschichte der Region, insbesondere des Harzer Montanwesens, und ist darum in besonderem Maß geeignet, in dieses Thema einzuführen. 1930, als der Bergbau in Clausthal-Zellerfeld zum Erliegen kam, wurde auf dem Freigelände mit originalen, hierher überstellten Anlagen ein Ensemble von einzigartiger Geschlossenheit geschaffen. Es bietet einen vollständigen Überblick über die Arbeitsabläufe, -bedingungen und -vorrichtungen, die den Oberharzer Gangerzbergbau über Jahrhunderte bis in die 1920er Jahre hinein bestimmten. Dazu gehören eine Handhaspel, der einzige erhaltene Pferdegaipel (mit

Das Oberharzer Bergwerksmuseum, Arbeit mit der Säulenbohrmaschine

Das Oberharzer Bergwerksmuseum, Außenstelle Ottiliae-Schacht

Pferdekraft betriebene Förderanlage) des Erzbergbaus, die Bergschmiede, die Radstube mit dem mächtigen Wasserrad, ein Feldgestänge sowie die Aufbereitungsanlagen mit Pochwerk. Vom Schachtgebäude mit Förderanlage und Fahrkunst aus kann während einer Führung der 240 m lange Besucherstollen besichtigt werden, wo anhand mehrerer inszenierter Betriebsstellen die Untertagearbeit gezeigt wird.
Die vielfältigen Sammlungen des Museums werden in zwei ehemaligen Bürgerhäusern aus dem späten 17. Jh., eines davon das ehemalige Zellerfelder Rathaus, präsentiert. Zu sehen sind u.a. Ausrüstungsgegenstände und -werkzeuge der Bergleute sowie eingerichtete Wohnräume, die die Arbeits- und Lebensverhältnisse einer Bevölkerung dokumentieren, deren Lebensgrundlage nahezu ausschließlich der Bergbau darstellte. Hervorzuheben sind die Sammlung von ebenso anschaulichen wie kunstfertigen Modellen von Gruben, Fördereinrichtungen, Fahr- und Wasserkünsten sowie Aufbereitungsanlagen aus dem 18. und frühen 19. Jh., außerdem Filmaufnahmen von 1923, die die Arbeit in Oberharzer Bergwerken zeigen. Das im Jahre 1999 in historischen Kellergewölben aus dem 17. Jh. eingerichtete Mineralienkabinett zeigt die Prachtstufensammlung des Oberbergamtes Clausthal und Mineralien – darunter sehr seltene Stufen – aus Oberharzer Gangerzreserven.
Als Außenstellen des Museums sind die restaurierten Übertageanlagen des Ottiliae-Schachts mit dem ältesten erhaltenen eisernen Fördergerüst Deutschlands und des Kaiser-Wilhelm-Schachts vom Ende des 19. Jh. zu besichtigen. Sm

## Blankschmiede Neimke

Teichplatz 2, 37586 Dassel **Telefon** (0 55 64) 27 21 **Geöffnet** So. 15 – 18 Uhr, Gruppen an allen Tagen n.V. **Eintritt** 4,– DM (~ 2,05 €); Ermäßigungen **Träger** Förderverein Blankschmiede Neimke / Stadt Dassel **Leiter** Hans-Martin Heinz

Die bis 1985 betriebene Blankschmiede aus dem Jahr 1727 wurde restauriert und als Industriedenkmal der Öffentlichkeit zugänglich gemacht. Beim Rundgang erlebt der Besucher, wie wassergetriebene Mühlräder

Blankschmiede Neimke

verschiedene Schmiedeeinrichtungen antreiben, z.B. den Hammer und große Nassschleifsteine, ebenso eine Getreidemühle, die der Schmiedefamilie einen kleinen Nebenerwerb sicherte. Im Obergeschoss sind einige Räume dem Lebensstandard einer Handwerkerfamilie um 1900 entsprechend eingerichtet, auch gibt es eine kleine landwirtschaftliche Sammlung. Regelmäßige Schmiedevorführungen und ein traditioneller Handwerkermarkt im Herbst machen die Blankschmiede zu einem lohnenden Ausflugsziel. He

## Heimatmuseum Duderstadt

Bei der Oberkirche 3, 37115 Duderstadt **Telefon** (0 55 27) 21 44 u. 25 39 **Fax** (0 55 27) 84 12 01 **E-Mail** dudamt40@dud.kols.de **Internet** www.museumsverbund.de **Geöffnet** Di. – Fr. u. So. 11 – 16, Sa. 14.30 – 16.30 Uhr, Nov. – Febr. geschlossen; Führungen ganzjährig n.V. **Eintritt** 2,50 DM (~ 1,28 €); Ermäßigungen **Service** Sonderausstellungsbereich im Erdgeschoss zugänglich für Behinderte **Träger** Stadt Duderstadt **Leiter** Dieter Wagner M. A.

Das Museum im barocken Fachwerkbau zeigt auf vier Etagen und im umfangreichen Außengelände Schwerpunkte der Regionalgeschichte des Eichsfeldes um Duderstadt. Der Rundgang beginnt für alle Besucher auf Filzpantoffeln, wollen sie die Reste der unter dem Museumsgebäude aufgefundenen mittelalterlichen Stadtmauer durch eine begehbare Glasplatte betrachten und sich mit stadtarchäologischen Erkenntnissen vertraut machen. Aspekte des städtischen Gemeinwesens (sehenswerte Feuerwehrsammlung, Schulwesen), von Handwerk und Gewerbe (Zinngießerei, Blaudruck), Tabakanbau und -verarbeitung, einem wichtigen eichsfeldischen Erwerbszweig, sowie die Darstellung ländlicher und städtischer Kleidung schließen sich an. Eine Abteilung ist der kirchlichen Kunst und Geschichte des katholischen Eichsfeldes (u.a. Vita des Georg Kardinal Kopp) gewidmet. Ein großer attraktiver Museumsgarten versam-

Heimatmuseum Duderstadt, Schulklasse

melt alte Nutz-, Zier- und Heilpflanzen als Zeugnisse der (über-)regionalen Wirtschafts- und Sozialgeschichte. He

## Europäisches Brotmuseum

Göttinger Straße 7, 37136 Ebergötzen **Telefon** (0 55 07) 99 94 98 **Fax** (0 55 07) 99 95 94 **Internet** www.museumsverbund.de **Geöffnet** Di. – Sa. 9.30 – 16.30, So. und feiertags 9.30 – 17.30 Uhr, Gruppen n.V. **Eintritt** 7,– DM (~ 3,58 €); Ermäßigungen **Service** Museumscafé, Reservierung, Telefon (0 55 07) 99 96 19 **Träger** Europäisches Brotmuseum e.V. **Leiter** Wilhelm Bruinjes

Europäisches Brotmuseum, Schaubacken

Im Ensemble des ehemaligen Forstamtes „Altes Amt Radolfshausen" hat das Europäische Brotmuseum eine neue Bleibe gefunden, nachdem es fast 30 Jahre in Mollenfelde bestanden hat. U.a. ist auf dem parkartigen Gelände ein Wohnturm des 13. Jh. als Rest einer ehemaligen Wasserburg zu sehen. Im benachbarten barocken Amtshaus erläutert die Abteilung „Vom Korn zum Brot" die Entwicklung der Getreidearten und die Herstellung von Brot, angefangen von der Entdeckung im Vorderen Orient über Jahrtausende hinweg bis in unsere Zeit. Ein zweiter Bereich ist der Bedeutung des Brotes in Kunst, Kultur und Brauchtum gewidmet. In der Remise finden ab 2001/02 das Museumscafé und die Schaubäckerei Platz. In unmittelbarer Nähe werden die Bockwind- und die Wassermühle das Getreidemahlen anschaulich machen. Ein Wanderweg führt zur nahe gelegenen Wilhelm-Busch-Mühle. He

## Wilhelm-Busch-Mühle

Mühlengasse 8, 37136 Ebergötzen **Telefon** u. **Fax** (0 55 07) 71 81 **Geöffnet** Di. – Sa. 9 – 13 u. 14 – 17, So. u. feiertags 10 – 13 u. 14 – 17 Uhr, Mo. nur n.V. **Eintritt** 6,– DM (~ 3,07 €); Ermäßigungen **Service** Behindertenzugang Erdgeschoss **Träger** Förderkreis Wilhelm-Busch-Stätten in Ebergötzen e.V. **Leiterin** Eva Susanne Simon

Hier verlebte Wilhelm Busch (1832–1908) unbeschwerte Kindertage. Mit dem gleichaltrigen Müllersohn Erich Bachmann aus der Herrenmühle verband ihn eine Lebensfreundschaft. Ihre Kindheitserlebnisse inspirierten den Dichter zu einem der meistübersetzten Kinderbücher der Welt: Max und Moritz. Der Förderkreis stellte in vorbildlicher Weise die 1972 teilweise verfallene, vom Abbruch bedrohte Wassermühle aus dem 16. Jh. wieder her. In den Räumen werden die Erinnerung an die Freundschaft wach gehalten und der Lebensalltag der Müllerfamilie um die Jahrhundertwende gezeigt. Während der Führungen werden – außer in der Frostperiode – die faszinierende Antriebstechnik des oberschlächtigen Mühlrades und der Mahlvorgang mit eisernem Vorgelege und Mahlsteinen vorgeführt. Der Bauerngarten vor dem Haus mit seiner bunten Mischung aus Zier- und Nutzpflanzen lädt besonders im Sommerhalbjahr zum Verweilen ein. He

Wilhelm-Busch-Mühle, Mahlboden

Einbecker Schreibmaschinenmuseum, Die „Knoch" 1895, ca. 1910

## Einbecker Schreibmaschinenmuseum

Maschenstraße 47, 37574 Einbeck **Telefon** (0 55 61) 45 40 **Geöffnet** n.V. **Eintritt** frei **Träger** und **Leitung** Fritz und Anneliese Nepputh

Die technische Entwicklung der Schreibmaschine lässt sich in der seit 1957 zusammengetragenen Sammlung in allen Einzelheiten nachvollziehen: Vom Nachbau der ersten hölzernen Schreibmaschine von Peter Mitterhofer 1864 in Wien über die amerikanischen und europäischen Erfindungen, z.B. Zeigermaschinen, Stoßstangen- und frühe Typenradmaschinen bis zur Standardmaschine „Continental" von 1904 und zahlreichen Spezialentwicklungen bis hin zur ersten elektrischen „Mercedes" (1921) findet sich nahezu alles, was das Sammlerherz auf diesem Gebiet begeistern kann. He

## Städtisches Museum Einbeck

Steinweg 11, 37574 Einbeck **Telefon** (0 55 61) 97 17 10 **Fax** (0 55 61) 97 17 11 **E-Mail** museum@einbeck.de **Internet** www.einbeck.de. u. www.museumsverbund.de **Geöffnet** April – Sept. Di. – Fr. 10 – 12 u. 14 – 16, Sa. u. So. 11 – 16, Okt. – März Di. – Fr. 10 – 12, Di. u. Do. 14 – 16, Sa. u. So. 13 – 16 Uhr **Eintritt** 3,– DM (~ 1,53 €); Ermäßigungen **Träger** Stadt Einbeck **Leiterin** Dr. Elke Heege

Die Ausstellung im Patrizierhaus mit reichgeschnitzter Fassade (1549) gibt Einblicke in die regionale und städtische Geschichte. Im repräsentativen Saal mit „Utlucht" sind eindrucksvolle Teile einer Wandbespannung mit ländlich-barocker Bemalung erhalten, ein Zeugnis bürgerlicher Repräsentation in der durch ihr berühmtes Bier ehemals reichen Stadt. Ein Schwerpunkt der Ausstellung ist der regionalen Urgeschichte (neolithische Kollektivgräber und Befestigungswerke) sowie der Stadtarchäologie (mittelalterliche Keramikproduktion) gewidmet. Dazu gibt es alljährlich Veranstaltungen und Mitmachaktionen für Schulklassen (mittelalterliches Kochen, Steinzeit-Workshops). Das seit dem Mittelalter bezeugte

Städtisches Museum Einbeck, Kochen am offenen Feuer nach mittelalterlichen Rezepten gehört zu den besonderen Attraktionen

Gildenwesen und die sog. Nachbarschaften, organisierte Bürgergemeinschaften mit kommunalen Aufgaben, werden beispielhaft dargestellt. Ausgewählte Handwerke (Blaudruck, Tapetenherstellung und das beide Berufszweige verbindende Formstecherhandwerk) ergänzen die Stadtgeschichte. Im Münzkabinett mit einer herausragenden Sammlung Einbecker Gepräge können Besucher auf einem Prägestock selbst mittelalterliche Einbecker Pfennige prägen. Umfangreicher Einblick wird in die Geschichte der Juden in Einbeck gegeben, und eine besondere Ausstellung ist dem Apotheker und Pharmazeuten Friedrich Wilhelm Sertürner gewidmet, der in Einbeck seine Erforschung des Morphiums zu Ende führte.
Das Fahrrad- und Stukenbrokmuseum wurde 1999 vorübergehend geschlossen. Seine Zusammenlegung mit dem Städtischen Museum am Steinweg und die Wiedereröffnung mit neuer Konzeption sind für 2002 geplant. He

## Heimatstube Gittelde

Schulstraße 4, 37534 Gittelde **Telefon** (0 53 27) 54 82 (Gieseler) **Geöffnet** n.V. **Eintritt** frei **Träger** Heimat- und Geschichtsverein Gittelde e.V. **Leiter** Erwin Gieseler

Die Heimatstube im ehemaligen Schulgebäude erlaubt Einblicke in die Geschichte des 1000-jährigen Fleckens (Bergbau und Eisenverhüttung, Eisenfaktorei, Münzrecht und Verkehrsgeschichte). Im Nebengebäude sind eine Landmaschinensammlung und traditionelle Handwerke dargestellt, die für Gittelde prägenden Charakter hatten: Werkstätten eines Böttchers und eines Kupferschmiedes sind aufgebaut, ebenso eine Stellmacherwerkstatt mit der Spezialisierung auf Herstellung von Ski; weiterhin die Ausrüstung früherer Waldarbeiter sowie der Sattlerei und Lohgerberei. He

## Städtisches Museum Göttingen

Ritterplan 7/8, 37073 Göttingen **Telefon** (05 51) 4 00 - 28 43/28 45
**Fax** (05 51) 4 00 20 59 **Internet** www.phil.uni_erlangen.de/&p1ges/goettingen/st_mus.html u. www.goettingen.de/kultur/museum **Geöffnet** Di. – Fr. 10 – 17, Sa. u. So. 11 – 17 Uhr **Eintritt** 3,– DM (1,50 €); Ermäßigungen **Träger** Stadt Göttingen
**Leiter** Dr. Jens-Uwe Brinkmann

Die Geschichte und Kulturgeschichte der Stadt und ihrer Region von der ältesten Besiedlung des Leinetals in der Altsteinzeit bis hin zur Gegenwart stehen im Zentrum der Ausstellungen. Ein Schwerpunkt ist der Stadt Göttingen als Handelszentrum und Mitglied der Hanse im Mittelalter (hier sind herausragende Funde aus der Stadtarchäologie integriert) gewidmet. Nach langem Niedergang gelingt der Stadt der erneute Aufstieg nach der Gründung der Universität im 18. Jh. Erster und Zweiter Weltkrieg, Weimarer Republik und Drittes Reich, die karge Nachkriegszeit und der politische Aufbruch der 50er Jahre markieren das 20. Jh.
Eigene Abteilungen sind der Entwicklung und Bedeutung der Universität und der Geschichte und Kultur der Juden gewidmet. Eine umfangreiche Sammlung sakraler Skulpturen aus Mittelalter und Neuzeit präsentiert mit einer Madonna des mittleren 12. Jh. eines der bedeutendsten romani-

Städtisches Museum Göttingen, Thronende Muttergottes aus Bilshausen, um 1150

Städtisches Museum Göttingen, Himmelsgloben, um 1700

schen Kunstwerke des Landes Niedersachsen. Fürstenberger Porzellan, Fayencen aus Hannoversch Münden, Göttinger Gold- und Silberschmiedearbeiten und zahlreiche seit 1825 in verschiedenen Ateliers entstandene Porzellanmalereien repräsentieren das Spektrum der angewandten Kunst. Vor einigen Jahren wurde die für Niedersachsen einzigartige „Studioglas-Sammlung Heinz und Ute Kirchhoff" als Leihgabe integriert.
Eine umfangreiche grafische Sammlung (Porträts, regionale und lokale Topografie und Arbeiten von Göttinger Künstlern des 19. Jh.), ein Fotoarchiv (ca. 50 000 Fotos von ca. 1850 bis ca. 1980) und eine Präsenzbibliothek vermitteln weitere Einblicke in die Stadtgeschichte und können auf Anfrage eingesehen werden. He

## Universitätsmuseen und -sammlungen in Göttingen

Wie kaum eine andere Universitätsstadt vergleichbarer Größe verfügt Göttingen über eine große Zahl von Universitätsmuseen und -sammlungen an verschiedenen Instituten. Weitere Bestände sind im Städtischen Museum (u.a. Modellsammlung) zu sehen. Die zum Teil auf das 18. Jh. zurückgehenden Studiensammlungen sind in unterschiedlichem Umfang der Öffentlichkeit zugänglich. Es empfiehlt sich, vor einem Besuch Kontakt mit den betreuenden Institutsmitarbeiter/innen aufzunehmen. Siehe auch im Internet unter www.uni-goettingen.de/allgemeines/museen.htm. Lo

Archäologisches Institut und Sammlung der Gipsabgüsse, Triptolemos auf dem Wagen, Amphore des „Schaukelmalers", attisch, um 540 v. Chr.

## Archäologisches Institut und Sammlung der Gipsabgüsse

Nikolausberger Weg 15, 37073 Göttingen **Telefon** (05 51) 39 75 02 **Fax** (05 51) 39 20 62 **E-Mail** mawad@gwdg.de **Internet** www.gwdg.de/~archaeo **Geöffnet** Mo. – Fr. 11 – 13 Uhr **Eintritt** frei **Träger** Georg-August-Universität Göttingen **Leiterin** Prof. Dr. Marianne Bergmann, Kustos: Dr. Daniel Graepler

1767 von Christian Gottlob Heyne begründet, präsentiert die Sammlung heute einen umfangreichen Bestand von Gipsabgüssen antiker Skulpturen, unter denen als besondere Attraktion die größte erhaltene griechische Jünglingsstatue, ein Fund von Samos, hervorzuheben ist. Besondere Aufmerksamkeit verdient der Reliefabguss der Mosaikkarte des Heiligen Landes aus Madaba (Jordanien). Die antike Skulpturensammlung Graf Wallmoden ist ausgestellt (Leihgabe des Prinzen von Hannover). Die Originalsammlung des Instituts umfasst Keramiken vom antiken Orient bis zur Spätantike, Steinskulpturen, Bronzen, Terrakotten sowie eine Münz- und Gemmensammlung. He

## Kunstsammlung der Universität

Weender Straße 2 (Altes Auditorium), 37073 Göttingen **Telefon** (05 51) 39 - 50 92 (Sekr.) o. - 50 93 (Leiter) **Fax** (05 51) 39 20 69 **E-Mail** G.unverf@gwdg.de **Internet** www.gwdg/kunsts **Geöffnet** während der Sonderausstellungen Di. – So. 11 – 17 Uhr **Eintritt** frei, Sonderausstellungen 2,– DM (~ 1,02 €); Ermäßigungen **Service** Rampe und Aufzug **Träger** Georg-August-Universität Göttingen **Leiter** Dr. Gerd Unverfehrt

Zwei Stiftungen des 18. Jh. bilden den Ausgangspunkt der Sammlung. Der jungen Universität fiel eine umfangreiche Grafiksammlung als Vermächtnis zu. Neben Renaissance- und Barockgrafik, einer Italien- und Frankreich-Sammlung enthält sie zahlreiche Dürer- und Rembrandt-Blätter.

Aus Celle wurde eine Gemäldesammlung mit einem hervorragenden Bestand an niederländischer Malerei vererbt: Ruisdael, Jan Steen, van Goyen, Momper u.a. Später wurde die Sammlung ergänzt durch italienische Malerei des späten Mittelalters und altdeutsche Plastik. Heutiges Hauptsammelgebiet ist die Kunst des 19. und 20. Jh. Die Gemäldegalerie im 2. Obergeschoss des „Alten Auditoriums" ist alljährlich im Rahmen mehrerer Sonderausstellungen aus eigenen Beständen zugänglich. He

## Museum der Göttinger Chemie

Tammannstraße 4, 37077 Göttingen **Telefon** (05 51) 39 33 26 o. 39 30 02 **Fax** (05 51) 39 33 73 **E-Mail** gbeer@gwdg.de **Geöffnet** nur nach Voranmeldung **Eintritt** frei **Träger** Georg-August-Universität Göttingen **Leiter** Dr. Günther Beer

1979 gegründet, ist es europaweit das einzige Museum zur Geschichte der Chemie. Alte Laboratoriumsgeräte, Dokumente und historische Präparate, sachkundig erläutert, lassen erahnen, welche Faszination von den Entdeckungen der Chemie des 19. Jh. ausging. Besonders eindrucksvoll: das älteste erhaltene Inventarverzeichnis der Göttinger Chemie von 1811 und eine Präzisionswaage aus der Zeit um 1850. Biografien berühmter Göttinger Chemiker und die Geschichte des seit der Tätigkeit Friedrich Wöhlers (1800–1888) weltbekannten Chemischen Instituts sind übersichtlich dargestellt. In Göttingen wirkten u.a. die Nobelpreisträger Wallach, Nernst, Zsigmondy und Windaus sowie international bekannte Forscher wie Tammann und Eucken. Interessierte Besucher können in Verbindung mit dem Museumsbesuch an einer Institutsbesichtigung teilnehmen. He

## Museum und Sammlungen des Göttinger Zentrums für Geowissenschaften (GZG) Universität Göttingen

Goldschmidtstraße 3, 37077 Göttingen **Telefon** (05 51) 39 79 - 00/- 50 **Fax** (05 51) 39 79 18 **E-Mail** jreitne@gwdg.de **Internet** www.imgp.gwdg.de **Geöffnet** Mo. – Fr. 9 – 16 Uhr **Eintritt** frei **Träger** Georg-August-Universität Göttingen **Leiter** Prof. Dr. Joachim Reitner

Die Sammlung geht in ihren Anfängen zurück auf den Naturforscher Johann Friedrich Blumenbach (1752–1840). Später wurde sie durch K. v. Seebach, A. v. Koenen, H. Schmidt, O. H. Walliser und J. Reitner erweitert. Sie stellt ein Archiv von Original- und Belegmaterial zu mehr als 1000 geowissenschaftlichen Veröffentlichungen dar. Die über die weitläufigen Institutsgebäude verstreuten Ausstellungsbereiche präsentieren die elementaren geowissenschaftlichen Erkenntnisse: Gesteine und Gesteinsstrukturen, Mineralien, Prozesse der Erdkruste, die Geschichte der Erde und des Lebens auf der Erde. Herausragende Objekte sind u.a. die „Fischsaurierwand" der Jura-Zeit, die Seelilien *(Scyphocrinus)*-Platte aus dem Paläozoikum und fossile Meeresböden des Muschelkalks.
Im Umfeld der geowissenschaftlichen Institute ist der Geopark angelegt. Beeindruckende und reizvolle natürliche Objekte (u.a. fossile Mammutbäume, Saurierspuren, Vulkan-Bomben, submarine Kissenlaven, Find-

linge, Impakt-Gesteine), ein bronzenes Brunnentor mit erdgeschichtlichen Darstellungen, eine Sitzrunde mit polierten Platten kristalliner Gesteine und eine an die erdgeschichtlichen Epochen anknüpfende Bepflanzung erschließen dem Interessierten die Spannweite der Geowissenschaften beim Spazierengehen. He

## Musikinstrumentensammlung des Musikwissenschaftlichen Seminars der Georg-August-Universität

Kurze Geismarstraße 1, 37073 Göttingen **Telefon** (05 51) 39 50 75 **Fax** (05 51) 39 93 53 **E-Mail** musik@gwdg.de **Internet** www.gwdg.de/~musik/mumuseum.htm o. www.gwdg.de/~musiksammlung.pdf **Geöffnet** während der Vorlesungszeit Mo. 16 – 18 Uhr u. n.V., Gruppen (bis max. 20 Pers.) n.V. **Eintritt** frei **Service** Auffahrtrampe, Aufzug **Träger** Georg-August-Universität Göttingen **Leiter** Dr. Klaus-Peter Brenner

Berühmte private Sammlungen bilden den Grundstock des seit 1964 zusammengetragenen Bestandes, der bis in die jüngste Zeit noch erweitert wurde. Heute sind fast 1500 Instrumente archiviert, davon mehr als die Hälfte außereuropäische, überwiegend afrikanische und asiatische Instrumente. Als herausragende Exponate gelten die älteste erhaltene altägyptische Bogenharfe (ca. 2500 v. Chr.) und eines von weltweit nur sieben erhaltenen Exemplaren eines koptischen Vorläufers der Gitarre (5.–8. Jh. n. Chr.). Ein Schwerpunkt ist den Belegen europäischer Volksmusiktraditionen gewidmet. Dazu kommen knapp 500 europäische Kunstmusikinstrumente aller Gattungen. He

## Paulinerkirche – Historisches Gebäude der Niedersächsischen Staats- und Universitätsbibliothek

Papendiek 14, 37073 Göttingen **Telefon** (05 51) 39 - 52 36 **Fax** (05 51) 39 53 84 **E-Mail** rohlfing@mail.sub.uni-goettingen.de **Geöffnet** je nach Ausstellung, Gruppen n.V. **Eintritt** je nach Ausstellung **Träger** Georg-August-Universität Göttingen **Leitung** Dr. Helmut Rohlfing, Niedersächsische Staats- und Universitätsbibliothek

Das historische Gebäude der Niedersächsischen Staats- und Universitätsbibliothek Göttingen ist ein Denkmal der Kultur-, Wissenschafts- und Bibliotheksgeschichte von einmaligem Rang. Im Kern ist noch immer Bausubstanz des 1293 gegründeten Dominikanerklosters erkennbar. Nach der Säkularisation im 16. Jh. wurde es Sitz einer Lateinschule mit überregionaler Ausstrahlung und im 18. Jh. Keimzelle für die Universität sowie ihre Bibliothek. Die Konzeption der modernen Forschungsbibliothek mit weltweiter Erwerbung der wissenschaftlich relevanten Literatur und ihrer systematischen Erschließung durch ein als perfekt zu bezeichnendes Katalogsystem wurde hier zum ersten Mal verwirklicht. Göttingen wurde damit bis ins 19. Jh. Vorbild für viele Bibliotheken in Europa und Amerika. Der im Jahr 1812 eingerichtete Bibliothekssaal in der ehemaligen Paulinerkirche war Glanzstück dieser berühmten Bibliothek. Dieser Saal ist in Teilen rekonstruiert worden und dient nun als beeindruckender Ausstellungsraum. Lo

## Rechnermuseum der GWDG

Gesellschaft für Wissenschaftliche Datenverarbeitung mbH Göttingen, Am Faßberg, 37077 Göttingen **Telefon** (05 51) 2 01 - 15 10 (Sekr.), 2 01 15 39 (Eyßell) **Fax** (05 51) 2 11 19 **E-Mail** meyssel@gwdg.de **Internet** www.gwdg.de/gwdg/museum **Geöffnet** Mo. – Fr. 9 – 20, Sa. u. So. 12 – 20 Uhr **Eintritt** frei **Träger** Gesellschaft für Wissenschaftliche Datenverarbeitung mbH Göttingen **Leiter** Prof. Dr. Gerhard Schneider, Kustos: Manfred Eyßell

Von A bis Z können sich findige Besucher hier über die lange Geschichte der Rechenmaschinen informieren. Im Foyer des Rechenzentrums sind zahlreiche Belege für die Entwicklung der Rechenhilfen, beginnend beim Abakus, und der elektronischen Speichermedien ausgestellt, darunter ein gewaltiger „Massenspeicher" der Univac Fastrand III von 1969. In den verzweigten Institutsgängen versteckt finden sich informative Schautafeln über die historischen Wegbereiter der Datenverarbeitung. Namen wie Wilhelm Leibniz, Walter Hollerith und Konrad Zuse sind damit untrennbar verbunden. An anderer Stelle lassen sich in Schaukästen die vielfältigen und komplexen Einzelbestandteile von Rechnern in ihrer chronologischen Entwicklung studieren. He

## Sammlung zur Geschichte der Geburtshilfe

Humboldtallee 36, 37073 Göttingen **Telefon** (05 51) 39 - 90 07 **Fax** (05 51) 39 95 54 **Internet** www.gwdg.de/paracelsus **Geöffnet** Mo. – Do. 9 – 16, Fr. 9 – 13 Uhr **Eintritt** frei **Träger** Georg-August-Universität Göttingen **Leiter** Prof. Dr. Dr. Volker Zimmermann

Die Ausstellung vermittelt die geburtshilfliche Praxis im 1751 gegründeten „akademischen Accouchirhaus" (Kurze Geismarstraße 1, heute Musikwissenschaftliches Institut) im späten 18. und frühen 19. Jh. aufgrund der Sammeltätigkeit der Direktoren J. H. Fischer, F. B. Osiander und E. von Siebold. Lo

## Völkerkundliche Sammlung der Universität Göttingen

Theaterplatz 15, 37073 Göttingen **Telefon** (05 51) 39 - 78 92 **Fax** (05 51) 39 73 59 **E-Mail** ethno@gwdg.de **Internet** www.gwdg.de/ethno/sammlg.htm **Geöffnet** So. 10 – 13 Uhr **Eintritt** 5,– DM (~ 2,56 €); Ermäßigungen **Träger** Georg-August-Universität Göttingen **Kustos** Dr. Gundolf Krüger

Sie zählt heute zu den international bekannten, bedeutendsten Lehr- und Forschungssammlungen ihrer Art. Auf Initiative des Naturforschers Johann Friedrich Blumenbach gelangten in der zweiten Hälfte des 18. Jh. die berühmte Cook-Forster-Sammlung (traditionelle Kulturen der Südsee) und die Sammlung des Baron von Asch (Kulturen der arktischen Region Nordasiens und NW-Amerikas) nach Göttingen. Die beiden einzigartigen Bestände bilden den Grundstock der bis heute kontinuierlich ausgebauten Sammlungen. Heute umfasst die Sammlung mehr als 17 000 Ethnographica: Werkzeug, Haushaltsgerät, Waffen, Kleidung, Schmuck, Musikinstrumente, Kunst- und Kultobjekte von allen Kontinenten. Die Daueraustellung wird regelmäßig durch Sonderausstellungen mit verschiede-

Völkerkundliche Sammlung der Universität Göttingen, Kukailimoku, Kriegsgott von Hawai'i, Cook-Forster-Sammlung, 18. Jh.

nen Schwerpunkten ergänzt. In Zusammenarbeit mit der Göttinger Gesellschaft für Völkerkunde e.V. werden Führungen, Vorträge, Matineen, Lesungen und Filme angeboten, um die kostbaren und seltenen Zeugnisse fremder Kulturen der Öffentlichkeit näher zu bringen. He

## Zoologisches Museum der Universität

Berliner Straße 28, 37073 Göttingen **Telefon** (05 51) 39 - 54 41 **Fax** (05 51) 39 55 79 **E-Mail** gtroest@gwdg.de **Internet** www.gwdg.de/~gtroest/museum/zoologis.htm **Geöffnet** So. 10 – 13 Uhr **Eintritt** 2,– DM (~ 1,02 €); Ermäßigungen **Träger** Georg-August-Universität Göttingen **Leitung** Prof. Dr. R. Willmann, Dr. Gert Tröster

Zoologisches Museum der Universität, Skelett eines Pottwalbullen

1773 von Johann Friedrich Blumenbach gegründet, wurden die umfangreichen vielgestaltigen Sammlungen später auf mehrere Universitätsinstitute aufgeteilt und z.T. an größere Museen abgegeben. Die im Institut verbliebene Sammlung wird in einer didaktisch gut gemachten Ausstellung präsentiert: Gegenwärtig sind die Fische, Amphibien, Reptilien, Vögel und Säugetiere sowie exemplarisch die Insekten der Fauna von Niedersachsen zu sehen. Ein großer Ausstellungsteil ist der Stammesgeschichte der Tiere gewidmet (neu kommt ab 2002 die Entwicklung der Menschheitsgeschichte hinzu). Ein anderer Schwerpunkt gilt der Biologie der Wale (u.a. mit einem vollständigen Pottwal-Skelett von 17 m Länge). He

## Kunstverein Göttingen

Gotmarstraße 1 (Künstlerhaus), 37073 Göttingen **Telefon** u. **Fax** (05 51) 4 48 99 Öffnungszeiten je nach Ausstellungsort **Leitung**: Prof. Dr. Kurt von Figura, Helmut Wenzel (Geschäftsführer)

## Museum am Thie

Am Geismar Thie 2, 37083 Göttingen **Telefon** (05 51) 79 33 89 **Geöffnet** Do. 19.30 – 21.30, jeden 1. und 3. So. im Monat 10 – 12 Uhr **Eintritt** frei **Träger** Volkskundlicher Arbeitskreis Geismar – Museum am Thie e.V. **Leiter** Reinhard Lindert

Das ehemalige Rats- und Schulgebäude beherbergt eine reizvolle Ausstellung mit volkskundlichem Schwerpunkt: lebensnahe Inszenierungen bringen den Besuchern das ländliche Leben in vielen Facetten nahe. Im Mittelpunkt stehen Themen wie Ernte und Ernährung, auch die Imkerei. Unter zahlreichen Handwerken sind Tischlerei, Stellmacherei und Bäckerei hervorzuheben. Eine Rarität ist die Ausrüstung für die alte Technik der Biermalerei (Glasmalerei), die heute eine Renaissance erlebt. In

Museum am Thie, Blick in die Textilabteilung

der Textilabteilung sind die Themen „Brauttruhe" und „Spinnstube" hervorgehoben. Von überregionaler Bedeutung ist ein funktionsfähiger Posamentierwebstuhl aus einer Göttinger Uniformmanufaktur (18. Jh.). Im Garten wurde ein altes Geismarer Backhaus wieder errichtet, in dessen holzbefeuertem Kuppelofen alljährlich im Oktober zur Kirmes gebacken wird. Besonderes Anliegen des Volkskundlichen Arbeitskreises sind die in Führungen vermittelten Informationen zur Ausstellung, die über die Erklärung der materiellen Hinterlassenschaften hinaus die Lebensverhältnisse früherer Zeiten begreiflich machen wollen. He

Goslarer Museum, Krodo-Altar

## Goslarer Museum

Königstraße 1, 38640 Goslar **Telefon** (0 53 21) 4 33 94 **Geöffnet** März – Okt. Di. – So. 10 – 17, Nov. – Febr. Di. – So. 10 – 16 Uhr **Eintritt** 3,50 DM (~ 1,79 €); Ermäßigungen **Service** kleines Café **Träger** Stadt Goslar, Museumsverein, Naturwissenschaftlicher Verein **Leiterin** Dr. Heidi Roch-Stübler (Kulturamt)

Goslarer Museum
Das 1922 gegründete Goslarer Museum hat seinen Sitz in einem 1933 durch einen Erweiterungsbau vergrößerten Patrizierhaus aus dem 16. Jh. Seit 1995 wurde es konsequent zu einem stadtgeschichtlichen Museum umgestaltet. Gelungen ist die Neueinrichtung des Domraumes mit den restaurierten Kunstgegenständen aus dem so genannten Dom, der 1820 abgebrochenen Stiftskirche St. Simon und Juda: dem Krodo-Altar, einem 1100–1150 entstandenen Hauptwerk romanischer Bronzekunst, einer Kreuzigungsgruppe aus dem 16. Jh. und zwei Gobelins (beide um 1520) sowie drei zwischen 1582 und 1740 entstandenen Glasfenstern. Ergänzt um eine didaktische Ausstellung zu Handwerkstechnik und Restaurierung, ist weiterhin der ebenfalls aus dem Dom stammende Petri-Altar (um 1500) zu sehen. Im Goslarer Museum sind auch das prächtige Rathausevangeliar (um 1230/40), die kunstvolle Bergkanne (1477) und das

Original des Adlers vom Goslarer Marktbrunnen (zweite Hälfte des 13. Jh.) zu finden. In neuer, klarer Konzeption präsentieren sich ferner die Abteilungen zur Ur- und Frühgeschichte der Region, zur Stadtarchäologie, zu Stadtbefestigung und Stadtbewaffnung und das Münzkabinett sowie eine naturkundliche Abteilung „Geheimnisse unserer Erde". Weitere Ausstellungssegmente zur mittelalterlichen und neuzeitlichen Geschichte der Stadt, der kurzen Epoche der „Reichsbauernstadt Goslar" bis hin zum Harztourismus in den 1950er Jahren sind 2000 hinzugekommen.
Auf Anfrage kann auch die zum Museum gehörige Lohmühle besichtigt werden.

Domvorhalle und Kaiserpfalz
Das Innere der Domvorhalle am Kaiserbleek, dem letzten baulichen Rest des so genannten Doms, kann durch eine in die Eingangsarkade eingestellte Stahl-Glas-Konstruktion besichtigt werden. Hier sind einige Baufragmente und -skulpturen der 1820 abgebrochenen Stiftskirche zu sehen, weiter der Kaiserstuhl, eine um 1200 entstandene Thronanlage mit einer architektonisch gegliederten Steinbrüstung. Während von den um 1100 entstandenen Bronzelehnen des Kaiserstuhls in der Domvorhalle ein Abguss präsentiert wird, ist mit Eröffnung der neu gestalteten Dauerausstellung in der Kaiserpfalz das Original seit dem Frühsommer 2000 dort zu besichtigen. Eingerahmt wird das zentrale Objekt von einer Ausstellung zum Wanderkaisertum und zur Kaiser- und Pfalzgeschichte von der Erbauung bis zum Beginn des 16. Jh. Ein Lapidarium mit Architekturfragmenten und Bauskulpturen sowie das Modell der mittelalterlichen Stadt illustrieren die einstige Bedeutung der Kaiserstadt (Geöffnet: April – Okt. 9 – 17, Nov. – März 10 – 16 Uhr).

Rathaus
In zwei Ausstellungsräumen werden die Entstehungsgeschichte und Bedeutung des sogenannten Huldigungssaales mit seiner Ausmalung aus dem 16. Jh. erläutert. Eine Vitrine erlaubt den Blick in das einmalige Raumensemble, das für den Besucherverkehr wegen des kritischen Erhaltungszustandes gesperrt werden musste (Geöffnet: April – Okt. 9 – 17, Nov. – März 10 – 16 Uhr). Sm

## Goslarer Zinnfiguren-Museum

Münzstraße 11, 38640 Goslar **Telefon** (0 53 21) 2 48 30 **Geöffnet** täglich 10 – 17 Uhr **Eintritt** 5,– DM (~ 2,56 €); Ermäßigungen **Träger** Förderkreis Goslarer Zinnfiguren-Museum e.V. **Leiter** Joachim Baensch

Im Innenhof des „Weißen Schwan", einer ehemaligen Poststation aus dem Jahre 1644, befindet sich das 1985 gegründete Zinnfiguren-Museum. Neben einer Einführung in Geschichte und Herstellungsprozess von Zinnfiguren sind hier an die 100 naturalistisch gestaltete Dioramen zu betrachten, die mit Zinnfiguren historische Szenen nachstellen. Dabei ist eine historisch korrekte Darstellung sowohl der einzelnen Figuren als auch der ganzen Szenen angestrebt; ausführliche Objektbeschriftungen erläutern die geschichtlichen Ereignisse und Hintergründe. Die Themen-

Goslarer Zinnfiguren-Museum, Bergbau und Verhüttung im 16. Jh.

palette reicht von Goslarer Stadtgeschichte über Bergbau und Dreißigjährigen Krieg bis hin zur Rechtsgeschichte. Als weitere Themen sind „Meilensteine der Technik" und ein Bergbau-Großdiorama in Vorbereitung. Daneben finden langfristig wechselnde Sonderausstellungen statt. Sm

## Mönchehaus-Museum für moderne Kunst Goslar

Mönchestraße 1 (Eckhaus Jakobistraße), 38640 Goslar **Telefon** (0 53 21) 2 95 70 (Museumskasse) o. 49 48 (VFK) **Fax** (0 53 21) 4 21 99
**Internet** www.tu-clausthal.de/vfk o. www.stadtsparkasse-goslar.de
**Geöffnet** Di. – Sa. 10 – 17, So. 10 – 13 Uhr **Eintritt** 5,– DM (~ 2,56 €); Ermäßigungen; freier Eintritt VFK- u. AdKV-Mitglieder, Goslarer Schulklassen **Service** zugänglich für Behinderte **Träger** Verein zur Förderung moderner Kunst Goslar (VFK)
**Leitung** Th. K. Peter Schenning, Inge Langner

Das 1528 erbaute Mönchehaus – 1956 von der Stadt Goslar erworben, restauriert und als Museum ausgebaut – zählt zu den stattlichsten Ackerbürgerhäusern im Goslarer Zentrum. Im ersten Geschoss beherbergt es das „Apostelzimmer", einen historischen, 1561 ausgemalten Prunkraum. Das Mönchehaus-Museum für moderne Kunst Goslar besteht seit 1978 und wird vom 1974 gegründeten Verein zur Förderung moderner Kunst (VFK) geführt. Die Art, in der zeitgenössische Kunst in einen Komplex alter Fachwerkbauten integriert ist, verleiht dem Mönchehaus sein ganz eigenes Gesicht. Mit bis zu zehn wechselnden Ausstellungen im Jahr bietet der Verein ein abwechslungsreiches Programm, das die Vielfalt zeitgenössischer Kunst vermitteln soll, wobei die Ausstellungen zur Verleihung des Kaiserringes – des seit 1975 verliehenen Goslarer Kunstpreises – als jährliche Höhepunkte gelten, zeitgleich damit die Vorstellung des Goslarer Kaiserringstipendiaten. Kontrast und Ergänzung zu den Innenräumen des Museums mit einer Reihe auch dauernd präsentierter Ge-

Mönchehaus-Museum für moderne Kunst Goslar, Max Ernst „Microbe vu à travers un tempérament", 1964

mälde, Objekte, Plastiken insbesondere der Goslarer Kaiserringträger, darunter Henry Moore, Richard Serra, Cindy Sherman, ist der idyllische Skulpturengarten, den Spiegelobjekte von Victor Bonato verzaubern und in dem Beuys-Eichen gedeihen. Neben einer Bronzeskulptur von Max Ernst bewegen sich kinetische Objekte von Michael Hischer und François Morellet. In den angrenzenden Gewölbekellern befinden sich Rauminstallationen von Günther Uecker, Anselm Kiefer und Peter Sommer. Werke wie Christos „Package on a Hunt", ein Verhüllungsprojekt, das sich auf die tausendjährige Rammelsberger Bergbaugeschichte bezieht, Ilya Kabakovs „Stall meines Großvaters" oder Karl Schapers „Postamt des Thanatos" machen das Museum zu einem sehr lohnenden Anziehungspunkt. Sm

## Museum im Zwinger

Thomasstraße 2, 38640 Goslar **Telefon** (0 53 21) 4 31 40 **Fax** (0 53 21) 4 31 40 **E-Mail** info@goslarer.zwinger.de **Internet** www.Zwinger.de **Geöffnet** März – Okt. täglich 9 – 17, 1. – 15. Nov. 10 – 16 Uhr, 16. Nov. – Febr. geschl. **Eintritt** 3,80 DM (1,90 €); Ermäßigungen **Träger** Jörg-Heiko Mevers **Leiterin** Helga Kuboschek

Der Dicke Zwinger, ein mächtiger Festungsturm mit Wall und Graben, wurde 1517 erbaut, um das nahe gelegene Mundloch eines Stollens des Rammelsberger Bergwerks zu schützen. Unter seinem Dach zeigt dieses kleine Privatmuseum eine Sammlung von Belagerungsgeräten, Rüstungen, Waffen und Foltergeräten des späten Mittelalters sowie eine „Lugstube" für Wachsoldaten, die in die mehr als sechs Meter dicken Mauern des Turms eingelassen ist. Die Beschriftung ist teilweise unzulänglich, Reproduktionen sind nicht immer als solche ausgewiesen. Sm

## Der Rammelsberg – Besucherbergwerk und Bergbaumuseum

Bergtal 19, 38640 Goslar **Telefon** (0 53 21) 7 50 - 0 **Fax** (0 53 21) 75 01 30 **E-Mail** info@rammelsberg.de **Internet** www.rammelsberg.de **Geöffnet** täglich 9 – 18 Uhr (außer 24. u. 31. Dez.), Führungen stündlich ab 9 Uhr, letzte Führung 16.30 Uhr, Gruppen nach Anmeldung **Eintritt** Museum und eine Untertageführung 15,– DM (~ 7,67 €); Ermäßigungen; Führungen individuell zu gestalten u. gegen Zuzahlung **Service** einige Bereiche sind nach Anmeldung für Behinderte im Rollstuhl zugänglich (Ausstellungshäuser), Einfahrt mit Grubenbahn bei klappbarem Rollstuhl möglich, Museumsrestaurant und -café, Museumsshop
**Träger** Rammelsberger Bergbaumuseum Goslar GmbH
**Leitung** Dipl.-Ing. Jürgen Meier, Prof. Dr. Reinhard Roseneck

Der Rammelsberg, in dessen Tiefe rund 27 Mio. Tonnen Erz gefördert wurden, besitzt eine über tausendjährige ununterbrochene Bergbaugeschichte. Erst 1988 wurde das Erzbergwerk stillgelegt. Aufgrund seiner herausragenden über- und untertägigen Denkmalsubstanz aus allen Betriebsphasen gehören der Rammelsberg und die durch den Bergbau geprägte Altstadt von Goslar seit 1992 zum UNESCO-Welterbe. Das umfangreiche Erlebnisangebot am Rammelsberg besteht zum einen aus den Ausstellungsbereichen in den Übertageanlagen des ehemaligen Bergwerks und zum anderen aus verschiedenen Führungen durch die faszinierende Welt unter Tage.
Eine besondere Stellung in der Industriearchitektur nehmen die aus den 30er Jahren des 20. Jh. stammenden Übertageanlagen des ehemaligen Erzbergwerks ein. Hier zeigt das Museum in drei Ausstellungshäusern, die sich der Besucher auch ohne Führung erschließen kann, eine umfassende montanhistorische Präsentation unter dem Thema „Mensch-Natur-Technik".

Der Rammelsberg – Besucherbergwerk und Bergbaumuseum, Übertageanlagen des ehemaligen Erzbergwerkes Rammelsberg

Der Rammelsberg – Besucherbergwerk und Bergbaumuseum, Wasserrad im Roederstollen, Anfang 19. Jh.

In dem Gebäude der Erzaufbereitung hat die ästhetisch präsentierte Geologie- und Mineralogie-Ausstellung ein außergewöhnliches Ambiente gefunden.
In der um 1900 errichteten „Kraftzentrale" ist der 1988 am Tag der Stilllegung von Christo und Jeanne-Claude verpackte letzte Förderwagen des Rammelsberges zu sehen (Leihgabe des Mönchehaus-Museums für moderne Kunst Goslar).
Die Ausstellung im ehemaligen Magazingebäude des Erzbergwerks zeigt am Beispiel des über 1000-jährigen Bergbaus am Rammelsberg die Bedeutung der menschlichen Arbeit als Kulturträger in all seinen Fassetten, wie der Sozial-, Wirtschafts- oder Technikgeschichte, der Kultur- und Kunstgeschichte, der Religiosität und dem Brauchtum.
Führungen unter Tage können individuell gewählt werden (festes Schuhwerk wird empfohlen). Unter dem Stichwort „Feuer und Wasser" geht es zu Fuß durch das 200 Jahre alte Stollensystem des Roederstollens mit seiner außergewöhnlichen mineralischen Farbenpracht und seinen gewaltigen Wasserrädern, einer Meisterleistung der damaligen Ingenieurkunst (Dauer 1 Stunde 15 Min.). Mit der originalen Grubenbahn kann weit in den Berg zu einem Untertagebereich eingefahren werden, in dem Maschinenvorführungen Erzabbau und Fördertechnik des 20. Jh. demonstrieren. In einer weiteren Führung wird mit dem Förderkorb im Schacht bis auf das höchste Niveau der Erzaufbereitung der 1930er Jahre gefahren. Zu Fuß folgen die Besucher dem Weg des Erzes hinab, vorbei an z.T. in Betrieb vorgeführten Maschinen der Erzzerkleinerung, ergänzt durch Filmsequenzen aus der Betriebszeit des Bergwerks und Simulation der Arbeitsgeräusche (Dauer ca. 1 Stunde). Höhepunkt ist schließlich eine

Der Rammelsberg – Besucherbergwerk und Bergbaumuseum, Kupfervitriole im Roederstollen

Abenteuerführung durch den farbenprächtig mit Mineralien ausgekleideten „Rathstiefsten Stollen" aus dem 12. Jh. mit seinen Jahrhunderte alten Spuren menschlicher Arbeit (Dauer etwa 3 Stunden, max. 8 Pers., nur n.V.). Sm

## Heimatmuseum Greene

Steinweg 24, 37547 Kreiensen-Greene **Telefon** (0 55 63) 54 94 (Jacob) o. 80 77 (Museum während der Öffnungszeiten) **Geöffnet** jeden 1. So. im Monat 14 – 17 Uhr **Eintritt** frei **Service** Museumscafé **Träger** Heimatverein Greene e.V. **Leiter** Günter Jacob

Das Museum in der alten Domäne Greene zeigt Sammlungen häuslichen, bäuerlichen und handwerklichen Kulturguts (darin als besondere Themen Porzellanmalerei und Luxuspapier). Eine umfangreiche Textilsammlung mit den Schwerpunkten Hausnäherei und Wäschepflege ist ebenso vorhanden. Hieran knüpft sich alljährlich zur Adventszeit eine große Handarbeitsausstellung, die zahlreiches Publikum anzieht. Eine Ausstellung illustriert „500 Jahre Geschichte des ehemaligen Amtes Greene". He

## Heimatstube des Harzklub 1886 e.V. Hahnenklee-Bockswiese

Kurhausweg 7 (Kurhaus), 38644 Goslar-Hahnenklee **Telefon** (0 53 25) 52 83 97 (Otten) **Geöffnet** Di. – Sa. 16 – 18, So. 10 – 12 Uhr **Eintritt** frei **Service** zugänglich für Behinderte, Restaurant im Kurhaus **Träger** Harzklub 1886 e.V. Zweigverein Hahnenklee-Bockswiese **Leiter** Karl-Heinz Ebeling

Im großen Ausstellungsraum werden Modelle der berühmten Stabkirche von Hahnenklee, des Ortes Hahnenklee, eines Striegels und eines Wasserrades gezeigt. Trachten und Arbeitskleidung, so des Harzer Fuhrmanns, des Oberharzer Bergmanns und des Waldarbeiters, präsentieren sich mit entsprechenden Utensilien und Präparaten aus der heimischen Tierwelt. Auf das Thema Wintersport im Harz geht die Ausstellung mit mehreren alten Rennschlitten und -bobs sowie zahlreichen Fotos ein. In einem Nebenraum zeugen Fotos, Erzbrocken, mehrere Frösche (historische Grubenlampen), Schlägel und Eisen sowie Gerät zur Erzgewinnung mittels moderner Sprengungen von der Entwicklung des Bergbaus im Harz. Erwähnenswert ist außerdem die so genannte „Paul-Lincke-Ecke" mit persönlichen Gegenständen des Komponisten Paul Lincke (1866–1946). Sm

## Museum der Arbeit im ehemaligen Fährenpfortenturm

Radbrunnenstraße 29, 34346 Hann. Münden **Telefon** (01 70) 7 13 02 37 (Leiter) **Geöffnet** Juni – Sept. Sa. u. So. 11 – 16 Uhr, Gruppen n.V. **Eintritt** 2,– DM (~ 1,02 €); Ermäßigung **Träger** Der Arbeitergeschichtsverein im Auftrag der Stadt Hann. Münden **Leiter** Herbert Benkelberg

Der Mündener Fabrikant Georg August Natermann erwarb 1848 den „Fährenpfortenturm", einen mittelalterlichen Befestigungsturm, und richtete darin eine Bleischrotgießanlage ein. Zu diesem Zweck wurde der Turm um 11,3 m auf insgesamt 35,8 m aufgestockt. Damit wurde die notwendige Fallhöhe erreicht, so dass die oben aus einer Schmelzanlage durch ein Sieb tropfenden Bleikügelchen beim Aufprall auf die Wasseroberfläche eines unten eingerichteten Auffangbeckens sich nicht mehr verformten. Die Anlage wurde bis in die 1970er Jahre benutzt, aus Anlass des 175-jährigen Jubiläums der Firma Haendler & Natermann restauriert und am 1. Januar 2000 als bedeutendes frühindustrielles Zeugnis der Öffentlichkeit zugänglich gemacht. Lo

## Städtisches Museum Hann. Münden

Schloßplatz 5 (Welfenschloss), 34346 Hann. Münden **Telefon** (0 55 41) 7 52 02 o. 7 53 48 **Fax** (0 55 41) 7 54 00 **E-Mail** museum@hann.muenden.de **Internet** www.hann.muenden.de o. www.museumsverbund.de **Geöffnet** Mi. – Sa. 10 – 12 u. 14.30 – 17, So. 10 – 12.30 Uhr **Eintritt** 2,– DM (~ 1,02 €); Ermäßigungen **Service** Behindertenzugang mit Aufzug zu Sonderausstellungsraum und Stadtgeschichte **Träger** Stadt Hann. Münden **Leiterin** Martina Krug M.A.

Die Ausstellung im Welfenschloss präsentiert sich anschaulich und gut erläutert. Ein thematischer Schwerpunkt ist die Handwerks- und frühe Industriegeschichte der Stadt. An erster Stelle steht die große Sammlung von Fayencen der Mündener Manufaktur (1753–1854). Gekennzeichnet mit dem berühmten „CCC", die aus dem Wappen (drei Halbmonde) des Gründers Carl Friedrich von Hanstein abgeleitet sind, begeistern den Liebhaber Tafelgeschirre, Potpourris und andere Gefäßformen mit differenzierter Malerei in verschiedenen Scharffeuerfarben. Die Mündener Fayence gehörte in den Bereich hochkultivierter Tischsitten vor dem Siegeszug des zunächst unerschwinglichen Porzellans. Hervorzuheben sind weiterhin eine Zinngießerwerkstatt des 19. Jh., eine umfangreiche Apothekeneinrichtung (18./19. Jh.) und ein „Tante-Emma-Laden". Der Zeit des Fernhandels und der Flussschifffahrt, die über Jahrhunderte das

Städtisches Museum Hann. Münden, Mündener Fayence, 18. Jh.

Erwerbsleben der Stadt bestimmt haben, ist ein eigener Abschnitt gewidmet. In die bürgerliche Lebenswelt an der Wende zum 20. Jh. versetzt nicht nur die Darstellung der entsprechenden Wohnkultur. Eine wechselnde Auswahl von Werken Gustav Eberleins, eines der bekanntesten Bildhauer des wilhelminischen Kaiserreichs, erlaubt Einblicke in das Kunstempfinden jener Zeit. Neu ist die Abteilung, die ausgewählte Funde zahlreicher Grabungen in der Mündener Altstadt dokumentiert. Im Mittelpunkt stehen die kunstvoll dekorierten Töpfereifunde der renaissancezeitlichen Werrakeramik in Münden, Überreste einer Tonpfeifenbäckerei, zahlreiche Keramikfunde wie Ofenkacheln, Apotheken- und Vorratsgefäße aus einem wohlhabenden Haushalt der Barockzeit. Weiterhin gezeigt werden neue Erkenntnisse zur Stadtmauer und ihrer Errichtung sowie Hinweise auf das, was damals in den Topf und auf den Tisch kam: Austernschalen, Pflanzen- und Knochenfunde. He

## Ellermeiers Burgmannshof
## Baudenkmal und Geigenmuseum

2. Burgmannshof, Burgstraße 4, 37181 Hardegsen **Telefon** (0 55 05) 54 13
**E-Mail** ellermeier@debitel.net **Internet** www.sumerisches-glossar.de
**Geöffnet** Mai – Sept. für Gruppen ab 12 Pers. täglich n.V. **Eintritt** 10,– DM (~ 5,11 €); Ermäßigungen ab 25 Pers. **Eigentümer** Dr. theol. Friedrich Ellermeier

Der 2. Burgmannshof, als ehemaliger Besitz der Herren von Rosdorf zur Burg Hardegsen gehörig, verdankt seinen Wert als Baudenkmal seiner wechselvollen Geschichte. Nach der mittelalterlichen Nutzung wurde er nach 1560 im Stil früher Renaissance umgebaut. Für heutige Betrachter sind vor allem die Reste weltlicher Fresken im Innern bemerkenswert. Das vom Eigentümer preiswürdig restaurierte Gebäude enthält ein museales Ensemble ungewöhnlicher Art: Im Rahmen eines geführten Rundgangs werden Besucher mit einer Geigenbauwerkstatt, einem

Ellermeiers Burgmannshof, Baudenkmal und Geigenmuseum

Bücherkabinett und einer Kunstausstellung bekannt gemacht. Sachkundige Erläuterungen zur Geschichte, dem Bau und den Qualitätsmerkmalen von Geigen und zur Geschichte des Hauses im weit gesteckten Rahmen weltgeschichtlicher und theologischer Betrachtungen machen den Besuch zu einem originellen und anregenden Erlebnis. He

## Museum im Schloß Herzberg am Harz

Welfenschloss, 37412 Herzberg am Harz **Telefon** (0 55 21) 47 99 u. 85 21 11 (Touristinformation) **Fax** (0 55 21) 85 21 10 **E-Mail** touristinfo@herzberg.de **Internet** www.herzberg.de o. www.museumsverbund.de **Geöffnet** April – Okt. Di. – Fr. 9.45 – 13, 14 – 17, Sa., So. 9.15 – 13, 14 – 17, Nov. – März Di. – Fr. 11 – 13, 14 – 16, Sa., So. 11 – 13, 14 – 17 Uhr **Eintritt** 3,– DM (1,50 €); Ermäßigungen **Service** bedingt zugänglich für Behinderte, Schlossrestaurant, Telefon (0 55 21) 98 69 86 **Träger** Stadt Herzberg am Harz **Leiterin** Jutta Martini

Das Welfenschloss hoch über der Stadt stammt in seinen ältesten Teilen aus dem 16. Jh. und ist schon als Baudenkmal einen Besuch wert. Sehenswert ist der Turm im Innenhof mit originalgetreu restaurierten, farbig gefassten Zierschnitzereien der Spätrenaissance. Im so genannten Stammhausflügel wird ab Herbst 2001 eine neue Abteilung zur Schloss- und Herrschaftsgeschichte präsentiert. Im Mittelpunkt steht dabei das Schloss als Residenz. Neben den bisher präsentierten Zinnfiguren wird ab

Museum im Schloß Herzberg am Harz

Ende 2002 eine stadtgeschichtliche Abteilung unter anderem auch zu dem Themenbereich Herzberger Gewehrmanufaktur das Museum wesentlich erweitern. Im 2. Obergeschoss erläutert eine Ausstellung der Niedersächsischen Landesforstverwaltung anhand ausgewählter Objekte und Modelle die Waldgeschichte des Harzes und die Zusammenhänge zwischen Waldnutzung, Forstwirtschaft und Erzbergbau. Während der Umstrukturierungen bleibt das Museum weiterhin mit einzelnen Abteilungen und reduziertem Eintritt zugänglich. He

## Heimatmuseum Hohegeiß „Alte Pfarre"

Lange Straße 54, 38700 Braunlage-Hohegeiß **Telefon** (0 55 83) 2 41 (Kurverwaltung) o. 3 89 (Leiter) **Fax** (0 55 83) 2 59 **Geöffnet** 16. Dez. – Okt. Mi. u. Sa. 16 – 18 Uhr **Eintritt** 2,– DM (1,– €); Ermäßigungen **Träger** Museumsverein Hohegeiß e.V. **Leiter** Stefan Grote

Die „Alte Pfarre" ist das älteste noch stehende Gebäude des Ortes; von etwa 1580 bis 1830 diente es als Pfarrhaus. Das Gebäude selbst ist eines der bedeutendsten Exponate des Museums; einer der Räume im Obergeschoss blieb die letzten hundert Jahre nahezu unverändert. Über die für ein Oberharzer Heimatmuseum typischen Exponate hinaus zeigt das Museum in einer kleinen Abteilung zur ehemaligen innerdeutschen Grenze ein Stück Grenzanlage mit Grenzpfosten. Sm

Historische Spinnerei Gartetal

## Historische Spinnerei Gartetal

Steinsmühle 3, 37130 Gleichen-Klein Lengden **Telefon** (0 55 08) 12 18
**Fax** (0 55 08) 99 97 30 **E-Mail** info@historische-spinnerei.de
**Internet** www.historische-spinnerei.de **Geöffnet** Di. – Fr. 10 – 12 Uhr o. n.V.
**Eintritt** Führungen 5,– DM (~ 2,56 €) **Träger** Historische Spinnerei Gartetal e.V.
**Leiter** Jürgen Haese

Die Steinsmühle außerhalb des Ortes, ursprünglich eine Getreidemühle, wurde 1651 zu einer Papiermühle umgebaut. 1774 wurde hier zum ersten Mal in Europa Papier aus Altpapier hergestellt, Großabnehmer war damals die Göttinger Universität. Seit Mitte des vorigen Jh. bereits zur Textilherstellung genutzt, wurde um 1900 die Mühle ausschließlich Spinnerei. Die Ausstattung dieser Zeit ist fast vollständig funktionstüchtig erhalten. Die gesamte Breite der großen Arbeitshalle wird vom „Selfactor" eingenommen, der mit einer Leistung von 8 x 30 gleichzeitig spinnbaren Fäden die eindrucksvollste Maschine darstellt. Dicht an dicht stehen ergänzende Maschinen im Raum (Krempelsätze, Ringzwirner, Haspeln u.a.). Angetrieben wurde alles durch eine große Transmissionsanlage. Bei Maschinenstillstand kann dieses aus der Nähe betrachtet werden. Eine Ausstellung im Obergeschoss gilt der Gewinnung und Verarbeitung von Wolle. Von der Schur über das Waschen und Färben, von der Handspindel bis zum Spinnrad und Webstuhl können Besucher die einzelnen Schritte buchstäblich „begreifen", denn hier darf und sollte alles angefasst werden. Interessierte können an Kursen zum Spinnen und Färben und anderen Wollverarbeitungstechniken, auch zum Papierschöpfen oder zur Maschinenbautechnik teilnehmen. Das Obergeschoss kann privat angemietet werden. Märkte, Ausstellungen und unterschiedlichste kulturelle Veranstaltungen finden das ganze Jahr über statt. He

Heimatmuseum Langelsheim, Bauernküche

## Heimatmuseum Langelsheim

Mühlenstraße 10, 38685 Langelsheim (Post: Stadt Langelsheim, Harzstraße 8, 38685 Langelsheim) **Telefon** (0 53 26) 5 04 - 0 (Stadtverwaltung) o. 5 04 - 80 (Leiter) o. 29 98 (Leiter p.) **Fax** (0 53 26) 5 04 88 (Stadtverwaltung) **Geöffnet** jeder 1. u. 3. So. im Monat 10.30 – 12, jeder 2. u. 4. Sa. im Monat 15 – 17 Uhr **Eintritt** frei **Träger** Stadt Langelsheim **Leiter** Wolfgang Liebhardt

Das 1979 gegründete und engagiert geführte Heimatmuseum, das in einem restaurierten Fachwerkbau von 1870 untergebracht ist, sammelt regionales Kulturgut, um insbesondere historische Arbeitsvorgänge und Funktionen von Gebrauchsgerät darzustellen. So betritt man im Innern des zweigeschossigen, ehemaligen Schulgebäudes eine Folge von lebendig gestalteten Wohn- und Arbeitsräumen, darunter die Museumsdruckerei, Wasch- und Schlachteküche, mehrere Handwerkerräume, Bürgerstube und Schlafkammer. Eine besondere Attraktion stellt der Forstraum mit „Köhlerköte" und etwa 100 präparierten Tieren dar. Im ehemaligen Stall befindet sich eine funktionstüchtige Dorfschmiede, in der Scheunenhalle daneben eine landwirtschaftliche Sammlung. Sm

## Niedersächsisches Bergbaumuseum Lautenthals Glück

Wildemanner Straße 11 – 21, 38685 Bergstadt Lautenthal **Telefon** (0 53 25) 44 90 **Fax** (0 53 25) 69 79 **E-Mail** LthsGlueck@aol.com **Geöffnet** April – Okt. täglich 9 – 18, Nov. – März täglich 10 – 17 Uhr **Eintritt** 15,– DM (~ 7,67 €); Ermäßigungen **Service** Café / Restaurant, Telefon (0 53 25) 60 42 **Träger** Niedersächsisches Bergbaumuseum GmbH & Co. KG **Leiter** Wolfgang Borges

Das Niedersächsische Bergbaumuseum befindet sich auf dem ehemaligen Gelände des Silberbergwerks „Lautenthals Glück", auf dem bis 1930 Erzbergbau auf Bleierze, Silber, zuletzt überwiegend Zinkblende, betrieben wurde. Der Betrieb im Hüttenwerk wurde 1967 eingestellt. Das Museum

Niedersächsisches Bergbaumuseum Lautenthals Glück, Einfahrt mit Grubenzügen

will einen Einblick in das Bergbau- und Hüttenwesen des Harzes und Niedersachsens geben. Besucher können heute mit einer für den Museumsbetrieb eingerichteten Grubenbahn etwa 500 m in den aufgewältigten Stollen Lautenthals Glück einfahren, anschließend werden sie zu Fuß über mehrere Sohlen geführt. In einem ehemaligen Wasserlösungsstollen wurde eine unterirdische Erzschifffahrt rekonstruiert, wie sie von 1835 bis 1892 auf der „Tiefen Wasserstrecke" etwa 360 m unterhalb von Clausthal zu Transportzwecken stattgefunden hat. Besucher können selbst in Erzkähnen etwa 200 m der unterirdischen Wasserstraße abfahren. Die Dauerausstellung in der ehemaligen Maschinenhalle zeigt eine Fülle von Geräten und Maschinen des Bergbaues aus aller Welt, ferner mehrere Modelle. Eine Neukonzeption und Umgestaltung der Dauerausstellung ist in Planung. Im Aufbau befindet sich ein separates Hüttenmuseum mit Schmelzöfen, Werkzeugen und Anschauungsbeispielen aus der Verhüttungstechnik. Außerdem werden Proben von in Niedersachsen abgebauten Erzen und Gesteinsarten im Eingangsbereich des Freilichtgeländes in einer „Niedersachsenrotunde" aufgebaut. Sm

## Wilhelm-Busch-Zimmer

Elbigsweg 1 (neben der Grundschule), 37586 Dassel-Lüthorst
**Telefon** (0 55 62) 9 40 40 o. 5 90 **Fax** (0 55 62) 99 99 23 **Geöffnet** So. 14 – 16 Uhr, Führungen ganzjährig n.V. **Eintritt** frei **Träger** Heimatverein „Wilhelm Busch", Lüthorst e.V. **Leitung** Joachim Stünkel

Nach den Jugendjahren in Ebergötzen (s. dort → Wilhelm-Busch-Mühle) verbrachte Wilhelm Busch bei seinem mittlerweile nach Lüthorst versetzten Onkel Pastor Georg Kleine zwischen 1846 und 1897 immer wieder seine freie Zeit. In die gut gemachte Ausstellung sind Reproduktionen

Wilhelm-Busch-Zimmer, Wilhelm Busch, Der vorletzte Hosenknopf, 1854

von in Lüthorst entstandenen Gemälden, Handzeichnungen, Briefen sowie einige persönliche Gegenstände des Künstlers einbezogen. Humorvolle und spannende Führungen machen den Besuch zum besonderen Erlebnis. He

## Heimatmuseum Lutter am Barenberge

Bahnhofstraße 2, 38729 Lutter am Barenberge **Telefon** (0 53 83) 96 01 - 0 o. 15 30 (Leiter) **E-Mail** Horst.Zuechner@t-online.de **Geöffnet** jeden 1. So. im Monat 14 – 17 Uhr u. n.V. **Eintritt** frei **Träger** Samtgemeinde Lutter **Leiter** Horst Züchner

Das 1974 gegründete Heimatmuseum Lutter zeigt Objekte aus Geologie, Vorgeschichte, Hauswirtschaft, Handwerk (Schuhmacher, Schneider, Steinmetz), Erzbergbau und Geschichte. Ein Diorama sowie 30 Waffen, u.a. Gegenstände der Seesener Musketiere, erinnern an die Schlacht bei Lutter am Barenberge im Dreißigjährigen Krieg. In einer ausgebauten Scheune befinden sich Exponate aus Landwirtschaft, Sattlerei, Buchbinderei und Stellmacherei sowie eine Waschküche aus dem 19. Jh. Sm

## Wilhelm-Busch-Gedenkstätte

Pastor-Nöldeke-Weg 7, 38723 Seesen-Mechtshausen **Telefon** (0 53 84) 9 08 86 **Geöffnet** März – Okt. Mi., Sa., So. 14 – 16 Uhr **Eintritt** 2,– DM (~ 1,02 €); Ermäßigungen **Träger** Wilhelm-Busch-Gesellschaft e.V., Hannover **Betreuerin** Gabriele Probst

In der Abgeschiedenheit des Pfarrhauses in Mechtshausen verbrachte Wilhelm Busch bei seinem Neffen, Pastor Otto Nöldeke, die letzten neun Jahre seines Lebens, bis er am 9. Januar 1908 starb und auf dem Mechtshausener Friedhof begraben wurde. In der friedlichen Atmosphäre der beiden Zimmer, die noch fast genauso erhalten sind, wie Busch sie bewohnt hat, weiß die Betreuerin der Gedenkstätte lebendig von Persönlichkeit, Werk und dieser letzten Lebensphase des Malers, Zeichners und Dichters zu berichten. Exzellente Reproduktionen von Bildergeschichten, Zeichnungen nach der Natur, Gemälden und Originalfotografien runden dieses Lebensbild ab. Sm

## Heimatmuseum Northeim

Am Münster 32/33, 37154 Northeim **Telefon** u. **Fax** (0 55 51) 6 50 60 **Internet** www.northeim.de o. www.museumsverbund.de **Geöffnet** April – Sept. Di. – Fr. 10 – 12 u. 14 – 17, Sa., So. 10 – 12, Okt. – März Do., Fr. 10 – 12 u. 14 – 17, Sa., So. 10 – 12 Uhr (bei Sonderausstellungen geöffnet wie Sommerhalbjahr) **Eintritt** frei **Träger** Stadt Northeim **Leiterin** Dr. Silke Buchhagen

Das Museum ist in einem bauhistorisch bedeutenden Fachwerkbau, ursprünglich dem spätmittelalterlichen Hospital St. Spiritus, untergebracht. Schwerpunkte der Dauerausstellung sind den Grafen von Northeim und dem Kloster St. Blasien gewidmet. Eine umfangreiche Sammlung von Gildeladen, Gesellenbriefen und Willkommpokalen gibt Einblick in die Organisation städtischen Handwerks. Markt und Handel, Geld- und Messwesen bilden andere Schwerpunktthemen (u.a. Ratswaage aus dem

Heimatmuseum Northeim, Sammlung zur Eisenbahngeschichte

18. Jh., Mustergewichte und Probemaße aus der Zeit des Königreichs Hannover). Eine große Sammlung zur Eisenbahngeschichte beleuchtet die Bedeutung der Stadt als Verkehrsknotenpunkt (vom Bahnanschluss 1854 bis zum Ende des Zweiten Weltkrieges). Ein Abschnitt der Stadtgeschichte ist der politischen und gesellschaftlichen Entwicklung von 1848 bis 1948 gewidmet. Voraussichtlich ab 2002 wird im historischen Kellergewölbe des Museums der Höckelheimer Münzfund präsentiert. Dabei handelt es sich um einen der bedeutendsten Münzfunde bundesweit. Auch die Ur- und Frühgeschichte erfährt eine Neugestaltung unter besonderer Einbeziehung museumspädagogischer Aspekte.
Lohnenswert ist ein Besuch im „Reddersen-Haus" gegenüber dem Museum (Am Münster 6). Im Obergeschoss des 1420 erbauten Fachwerkhauses wird die Wohnkultur einer Ackerbürgerfamilie des ausgehenden 19. Jh. dargestellt (geöffnet Mo. – Sa. 10 – 12, Mo., Di., Do., Fr. 14.30 – 16.30 Uhr und n.V.). He

## Heimatmuseum Obernfeld

Kirchgasse 8, 37434 Obernfeld **Telefon** (0 55 27) 29 19 (Gemeinde) o. 44 04 o. 7 22 35 o. 94 13 10 **Fax** (0 55 27) 99 93 93 **Internet** www.museumsverbund.de
**Geöffnet** Di. u. Fr. 9 – 12, 14 – 16.30, Mi. 9 – 12, So. 14 – 16.30 Uhr **Eintritt** 1,– DM (1,– €) **Service** Museumskrug im Nachbargebäude **Träger** Gemeinde Obernfeld
**Leiter** Alois Ehbrecht

Aus seinen reichhaltigen Sammlungen von Objekten aus dem Zeitraum der letzten 100 Jahre präsentiert das Museum Haus- und Hofwirtschaft in Obernfeld: Ernährung und Vorratshaltung, Land- und Milchwirtschaft, Wohnen, die Wäschepflege. Das Museum verfügt über eine bemerkenswerte Sammlung historischer Festtags- und Alltagskleidung. Der örtlichen Kirche ist eine Darstellung gewidmet. He

Heimatmuseum Obernfeld, landwirtschaftliche Ausstellung, Bereich Ernte

## Museum im Ritterhaus Osterode

Rollberg 32, 37520 Osterode am Harz (Postfach 17 11, 37507 Osterode) **Telefon** (0 55 22) 91 97 93 **E-Mail** Museum.Osterode@t-online.de **Internet** www.osterode.de o. www.museumsverbund.de **Geöffnet** Di. – Fr. 10 – 13 u. 14 – 17, Sa. u. So. 14 – 17 Uhr **Eintritt** 2,– DM (~ 1,02 €); Ermäßigungen **Träger** Stadt Osterode am Harz **Leiterin** Angelika Paetzold M.A.

Den Besucher empfängt im Erdgeschoss ein Rückblick auf die Stadtentwicklung mit den Bereichen zur Verwaltung und Gerichtsbarkeit, Lateinschule, Gesundheitswesen, das Leben der jüdischen Gemeinde sowie Markt, Wehr und Wacht. In den oberen Etagen bilden Handwerk und frühe Industrie Schwerpunkte, dabei stehen bei dem Gildenwesen Innungsladen und Zunftpokale im Mittelpunkt. Dem metallverarbeitenden Handwerk wird großer Raum gegeben (Harzer Messingindustrie, Zinn- und Goldschmiedearbeiten, Schlosser, Schmiede und die Produktion der Osteroder Eisenhütte). Auch der Lederverarbeitung (Lohgerber, Schuhmacher) und dem Gewerbe der Böttcher und Eimermacher wird Raum gegeben. Frühe Industrien entwickelten sich um den Gipsabbau, es gab eine Bleiweiß- sowie Leinen- und Wollwarenfabrik. Unter dem Oberbegriff „Historische Kleidung" werden sowohl Bedeutung als auch Unterschiede städtischer und ländlicher Kleidung anschaulich erläutert. In der archäologischen Abteilung beeindrucken die Ergebnisse der Ausgrabungen in der Lichtensteinhöhle (bronzezeitliche Kult- und Opferhöhle) und das Modell eines Steinzeithauses. Eine geologisch-paläontologische sowie eine naturkundliche Abteilung schließen sich an. He

## Heimatmuseum Rhüden

An der Schule, 38723 Seesen-Rhüden **Telefon** (0 53 84) 3 44 (Harenberg) **Geöffnet** So. 10.30 – 12 Uhr **Eintritt** frei **Träger** Verein der Natur- und Heimatfreunde Rhüden am Harz e.V. **Leiter** F. W. Harenberg

Das 1963 gegründete, im ehemaligen Schulgebäude untergebrachte Heimatmuseum zeigt eine Sammlung von Gegenständen regionaler Herkunft, darunter Fossilien, handwerkliches, haus- und landwirtschaftliches Gerät, Einrichtungsgegenstände und Kleidung sowie einige Exponate zu regional bedeutenden Industriezweigen. Sm

## Historisches Silbererzbergwerk und Heimatmuseum Grube Samson, Besucherbergwerk Grube Catharina Neufang

Am Samson 2 (Postfach 31), 37442 St. Andreasberg **Telefon** u. **Fax** (0 55 82) 12 49 **Internet** www.sehenswert.de/bwerk/samson.htm **Geöffnet** Grube Samson täglich 9 – 16, Führungen 11 u. 14.30 Uhr, Grube Catharina Neufang Mo. – Sa. 8 – 16 Uhr **Eintritt** Grube Samson 6,50 DM (~ 3,32 €); Ermäßigungen; Grube Catharina Neufang 4,– DM (~ 2,05 €); Ermäßigungen **Träger** Bergstadt St. Andreasberg **Leiter** Jochen Klähn

Grube Samson
Die Besichtigung der von 1521 bis 1910 betriebenen Grube Samson beginnt im Gaipel (Huthaus über dem Förderschacht) mit hölzernem Förder-

Historisches Silbererzbergwerk, Fahrkunst im Schacht Samson

gerüst, Erz- und Beschädigtentonne sowie Klopfzeugen. In der Kehrradstube sieht man dann das einzig erhaltene Kehrrad des Mittelalters. Zur Wasserkunst, die die Förderanlagen antrieb, gehört ferner in 18 m Tiefe die Kunstradstube mit dem größten Wasserrad Europas (12 m Durchmesser). Es bewegte die Fahrkunst, die den Bergleuten seit 1837 das Einfahren in den 810 m tiefen Schacht erleichterte und heute noch als einzige Fahrkunst der Welt voll funktionstüchtig ist. Im angegliederten Heimatmuseum sind u.a. eine Erz- und Mineraliensammlung, Andreasberger Silbermünzen sowie Modelle von Pochwerk, Wasser- und Fahrkunst ausgestellt. Außer der Bergmannsstube sind die Exponate aus den Bereichen Handwerk und Klöppelei, Kanarienvogelzucht und Wintersport erwähnenswert. In unmittelbarer Nachbarschaft befindet sich das Lehrbergwerk „Roter Bär".

Grube Catharina Neufang

In der urkundlich erstmals 1575 erwähnten Grube Catharina Neufang wird dem Besucher die Handhabung von Schlägel und Eisen sowie Bohrhammer vorgeführt, die er auch selbst ausprobieren kann. Vorbei am „Neufanger Gang" mit seiner außerordentlichen Teufe (Tiefe) von 240 m gelangt man über eine Fahrt (Leiter) in den „Alten Tagesstollen", der noch mit Schlägel und Eisen aufgefahren (ausgehauen) wurde. Sm

## Nationalparkhaus Sankt Andreasberg

Erzwäsche 1, 37444 St. Andreasberg **Telefon** (0 55 82) 92 30 - 74 **Fax** (0 55 82) 92 30 71 **E-Mail** nationalparkhaus.st-andreasberg@bund.net **Internet** www.nationalpark-harz.de **Geöffnet** April – Okt. täglich 9 – 17, Nov. – März täglich 10 – 17 Uhr, geschlossen am 1.1. u. 24.12. **Eintritt** frei **Service** zugänglich für Behinderte, Shop **Träger** Bund für Umwelt- und Naturschutz Deutschland (BUND), Landesverband Niedersachsen e.V. / Nationalpark Harz / Stadt St. Andreasberg **Leiterin** Dipl.-Geogr. Stephanie Glagla-Dietz

Im 1891 zum Zweck der Erzwäsche errichteten Haus ist seit Dezember 1998 das neue Nationalparkhaus Sankt Andreasberg beherbergt, das eine informative Brücke zwischen der Industrie- und Kulturgeschichte des Harzes und der heutigen Naturlandschaft darstellen und über die Bedeutung von Nationalparken, Natur- und Umweltschutz informieren will. Dem Besucher werden in der derzeit noch entstehenden Ausstellung Informationen über die Natur und über natürliche Prozesse geboten. Es werden Zusammenhänge zwischen der wirtschaftlichen Tätigkeit des Menschen, den daraus resultierenden Veränderungen der Umwelt und der Wechselwirkung auf den Menschen aufgezeigt. Dies geschieht auf ansprechende, anschauliche Art. Quizspiele, Klanghölzer, Tonbildschauen und ein Multimedia-Infosystem ermöglichen ein „Lernen mit allen Sinnen" (Naturerlebnisführungen im Gebäude und im Nationalpark für Erwachsene und Kinder nach Voranmeldung). Sm

## Städtisches Museum

Wilhelmsplatz 4, 38723 Seesen **Telefon** (0 53 81) 4 88 91 **Internet** www.museumsverbund.de **Geöffnet** Di. – So. 15 – 17 Uhr **Eintritt** frei **Träger** Stadt Seesen **Leiter** Friedrich Orend M.A.

Städtisches Museum, Steinway-Dauerausstellung

Das 1964 gegründete Heimatmuseum ist im herzoglichen Jagdschloss, einem Fachwerkbau von 1707, untergebracht. Im Erdgeschoss sind Fossilien und Minerale zu sehen sowie Exponate zum Kalkwerk Winterberg, zum Kalibergbau Rhüden, zu Braunkohle- und Erzbergbau; außerdem die Klempnerwerkstatt, in der Heinrich Züchner um 1830 erste Konservendosen herstellte, sowie eine bis 1980 genutzte Produktionsstraße der Konservendosenfabrik Züchner. Das Museum zeigt den Weg von der handgelöteten Konservendose zur Maschinenstraße für industrielle Dosenfertigung. Im ersten Stock sind u.a. die ehemalige Ratsapotheke und mehrere Räume mit Exponaten zur Stadtgeschichte zu besichtigen. Dem Pianofortefabrikanten William Steinway, dessen Vater in Seesen das erste der später weltberühmten Klaviere baute, widmet sich eine eigene kleine Abteilung, in der auch das erste in New York gebaute Instrument präsentiert wird. In einem Nebengebäude befindet sich eine landwirtschaftliche Sammlung. Sm

## Glasmuseum Steina

Mitteldorf (Post: Kurverwaltung), 37441 Bad Sachsa-Steina **Telefon** (0 55 23) 4 41 (Kurverwaltung) **Geöffnet** Mo. u. Do. 15 – 17, Di. u. Fr. 15 – 18.30, Mi. u. Sa. 11 – 12.30 Uhr **Eintritt** frei **Träger** Förderverein Glasmuseum Steina e.V. **Leiter** Jörge Schiers

Das kleine, sehenswerte Museum zeigt die frühneuzeitliche Glasproduktion (16./17. Jh.) aus den historischen Waldglashütten im Steinatal. Funde von verschiedenen Glashüttenplätzen, Glasmacherwerkzeug und ein Schmelzofenmodell informieren über Fertigungstechnik und Produkte: Wein-, Bier- und Gebrauchsgläser, z.B. für Apotheken, wurden hier hergestellt. He

## Nationalparkhaus Altenau-Torfhaus

Torfhaus 21, 38667 Torfhaus **Telefon** (0 53 20) 2 63 **Fax** (0 53 20) 2 66 **E-Mail** torfhaus@t-online.de **Internet** www.nationalpark-harz.de o. www.harzart.de/brockenkam **Geöffnet** April – Okt. täglich 9 – 17, Nov. – März täglich 10 – 16 Uhr **Eintritt** frei **Service** zugänglich für Behinderte **Träger** Bund für Umwelt- und Naturschutz Deutschland (BUND), Landesverband Niedersachsen e.V. / Nationalparkverwaltung Harz **Leiter** Dipl.-Biol. Tim Schwarzenberger

Die Multimedia-Ausstellung des Nationalparkhauses Altenau-Torfhaus informiert über die Nationalparke Harz und Hochharz. Dabei führen ein Landschaftsmodell in Kombination mit einer Großbildwand und eine Tonbildschau den Besucher in die Thematik Nationalpark ein; ein Waldlehrpfad lässt den Nationalpark hautnah erleben. Sm

Museum Uslar

## Museum Uslar

Mühlentor 4, 37170 Uslar **Telefon** (0 55 71) 3 07 - 1 42 o. - 1 41 **Fax** (0 55 71) 30 71 07 **Internet** www.museumsverbund.de **Geöffnet** Di. – So. 15 – 17 Uhr **Eintritt** frei **Träger** Stadt Uslar **Leiter** Dr. Wolfgang Schäfer

In einem barocken Fachwerkbau (1677), einst einer der Uslarer Sattelhöfe, können sich Besucher mit historischen Besonderheiten der Sollingstadt Uslar vertraut machen. Ein Schwerpunkt gilt der Handwerkskultur und der Industriegeschichte („Tonpfeifen-Bäckerei", Zigarrenfabriken, Sollinger Eisenhütte, Köhlerei und Möbelindustrie). Die volkskundliche Abteilung hebt Themen wie „Äten un Drinken" und die Leinenherstellung hervor. Eine Rarität in Deutschland ist die Sammlung von Totenkronen aus dem Uslarer Ortsteil Vahle – die ehemals in der Kirche aufbewahrten Kronen galten der Erinnerung an unverheiratet verstorbene Mädchen und Frauen. Auch die jüngere politische Geschichte der Gegend um Uslar wird exemplarisch dargestellt (Uslar im „Dritten Reich", jüdisches Leben im Solling). In Sonderausstellungen wird vor allem die Alltagsgeschichte der Region beleuchtet. He

## Eisenbahnmuseum der Stadt Vienenburg

Bahnhofstraße 8, 38690 Vienenburg **Telefon** (0 53 24) 17 77 **Fax** (0 53 24) 88 91 **E-Mail** stadtvienenburg@t-online.de **Internet** www.vienenburg.de **Geöffnet** Di., Do., Sa., So. 15 – 17 Uhr **Eintritt** 2,– DM (~ 1,02 €); Gruppenermäßigungen **Service** Bahnhofscafé **Träger** Stadt Vienenburg **Leitung** Dieter Dombrowski

Der als ältestes noch erhaltenes Bahnhofsgebäude in Deutschland geltende Bau beherbergt seit 1988 das Eisenbahnmuseum Vienenburg. In den Räumen des 1840 errichteten ehemaligen Empfangsgebäudes wurde eine Sammlung zur Eisenbahngeschichte der Region mit Gegenständen aus dem Zugverkehr, dem Gleisbau und der Fahrgastabfertigung eingerichtet. Hauptattraktion, nicht nur für Kinder, ist ein großes, realistisches Modell (HO) des Vienenburger Bahnhofs um 1960 mit sämtlichen dazugehörigen Bahnhofsgebäuden, auf dem verschiedene Zugtypen verkehren. In den Außenanlagen wecken Dampflokradsätze, eine Dampflok der Baureihe 52360, eine Signalsammlung sowie ein Schienenbus und ein historischer Güterwagen das Interesse. Sm

## Kali-Bergbaumuseum Volpriehausen

Wahlbergstraße 1, 37170 Uslar-Volpriehausen **Telefon** (0 55 71) 50 51 (Tourismus-Information), (0 55 73) 5 41 (Leiterin) o. 2 94 o. 5 20 **Fax** (0 55 73) 5 41 **Geöffnet** April – Okt. Sa. 15 – 17 Uhr, Gruppen ganzjährig n.V. **Eintritt** frei **Träger** Stadt Uslar / Verkehrsverein Volpriehausen e.V. **Leiterin** Elli Bolz

Das Museum dokumentiert die Geschichte und Bedeutung des Kali- und Steinsalzbergbaus in Südniedersachsen. Der Rundgang beginnt mit einer attraktiven Schau von Salzmineralen, die sich inzwischen zu einer weltweiten Sammlung mit etlichen Raritäten ausgewachsen hat. Im Mittelpunkt der Ausstellung steht der historische Bergbau bis ca. 1950 mit einer umfangreichen Sammlung von Geräten, Teilen von Fördereinrichtungen und Dokumenten. In Volpriehausen wurde der Kalibergbau 1938 eingestellt, das Bergwerk von der Wehrmacht übernommen und zur Heeresmunitionsanstalt ausgebaut, in der u.a. Kriegsgefangene und Häftlinge des nahe gelegenen Jugendkonzentrationslagers Moringen arbeiten mussten. Dass die Erinnerung an diese Zeit nicht verschwiegen wird, ist in einem kleinen Museum dieser Art nicht selbstverständlich und verdient besondere Hervorhebung. He

## Historisches Besucherbergwerk „19-Lachter-Stollen" und Grube Ernst August

Bohlweg, 38709 Wildemann (Post: Tourist-Information Wildemann, Bohlweg 5) **Telefon** (0 53 23) 61 11 (Kurbetriebsgesellschaft) **Fax** (0 53 23) 61 12 **E-Mail** info@harztourismus.com **Internet** www.harztourismus.de **Geöffnet** Besuch nur mit Führung möglich: 1. Mai – 31. Okt. täglich 11, 14, 15.30, Nov. – 24. Dez. u. 7. Jan. – 31. Jan. täglich 11, 25. Dez. – 6. Jan. u. Febr. – April 11 u. 14 Uhr **Eintritt** 6,– DM (~ 3,07 €); Ermäßigungen **Träger** Kurbetriebsgesellschaft „Die Oberharzer" mbH **Leitung** Ulrich Fuchs

Der 19-Lachter-Stollen ist einer der ältesten, längsten und bedeutendsten Wasserlösungsstollen des Oberharzer Bergbaus. Die 1551 begonnene

Historisches Besucherbergwerk „19-Lachter-Stollen" und Grube Ernst August, Stollenführung zum Schacht Ernst August

Arbeit wurde 1570 wieder aufgenommen; nach 120 Jahren mühsamen Stollenvortriebs mit Schlägel und Eisen, ab 1632 mit Sprengpulver, maß er schließlich 8800 m und brachte beim Schacht Caroline eine Teufe (Tiefe) von 115 m ein. Der heutige Name 19-Lachter-Stollen gibt an, dass der Stollen 19 Lachter (ca. 36,5 m) unter dem nächsthöheren Wasserlösungsstollen liegt. Neben seinem eigentlichen Zweck als Wasserlösungsstollen diente der 19-Lachter-Stollen der Erkundung des Gebirges und der Gänge auf Erzführung, zuletzt bis 1924 als Tagesstollen der Grube Ernst August. Seit 1971 sind rund 350 m Stollenstrecke zur Besichtigung wieder hergerichtet. Während der Führung durch das Besucherbergwerk werden verschiedene Arten des Stollenbaus vorgeführt. Am Ende der begehbaren Stollenstrecke führt eine Brücke über den 261,94 m tiefen Ernst-August-Schacht, der 1845 gemutet wurde. Zu besichtigen sind ebenfalls die obere Radstube mit dem Kehrrad von neun Metern Durchmesser sowie der neue Maschinenraum, in den 1914 eine elektrische Förderhaspel eingebaut wurde. Die Führung dauert etwa eineinhalb Stunden. Festes Schuhwerk sowie warme Bekleidung werden empfohlen; die Temperatur im Stollen beträgt ganzjährig ca. 8° Celsius. Sm

## Heimatmuseum

Am Kurpark 4, 37449 Zorge (Harz) **Telefon** (0 55 86) 15 90 (Bauersfeld) o. 84 77 (Christ) **Geöffnet** April – Sept. Di. u. Do. 16 – 18, Sa. u. So. 10 – 12, Okt. – März Sa. u. So. 10 – 12 Uhr **Eintritt** 2,50 DM (~ 1,28 €); Ermäßigungen
**Träger** Förderkreis Heimatmuseum Zorge e.V. **Leiter** Hans Bauersfeld

Die Ortsgeschichte der letzten 200 Jahre wurde wesentlich bestimmt vom Erzbergbau und von der Produktion der Zorger Hütte, der bedeutendsten Eisenhütte des Braunschweiger Landes vor 1845. Neben zahlreichen gusseisernen Maschinen, Öfen und Küchengeräten wird an die älteste Lokomotive „Zorge" erinnert, die hier 1842 für die Braunschweigische Staatseisenbahn gebaut wurde. Das Museum gibt Einblicke in das Oberharzer Alltagsleben und Handwerk. Ein Hörspaß ist das früher jährlich durch einen erfahrenen „Kuhglockenstimmer" in F-Dur gestimmte Geläute, mit dem die Rinder auf die Harzwiesen getrieben wurden. He

# Weserbergland

## Heimatstube Bad Eilsen

Bückeburger Straße 2 (Haus des Gastes), 31707 Bad Eilsen **Telefon** (0 57 22) 8 53 72 **Fax** (0 57 22) 8 86 51 **Geöffnet** Mo., Di. u. Fr. 9 – 12 u. 15 – 17, Mi. 15 – 17, Do. 9 – 12, Sa. 10 –12 Uhr; Nov. – Febr. Fr. nachm. u. Sa. geschlossen **Eintritt** frei **Service** Café **Träger** Gemeinde Bad Eilsen **Leiter** Horst Rinne

Im Haus des Gastes ist die private Sammlung des ehemaligen Badearztes Dr. Horst Merckens zu besichtigen. Zwei Schaumburger Trachten, zahlreiches Zubehör und Trachtenschmuck ziehen den Blick auf sich. Weitere Schwerpunkte sind die Ortsgeschichte mit Dokumenten und Fotos sowie die Entwicklung des Badeortes, der Ende des 18. Jh. von Fürstin Juliane zu Schaumburg-Lippe begründet wurde. He

## Museum im Wettbergschen Adelshof

Kellerstraße 13, 31848 Bad Münder **Telefon** (0 50 42) 5 22 76 (Salzmann) u. (0 50 42) 32 49 (Meier) **Geöffnet** So. 15 – 18 Uhr; Dez. bis einschl. März geschlossen **Eintritt** frei **Träger** Heimatbund Niedersachsen / Ortsgruppe Bad Münder **Leiter** Diethard Salzmann und Michael Meier

Das Museum nutzt für die Präsentation seiner Sammlungen das Ambiente eines Burghofs von 1575 mit imposantem Wendeltreppenturm. Im Gewölbekeller des Weserrenaissancebaus ist ein Lapidarium mit Architektursteinen des 14. bis 18. Jh. untergebracht, im Mittelgeschoss u.a. eine Mineraliensammlung. Das Obergeschoss ist Aspekten der Stadt- und Wirtschaftsgeschichte vorbehalten. Schwerpunkte bilden Keramikfunde aus der Zeit von 1250 bis ca. 1900, Beispiele der Weiß- und Blauglasproduktion aus den ehemals fünf ortsansässigen Glashütten und Exponate zur Geschichte der Salzgewinnung. Besondere Beachtung verdient eine Dokumentation zur Bauforschung in Bad Münder. Für das Jahr 2001 sind eine Überarbeitung und Neuinterpretation geplant. Mß

## Agnes-Miegel-Haus

Agnes-Miegel-Platz 3, 31542 Bad Nenndorf **Telefon** (0 57 23) 91 73 17 (Anrufbeantworter Hausbetreuer Rudloff) **Fax** (0 57 23) 91 49 67 **Geöffnet** So. 10 – 12.30, Mi. 15 – 17 Uhr **Eintritt** frei **Träger** Agnes-Miegel-Gesellschaft e.V. **Leiterin** Dr. Christa Benz (Vors.)

Das 1974 eröffnete Museum ist dem Andenken an die aus Ostpreußen stammende Schriftstellerin Agnes Miegel (1879 – 1964) gewidmet und befindet sich in jenem Haus, in dem sie von 1953 bis zu ihrem Tod lebte. Ihr Arbeits- und Wohnzimmer wurde im Originalzustand belassen. Die übrigen Räume zeigen persönliche Erinnerungsstücke und den literarischen Nachlass der Dichterin. Mß

Museum im Schloß Bad Pyrmont, Kratervase, Berlin KPM, um 1806/07

## Museum im Schloß Bad Pyrmont

Schloßstraße 13, 31812 Bad Pyrmont **Telefon** (0 52 81) 9 49 - 2 48 **Fax** (0 52 81) 9 69 - 1 26 **Geöffnet** Di. – So. 10 – 17 Uhr **Eintritt** 3,50 DM (~ 1,79 €); Ermäßigungen **Service** Aufzug **Träger** Stadt Bad Pyrmont **Leiter** Dr. Dieter Alfter

Das Museum der Stadt Bad Pyrmont ist Herzstück einer imposanten Festungsanlage mit Graft, Wällen, Kasematten und Eckbastion aus dem 16. Jh. sowie einem Schloss aus der Barockzeit (1706 – 1710). Es beherbergt die stadt- und badgeschichtlichen Sammlungen. Das Ausstellungskonzept überzeugt durch seine Konzentration auf einen wesentlichen Aspekt der Ortsgeschichte: die Bedeutung der Heilquellen für die Entwicklung der Stadt. Am Anfang des Rundgangs steht eine Einführung in die geologischen Bedingungen des Pyrmonter Tals mit seinen Quellen. Prunkstück der prähistorischen Abteilung ist der Pyrmonter Brunnenfund aus dem 1. Jh. n. Chr., dessen kunstvoll emaillierte Schöpfkelle zusammen mit mehr als 200 provinzialrömischen und germanischen Bronzefibeln auf die frühe Anziehungskraft der Quellen hinweist. In den folgenden Räumen wird die Weiterentwicklung Pyrmonts vom Badeort des 16. Jh. (Wundergeläuf von 1556) über seine Funktion als eines der führenden Modebäder Europas im späten 17. und 18. Jh. (Fürstensommer 1681) bis zu seinem Renommee als modernem Kurort im 19. und 20. Jh. anschaulich dargestellt. Die Fest- und Wohnräume in der Beletage dienen

Museum im Schloß Bad Pyrmont

als historische Schauräume und Gemäldegalerie mit Werken des 18. und 19. Jh., darunter Gemälde von Johann Heinrich Tischbein d.Ä. In den vergangenen Jahren hat sich das Museum mit vorzüglichen Sonderausstellungen überregional einen Namen gemacht, u.a. mit einer vielbeachteten Zar-Peter-Ausstellung, aber auch mit seinen alljährlichen Präsentationen zum Thema „Kinderbuchillustrationen". MB

## Heimatmuseum im Weserrenaissance-Schloß Bevern

37639 Bevern **Telefon** (0 55 31) 82 96 0. 9 94 40 **Fax** (0 55 31) 99 40 20 **Geöffnet** April – Okt. So. u. feiertags 10 – 12, 15 – 17 Uhr **Eintritt** frei **Service** Schlossrestaurant **Träger** Flecken Bevern **Leiterin** Felicitas Böhm

Das 1978 eingerichtete Museum ging aus privater und vom Heimatverein erweiterter Sammlung hervor. Dargestellt wird die wechselvolle Geschichte von Schloss und Flecken Bevern unter besonderem Hinweis auf den Erbauer des Schlosses im 16. Jh., Statius von Münchhausen, und auf die Herzöge von Braunschweig-Bevern. Bäuerlicher Hausrat, landwirtschaftliches Gerät und dörfliches Handwerk nehmen großen Raum ein, ergänzt durch Darstellungen zum Vereins-, Post- und Telegrafenwesen. Schlossfest und Sonderausstellungen. He

Münchhausen- und Heimatmuseum Bodenwerder, Sergej Alimov, Das Pferd am Kirchturm, 1988 (Leihgabe der Niedersächsischen Sparkassenstiftung)

## Münchhausen- und Heimatmuseum Bodenwerder

Münchhausenplatz 1, 37619 Bodenwerder **Telefon** (0 55 33) 4 05 - 41 **Fax** (0 55 33) 4 05 - 40 **E-Mail** Museum@bodenwerder.de o. touristinformation@bodenwerder.de **Internet** www.bodenwerder.de **Geöffnet** April – Okt. tägl. 10 – 12, 14 – 17 Uhr **Eintritt** 2,– DM (~ 1,02 €); Ermäßigungen **Service** Behindertenzugang **Träger** Stadt Bodenwerder **Leiterin** Thekla Gehrmann M.A.

Im Herrenhaus (erbaut 1603–1609) des von Münchhausenschen Gutshofes zeigt das 1937 eingerichtete Erinnerungszimmer Dokumente zum Leben von Hieronymus Karl Friedrich Freiherr von Münchhausen. Auch die Buchgeschichte der „Wunderbaren Reisen ...“ wird hier dargestellt. Einen besonderen Reiz erhält der Besuch durch den lebendigen Vortrag der Museumsmitarbeiter.
Im nahe gelegenen Heimatmuseum wird in die Stadtgeschichte Bodenwerders eingeführt, ergänzt durch die Themen Archäologie, Weserschifffahrt und örtliches Handwerk (u.a. Uhrmacher, Steinmetz, holzbearbeitende Berufe und Zigarrenmacherei). Verschiedene kleine Sammlungen (Zinngerät, Maße und Gewichte, Postgeschichte u.a.) runden das Spektrum ab. He

Museum für Landtechnik und Landarbeit

## Museum für Landtechnik und Landarbeit

Frenker Straße 22, 31860 Emmerthal-Börry **Telefon** (0 51 57) 2 09 (Brockmann) o. (0 51 55) 69 29 (Hoth) **Geöffnet** April – Okt. Di. – Sa. 13 – 17, So. 10 – 17 Uhr **Eintritt** 2,– DM (~ 1,02 €), Ermäßigungen; Führungen nach Voranmeldung: 20,– DM (~ 10,23 €) **Service** Museumscafé, Telefon (0 51 57) 13 70 **Träger** Gemeinde Emmerthal **Leiter** Martin Delker

Das Museum in Börry besteht aus einem denkmalgeschützten Ensemble von sechs Gebäuden: einer Kirche, einem Pfarrhaus, einem Ziegelbau sowie den Wohn- und Wirtschaftshäusern einer Hofanlage des 19. Jh. Ziel des Museums ist es, anhand von Originalgeräten und -maschinen die Mechanisierung und Technisierung der Landwirtschaft in der Region anschaulich darzustellen. Die Kirche wird zeitweise noch für Gottesdienste, sonst als Vortrags- und Sonderausstellungsraum genutzt. In der Scheune stehen Geräte zum Rüben-, Kartoffel- und Getreideanbau, und das Wohnhaus zeigt die Themen Viehhaltung, Milchverwertung, Mineraldüngung, Hauswirtschaft, dörfliches Handwerk, Geschirrkammer, Hausschlachtung und Wiesenwirtschaft. Im Obergeschoss schließt sich eine Sammlung bäuerlicher Textilien an. Abgerundet wird die Ausstellung durch die Präsentation alter landwirtschaftlicher Nutzfahrzeuge auf dem Freigelände hinter dem Backhaus (Museumscafé). MS

## Glasmuseum Boffzen

Bahnhofstraße 9 c, 37691 Boffzen **Telefon** (0 52 71) 4 99 09 (während der Öffnungszeiten) 0. 95 60 24 **Fax** (0 52 71) 55 21 **E-Mail** sg@boffzen.de **Internet** www.boffzen.de **Geöffnet** April – Okt. Mi. u. So. 14 – 17 Uhr **Eintritt** 2,– DM (~ 1,02 €); Ermäßigungen **Träger** Gemeinde Boffzen **Betreuerin** Sabine Meyer von Wolff

Das Museum dokumentiert die Geschichte der örtlichen Glasindustrie, die auf eine 500-jährige Glasmachertradition zurückgeht. Die Ausstellung beschränkt sich auf die Entwicklung zur Zeit der Industrialisierung (seit ca. 1840).
In Boffzen wurden während dieser Zeit überwiegend Haushaltsglas sowie Gebrauchsglas für den gewerblichen und industriellen Bedarf gefertigt. Einen Schwerpunkt der Ausstellung bildet Pressglas. Die Glasherstellung wird durch Geräte, Formen und Modelle aus örtlichen Betrieben veranschaulicht. Die breite Produktpalette umfasst Karaffen und Weingläser, fast die gesamte deutsche Bierglasproduktion der 1950er und 1960er Jahre, farbige Siphonflaschen für den Export nach den USA, Einmach- und Apothekengläser u.a.m. Liebevoll bemalte Einzelstücke für den Eigenbedarf zeugen vom Selbstbewusstsein der angesehenen Glasmacher. Sonderausstellungen (moderne Kunst) bereichern das Angebot. He

Glasmuseum Boffzen, bemalte Glaskaraffe 1930er bis 1960er Jahre

Hubschraubermuseum, Vertol V 43, H – 21 C, Antrieb: Kolbenmotor 1122 kW/2800 U/min, Auftrieb: Tandemrotor, Aufgabe: Mittl. Transporthubschrauber

## Hubschraubermuseum

Sabléplatz 6, 31675 Bückeburg **Telefon** (0 57 22) 55 33 **Fax** (0 57 22) 7 15 39 **E-Mail** hubmus@t-online.de **Internet** www.hubschraubermuseum.de **Geöffnet** täglich 9 – 17 Uhr **Eintritt** 7,– DM (~ 3,58 €); Ermäßigungen **Service** Behindertenzugang **Träger** Hubschrauberzentrum e.V. Bückeburg, Verein zur Förderung des Hubschraubermuseums Bückeburg **Geschäftsführer** Gerhard Lange

Historische Architektur und weitläufige Ausstellungshallen verbinden sich in diesem Spezialmuseum zu einer attraktiven besucherfreundlichen Einrichtung, die auch Rollstuhlfahrern sehr entgegenkommt. Auf ca. 2500 m² Fläche zeigt die Ausstellung anhand von mehr als 40 Originalhubschraubern die historisch-technische Entwicklung der Drehflügler. Der Rundgang beginnt mit einer reizvollen Modellsammlung aller jemals erfundenen rotorgetriebenen Fluggeräte, die Bewunderung und Schmunzeln über die Gedanken und Irrtümer der einstigen Konstrukteure hervorruft. Im Umwenden fällt der Blick auf die 1936 gebaute legendäre Focke-Wulf FW 61, den ersten wirklich brauchbaren Hubschrauber des Bremer Konstrukteurs Henrich Focke.

Technisch interessierten Besuchern erschließt sich mühelos die weitläufige Ausstellung von den Anfängen bis zum modernsten Stand der technischen Entwicklung. Einige Modelle lassen sich auf Knopfdruck in Bewegung setzen. Entsprechend dem internationalen Publikum sind Informationen in der Ausstellung z.T. dreisprachig (dt., engl., frz.) vorhanden. Die Möglichkeit, Exponate zu berühren oder sogar in einem Hubschrauber Platz zu nehmen, musste wegen zu starker Beschädigung der Objekte untersagt werden. Doch kommen alle Besucher auf ihre Kosten, nicht zuletzt wegen des informativen Videofilms, der einführend oder abschließend den Museumsbesuch ergänzt. He

## Landesmuseum für schaumburg-lippische Geschichte, Landes- und Volkskunde

Lange Straße 22, 31675 Bückeburg **Telefon** (0 57 22) 48 68 **Fax** (0 57 22) 48 41 **Internet** Schaumburg-Lippischer-Heimatverein.de **Geöffnet** Di. – So. 11 – 16.30 Uhr **Eintritt** 3,– DM (1,50 €); Ermäßigungen **Service** Aufzug, Rampe **Träger** Schaumburg-Lippischer Heimatverein e.V. **Leiterin** Dr. Roswitha Sommer

Im alten Burgmannshof (erbaut um 1550) sind historische Bausubstanz und behindertengerechte Ausstattung gelungen in Einklang gebracht worden. Zentrales Thema der Ausstellung sind die vielfältigen Trachten der Region, die Friller, Bückeburger und Lindhorster Trachten, sowie das mit ihrer Anfertigung befasste Handwerk: Schuhmacher, Blaudrucker, Näherin und Stickerin. Deutlich werden die feinen Unterschiede der Trachtdetails und ihre Bedeutung im Lebenslauf der früheren Besitzer. Feine Bückeburger Glasperlenarbeiten, filigraner Silberschmuck und Hornschnitzereien sind eine Augenweide.
Erinnert wird an die „Bückeburger Jäger", ebenso an die dem Fürstenhof verbundenen Gelehrten und Künstler. Technisch Interessierte wird eine Sammlung von Vermessungsgeräten faszinieren, und in jährlich wechselnden Ausstellungen wird die Stadtentwicklung Bückeburgs beleuchtet. He

## Schloß Bückeburg und Mausoleum

Schloß, 31675 Bückeburg **Telefon** (0 57 22) 50 39 **Fax** (0 57 22) 95 58 58 **Geöffnet** April – Sept. tägl. 9.30 – 18, Okt. – März 9.30 – 17 Uhr; Mausoleum: April – Okt. tägl. 10 – 17 Uhr **Service** Parkcafé **Eintritt** Schloss 8,– DM (~ 4,09 €), Mausoleum 4,– DM (~ 2,05 €); Ermäßigungen **Träger** Fürstliche Schlossverwaltung **Ansprechpartner** Herr Kellermeier

Die erstmals im 14. Jh. erwähnte Burg entwickelte sich über Jahrhunderte zu einer repräsentativen Schlossanlage mit breitem Schlossgraben. Die ehemalige Residenz ist heute noch Sitz des Fürstenhauses Schaumburg-

Schloß Bückeburg

Lippe. Im Rahmen geführter Rundgänge ist ein Teil der historischen Räume mit Einrichtungen und Gemälden zu besichtigen.
Nach kurzem Spaziergang durch den schönen, im Stil eines englischen Landschaftsgartens angelegten Schlosspark erreicht man das Mausoleum, das sich der letzte regierende Fürst Adolf 1911 – 1915 erbauen ließ (Entwurf Paul Baumgarten, Berlin). Im Innern des eindrucksvollen Baus befindet sich in 25 m Höhe die größte Goldmosaikkuppel Europas. He

## Museum in der Burg Coppenbrügge

Schloßstraße 1, 31836 Coppenbrügge **Telefon** (0 51 56) 86 23 **Fax** (0 51 56) 70 27 **Geöffnet** Di. 17 – 19, So. 14 – 16 Uhr **Eintritt** frei **Service** Shop **Träger** Museumsverein Coppenbrügge e.V. **Leiter** Gernot Hüsam (0 51 56) 82 92

Von der um 1300 erbauten Wasserburg der Grafen von Spiegelberg blieb nach ihrem Abriss im 19. Jh. das Amtsgericht als einziges Gebäude erhalten. Es beherbergt heute das Coppenbrügger Museum. Mehrjährige, allerdings noch nicht abgeschlossene Renovierungsmaßnahmen ließen eine schon weitgehend modern gestaltete Ausstellung zu folgenden Themen entstehen: Naturkunde von Ith und Osterwald, Töpferei, Schuhmacherei, Leinenweberei, Orts- und Burggeschichte mit besonderer Akzentuierung des Aufenthalts von Zar Peter dem Großen im Jahr 1697 in Coppenbrügge. Ein Spezifikum des Museums ist die Sammlung zur Wallfahrtsgeschichte am Ith und zur Verehrung der „Spiegelberger Madonna". Mß

Museum in der Burg Coppenbrügge

## Dorfmuseum Delligsen

Rote Straße 1, 31073 Delligsen **Telefon** (0 51 87) 14 24 (Heise) **Geöffnet** jeden 1. Mi. im Monat 16 – 18 Uhr **Eintritt** frei **Träger** Heimatverein Delligsen e.V. **Leiter** Friedrich Heise

Das Museum im ehemaligen Schulgebäude gibt mit Mobiliar, Hausrat und zahlreichen historischen Fotos Einblicke in die dörfliche Lebenswelt vergangener Zeiten. Zur Geschichte und Produktion der Carls-Hütte, einer seit 1735 bis vor wenigen Jahren bestehenden Eisengießerei, ist eine schöne Sammlung gusseiserner Öfen und Gebrauchsgegenstände zusammengetragen. Im Dachgeschoss werden Leineweberei, Haus- und Landwirtschaft sowie verschiedene örtliche Handwerke ausgestellt. He

## Turmuhrenmuseum Delligsen

Rote Straße 13, 31073 Delligsen **Telefon** (0 51 81) 28 01 82 (Knippenberg) **Geöffnet** n.V. **Eintritt** frei **Träger** Flecken Delligsen **Leiter** Axel Knippenberg

Das Museum präsentiert eine hervorragende Sammlung von über 50 Turmuhren aus ganz Deutschland, an der sich ihre Geschichte seit dem ausgehenden 18. Jh. bis zur Aufgabe der Fertigung mechanischer Turmuhren um 1965 verfolgen lässt. In unserer Epoche der satellitengesteuerten Zeitmessung wird dem Besucher hier bewusst, dass das Zeitempfinden der Menschen sich jahrhundertelang nach dem Sonnenstand richtete und handgeschmiedete Turmuhren mit Schlagwerk ohne Zifferblatt ausreichende Genauigkeit boten. Erst mit der Industrialisierung und Schichtarbeit für viele Menschen kam die Entwicklung präziserer Turmuhren in Gang. Neben zahlreichen Uhren der berühmten Firma Weule aus Bockenem sind besondere Seltenheiten zu sehen, wie etwa der Freischwinger des Münchener Konstrukteurs J. Mannhardt. He

Turmuhrenmuseum Delligsen, Turmuhr, Mannhardt, München, um 1900

## Töpfermuseum Duingen

Töpferstraße 9, 31089 Duingen **Telefon** (0 51 85) 6 09 - 0 (Gemeinde) o. 61 73 (Becker) **Geöffnet** So. 15 – 17 Uhr **Eintritt** frei **Träger** Flecken Duingen **Leiter** Friedrich Becker

Duingen war der Mittelpunkt der „Pottland" genannten Region und neben dem Rheinland und Sachsen eines der bedeutenden Zentren der Steinzeugproduktion in Deutschland. Die Ausstellung hält die Erinnerung an das über viele Jahrhunderte im Ort dominierende Töpfereihandwerk wach. Überwiegend Grabungsfunde dokumentieren die Produktionsentwicklung von mittelalterlichen Irdenwaren und frühen Steinzeugen mit Eisenengobe. Sie werden ergänzt durch Zubehör und Werkzeug aus alten Töpfereibetrieben. Aus dem 17. und 18. Jh. stammt salzglasiertes Steinzeug, u.a. Bierkrüge, Bartmannskrüge und Flaschen, oft mit dekorativen Modelauflagen. Im 19. Jh. begann die Herstellung von einfacher Massenware für Apotheken und Haushalte. Die Töpfereitradition brach Ende des 19. Jh. mit dem Aufkommen von preiswertem Geschirr aus anderen Materialien ab. He

## Museum „Raabe-Haus"

Raabestraße 5, 37632 Eschershausen **Telefon** (0 55 34) 39 69 (Reuther) **Fax** (0 55 34) 99 97 68 **Geöffnet** Mai – Sept. Mo. – Fr. 10 – 12, 14 – 15, jeden 2. u. 4. So. im Monat 14 – 16, Okt. – April Mo. – Fr. 10 – 12, jeden 2. u. 4. So. im Monat 14 – 16 Uhr; feiertags geschlossen **Eintritt** 3,– DM (~ 1,53 €); Ermäßigungen **Träger** Stadt Eschershausen

Eschershausen ist die Geburtsstadt des großen deutschen Erzählers Wilhelm Raabe (1831 – 1910). Seine Kindheit und Jugend im Weserbergland beeinflussten sein Gesamtwerk bis ins Alter. Eine attraktive, Ende 1999 neu eröffnete Ausstellung in seinem Geburtshaus erlaubt einen umfassenden, vielschichtigen Einblick in das Leben, in Gedanken und Werk des Dichters. He

## Stift Fischbeck

31840 Hessisch-Oldendorf **Telefon** (0 51 52) 86 03 **Fax** (0 51 52) 9 82 99 **Internet** home.t-online.de/silvia.kurre/home.htm. **Geöffnet** das Stift kann nur im Rahmen einer Führung besichtigt werden. Führungen: Di. – So. 14 – 16, Di. u. Fr. auch 9.30 Uhr **Eintritt** 4,– DM (~ 2,05 €); Ermäßigungen **Träger** Stiftskapitel **Leiterin** Äbtissin Silvia Kurre

Das Stift Fischbeck wurde 955 als „freiweltliches" Damenstift gegründet und nach Einführung der Reformation in ein evangelisches Stift umgewandelt. Die Stiftskirche entstand im 12. Jh. als flachgedeckte kreuzförmige Basilika mit mächtigem Westriegel, ausladendem Querschiff, reichgegliedertem Chor- und Apsidenschluss und einer Hallenkrypta. Behutsame Restaurierungsarbeiten lassen die unverfälschten romanischen Bauformen bis heute hervortreten. Zur erhaltengebliebenen vorreformatorischen Ausstattung der Kirchenräume gehören ein wertvolles Kopfreliquiar (um 1170), das im hannoverschen Kestner-Museum aufbewahrt

Stift Fischbeck, Wandteppich mit Darstellung der Stiftslegende, 1583

wird, ein hölzernes Triumphkreuz (um 1254), eine farblich gefasste Holzfigur der Stifterin Helmburg (um 1300), ein Adlerlesepult (Mitte 14. Jh.) und das lebensgroße Holzbildwerk „Christus im Elend" (Ende 15. Jh.). Aus nachreformatorischer Zeit stammen der Fischbecker Wandteppich von 1583 – vermutlich die Nachbildung eines verloren gegangenen Bildteppichs aus der Zeit um 1300 mit der Darstellung der Stiftslegende –, ein Taufstein (1615), der Altaraufbau (1709), die Kanzel (1710) und der große Orgelprospekt (1734). Mß

## Museum im Schloß Porzellanmanufaktur Fürstenberg

Schloß, 37699 Fürstenberg (Weser) **Telefon** (0 52 71) 40 11 61 o. 40 11 63 **Fax** (0 52 71) 40 11 00 **Geöffnet** 13. Jan. – März Sa. u. So. 10 – 17, April – Okt. Di. – So. 10 – 17, Nov. – 23. Dez. Sa. u. So. 10 – 17 Uhr **Eintritt** 6,– DM (~ 3,07 €); Ermäßigungen **Service** Aufzug, Café Lottine, Porzellan im Schloß **Träger** Porzellanmanufaktur Fürstenberg **Leiterin** Dr. Beatrix Frfr. v. Wolff Metternich

Das Museum im alten, schön restaurierten Schloss Fürstenberg wurde 1957 an der Stelle eingerichtet, die Herzog Carl I. von Braunschweig am 11. Januar 1747 zum Sitz der Porzellanmanufaktur bestimmt hatte. Seither fanden viele alte Service und Figuren den Weg an den Ort ihrer Herstellung zurück.

Wer sich nicht nur von der Schönheit der Fürstenberger Produktion gefangen nehmen lassen will, ist gut beraten, vor dem Ausstellungsrundgang in einem separaten Raum einen Videofilm zur Geschichte und Herstellung von Porzellan anzusehen oder an einer Führung teilzunehmen. In der Ausstellung selbst nämlich findet sich wenig Hintergrundinformation.

Museum im Schloß, Porzellanmanufaktur Fürstenberg

In einem karg und nüchtern wirkenden Raum wird der traditionelle, noch stark von Handarbeit geprägte Produktionsablauf erläutert. Hier finden auch regelmäßige Vorführungen statt. Umso stärker empfinden Besucher den Kontrast beim Betreten der Säle mit herrlichem Weserblick, in denen die kostbare Sammlung aufgestellt ist. Hier sind Service aus allen Stilepochen seit dem Rokoko versammelt, dazu figürliche Meisterwerke der Modelleure Simon Feilner und Jean Desoches; ebenso Porzellanmalerei von Pascha Weitsch und Christian Eli. Inszenierungen moderner Tischkultur setzen die Traditionslinie fort. Im Obergeschoss des Schlosses ist eine moderne Verkaufsausstellung zu besichtigen. He

## Erich-Mäder-Glasmuseum und Glasmacherhaus

Am Park 2 (Glasmuseum), Kirchtalstraße 13 (Glasmacherhaus), 31073 Delligsen-Grünenplan **Telefon** (0 51 87) 72 08 (Verkehrsamt), (0 51 87) 7 71 - 3 51 o. 72 08 (Führungen) **Geöffnet** So. 14 – 17 ganzjährig, Mai – Sept. Di. u. Do. 14 – 16 Uhr **Eintritt** 2,– DM (~ 1,02 €) **Service** Glasmacherhaus ebenerdig **Träger** Flecken Delligsen/ Deutsche Spezialglas AG

Umfangreiche Bodenfunde aus historischen Glashütten und eine vom ehemaligen Direktor der Deutschen Spiegelglas AG, Erich Mäder, durch Ankäufe sehr bereicherte Sammlung bilden den Kernbestand. Das Museum zeigt seine Sammlungen in zwei Häusern: Im Glasmuseum werden die 600-jährige Geschichte und Produktionstechnik der mittelalterlichen und frühneuzeitlichen Waldglashütten aus dem Hils erläutert. Die Glasmacherkunst von der Antike bis zur Gegenwart wird anhand einer Sammlung von schönen Trinkgläsern aller Stilepochen dargestellt. Ein „Europäischer Glasmarkt" am „Tag des offenen Denkmals" (2. Sonntag im September) zieht zahlreiche Besucher an.

Im Glasmacherhaus werden die Gründung der Grünenplaner Glashütte 1744 (fürstliche Spiegelglashütte unter Herzog Carl I. von Braunschweig) und ihre Entwicklung bis zur modernen Produktion der Deutschen Spezialglas AG (DESAG) auf zahlreichen Schautafeln gezeigt. Werkzeuge und Werkstücke sowie eindrucksvolle Fotos beleuchten die Arbeit auf der Hütte und das Leben der Hüttenarbeiter. Im Obergeschoss finden interessierte Besucher eine schöne Darstellung eines ungewöhnlichen Nebenerwerbs in Grünenplaner Glasmacherfamilien: die Zucht von Kanarienvögeln und der europaweite Handel mit den gefiederten Sängern. He

## Schloß Hämelschenburg

Schloßstraße 2, 31860 Emmerthal-Hämelschenburg **Telefon** (0 51 55) 97 08 - 41 **Fax** (0 51 55) 97 08 - 42 **Geöffnet** April – Okt. Di. – So. 10 – 17 Uhr; Führungen jeweils zur vollen Stunde **Eintritt** 9,– DM (~ 4,60 €); Ermäßigungen **Service** Schlosscafé, Museums-Shop **Träger** Lippold von Klencke

Seit 1437 ist die Hämelschenburg nachweislich im Besitz der Familie von Klencke. Die heutige Schlossanlage, ein prächtiger Dreiflügelbau von 1588, ließen Jürgen Klencke und Anna von Holle als Wasserburg errichten. Sie gilt als Hauptwerk der Weserrenaissance. Das Innere des Schlosses wurde Ende des 19. Jh. umgestaltet. Ausstattung und Funktion einiger Räume sind jedoch unverändert aus der Erbauungszeit erhalten geblieben. Der Rundgang durch Süd- und Mittelflügel des Schlosses zeigt Mobiliar verschiedener Stilepochen, Kunstwerke, Gebrauchsgegenstände, Waffen und eine Bibliothek. Darüber hinaus wird die 550-jährige Geschichte der Familie geschildert. Zur vollständig erhaltenen Renaissanceanlage gehören außerdem eine Kirche, eine Schmiede, eine Wassermühle, der Minnegarten und mehrere Wirtschaftsgebäude. Mß

Schloß Hämelschenburg

## Museum Hameln
## Leisthaus und Stiftsherrenhaus

Osterstraße 9, 31785 Hameln, und Degener Straße, 31789 Hameln-Tündern (Außenstelle) **Telefon** (0 51 51) 2 02 - 2 15 **Fax** (0 51 51) 2 02 - 8 15 **Internet** www.hameln.de **Geöffnet** Di. – So. 10 – 16.30 Uhr; Außenstelle Tündern n.V. **Eintritt** 4,– DM (3,00 € ab 2002); Ermäßigungen **Service** „museumscafé" im Stiftsherrenhaus, Telefon (0 51 51) 2 15 53 **Träger** Stadt Hameln / Museumsverein Hameln e.V. **Leiterin** Dr. Gesa Snell

Zwei besonders prächtige Weserrenaissancebauten, das Leisthaus (1585–1589) und das Stiftsherrenhaus (1548), beherbergen die vielfältigen Sammlungen des Hamelner Museums zur Stadt- und Kulturgeschichte des Mittelweserraums. Die von Touristen sicher meistbesuchte Abteilung dürfte wohl die Ausstellung zur Rattenfängersage sein. Sie soll künftig noch stärker betont und zum Rahmen der in sie eingebundenen Stadtgeschichtsabteilung ausgebaut werden. Weitere Schwerpunkte der Dauerausstellung bilden die systematisch aufbereiteten Präsentationen zu folgenden Themen: Ur- und Frühgeschichte, Militärhistorie von ca.

Museum Hameln

1550 bis 1945, bürgerliche Wohnkultur des 19. Jh., städtisches Handwerk (u.a. Zinngießerei, Töpferei und Silberschmiede), Lauensteiner Glas, Kirchengeschichte und Weserschifffahrt. Für Numismatiker wird die Münzsammlung von besonderem Interesse sein (Hamelner Münze 1170 – 1672, Braunschweig-Lüneburg, Kurfürstentum und Königreich Hannover). Ein Unikum stellt die erst seit kurzem gezeigte Stocksammlung dar.
In der Außenstelle des Museums, einer ehemaligen Scheune im Ortsteil Tündern, wird die Sammlung bäuerlichen Kulturguts aufbewahrt und Besuchern nach Voranmeldung zugänglich gemacht. MB

## Der Kunstkreis Hameln
## Rolf-Flemes-Haus

Rathausplatz 4, 31785 Hameln **Telefon** (0 51 51) 30 70 **Geöffnet** Mi. u. Do. 10 – 13, 14 – 17, Fr. – So. 10 – 13 Uhr während der Ausstellungen **Eintritt** frei **Träger** Gesellschaft zur Förderung der bildenden Künste e.V. **Leiter** Dr. Norbert Humburg (Vors.)

## Heimatmuseum Auetal

Langenfelder Straße 47, 31749 Auetal-Hattendorf **Telefon** (0 57 52) 5 95 (Buchta) o. 3 50 (Ackmann) **E-Mail** auetalermuseum@aol.com **Internet** heimatmuseum-auetal.de **Geöffnet** Mai – Okt. jeden 1. u. 3. So. im Monat 15 –17 Uhr **Eintritt** frei **Träger** Verein für Heimatpflege Auetal e.V. und Gemeinde Auetal
**Leiter** Jörg Landmann

Das 1984 gegründete und engagiert betreute Museum nimmt sich der Überlieferung der 16 Dörfer umfassenden Gemeinde Auetal an. Neben Sammlungen der bäuerlichen Land- und Hauswirtschaft ist eine Abteilung dem Flachsanbau und der Leineweberei gewidmet. Die örtlichen Handwerke (Sattlerei, Schneiderei, Schmiede und Stellmacherei) erwachen jährlich an Tagen der offenen Tür zum Leben. Der Postgeschichte im Auetal gilt ein sehenswerter Ausstellungsbereich. Eine besondere Attraktion ist die einzige historische Schulstube des Schaumburger Landes aus dem Jahr 1920, in der Schulklassen auf Wunsch zeitgenössischen Unterricht erleben können. He

## Heimat- und Schiffahrtmuseum Heinsen

Weserstraße 21, 37649 Heinsen **Telefon** (0 55 35) 6 04 (Theiler) **Geöffnet** Mai – Okt. So. 15 – 16 Uhr **Eintritt** frei **Träger** Heimat- und Kulturverein Heinsen e.V.
**Leiter** Hans Joachim Theiler

Das kleine Museum dokumentiert Topografie und Geschichte des Ortes; Fotos und Modelle erinnern an die enge Verbindung der Heinsener Bevölkerung mit der Schifffahrt und an die Flößerei auf der Oberweser. He

Puppen- und Spielzeugmuseum Holzminden, Googlie-Puppe mit Melonenmund, Kestner, um 1914

## Puppen- und Spielzeugmuseum Holzminden

Oberbachstraße 45, 37603 Holzminden **Telefon** (01 72) 5 66 61 35 o. (0 55 31) 94 81 87 **Fax** (0 55 31) 94 81 86 **Geöffnet** April – Okt. Di. u. Fr. 9.30 – 12.30 u. 15.30 – 18, Do. 15.30 – 18, Sa. 10 – 13 Uhr **Eintritt** 3,– DM (~ 1,53 €); Ermäßigungen **Träger** u. **Leiter** Heinz Kokot

In diesem privaten Museum schlägt das Herz der Puppenliebhaber und -sammler höher. In der den Besucherwünschen entsprechenden, beabsichtigten „Unordnung" eines Kinderzimmers präsentiert sich eine in fast 30 Jahren zusammengetragene wertvolle Sammlung von Spielzeug der letzten 150 Jahre.
Gezeigt werden Porzellanpuppen (ab 1869), Charakterpuppen, Puppen verschiedener namhafter Hersteller, Theaterpuppen, Stofftiere und Teddys bis 1955. Reizvoll sind auch eingerichtete Puppenstuben, Blechspielzeug, alte Spiele und Kinderbücher. Die sparsamen Beschriftungen ergänzt der Museumsleiter durch sachkundige Erläuterungen und bietet auf Anfrage auch schon einmal Puppenreparaturen an. He

## Stadtmuseum Holzminden

Bahnhofstraße 31, 37603 Holzminden **Telefon** u. **Fax** (0 55 31) 62 02 **E-Mail** MuseumHolzminden@t-online.de **Geöffnet** tägl. 14 – 16.30 Uhr **Eintritt** 3,– DM (~ 1,53 €); Ermäßigungen **Träger** Stadt Holzminden **Leiter** Dr. Matthias Seeliger

Im schönen Gebäude der ehemaligen Reichsbank präsentiert sich anschaulich und übersichtlich die Geschichte der Stadt Holzminden, wobei die Darstellung nicht zuletzt durch die Einbeziehung von Beständen des

Stadtmuseum Holzminden, mehrfarbig unterlegter Scherenschnitt von Dorothea Brockmann (* 1899 Holzminden), um 1930

Stadtarchivs reizvoll und ungewöhnlich wirkt. Beleuchtet werden das Gilden- und Vereinswesen und die bürgerliche Kultur des 19. und frühen 20. Jh. Besondere Exponate illustrieren den familiären Lebenslauf von der Geburt bis zum Tod. Kindheit und Schule, die Geschichte der jüdischen Bürger Holzmindens, die traditionsreiche Baugewerbeschule und Einblicke in die Geschichte einiger örtlicher Betriebe sind weitere Schwerpunktthemen. Besonderes Highlight für Kenner: die Sammlung kunstvoller Scherenschnitte von Dorothea Brockmann. He

## Heimatmuseum Lauenau

Am Rundteil 11, 31867 Lauenau **Telefon** (0 50 43) 13 28 (Engelking) o. 13 09 (Meyer) **Fax** (0 50 43) 96 27 50 **Geöffnet** 1. So. im Monat 14 – 17 Uhr u. n.V. **Eintritt** frei **Träger** Heimat- und Museumsverein Lauenau und Umgebung e.V. **Leiter** Carl-Friedrich Engelking

Seit September 2000 präsentiert sich das Museum nach einem Umzug mit neuer Konzeption in einem denkmalgerecht sanierten Fachwerkhaus. Aus der Geschichte des Amtes Lauenau sind bäuerliches Kulturgut und Handwerksüberlieferungen sowie Erinnerungen an den Steinkohlenbergbau zusammengetragen. He

KZ-Gedenkstätte im Torhaus Moringen

## KZ-Gedenkstätte im Torhaus Moringen

Lange Straße 58, 37186 Moringen **Telefon** (0 55 54) 25 20 **Fax** (0 55 54) 88 07 **E-Mail** info@gedenkstaette-moringen.de **Internet** www.gedenkstaette-Moringen.de **Service** Behindertenzugang **Geöffnet** Mi. 14 – 17 Uhr u. n.V. **Eintritt** frei **Träger** Lagergemeinschaft und Gedenkstätte KZ-Moringen e.V. **Leiter** Dr. Dietmar Sedlaczek

Eine gut gemachte Ausstellung erinnert an die bedrückende Geschichte eines Baukomplexes in der kleinen Stadt: Im ehemaligen „Provinzialwerkhaus" gab es nacheinander drei Konzentrationslager. 1933 wurde hier eines der ersten KZ des NS-Staates für oppositionelle Personen aus der Arbeiterbewegung eingerichtet. Nach dessen Auflösung gab es bis 1938 ein Frauen-KZ, ab 1940 ein Jugend-KZ, wo politisch, religiös, rassisch oder sozial verfolgte männliche Jugendliche mit Terror, Zwangsarbeit und Hunger „umerzogen" werden sollten. In der Darstellung von Einzelschicksalen werden die Menschenverachtung und Intoleranz der Nationalsozialisten eindrücklich fühlbar. Ein Dokumentationszentrum widmet sich der Aufarbeitung der Geschehnisse. Führungen, Begegnungen mit Zeitzeugen, Unterrichtsbegleitung und Sonderveranstaltungen machen die Gedenkstätte zu einem lebendigen Ort der Erinnerung. He

## Waldmuseum im Wildpark Neuhaus

Eichenallee 21, 37603 Holzminden-Neuhaus **Telefon** (0 55 36) 95 02 - 0 **Geöffnet** Mai – Okt. tägl. 9 – 19, Nov. – April 10 – 17 Uhr, Febr. geschlossen **Eintritt** Im Eintrittspreis zum Wildpark enthalten **Träger** Niedersächsisches Forstamt Neuhaus **Leiter** FD von Prollius

Als Ergänzung zu attraktiven Freigehegen präsentiert sich ein Informationszentrum mit zahlreichen gut illustrierten Schautafeln, Modellen und Objekten zu Themen rund um den Wald: Waldgeschichte, Ökosystem Wald, Forstwirtschaft, Waldschäden, Naturschutz und Wildökologie werden in anschaulicher und leicht verständlicher Form dem Besucher nahe gebracht. He

## Berg- und Stadtmuseum der Stadt Obernkirchen

Am Kirchplatz 5, 31683 Obernkirchen **Telefon** (0 57 24) 3 95 48 o. 3 95 59 **Fax** (0 57 24) 3 95 51 **Geöffnet** Mi. u. So. 15 – 18 Uhr **Eintritt** frei **Träger** Kulturfenster Obernkirchen e.V. **Leiter** Rolf-Bernd de Groot

Eines der ältesten aber auch kleinsten Steinkohlenbergwerke Deutschlands, 1961 nach über 500 Jahren stillgelegt, steht im Mittelpunkt der gepflegten, reichhaltigen Sammlungen. Arbeiten und Leben der Bergleute sind anschaulich präsentiert. Hervorzuheben ist eine eindrucksvolle Sammlung von Grubengeleuchten. Einmalig ist ein „mechanisches Kunstbergwerk", das um 1880 im Erzgebirge mit beweglichen Figuren und Fördereinrichtungen angefertigt wurde. Besondere Abteilungen sind der ehemaligen Fenster-Apotheke in Obernkirchen mit schöner Officin aus dem Jahr 1830 gewidmet, ebenso einer 1799 gegründeten Formglashütte

Berg- und Stadtmuseum der Stadt Obernkirchen, Schlosserei Bornemann

für Haushalts- und Flaschenglas und dem weltberühmten Obernkirchener Sandstein, seinem Abbau, Vertrieb und den zünftigen Steinhauern. Eine Schlosserei für den Formbau der Glasindustrie mit ihrer Originaleinrichtung von ca. 1920 ist dem Museum angegliedert und kann im Rahmen von Stadtführungen besichtigt werden. He

## Stift Obernkirchen

Bergamtstraße 12, 31683 Obernkirchen **Telefon** und **Fax** (0 57 24) 84 50 **Geöffnet** die Besichtigung ist nur im Rahmen einer Führung möglich. Führungen: April – Okt. Mi., Sa., So. 15.30 Uhr, außerhalb dieser Zeiten u. für Gruppen im Sommerhalbjahr nach Voranmeldung **Eintritt** 3,– DM (~ 1,53 €); Ermäßigungen **Träger** Stift Obernkirchen **Leiterin** Äbtissin Gabriele von Spaeth

Das Stift Obernkirchen, dessen Schenkungsurkunde auf das Jahr 1167 datiert, war ein Augustiner-Chorfrauenstift. Seit der Reformation ist es evangelisches Damenstift. Die heutige Hallenkirche stammt aus der Mitte des 14. Jh. und orientiert sich in ihrer Bauform am Mindener Dom. Der je nach Lichteinfall wechselnde hellgelbliche Farbton des Mauerwerks ist typisch für den berühmten Obernkirchener Sandstein. Von der vorreformatorischen Innenausstattung der Kirche sind viele Kunstwerke verloren gegangen. Erhalten blieb der spätgotische Flügelaltar, 1496 geweiht, mit Retabel und Predella aus der Zeit um 1516. Weitere Kostbarkeiten befinden sich auf der Damenempore. Zu nennen sind u.a. eine geschnitzte thronende Madonna (um 1330), ein Antependium (um 1430/50), ein reich verziertes Propstgestühl (nach 1516) sowie ein Marienretabel (um 1520). Besondere Beachtung verdienen ferner die im Kreuzgang aufgestellten Grabsteine. Sie erinnern daran, dass dieser Ort im 16. Jh. Grablege der Schaumburger Grafen war. MB

## Besucherbergwerk Hüttenstollen Orts- und Bergwerksmuseum

Unter den Tannen, 31020 Salzhemmendorf-Osterwald **Telefon** und **Fax** (0 51 53) 96 48 46 **Geöffnet** März – Okt. So. 13 – 16.30 Uhr; Führungen alle 45 Minuten **Eintritt** 5,– DM (~ 2,56 €); Ermäßigungen **Service** Museum für Behinderte zugänglich **Träger** Verein zur Förderung des Bergmannswesens Osterwald e.V. **Leiter** Heinz Brand (1. Vors.)

Der Osterwalder Steinkohlebergbau prägte die Entwicklung des Ortes seit dem 16. Jh. Im Hüttenstollen vermittelt ein geführter Rundgang Einblicke in die schwierigen Arbeitsbedingungen unter Tage. Das gegenüberliegende Orts- und Bergwerksmuseum zeigt in Ergänzung dazu Dokumente, Uniformen und Arbeitsgeräte der Bergleute. Daneben werden Zeugnisse anderer heimischer Gewerbe präsentiert, so etwa zur Geschichte der drei örtlichen Glashütten (u.a. eingerichteter Arbeitsplatz eines Glasmachers), zur Sandsteinindustrie und zur Forstwirtschaft. Eine Bildersammlung spiegelt die Ortsentwicklung. MB

## Die Eulenburg. Museum Rinteln

Klosterstraße 21, 31737 Rinteln **Telefon** (0 57 51) 4 11 97 **Fax** (0 57 51) 92 50 63
**E-Mail** museum.eulenburg@t-online.de **Geöffnet** Di. – So. 14 – 17 Uhr
**Eintritt** 4,– DM / (~ 2,05 €); Kinder u. Jugendliche bis 18 Jahren frei **Service** Aufzug, Shop **Träger** Heimatbund der Grafschaft Schaumburg e.V. **Leiter** N.N.

Das Museum, seit langem in einem Burgmannshof des 16. Jh. untergebracht, wurde im Jahr 2000, vollständig neu gestaltet, wieder eröffnet. Im gesamten Treppenhaus können Besucher in einem „Zeitschacht" spannende Einblicke in die Ur- und Frühgeschichte der Region nehmen. Im Mittelpunkt der Ausstellung steht die Geschichte der Stadt an der Weser. Um ein neues Stadtmodell (Zeitschnitt 1780) gruppieren sich Objekte und Inszenierungen zur Geschichte der Eulenburg, der Landesgeschichte der hessischen Grafschaft Schaumburg, zur Festung Rinteln und zum Einsatz hessischer Soldaten im amerikanischen Unabhängigkeitskrieg. „Menschen-Bilder" genannte Inszenierungen stellen unterschiedliche Persönlichkeiten der Rintelner Geschichte und von ihnen geschaffene Dinge vor. Der Universität Rinteln (1621 – 1809), ihren Professoren und Studenten ist ein weiterer Schwerpunkt gewidmet. Ein Hexenprozess aus dem Jahre 1654 wird exemplarisch aufgeblättert. Dabei wird deutlich, wie dicht wissenschaftlicher Anspruch und Aberglauben im 17. Jh. beieinander lagen. Außerdem werden die Eigenart der Naturlandschaft Wesertal und ihre wirtschaftliche Nutzung dargestellt. He

Die Eulenburg. Museum Rinteln, Hexenfolterwerkzeuge: Fußschraube, eiserne Stirnkette, Peitschenfragment

## Heimatmuseum Rodenberg

Burgstraße, 31552 Rodenberg **Telefon** (0 57 23) 61 61 (Treffer) o. (0 57 23) 61 92 (Berndt) **Geöffnet** Sa. 15 – 17, So. 10 – 12 Uhr **Eintritt** frei **Träger** Stadt Rodenberg **Ansprechpartner** Wolfgang Treffer und Marlies Berndt

Untergebracht im Ständehaus, einem Sandsteingebäude des späten 16. Jh., spannt die heimatkundliche Sammlung einen weiten Bogen von der Erd- und Frühgeschichte über Stadtgeschichte, Haus- und Landwirtschaft, Handwerk und Bergbau bis zu Biografien berühmter Rodenberger Bürger. Besonderen Stellenwert hat die Sammlung Lindhorster Volkstrachten. Mẞ

## Museum Amtspforte Stadthagen

Obernstraße 32, 31655 Stadthagen **Telefon** (0 57 21) 92 49 00 **Fax** (0 57 21) 7 82 - 1 10 (Stadtverwaltung) **E-Mail** Stadtverwaltung@Stadthagen.de **Geöffnet** Di. – Fr. 10 – 12 u. 15 – 17, Sa., So. 15 – 17 Uhr **Eintritt** frei **Service** Aufzug **Träger** Stadt Stadthagen **Leitung** Hauptamt der Stadt Stadthagen

In der 1553 als Weserrenaissancebau errichteten Amtspforte präsentiert sich seit 1992 das Museum mit drei modern gestalteten und konzeptionell sehr überzeugenden Ausstellungsschwerpunkten: der Stadtgeschichte, der Wirtschaftsgeschichte (u.a. mit Druckerei, Buchbinderei, Blaudruckerei, Geigenbauerwerkstatt und Goldschmiede) und der sehenswerten Trachtensammlung. Die Schaumburger Trachten sind in ihren sozialen und regionalen Bedingungen erklärt und im Zusammenhang mit der Herstellung der Textilien ausgestellt. Hauptattraktion ist eine 1998 neu eingerichtete Großvitrine mit einem schaumburg-lippischen Doppelhochzeitszug, der aus einer 16-köpfigen Hochzeitsgesellschaft in Bückeburger und Lindhorster Tracht besteht und in seiner Art sicher einzigartig in den Museen der Region ist. Mẞ

Museum Amtspforte Stadthagen, schaumburg-lippischer Doppelhochzeitszug

Stadtmuseum Stadtoldendorf, Schlachtetisch

## Stadtmuseum Stadtoldendorf

Amtsstraße 8 – 10, 37627 Stadtoldendorf **Telefon** (0 55 32) 42 55 (Walter) o. 90 05 24 (Stadtverwaltung) **Fax** (0 55 32) 42 55 (Walter) o. 90 05 10 (Stadtverwaltung) **E-Mail** samtgemeinde@stadtoldendorf.de **Internet** www.stadtoldendorf.de **Geöffnet** So. 15 – 17 Uhr **Eintritt** frei **Träger** Stadt Stadtoldendorf **Leiter** Helmut Walter

Das Museum ist im „Leitzenhaus", einem bürgerlichen Wohnhaus von 1750, untergebracht. Zwei Räume mit einer Einrichtung um die Jahrhundertwende erinnern an die früheren Besitzer. Die Ausstellung zeigt Aspekte der Stadtgeschichte (u.a. eine gut erhaltene Feuerspritze von 1884) und des Vereins- und Gildenwesens. Heimisches Handwerk (Töpferei, Glasmacherei) sowie eine Sammlung zur regionalen Geologie, Mineralogie und Paläontologie runden die 1994/95 neu gestaltete Ausstellung ab.
Bei den Zehntscheunen am Mühlenanger betreibt das Museum eine Feldbahn, die an die zahlreichen früheren Schmalspurbahnen in den regionalen Steinbrüchen und insbesondere an die bis 1960 verkehrende Stadtoldendorfer Gipsbahn erinnert. Gebäude und Bahn können nach Vereinbarung (Telefon 0 55 32 / 42 55) besichtigt bzw. „erfahren" werden. He

## Dorfmuseum Tündern

Lange Straße 29, 31789 Hameln-Tündern **Telefon** (0 51 51) 2 14 44 (Wollenweber) **Geöffnet** Fr. 17 – 19 Uhr **Eintritt** frei **Träger** Verein für Heimatpflege und Grenzbeziehung Tündern e.V. **Leiterin** Gertrud Wollenweber

Die liebevoll betreute Sammlung des kleinen Dorfmuseums berührt viele Aspekte der Ortsgeschichte: von fossilen und vorgeschichtlichen Funden über vielfältige Zeugnisse dörflicher und handwerklicher Alltagskultur bis zur aktuellen Vereinsgeschichte. Im Anbau ist kürzlich ein Backhaus eingerichtet worden, in dem die Dorfbewohner zu festgesetzten Zeiten Brot und Kuchen nach alter Tradition backen lassen können. Mß

## Heimatmuseum Wiedensahl – Kloses heimatgeschichtliche Sammlung –

Hauptstraße 89, 31719 Wiedensahl **Telefon** (0 57 26) 4 49 (Schmidt) **Geöffnet** April – Sept. Sa., So. u. feiertags 14 – 18, Okt. So. 15 – 18 Uhr **Eintritt** 3,– DM (~ 1,53 €); Ermäßigungen **Träger** Arbeitsgruppe Wiedensahl im Heimatbund Niedersachsen **Leiter** Siegfried Schmidt

Die ehemals private umfangreiche Sammlung ist im Obergeschoss des alten Pfarrhauses untergebracht. Beginnend mit lokaler Ur- und Frühgeschichte sowie Geologie zeigt das „Museum zum Anfassen" ländliches Hand- und Hauswerk, wovon die Schuhmacherwerkstatt (u.a. mit einem sog. „Wanderkasten"), das Holz verarbeitende Handwerk und die Sammlungen von Schlössern und Waffen besondere Erwähnung verdienen. Gut vergleichbar stehen Bückeburger und Wiedensahler Trachten nebeneinander. Im Dachgeschoss sind landwirtschaftliche Geräte (u.a. verschiedene Pflüge) und eine schöne Sammlung zu Flachsanbau und Leineweberei sehenswert. Mehrmals wird mit einem Augenzwinkern auf Wilhelm Busch hingewiesen, der hier im Pfarrhaus sechs Jahre lang bei seiner Schwester wohnte. He

Heimatmuseum Wiedensahl

Wilhelm-Busch-Geburtshaus

## Wilhelm-Busch-Geburtshaus

Hauptstraße 68 a, 31716 Wiedensahl **Telefon** (0 57 26) 3 88
**E-Mail** information@w-busch-museum.h.shuttle.de **Geöffnet** Di. – So. 10 – 12 u. 14 – 17 Uhr **Eintritt** 2,– DM (~ 1,02 €); Ermäßigungen **Service** Behindertenzugang, Wilhelm-Busch-Keller **Träger** Wilhelm-Busch-Gesellschaft e.V., Hannover
**Leiter** Lutz Ritter

Um das Geburtshaus des Dichters und Malers Wilhelm Busch vor dem Abbruch zu bewahren, wurde auf Anregung des Heimatbund Niedersachsen 1930 die Gedenkstätte geschaffen. Nach der letzten Renovierung 1991 sind Stube und Kammer des Elternhauses mit Teilen der Originaleinrichtung und Gegenständen aus dem persönlichen Besitz von Wilhelm Busch zugänglich. In der ehemaligen Diele sind in Auswahl Faksimiles seiner Bildergeschichten und einige Gemäldereproduktionen zu sehen, die auf die enge Beziehung Buschs zu seinem Geburtsort hinweisen. He

# Hannover, Mittelweser-Leine

## Heimatmuseum Ahrbergen

Krugstraße 4, 31180 Giesen-Ahrbergen **Telefon** (0 50 66) 43 89 **Geöffnet** Di. 10 – 12 Uhr **Eintritt** frei **Träger** Gemeinde Giesen **Leiter** Josef Nacke, Telefon (0 50 66) 42 93

Die Ausstellung des kleinen Heimatmuseums im ehemaligen Schulgebäude umfasst Fotos und Dokumente zur Ortsgeschichte sowie vielfältige Zeugnisse des dörflichen Lebens aus dem 19. und 20. Jh., darunter Mobiliar aus einem Pfarrerhaushalt um 1800. Im Treppenhaus befindet sich die funktionsfähige Turmuhr der alten Dorfkapelle. Mß

## Fagus-Gropius-Ausstellung

Hannoversche Straße 58, 31061 Alfeld **Telefon** (0 51 81) 79 - 0 **Fax** (0 51 81) 79 - 4 06 (Chefsekretariat) **E-Mail** fagus@fagus.de **Internet** www.fagus.de **Geöffnet** Mo. – Fr. 8 – 11 u. 14 – 16 Uhr **Eintritt** frei, Führungen: Gebühr n.V. **Träger** Firma Fagus-Grecon **Leiter** Karl Schünemann

1911 beauftragte der Alfelder Unternehmer Carl Benscheidt den damals noch unbekannten Walter Gropius, die architektonisch-künstlerische Baugestaltung seiner geplanten Schuhleistenfabrik zu übernehmen. Heute gilt das Fagus-Werk als eines der bedeutendsten Industriedenkmäler des 20. Jh. und als Meilenstein der Architekturgeschichte. In einem ehemaligen Lagerhaus der Fabrik wird zzt. eine überarbeitete Ausstellung zur Firmengeschichte von Fagus-Grecon eingerichtet. Eine Dokumentation zur Baugeschichte umfasst biografische Abrisse von Benscheidt und Gropius, erläutert an Musterstücken die Entwicklung der Schuhleistenproduktion und gibt anhand von Fotos, Entwürfen, Original-

Fagus-Gropius-Ausstellung, Fagus-Werk, 1911 von Walter Gropius erbaut

möbeln und Geschäftspapieren Einblick in die vielseitige gestalterische Arbeit des Architekten und Designers. Eine Fotoausstellung informiert über die seit 1982 durchgeführten umfangreichen Restaurierungsmaßnahmen am Fagus-Werk. Ergänzt werden diese beiden Ausstellungsbereiche durch eine Präsentation zur Verarbeitung und ökologischen Bedeutung des Rohstoffs Holz sowie zu Entwicklungen der elektronischen Messtechnik. MB

## Hirschberger Heimatstuben

Ständehausstraße 1 – 2, 31061 Alfeld **Telefon** (0 51 81) 7 04 - 2 54 (Funk) o. (0 51 81) 2 47 21 (Nörenberg) **Geöffnet** Mo. – Fr. 9 – 12 Uhr **Eintritt** frei **Träger** Kuratorium für die Patenschaft Hirschberg Kreis und Stadt **Leiter** Bernd Nörenberg

Die von Vertriebenen seit 1959 zusammengetragene Sammlung ist der Kulturgeschichte der Stadt Hirschberg und des Hirschberger Tals im Riesengebirge gewidmet. Sie enthält u.a. Fotos, Schriften, Kunstwerke, Trachten und Gebrauchsgegenstände aus der Region, darunter wertvolle Kristallglaserzeugnisse. An die Dichter Gerhart und Carl Hauptmann sowie Hermann Stehr erinnern Auszüge aus ihren literarischen Werken. MB

## Museum der Stadt Alfeld

Am Kirchhof 4 – 5, 31061 Alfeld **Telefon** (0 51 81) 7 03 - 1 81 (Gravenkamp) **Fax** (0 51 81) 7 03 - 2 16 **Geöffnet** Di. – Fr. 10 – 12 u. 15 – 17, Sa. u. So. 10 – 12, zusätzlich von Mai bis Sept. So. auch 15 – 17 Uhr **Eintritt** frei **Träger** Stadt Alfeld **Leiter** Gerhard Kraus

Museum der Stadt Alfeld, Tiermuseum, Tasmanischer Beutelwolf

Das Museum der Stadt Alfeld beherbergt in seinem Hauptgebäude, der reich verzierten Lateinschule von 1610, seine prähistorischen, volkskundlichen, stadt- und industriegeschichtlichen Sammlungsbestände. Im Nebengebäude ist ein Tiermuseum mit interessanter Entstehungsgeschichte untergebracht. Es zeigt Präparate exotischer Tierarten fast aller Kontinente, die der Naturkundelehrer Alois Brandmüller (1867 – 1939) ursprünglich zur Erweiterung seiner Schulsammlung, dem Grundstock des späteren Museums, von den ortsansässigen, weltweit im Tierhandel tätigen Firmen C. Reiche und H. Ruhe erwarb. Zumeist handelte es sich um Tiere, die nach dem Import in Quarantäne verendet waren. Brandmüller legte Wert darauf, die Tiere nicht als Einzelexponate in Schaukästen zu stellen, sondern sie in naturnah gestalteten Dioramen zu Gruppen zusammenzufügen, um den Besuchern so eine Vorstellung von ihrem Lebensumfeld zu vermitteln. Dieses Gestaltungsprinzip wurde erfreulicherweise bei den Restaurierungsarbeiten Anfang der 1990er Jahre beibehalten, sodass die Ausstellung ihre besondere Faszination bewahrt hat. Mß

## Schnarch-Museum

Wilhelm-Knigge-Straße 20, 31061 Alfeld/OT Langenholzen **Telefon** (0 51 81) 82 91 87 **Fax** (0 51 81) 2 68 70 **E-Mail** JWIRTHA@aol.com **Internet** www.SCHNARCHMUSEUM.de **Geöffnet** Mi., Sa., So. 15 – 18 Uhr **Eintritt** frei **Service** Behindertenzugang **Träger** Alfelder Schlafapnoegesellschaft e.V. **Leiter** Josef A. Wirth

Einem äußerst ungewöhnlichen Sammlungsgebiet ist das noch kleine Alfelder Schnarch-Museum gewidmet. Es präsentiert eine kuriose Schau von Hilfsmitteln, die nach den Versprechungen der Hersteller dem nächtlichen „Sägekonzert" Einhalt gebieten sollen. Von Mundprothesen und Kinnbinden über Schnarch-Stop-Bandagen und Anti-Schnarch-Kissen, Nasensprays, -pflaster, -öle bis hin zu Nasenklemmen und Anti-Schnarch-Nuckeln reicht die Angebotspalette. Doch auch seriöse medizinische Methoden zur Behandlung der gesundheitsbedrohenden Schlafapnoe mit Beatmungsgeräten werden vorgestellt. Mß

## Heimatmuseum Algermissen

Neue Straße 10, 31191 Algermissen **Telefon** (0 51 26) 488 (Schütte) **Geöffnet** nur bei Sonderausstellungen u. n.V. **Eintritt** frei, bei Sonderausstellungen: 2,– DM (~ 1,02 €) **Träger** Heimatverein Algermissen e.V. **Leiter** Gerhard Schütte

Das Heimatmuseum füllt mit seinen reichhaltigen Beständen das gesamte ehemalige Dorfschulgebäude. An den ursprünglichen Nutzungszweck des Hauses erinnern alte Schulmöbel und Unterrichtsobjekte. Ferner sind ausgestellt: sakrale Gegenstände aus dem katholischen Stiftsdorf, Wohnzimmer-, Schlafraum- und Kücheninterieurs, Zubehör verschiedener Werkstätten sowie Arbeitsgeräte aus der Haus- und Landwirtschaft. Beeindruckend ist eine große Sacksammlung. Breiten Raum nehmen Exponate des dörflichen Vereinslebens ein. Von besonderer Attraktivität sind eine Apothekeneinrichtung von 1863 sowie eine auf das Jahr 9 n. Chr. datierte hölzerne Brunnenfassung. Mß

## Heimatmuseum Aschen

Schulweg 1, 49356 Diepholz **Telefon** (0 54 41) 25 93 (Kattau) **Geöffnet** März – Okt. jeden 2. So. im Monat 15 – 18 Uhr **Eintritt** frei **Service** Freigelände zugänglich für Behinderte **Träger** Heimatverein Aschen von 1960 e.V. **Leiter** Gustav Kattau

Auf einem umfangreichen Freigelände ist ein Gebäudeensemble aufgebaut worden. Es werden u.a. landwirtschaftliche Maschinen, bäuerliche Arbeitsgeräte und Haushaltsgegenstände sowie Werkstätten und die Möbel einer Schulklasse präsentiert. Bei fast allen Exponaten ist Anfassen und Ausprobieren erlaubt. JL

## Automobil-Museum Asendorf

Essener Straße 5, 27330 Asendorf **Telefon** (0 42 53) 7 14 **Geöffnet** Ostern – Sept. Sa., So. und Feiertage 10 – 18 Uhr **Eintritt** 6,– DM (~ 3,07 €); Ermäßigungen **Träger** und **Leiter** Joachim Pett

Nach dem Geschmack des Besitzers und nach Marktlage ist eine Sammlung von – häufig noch fahrbereiten – Kraft- und anderen Fahrzeugen entstanden, die punktuell die Geschichte der Motorisierung und des Fahrzeugbaus nicht nur in Deutschland aufzeigt. Daneben gibt es Accessoires rund um das Automobil und Sonderausstellungen. JL

## Stadthistorisches Museum Bad Salzdetfurth / Salz- und Kali-Bergbau-Museum

St.-Georgsplatz 1, 31162 Bad Salzdetfurth **Telefon** und **Fax** (0 50 63) 96 02 67 **Geöffnet** Di., Do. u. So. 14 – 17 Uhr **Eintritt** frei, Führungsgebühr nach Anmeldung: 3,– DM (~ 1,53 €), mit Stadtführung 5,– DM (~ 2,56 €) **Träger** Bergmannsverein Glückauf e.V. Bad Salzdetfurth **Leiter** Dipl.-Ing. Ernst Mundel

Stadthistorisches Museum Bad Salzdetfurth / Salz- und Kali-Bergbau-Museum, Salzpfanne

Bad Salzdetfurth verdankt seine Entstehung den Salzquellen im Tal der Lamme. Die Ausstellung des Museums erläutert die geologischen Bedingungen für die Ablagerung von Salzgesteinen und zeigt die Gewinnung und Weiterverarbeitung der Salze zu Speise- oder Kalisalz. Dabei wird anschaulich die Entwicklung des Untertagebergbaus dokumentiert. Eine rekonstruierte Salzsiederkote illustriert die fast 1000-jährige Geschichte der Pfannensiedesalzerzeugung. Exponate aus der Orts- und Alltagsgeschichte seiner Bewohner ergänzen die Ausstellung. Eine gesonderte Präsentation ist dem Leben und Wirken Carl Huters (*1861 in Bad Salzdetfurth, † 1912 in Dresden) gewidmet, des Begründers der Psycho-Physiognomik. MB

## Richard-Brandt-Heimatmuseum

Gottfried-August-Bürger-Straße 3, 30900 Wedemark-Bissendorf **Telefon** (0 51 30) 65 76 (Kutzner) **Geöffnet** jeden 1. So. im Monat 10 – 12, jeden Mi. 10 – 12 Uhr **Eintritt** frei **Träger** Gemeinde Wedemark **Leiter** Gerhard Kutzner

Die Sammlungen des Bissendorfer Heimatmuseums verteilen sich auf zwei benachbarte historische Gebäude. Im frisch renovierten Kavaliershaus von 1621 sind neben der urgeschichtlichen Abteilung die Einrichtungen einer Küche, einer Schlafkammer, eines Wohnzimmers sowie einer Geigenbauerwerkstatt untergebracht. Der Amtskrug von 1792 beherbergt die heimatkundliche Sammlung. Hier finden sich u.a. Erinnerungen an den Dichter Gottfried August Bürger (1747 – 1794), der in Bissendorf 1784 Auguste Leonhart heiratete, seine geliebte „Molly". MB

## Turmuhren- und Heimatmuseum

Buchholzmarkt 21, 31167 Bockenem **Telefon** (0 50 67) 69 73 79 o. 15 86 (Bothe) **Geöffnet** Fr. 16.30 – 18, So. 10 – 12 Uhr **Eintritt** frei **Träger** Stadt Bockenem **Leiter** Heinrich Bothe

Turmuhren- und Heimatmuseum, Turmuhr der Fa. Weule, Bockenem, 1895

Bockenem war Sitz der einst weltbekannten Turmuhrenfabrik und Glockengießerei J. F. Weule (1836 – 1952). Mit den erhaltenen Turmuhren (28, die älteste von 1852) ist ein überregional bedeutsamer Sammlungsschwerpunkt im Museum geschaffen.
Der Stadt, ihren Einrichtungen (u.a. Feuerwehr) und dem städtischen Bürgertum sind weitere Abteilungen gewidmet. Bürgerliches Leben im 19. und frühen 20. Jh. wird durch Mobiliar, Kleidung und Spielzeug illustriert. Unter den traditionellen Handwerken tritt die Leinenspinnerei und -weberei hervor (erhalten u.a. der letzte von ehemals 40 in Bockenem vorhandenen Webstühlen). Ein kleiner Raum erinnert an die Orte Schlochau und Pagelkau in Westpreußen. He

## Gemeindeheimatmuseum Harsum

Opfergasse 3, 31177 Harsum-Borsum **Telefon** (0 51 27) 34 35 **Geöffnet** Sept. – April jeden 2. So. im Monat 14 – 18 Uhr **Eintritt** frei **Träger** Gemeinde Harsum **Leiter** Raimund Schrader, Telefon (0 51 27) 43 02

Das 1994 neu eröffnete Gemeindeheimatmuseum hat es sich zur Aufgabe gemacht, die kulturgeschichtlichen Sammlungen aller neun Dörfer an einem Ort zu konzentrieren, um so das Nebeneinander vieler kleiner Heimatstuben mit jeweils ähnlichem Bestand zu vermeiden. Dies kommt der Präsentation in der alten Borsumer Schule sehr zugute. Im Eingangsbereich stellen sich die Dörfer in Bild und Text vor. Die übrigen Räume sind thematisch gegliedert und zeigen Exponate aus den Bereichen Handwerk, Landwirtschaft, Naturkunde, Hauswirtschaft, Textilherstellung, Militär-, Post- und Polizeigeschichte. Einen besonderen Schwerpunkt bilden Gegenstände des kirchlichen Lebens in den Dörfern. Mß

## Heimatstube Bredenbeck

Wennigser Straße 23, 30974 Wennigsen-Bredenbeck **Telefon** u. **Fax** (0 51 09) 61 65 (Held) **Geöffnet** jeden 3. So. im Monat 10 – 12 Uhr **Eintritt** frei **Träger** Heimatbund Niedersachsen / Ortsgruppe Bredenbeck/Deister **Leiter** Philipp Held

Die Sammlung der Heimatstube umfasst bäuerliches und handwerkliches Kulturgut sowie Zeugnisse der Orts- und frühen Industriegeschichte (Töpferei, Steinkohlebergbau, Glasproduktion). Außerdem gibt es eine kleine Bibliothek mit Büchern von und über Adolph Freiherr Knigge (1752 – 1796), den aus Bredenbeck stammenden Autor des bekannten Benimm-Breviers „Über den Umgang mit Menschen". Mß

## Kleinbahn-Museum Bruchhausen-Vilsen

Bahnhof, 27300 Bruchhausen-Vilsen **Telefon** (0 42 52) 9 30 00 (Mo. – Fr. 8.30 – 11 Uhr) **Fax** (0 42 52) 93 00 12 **Geöffnet** 1. Mai – 3. Okt. Sa., So. und feiertags 1 Std. vor Fahrtantritt nach Sommerfahrplan **Eintritt** frei **Träger** Deutscher Eisenbahn-Verein e.V. **Leitung** Vorstand des Vereins

Die Betriebsanlagen und das rollende Material sind die Gegenstände dieses Museums, das das Herz eines jeden Fans höher schlagen lässt. Für alle anderen ist es sicher ein Erlebnis, bei den regelmäßigen Fahrten auf der

Kleinbahn-Museum Bruchhausen-Vilsen, Personendampfzug von 1894 in Heiligenberg

7,9 km langen Kleinbahnstrecke hautnah die Reiseformen der Vergangenheit zu erfahren. Der Bahnhof und die dazugehörigen Gleisanlagen mit Lokschuppen sind öffentlich zugänglich, aber der Bahnhof mit Ausstellungen kann nur während der Monate mit Fahrbetrieb von innen besichtigt werden. Der Verein unterhält nicht nur Wagen und Lokomotiven, sondern auch die Gebäude am Rande der Strecke nach Asendorf. JL

## Heimatstube Brunkensen

Im alten Gutshof, Glenetalstraße, 31061 Alfeld-Brunkensen **Telefon** (0 51 81) 15 63 (Leistner) o. (0 51 81) 68 06 (Bestehorn) **Geöffnet** April – Okt. jeden 1. u. 3. So. im Monat 10 – 12 Uhr **Eintritt** frei **Träger** Verkehrsverein Brunkensen e.V. **Leiter** Rolf Leistner und Fritz Bestehorn

Die Heimatstube Brunkensen wartet mit einer Überraschung auf. Neben einer sehenswerten Mineralien- und Fossiliensammlung und Zeugnissen der ländlich geprägten Ortsgeschichte findet man hier nämlich Entwürfe des Designers Albrecht Graf Goertz. Er war für die Firmen BMW, Agfa und Rowenta tätig und entwarf die Tenniskleidung für Martina Navratilova. MB

## Stadtmuseum Burgdorf

Schmiedestraße 6, 31303 Burgdorf **Telefon** (0 51 36) 44 58 (Anrufbeantworter) **E-Mail** VVVBurgdorf@aol.com. **Geöffnet** Sa. u. So. 15 – 18 Uhr **Eintritt** frei **Service** Aufzug **Träger** Verkehrs- und Verschönerungs-Verein der Stadt Burgdorf e.V. **Leiter** Gerhard Bleich, Telefon (0 51 36) 18 62

Das in einem restaurierten Ackerbürgerhaus eingerichtete Museum verfügt über beachtliche Bestände zur Vor-, Früh- und Stadtgeschichte sowie zur Volkskunde. Dem Ausstellungskonzept des Hauses entsprechend

Stadtmuseum Burgdorf, Zinnfiguren-Diorama: Das Dorffest in Schillerslage

werden davon aber jeweils nur kleinere Einheiten längerfristig im Wechsel präsentiert. Daneben bietet das Museum regelmäßige Sonderausstellungen zu stadt- und kulturgeschichtlichen Themen. Besondere Anziehungskraft übt eine große Zinnfiguren-Dioramensammlung aus, die sich in kommunalem Besitz befindet und das Museum unter Sammlern überregional bekannt gemacht hat. MB

## Heimatstube Eime

Hauptstraße 8, 31936 Eime **Telefon** (0 51 82) 62 58 **Geöffnet** So. 15 – 17 Uhr (während der Sommer- und Weihnachtsferien geschlossen) **Eintritt** frei **Träger** Flecken Eime **Leiter** Herbert Lambrecht, Telefon (0 51 82) 65 40

Ein Großteil der heutigen Einwohner Eimes kommt aus Siedlungsgebieten im Osten. Dieses belegt die Bildsammlung der Heimatstube. Daneben werden Objekte zur ländlich geprägten Ortsgeschichte gezeigt: Hausrat, Textilien, Exponate aus Kirchen-, Schul- und Bergbauwesen sowie Zubehör verschiedener Gewerbebetriebe (u.a. Frisierstube, Apotheke, Backstube, Molkerei und Zinngießerei). MB

## Heimatstube Eltze

Bornstraße und Breslauer Straße 20, 31311 Uetze-Eltze **Telefon** (0 51 73) 61 30 (Siedentopp) **Geöffnet** n.V. **Eintritt** frei **Träger** Heimatverein Eltze e.V. **Leiter** Karl Siedentopp

Die Heimatstube Eltze ist zweigeteilt: eine volkskundliche Gerätesammlung im ehemaligen Spritzenhaus und eine neu zusammengestellte Dokumentation zur Ortsgeschichte in der ehemaligen katholischen Kirche des Dorfes. MB

## Heimatmuseum Elze

Mühlenstraße 14, 31008 Elze **Telefon** (0 50 68) 5 72 03 **Geöffnet** So. 15 – 17 Uhr (ausgenommen Ferienzeiten) **Eintritt** frei **Träger** Stadt Elze **Leiter** Werner Müller, Telefon (0 50 68) 45 16

Eine Wassermühle von 1825 dient der heimatkundlichen Sammlung der Stadt Elze seit 1987 als Domizil. Von ursprünglich drei steinernen Mahlgängen der Untermühle wurden zwei durch Walzenstühle ersetzt; von den drei Wasserrädern ist keines mehr erhalten. Dennoch kann das Mühlenwerk zu Demonstrationszwecken in Gang gesetzt werden. Als Antriebskraft stehen dafür eine Turbine und ein Dieselmotor zur Verfügung. Neben dem Mühlentrakt als Kernbereich des Museums werden im angrenzenden Wohntrakt Zeugnisse dörflichen Handwerks und ländlich-kleinstädtischer Wohnkultur des 19. und 20. Jh. gezeigt. MB

## Niedersächsisches Museum für Kali- und Salzbergbau

An der Halde 8, 30952 Ronnenberg-Empelde **Telefon** (05 11) 4 34 07 44 (Museum) u. (0 51 09) 4 60 00 (Stadt Ronnenberg) **Internet** www.nds-kalisalzmuseum.de **Geöffnet** Di. u. Do. 10 – 15, So. 10 – 14 Uhr **Eintritt** frei; Gruppen mit Führung ab 15 Personen 25,– DM (~ 12,78 €) **Träger** Bergbaudokumentation Hansa Empelde e.V. **Leiter** Peter Sandvoß, Telefon (05 11) 43 10 15

Das Spezialmuseum dokumentiert den Kaliabbau der letzten 100 Jahre und setzt dabei einen Schwerpunkt auf die Region Hannover. Im ehemaligen Grubenbetriebsgebäude des Kaliwerks Hansa-Empelde werden geologische Bedingungen, technische Entwicklungen und sozialgeschichtliche Auswirkungen des Bergbaus dargestellt. Die Exponate rei-

Niedersächsisches Museum für Kali- und Salzbergbau,
Salzkristall aus dem Kaliwerk Hansa-Empelde

chen von Arbeitskleidung über Gezähe und Geleucht bis zu Großgeräten, deren Funktion im Nachbau eines Streckenvortriebs und eines Blindschachts illustriert wird. Von besonderer Bedeutung sind eine Salzschau mit über 200 verschiedenen Salzstufen sowie ein Mineralienkabinett. Geplant ist die Errichtung eines Erweiterungsbaus mit zusätzlichen 600 $m^2$ Ausstellungsfläche, u.a. für Sonderausstellungen. Mß

## Alt-Freden-Sammlung

Bergstraße 5, 31084 Freden **Telefon** (0 51 84) 12 88 (Fletling) **Geöffnet** So. 11 – 12 Uhr **Eintritt** frei **Träger** Gemeinde Freden **Leiter** Walter Fletling

Die Alt-Freden-Sammlung bewahrt ländliches Kulturgut aus Haus, Hof und Werkstatt. Auf die lange Siedlungsgeschichte Fredens verweisen prähistorische Funde, auf die Weiterentwicklung zum Industriestandort Objekte aus den Bereichen Kalibergbau, Kalkgewinnung und Glasindustrie. Eine Diaschau informiert über die Veränderungen von Dorfbild und Dorfleben in den letzten Jahrzehnten. Mß

## Heimatmuseum Garbsen

Hannoversche Straße 134, 30823 Garbsen **Telefon** (0 51 37) 7 68 34 (Strehlke) **Geöffnet** jeden 2. u. 4. So. im Monat 14 – 18 Uhr **Eintritt** frei **Träger** Museumsverein Garbsen e.V. **Leiter** Karl-Heinz Strehlke u. Werner Baesmann

Die Sammlung des Museumsvereins befindet sich in der ehemaligen Arbeiterküche (um 1890) eines Ziegelwerks. In drangvoller Enge werden vielfältige Exponate zur Ur- und Frühgeschichte, Naturkunde, Haus- und Landwirtschaft, zum Handwerk und zur Stadt- und Industriegeschichte gezeigt. Mß

## Stadtmuseum Gehrden

Dammstraße 15, 30989 Gehrden **Telefon** (0 51 08) 70 48 **Internet** www.gehrden.de **Geöffnet** So. 15 – 18 Uhr, in den Sommerferien geschlossen **Eintritt** frei **Träger** Stadt Gehrden **Leitung** Lenkungsgruppe Stadtmuseum, Sprecher Peter Lübcke, Telefon (0 51 08) 92 71 59, Fax (0 51 08) 92 71 79

Ein über 300 Jahre altes Brauhaus beherbergt das Gehrdener Stadtmuseum mit seiner Sammlung bäuerlichen Kulturguts und Handwerks. Die Ausstellung informiert über die Entwicklung der Stadt und ihrer Ortsteile von prähistorischer Zeit bis ins 20. Jh. Einen Sammlungsschwerpunkt stellen kreidezeitliche Fossilien vom Gehrdener Berg sowie archäologische Bodenfunde aus der Stein-, Bronze- und Eisenzeit dar. Herausragende Exponate sind merowingerzeitliche Grabbeigaben aus der ersten Hälfte des 7. Jh. n. Chr. (eine Bartschere, eine bronzene Gürtelgarnitur, zwei Messer und zwei Glasperlen), die erst 1997 freigelegt wurden und für die niedersächsische Landesgeschichtsschreibung überregionale Bedeutung haben. Mß

## Heimatmuseum Giesen

Rathausstraße 42, 31180 Giesen **Telefon** (0 51 21) 77 02 15 (Schrader) **Geöffnet** nach Voranmeldung **Eintritt** frei **Träger** Gemeinde Giesen und Heimatverein Giesen e.V. **Leiterin** Katharina Schrader

Das Museum wurde im ehemaligen Haus eines Schneidermeisters eingerichtet und präsentiert – neben Mobiliar und Ausstattung einer Wohnstube, Küche und Schlafkammer – vor allem Kleidungsstücke, Schuhe und diverse Hauben aus der Zeit um 1850. Die Ausstellung wird regelmäßig verändert und durch Sonderausstellungen aus dem Magazinbestand ergänzt. Mß

## Museum und Archiv der Stadt Gronau (Leine)

Junkernstraße 16, 31028 Gronau (Leine) **Telefon** (0 51 82) 18 00 **Fax** (0 51 82) 94 70 49 **Geöffnet** Di. 15 – 17, Fr. 10 – 12 und im Rahmen von Sonderausstellungen So. 15 – 17 Uhr **Eintritt** frei **Träger** Stadt Gronau (Leine) **Leiterinnen** Friedesine Balden (Museum) und Konstanze Weinmeister (Archiv)

Museum und Archiv der Stadt Gronau befinden sich in einem der schönsten Gebäude der Stadt, dem von Engelbrechtenschen Adelshof von 1590. Abgesehen von einer kleineren Auswahl an kulturgeschichtlichen Objekten (Hausrat und Kleidung) verfügt das Museum über den umfangreichen Nachlass der Fotografenfamilie Breiner. Dazu zählen eine Fülle historischer Fotoaufnahmen (ab 1870), verschiedenste fotografische Geräte und eine Dunkelkammerausstattung, komplett mit Laborzubehör. Die Inszenierung eines kleinen Atelierraums mit alten Porträtaufnahmen, Figurinen „im Sonntagsstaat" und wechselnden Requisiten lässt die Arbeit des Fotografen recht anschaulich werden. Mß

Museum und Archiv der Stadt Gronau (Leine)

## Heimatstube Groß Escherde

Schulstraße 23, 31171 Nordstemmen-Groß Escherde **Telefon** u. **Fax** (0 50 69) 24 16 (Reichwehr) **E-Mail** bj.Reichwehr@t-online.de **Geöffnet** n.V. **Eintritt** frei **Service** zugänglich für Behinderte **Träger** Heimatverein „Zum Escherberg" Groß Escherde **Leiterin** Brigitte Reichwehr

Heimatkundliche Sammlung von Geräten aus Handwerk, Haus- und Landwirtschaft, ergänzt durch Archivalien und Fotos zur Dorfgeschichte. MB

## Heimatstube Hänigsen

Haus am Pappaul, 31311 Uetze-Hänigsen **Telefon** (0 51 47) 86 37 (Mohrmann), (0 51 47) 12 63 (Sander) o. (0 51 47) 81 41 (Renneke, Außenstelle Teerkuhlen) **Geöffnet** Heimatstube jeden 1. So. im Monat 15 – 17 Uhr; Teerkuhlen nach Absprache **Eintritt** frei **Träger** Heimatbund Niedersachsen / Ortsgruppe Hänigsen **Leiter** Rolf-Peter Brandes, Telefon (0 51 47) 81 74

Sammlung bäuerlich-handwerklichen Kulturguts und umfangreiches Archiv zur Dorf- und Höfegeschichte; im Außenbereich reaktivierte Teerkuhle am Kuhlenberg als Rest eines der ältesten in Norddeutschland nachgewiesenen Erdölvorkommens (1546). MB

## Blindenmuseum Hannover

Landesbildungszentrum für Blinde, Bleekstraße 22, 30559 Hannover **Telefon** (05 11) 52 47 - 0 **Fax** (05 11) 5 24 73 49 **Internet** www.lbzs.de o. www.hannover.de **Eintritt** frei **Geöffnet** n.V. **Träger** Landesbildungszentrum für Blinde **Leiter** Günter Mosel

Im Dachgeschoss des Schulgebäudes des Landesbildungszentrums für Blinde werden anhand einer Auswahl aus 6000 gesammelten Exponaten Aspekte der Blindenbildung in Hannover von 1843 bis heute dokumentiert. Ausgestellt sind Unterrichtsmittel, schulische Medien und Hilfsmittel des Alltags für Blinde, Hintergründe und Erläuterungen zur Brailleschrift, Bücher im Reliefdruck, Reliefdarstellungen auch von Landkarten (darunter einige herausragende alte Stadtpläne und Globen), Schreibautomaten mit angebundener Punktschriftausgabe und elektronische Lesegeräte, die Schreibschrift mit Tastsinn erfahrbar machen. Der nicht nur für Sehende äußerst lehrreichen Sammlung ist eine professionelle Gestaltung auf erweiterter Fläche zu wünschen. Lo

## Feuerwehrmuseum Hannover

Feuerwehrstraße 1 (Feuerwache 1), 30169 Hannover **Telefon** (05 11) 9 12 - 12 81 **Internet** www.hannover.de **Geöffnet** am 2. So. im Monat 9.30 – 12 Uhr außer Juni, Juli, August; Gruppen nach Voranmeldung (ganzjährig) **Eintritt** frei **Träger** Arbeitsgemeinschaft Feuerwehrmuseum Hannover **Leiter** Horst Knigge

Auf dem Gelände der Feuerwache 1 am Goetheplatz entstand 1980 aus Anlass des hundertjährigen Bestehens der Feuerwehr Hannover dieses Museum auf Initiative von Feuerwehrbeamten. Gezeigt werden auf

Feuerwehrmuseum Hannover, mit Pferden zu bespannende Handdruckspritze von 1892

230 $m^2$ aus einem umfangreichen Fundus ausgewählte Geräte, Uniformen und Dokumente vom 18. Jh. bis in die jüngste Vergangenheit. Zu sehen sind eine von Pferden gezogene Handdruckspritze von 1892, Feuermelder, frühe Rauchschutzapparate, Rettungs- und Wiederbelebungsgerät, Pumpen, Feuerlöscher, Kleidung, Helme, Bilder und eine Wachstube. In dem hannoverschen Feuerwehrmuseum sind es gerade die kleineren Ausrüstungsgegenstände aus dem Arbeitsalltag der Feuerwehrleute, aber auch persönliche Berichte, die den Reiz des Museums ausmachen. Lo

## Historisches Museum Hannover

Pferdestraße 6 (Eingang: Burgstraße), 30159 Hannover **Telefon** (05 11) 1 68 - 4 30 52 o. 1 68 - 4 23 52 **Fax** (05 11) 1 68 - 4 50 03 **E-Mail** 452@Hannover-Stadt.de
**Internet** www.hannover.de **Geöffnet** Di. 10 – 20, Mi. – Fr. 10 – 16, Sa., So. u. feiertags 10 – 18 Uhr **Eintritt** 5,– DM (~ 2,56 €); Ermäßigungen; freitags frei
**Service** ebenerdiger Zugang, zu allen Etagen Aufzug, „Niels. Das Museumscafé"
**Träger** Landeshauptstadt Hannover **Leiter** Dr. Thomas Schwark

Schon der Ort, an dem das Museum steht, ist untrennbar mit der Historie Hannovers verbunden: Hier vom Hohen Ufer der Leine, von dem die Stadt wohl auch ihren Namen hat (mittelalterliche Bezeichnung „Honovere"), ging um 1100 die Stadtgründung aus. Steinerne Zeugen des späten Mittelalters, wie der Beginenturm und ein Rest der Stadtmauer, wurden in den Museumsneubau von 1966 integriert.
Die umfangreiche ständige Ausstellung führt in die wechselvolle Geschichte Hannovers ein. Anhand von originalen Sachzeugnissen, Karten und Modellen wird der Weg der Stadt nachgezeichnet vom mittelalterlichen Handelsplatz an der Leine zur Stadt der Weltausstellung des Jahres 2000 und zum Messe- und Dienstleistungszentrum der Gegenwart. Wichtige Stationen sind die „Residenznahme" durch Herzog Georg von Lüneburg im Jahre 1636, der Bau des Leineschlosses und die Anlegung der Neustadt jenseits der Leine. Neben den Handels- und Handwerks-

Historisches Museum Hannover, Abteilung Stadtgeschichte, Hanomag „Kommissbrot" und Motorrad, 1920er Jahre

traditionen der ehemaligen Hansestadt und einzelnen Aspekten der Alltagsgeschichte wird vor allem der im 19. und 20. Jh. erfolgte Sprung zum Industriestandort anschaulich gemacht, der sowohl Hannover als auch das westlich vorgelagerte Linden betraf. Zu den Höhepunkten der Ausstellung gehören die mittelalterlichen Bodenfunde zur städtischen Alltagsgeschichte, das Prunkgeschirr der Handwerksämter sowie zahlreiche Gemälde, Grafiken und Originalfotos zum Wandel des Stadtbildes. Mehrere Inszenierungen verdeutlichen anhand von charakteristischem Mobiliar und zeittypischer Kleidung das Selbstverständnis des hannoverschen Bürgertums im Wandel der Zeiten. Bevölkerungszunahme und Entwicklung zur Großstadt werden ebenso vor Augen geführt wie die Zerstörung Hannovers in den Bombennächten des Zweiten Weltkriegs und der schnelle Wiederaufbau zur Hauptstadt des Bundeslandes Niedersachsen.

Das seit dem 19. Jh. sprunghafte Wachstum Hannovers veränderte auch das ländliche Umland der Stadt immens. Dies ist das Thema einer eigenen Abteilung, in der auch die Versorgung der Stadtbevölkerung mit Nahrungsmitteln zur Sprache kommt. Hier finden sich traditionelle Elemente wie Trachten und Schmuck in hoher Qualität, eingerichtete Bauernstuben und wertvolle Einzelmöbel – aber auch Beispiele für den Übergang zu moderner Produktions- und Lebensweise auf dem Lande. Basis dieser Abteilung ist eine der umfangreichsten Sammlungen zur ländlichen Volkskunde in Niedersachsen. Künstlerischen Höhepunkt und gleichzeitig Abbild einer idealisierten Auffassung ländlichen Lebens bildet das Monumentalgemälde „Gottesdienst im Moor" von Fritz Mackensen (1866–1953), dem Mitbegründer der Künstlerkolonie Worpswede.

Wer bei Hannover allerdings nur an die Metropole an der Leine denkt, verkennt, dass auch ein Territorium – in unterschiedlicher Ausdehnung – diesen Namen trug. Benannt nach der Residenzstadt gehörte Hannover

Historisches Museum Hannover, Monumentalgemälde Gottesdienst im Moor von Fritz Mackensen (1866–1953)

seit der Verleihung der Kurfürstenwürde an Herzog Ernst August (1692) zu den führenden Mächten des Deutschen Reiches. Hiervon handelt eine besondere Abteilung im Erdgeschoss des Hauses. Sie führt ein in die Entwicklung vom welfischen Regionalfürstentum Calenberg zum barocken Staatswesen unter dem Kurfürstenpaar Sophie und Ernst August, deren Söhne und Enkel zwischen 1714 und 1837 gleichzeitig Könige des Weltreiches Großbritannien waren. Neben den Porträts der Herrscher, ihrer Gemahlinnen und Minister belegen zahlreiche Sachzeugnisse die epochale Verbindung zwischen England und Hannover – freilich auch die Schattenseiten der Verbindung. Sinnfällig verweist ein farbenprächtiges Münzlehrlingsgewand auf eine wichtige ökonomische Basis der politischen Macht Hannovers, die Gewinnung von Edelmetallen im Harzberg-

Historisches Museum Hannover, Blick in die Kutschenhalle mit den Staatswagen aus dem hannoverschen Marstall, Leihgaben des Prinzen von Hannover

bau. Höhepunkte dieser Abteilung sind der goldene „Staatswagen Nr. 1" von 1782 und die drei anderen Karossen, die als Leihgaben des Prinzen von Hannover ausgestellt sind. Wandgemälde aus dem kriegszerstörten Schloss Linden, ein Modell des Rittersaals im Leineschloss und einige von dort gerettete Möbel geben einen Eindruck vom ehedem höfischen Leben in Hannover.
Regelmäßige Sonderausstellungen dienen der Vertiefung einzelner Aspekte zur Stadt-, Regional- und Landesgeschichte, insbesondere zu Themen der Alltagswelt und ihrer historischen Bezüge. Ein hoher Stellenwert kommt der Vermittlungsarbeit durch ein museumspädagogisches Programm und Diskussionsveranstaltungen zu. Eine umfassende Bibliothek sowie das Bildarchiv der Stadt Hannover ergänzen das Informationsangebot des Museums. Lo

## Kestner Gesellschaft

Goseriede 11, 30169 Hannover **Telefon** (05 11) 7 01 20 - 0 **Fax** (05 11) 7 01 20 20 **E-Mail** kestner@real-net.de **Internet** www.hannover.de **Geöffnet** während der Ausstellungen Di. – So. 10 – 19, Do. 10 – 21 Uhr **Eintritt** 10,– DM (~ 5,11 €); Ermäßigungen **Service** Rampe am Eingang, Aufzug, Restaurant Kestner & Co., Telefon (05 11) 7 01 20 80 **Träger** Kestner Gesellschaft **Direktor** Dr. Carl Haenlein

## Kestner-Museum

Trammplatz 3 (neben dem Neuen Rathaus), 30159 Hannover **Telefon** (05 11) 1 68 - 4 21 20 **Fax** (05 11) 1 68 - 4 65 30 **E-Mail** Kestner-Museum451@Hannover-Stadt.de **Internet** www.hannover.de **Geöffnet** Di. – So. 11 – 18, Mi. 11 – 20 Uhr; jeden Mi. 17.30 u. So. 11.30 Uhr Führungen **Eintritt** 3,– DM (~ 1,53 €); freitags frei; Sonderausstellungen 5,– DM (~ 2,56 €); Ermäßigungen **Service** Benutzung des Aufzuges an der Kasse anfragen, Cafeteria in der 1. Etage **Träger** Landeshauptstadt Hannover **Leiter** Dr. Wolfgang Schepers

Kestner-Museum, attisch schwarzfigurige Amphora des Antimenes-Malers, 6. Jh. v. Chr.

Kestner-Museum,
Die Gabenbringerin,
12. Dynastie,
etwa 1950 v. Chr.,
Holz mit Bemalung

Das Kestner-Museum – ein Museum für Angewandte Kunst – geht in seinem Grundbestand auf die Antiken- und Kunstsammlung August Kestners (1777 – 1853) zurück. Als hannoverscher Gesandter in Rom (1817 – 1853) trug er eine beachtliche Anzahl ägyptischer und griechisch-römischer Kleinkunst und andere Kunstgegenstände zusammen, die nach seinem Tode sein Neffe erhielt mit der Maßgabe, die Sammlung der Heimatstadt Hannover zu übergeben. Dort sollte sie bei den Bürgern „... den Sinn für das Schöne zu wecken ...". Vorwiegend mittelalterliches Kunsthandwerk aus der Sammlung des hannoverschen Senators Friedrich Culemann (1811 – 1889) gelangte 1887 in das schließlich 1889 fertig gestellte Neorenaissance-Gebäude des Kestner-Museums.
Das im Zweiten Weltkrieg teilzerstörte Gebäude wurde 1958 – 1961 durch eine Ummantelung mit Beton-Glasbausteinen vergrößert und in seinem Erscheinungsbild radikal verändert. Vier große Sammlungsbereiche präsentieren Exponate aus sechs Jahrtausenden:
Die ägyptische Abteilung lässt die Geschichte Ägyptens vom 4. Jh. v. Chr. bis in die Zeit der frühen Christen am Nil, der Kopten, lebendig werden. Zu sehen sind ein großer Bestand an Gefäßen, Stelen, Amuletten, Statuetten, Skulpturen und Schmuck, eine Reihe von Tempelreliefs, aber auch Mumien.

Kestner-Museum, Teeservice „Strichmännchen", Porzellanentwurf Keith Haring, Ausführung Villeroy & Boch, 1991

Die klassischen Kulturen des griechisch-römisch beeinflussten Mittelmeergebietes und des Vorderen Orients prägen die Abteilung Antike Kulturen. Die Sammlungen griechischer Vasen und etruskischer Kunst besitzen Weltrang. Bronze- und Terrakottastatuetten, Gegenstände des Alltags, wie u.a. Gläser, Tonlampen und Bronzegeräte, veranschaulichen das Leben in der Mittelmeerregion von etwa 1500 vor bis 500 nach Christus. Die Gemmensammlung zählt zu den größten in Deutschland. 2500 Jahre Geldgeschichte vermittelt die Münzsammlung mit Prägungen der römischen Republik, Tesseren, Brakteaten des deutschen Mittelalters und Medaillen von der Renaissance bis zum Rokoko. Als Besonderheit kann eine Sammlung griechischer Münzen aus Olympia gelten, die in Umfang und Qualität ihresgleichen sucht. Mittelalterliche und neuzeitliche Prägungen aus dem Gebiet des heutigen Niedersachsen zählen ebenfalls zu diesem Sammlungskomplex.
Einen bedeutenden Schwerpunkt in der Abteilung europäische Angewandte Kunst/Design bilden die mittelalterlichen Handschriften, Textilien, Bronzen, Elfenbein-, Email- und Goldschmiedearbeiten. Alle klassischen kunsthandwerklichen Materialien (Keramik, edle und unedle Metalle, Glas, Textilien und Holz/Möbel) sind mit hervorragenden Exponaten aller Epochen bis in die Gegenwart hinein vertreten. Diese Sammlung wird zukünftig verstärkt um Beispiele des Design erweitert werden. Lo

## Kunstverein Hannover

Sophienstraße 2 (Künstlerhaus), 30159 Hannover **Telefon** (05 11) 32 45 94 **Fax** (05 11) 3 63 22 47 **E-Mail** mail@kunstverein-hannover.de **Internet** www.hannover.de **Geöffnet** Di. – So. 11 – 17, Mi. 11 – 21 Uhr **Eintritt** 8,– DM (~ 4,09 €); Ermäßigungen, Mitglieder frei **Träger** Kunstverein Hannover e.V. **Leiter** Stephan Berg

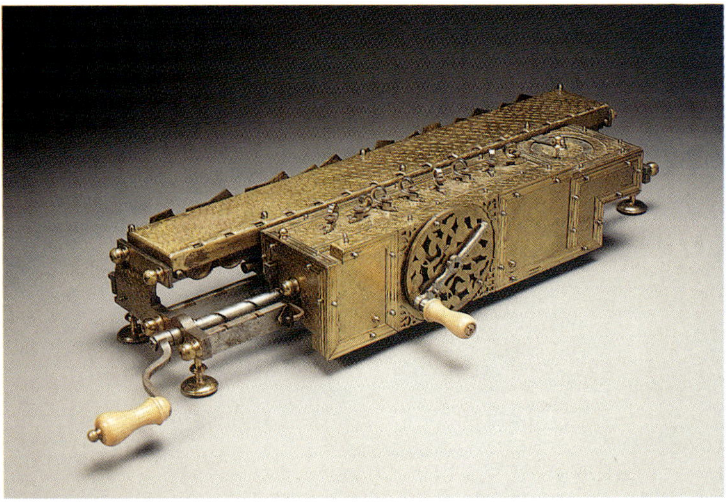

Leibniz-Ausstellung im Leibniz-Haus, Nachbildung der von Leibniz konstruierten Rechenmaschine

## Leibniz-Ausstellung im Leibniz-Haus

Holzmarkt 6 (neben dem Historischen Museum), 30159 Hannover **Telefon** (05 11) 1 68 - 4 23 52 **Fax** (05 11) 1 68 - 4 50 03 **Geöffnet** So. 10 – 13 u. 13.30 – 18 Uhr **Eintritt** frei **Träger** Landeshauptstadt Hannover **Leitung** Dr. Thomas Schwark

Gottfried Wilhelm Leibniz (1646 – 1716), oft als der letzte Universalgelehrte bezeichnet, wirkte – offiziell als Bibliothekar – von 1676 bis zu seinem Tode in Hannover. Das Haus an der Schmiedestraße, in das er 1698 mit Hofbibliothek und Wohnung übersiedelte, galt wegen seiner Fassade von 1652 als das schönste Bürgerhaus der Stadt. Im Zweiten Weltkrieg zerstört, wurde die Fassade Anfang der 80er Jahre am Holzmarkt rekonstruiert. Im Erdgeschoss des neuen „Leibniz-Hauses" wurde 1983 in Zusammenarbeit mit der Niedersächsischen Landesbibliothek, die den Leibniz-Nachlass verwahrt, die kleine Ausstellung zusammengestellt, in der ein einführender Überblick über Leben, Werk und Leistung des Gelehrten geboten wird. Lo

## Münzkabinett der Stadt Hannover mit Sammlung Dr. Horst Egon Berkowitz

Raschplatz 4 (Zentrale der Stadtsparkasse), 30161 Hannover **Telefon** (0511) 346 - 2590 **Fax** (05 11) 3 46 25 25 **Geöffnet** Mo., Di. u. Do. 8.30 – 18, Mi. u. Fr. 8.30 – 13.30 Uhr **Eintritt** frei **Träger** Stadtsparkasse Hannover **Leitung** Rüdiger Kalmus, Numismatische Gesellschaft

Das Münzkabinett basiert auf der Sammlung des Rechtsanwalts Dr. Horst Egon Berkowitz (1898 – 1983), der sie 1972 der Stadtsparkasse Hannover übereignete. Sie umfasst ca. 38 000 Münzen und Medaillen aus Antike, Mittelalter und Neuzeit. Der Schwerpunkt liegt auf den deutschen Geprägen der letzten 400 Jahre, wobei das 19. und 20. Jh. weitgehend

Münzkabinett der Stadt Hannover mit Sammlung Berkowitz, Ernst August, König von Hannover (1837 – 1851), Taler, 1843, auf die Heirat des Kronprinzen Georg (V.) mit Marie von Sachsen-Altenburg

komplett vorliegen. Zu erwähnen sind auch die Bestände europäischer Münzen, insbesondere aus Osteuropa. Eine kleine Dauerpräsentation befindet sich in den Räumen der Zentrale der Stadtsparkasse. Mehr als 400 Stücke in zehn Vitrinen präsentieren sachkundig die deutsche Geldgeschichte. Lo

## Museum für Energiegeschichte(n), Avacon AG

Humboldtstraße 32, 30169 Hannover **Telefon** (05 11) 9 16 - 18 78 0. 9 16 - 18 55 **Fax** (05 11) 9 16 - 13 57 **E-Mail** museum@avacon.de **Internet** www.museum.avacon.de **Service** bedingt zugänglich für Behinderte **Geöffnet** Di. – Fr. 9 – 16 Uhr, außer feiertags; Gruppenführungen n.V. **Eintritt** frei **Träger** Avacon AG, Helmstedt **Leiterin** Dipl.-Dok. Ulrike Nevermann

Museum für Energiegeschichte(n), Avacon AG, dreiteiliges Rundfunkgerät der AEG von 1925, sogen. „D-Zug"

Das 1979 gegründete Museum zeigt auf einer Fläche von 700 m² rund 1000 Exponate. Die ausgestellten Geräte dokumentieren die Geschichte der Energieanwendung in den vergangenen 150 Jahren von den ersten Maschinen, mit denen durch Reibung Strom erzeugt wurde, über Telefon- und Telegrafieverbindungen bis hin zu ersten elektrisch oder gasbetriebenen Haushaltsgeräten. Die Ausstellung gliedert sich in vielfältige Bereiche: Haushalt, Elektromedizin und Beleuchtung sind ebenso vertreten wie Nachrichtentechnik, Rundfunk, Phono, Spielzeug und Messtechnik. Besonders die alltäglichen Geräte, die mancher noch aus eigener Anwendung kennt, üben einen besonderen Reiz aus: frühe elektrische Brotröster, nostalgisch anmutende Staubsauger, Holzbottichwaschmaschinen und Heißluftduschen. Zu vielen Exponaten und Themenbereichen stehen kostenlose Informationsblätter zur Verfügung, in denen Hintergründe erläutert sowie gesellschafts- und wirtschaftspolitische Zusammenhänge dargestellt werden. Auf Wunsch bietet das Museum Führungen von Gruppen nach Vereinbarung an. Lo

## Niedersächsisches Landesmuseum Hannover

Willy-Brandt-Allee 5, 30169 Hannover **Telefon** (05 11) 98 07 - 5 (Zentrale) **Fax** (05 11) 98 07 - 6 40 **E-Mail** NLMHLG@compuserve.com **Internet** www.nlmh.de **Geöffnet** Di.– So. 10 – 17, Do. 10 – 19 Uhr **Eintritt** 6,– DM (~ 3,07 €); Ermäßigungen **Service** Zugang zum Museum über Rampe, die Obergeschosse über behindertengerechten Aufzug, Bistro L., Telefon (05 11) 98 07 - 6 67, CEDON Museums-Shop, Telefon (05 11) 98 07 - 6 68 **Träger** Land Niedersachsen **Direktorin** Dr. Heide Grape-Albers

Das Niedersächsische Landesmuseum Hannover ist hervorgegangen aus dem „Museum für Kunst und Wissenschaft" (gegründet 1852) und späteren „Museum der Provinz Hannover" (gegründet 1869). Es umfasst

Niedersächsisches Landesmuseum Hannover, Landesgalerie, Giovanni Paolo Pannini, Die Piazza Navona in Rom, unter Wasser gesetzt (1756)

Niedersächsisches Landesmuseum Hannover, Naturkunde-Abteilung, Diorama Herbstlicher Vogelzug im Wattenmeer

vier Abteilungen: Landesgalerie mit Kupferstichkabinett (Bildende Kunst Europas bis ins frühe 20. Jh.), Naturkunde mit Vivarium, Urgeschichte und Völkerkunde. Das 1902 eröffnete Hauptgebäude, in dem die Schausammlungen gezeigt werden, ist in den vergangenen Jahren von Grund auf renoviert worden. Seit Mai 2000 ist das Museum wieder vollständig geöffnet.

Landesgalerie

Die Landesgalerie präsentiert in 44 Sälen und Kabinetten Gemälde und Skulpturen aus acht Jahrhunderten. Sie bietet eine umfassende Übersicht europäischer Kunst vom Hohen Mittelalter bis zum frühen 20. Jh.: niederdeutsche Altarwerke und Skulpturen des 12. bis 16. Jh., deutsche Kunst der Dürerzeit, italienische Malerei vom 14. bis zum 18. Jh., holländischer und flämischer Barock, französische Malerei des 17. und 19. Jh., deutsche Kunst von der Romantik bis zum Impressionismus und dänische Malerei des 19. und frühen 20. Jh. bilden die Schwerpunkte der Sammlung. Herausragende Künstler wie Meister Bertram, die Meister der Goldenen Tafel und des Barfüßer-Altars, Cranach, Holbein, Riemenschneider, Antonio Veneziano, Botticelli, Pontormo, Rembrandt, Rubens, Poussin, C. D. Friedrich, Blechen, Böcklin, Feuerbach, Menzel, Leibl, Spitzweg, Thoma, Corot, Renoir, Degas, Monet, Rodin und Hammershøi sind mit Werken ebenso vertreten wie Liebermann, Slevogt, Corinth, Hoetger und Paula Modersohn-Becker mit größeren Werkgruppen. Die Zeichnungen und Druckgrafiken des Kupferstichkabinetts sind nach Voranmeldung einzusehen; wechselnde Ausstellungen des Kupferstichkabinetts finden in einem eigenen Raum statt.

Naturkunde-Abteilung

Die Naturkunde-Abteilung zeigt Ausstellungen aus den Fachbereichen Zoologie, Geologie und Paläontologie. Im Saal „Dynamik der Erde" erfährt man bei einer Entdeckungsreise in die Erdgeschichte, wie es im Raum

Niedersächsisches Landesmuseum Hannover, Urgeschichts-Abteilung, so genannter Dreigötterstein aus einem Grab der Bronzezeit in Anderlingen

Hannover vor ungefähr 75 Millionen Jahren ausgesehen hat. Ein Modell und Computeranimationen zur Theorie der Plattentektonik machen anschaulich, welche Prozesse und Kräfte in der Erde für die Verschiebung von Kontinenten, für Vulkanismus und Erdbeben verantwortlich sind.
Die biologische Schausammlung zeigt in Großdioramen typische Landschaftsräume zwischen Nordsee und Harz mit ihren jeweiligen Lebensgemeinschaften. Themen zur Biologie und Lebensweise einheimischer Tiere werden in begleitenden Vitrinen detailliert erläutert. Ein eigener Raum ist dem Thema „Saurier" gewidmet.
Das Vivarium der Naturkunde-Abteilung zeigt Reptilien, Amphibien, Fische und wirbellose Tiere aus allen Kontinenten der Erde in naturnah gestalteten Terrarien und Aquarien. Wer selbst forschen möchte, kann im „Micrarium" per Videokamera und Monitor aus einer Mücke fast einen Elefanten machen.

Urgeschichts-Abteilung
Die Urgeschichts-Abteilung besitzt eine der größten archäologischen Sammlungen Deutschlands. Mehr als 500 000 Jahre Kulturgeschichte des Menschen von den Anfängen in der Altsteinzeit bis hinein in das Mittelalter werden anhand niedersächsischer Funde veranschaulicht. Die Themenbereiche Siedlungswesen, Wirtschaftsweise und Technik, Gesellschaftsformen und Religion machen das Leben in vergangenen Zeiten begreifbar.
Insgesamt ist die Schausammlung in sieben Ausstellungseinheiten gegliedert: 1. Jäger und Sammlerinnen (Alt- und Mittelsteinzeit), 2. Bauern und Viehzüchter (Jungsteinzeit), 3. Handel und Wandel (Bronzezeit), 4. Germanen in Niedersachsen (Vorrömische Eisenzeit, Römische Kaiserzeit), 5. Römisches in Niedersachsen (römische Funde und Münzen), 6. Die Altsachsen (Völkerwanderungs-, Merowinger- und Karolingerzeit), 7. Sachsen, Friesen, Slawen (Frühes und Hohes Mittelalter).

Niedersächsisches Landesmuseum Hannover, Völkerkunde-Abteilung, caverna – Felsnischengrab – mit nachgebildeten Mumienbündeln aus dem Alten Peru

Völkerkunde-Abteilung
Teile der Exotika-Sammlung des hannoverschen Königshauses bilden zusammen mit Objekten der „Naturhistorischen Gesellschaft" zu Hannover, des „Akademischen Museums" in Göttingen und der Fideikommiss-Galerie des Gesamthauses Braunschweig und Lüneburg den Grundstock der heutigen ethnografischen Sammlung. Diese umfasst über 18 000 Objekte aus aller Welt und wird stetig ergänzt und erweitert. Anliegen der völkerkundlichen Dauerausstellung ist es, einen Überblick über das breite Spektrum kultureller Eigenarten und Ausformungen zu vermitteln. Die Vielfalt von Kultur soll ebenso erkennbar werden wie Überschneidungen, Übereinstimmungen und Unterschiede. Als repräsentative Gruppen und Themenstellungen werden Gesellschaften aus Ozeanien, Indonesien, Japan, Afrika und Amerika vorgestellt. Parallel erfolgt eine kulturübergreifende Einführung in das Thema Ethno-Medizin mit Beispielen aus verschiedensten Erdgebieten. Eine sukzessive Ergänzung und Veränderung der Ausstellungsbereiche ist darauf ausgerichtet, immer wieder neue Aspekte zu beleuchten und somit sicherzustellen, dass auch ein wiederholter Besuch neue interessante Einblicke gewährt.

Forum des Landesmuseums
In der zum Museum gehörigen Ausstellungshalle inmitten der Altstadt Hannovers, dem „Forum des Landesmuseums" (Am Markte 8, gegenüber der Marktkirche), zeigen die Abteilungen des Landesmuseums abwechselnd große Sonderausstellungen. Lo

Niedersächsisches Münzkabinett der Deutschen Bank, Doppeltaler, 1671, aus Northeim

## Niedersächsisches Münzkabinett der Deutschen Bank

Georgsplatz 20, 30159 Hannover **Telefon** (05 11) 3 65 - 25 77 o. - 25 78 **Fax** (05 11) 3 65 23 59 **E-Mail** Reiner.Cunz@t-online.de **Geöffnet** Mo. – Fr. während der Schalterzeiten der Deutschen Bank **Eintritt** frei **Service** zugänglich für Behinderte **Träger** Deutsche Bank AG, Frankfurt am Main **Leiter** Dr. Reiner Cunz, Niedersächsisches Landesmuseum

Diese Sammlung mit über 40 000 numismatischen Objekten des Mittelalters und der Neuzeit wurde 1745 von König Georg II. erworben, fortlaufend erweitert und von namhaften Numismatikern betreut. Sie wurde 1983 fast vollständig an die Deutsche Bank verkauft, die wissenschaftliche Betreuung dem Niedersächsischen Landesmuseum übertragen. Aufgrund ihrer wissenschaftlichen Bedeutung wurde die Sammlung als national wertvolles Kulturgut eingestuft. Sie umfasst Münzen, Medaillen, Plaketten, Marken, Zeichen, Orden sowie Funde. Die geografischen Sammlungsschwerpunkte liegen in Niedersachsen, Großbritannien, Irland und den britischen Kolonien. Die ständige Ausstellung im Haus der Deutschen Bank zeigt Münzen der Stadt Hannover. Lo

## Orientteppich-Museum

Georgstraße 54, 30159 Hannover **Telefon** (05 11) 32 75 66 **Geöffnet** Mo. – Fr. 10 – 18, Sa. 10 – 13 Uhr **Eintritt** frei **Träger** und **Leitung** Fa. Dr. Amir Pakzad, Inh. Kaweh Pakzad

Das Orientteppich-Museum befindet sich in drei weitläufigen Räumen im fünften Stockwerk des Basse-Hauses an der Georgstraße. Jeder interessierte Besucher wird durch fünf Jahrhunderte Orientteppiche geführt, die aus der Türkei, dem Kaukasus, Russland, Persien, Afghanistan, Indien und China stammen. Herausragend in der Sammlung sind die Uschak-Teppiche, Seidengewebe, zwei „Polenteppiche“ und ein Gartenteppichfragment. Daneben gibt es einen bedeutenden Bestand an islamischen, vor allem safawidischen und osmanischen, Textilien, Stickereien, Wirkereien, Brokaten und Kleidungsstücken. Gehobenes Gebrauchsgut wie Bronze, Porzellan, Keramik sowie Bücher und Schriften runden die Sammlung ab. Lo

Sprengel Museum Hannover, zweiter Bauabschnitt 1992

## Sprengel Museum Hannover

Kurt-Schwitters-Platz, 30169 Hannover **Telefon** (05 11) 1 68 - 4 38 75 (Information), - 4 46 46 (Bildung und Kommunikation), - 4 39 24 (Presse) **Fax** (05 11) 1 68 - 4 50 93
**E-Mail** Sprengel-Museum@Hannover-Stadt.de **Internet** www.sprengel-museum.de
**Geöffnet** Di. 10 – 20, Mi. – So. 10 – 18 Uhr **Eintritt** Tageskarte 7,– DM (~ 3,58 €); Ermäßigungen; für Wechselausstellungen veränderte Eintrittspreise
**Service** Zugang vom Parkplatz mit Aufzug, alle Ebenen mit Aufzug erreichbar, Leihrolli vorhanden, bell'ARTE, Telefon (05 11) 8 09 33 33, MeRz Kunstbuchhandlung
**Träger** Landeshauptstadt Hannover und Land Niedersachsen
**Leiter** Prof. Dr. Ulrich Krempel

Eine großzügige Schenkung sorgte für den Startschuss: 1969 übergab Dr. Bernhard Sprengel seine umfangreiche Sammlung moderner Kunst der Stadt Hannover und stiftete zusätzlich einen namhaften Betrag zum Bau des Museums. Die Stadt Hannover und das Land Niedersachsen kamen überein, den Bau und den laufenden Betrieb des Museums gemeinsam zu tragen. Das 1979 eröffnete und 1992 durch einen zweiten Bauabschnitt erweiterte Museum wird geprägt durch den Grundsatz, dass sich die Architektur den Kunstobjekten unterzuordnen habe.
Das Sprengel Museum Hannover vereint neben der Sammlung Sprengel Werke des 20. Jh. aus dem Besitz des Landes Niedersachsen und der Stadt Hannover. Die Zusammenführung dieser wichtigen Bestände macht das Sprengel Museum Hannover zu einem der bedeutendsten Zentren moderner Kunst. Keine enzyklopädisch aufgebaute Sammlung, sondern die Gliederung nach Schwerpunkten prägt den Kunstbestand des Museums. Die Sammlung umfasst Werke des deutschen Expressionismus ebenso wie die des französischen Kubismus bis hin zur abstrakten Kunst nach dem Zweiten Weltkrieg und Strömungen wie Arte Povera, ZERO, Minimal Art, Nouveau Réalisme, Konzeptkunst und Postminimal Art.

Sprengel Museum Hannover, Blick in die Dauerausstellung mit Werken von Bacon, Frankenthalter, Tàpies und Vedova

Mit der großen Kurt-Schwitters-Sammlung und dem in seiner Art einmaligen „Kabinett der Abstrakten“ von El Lissitzky werden Höhepunkte der Kunst der 20er und 30er Jahre vorgestellt. Die Klassische Moderne zählt zu einem der Sammlungsschwerpunkte des Museums. Wichtige Künstlergruppierungen (Die Brücke, Der Blaue Reiter), Stilströmungen (Kubismus, Surrealismus, Neue Sachlichkeit) und Persönlichkeiten (Dix, Ernst, Klee, Boccioni) werden umfangreich und mit herausragenden Einzelwerken vorgestellt. Weitere Schwerpunkte bilden Konvolute von Pablo Picasso, Fernand Léger und Henri Laurens, die im Jahr 2000 durch die großzügige Schenkung Niki de Saint Phalles – sie umfasst mehr als 360 Werke – bereichert wurden.
Wie bei der Klassischen Moderne konzentriert sich das Museum auch im Bereich der zeitgenössischen Kunst auf stilistische Schwerpunkte und einzelne Künstlerpersönlichkeiten: die informelle Kunst der 50er Jahre, umfangreiche Bestände von Arbeiten deutscher Künstler, Vertreter der französischen „École de Paris“, Werkkomplexe von Ernst Wilhelm Nay, Emil Schumacher und Willi Baumeister.
In den Décollagen von Mimmo Rotella, Raymond Hains, Villeglé und Dufrène findet das Prinzip Collage, das durch Kurt Schwitters seine zentrale Bedeutung in der Sammlung einnimmt, seine Erweiterung.
Ein Anknüpfen an die Tradition des Konstruktivismus zeigt sich in den Objekten der Minimal-Künstler, wie Donald Judd, Sol LeWitt, Ulrich Rückriem und Fred Sandback. Auf die strengen reduzierten Strukturen dieser Werke reagieren andere Künstler wiederum durch den Einsatz neuer kunstfremder Materialien bzw. den gänzlichen Verzicht auf die plastische Ausführung ihrer Werkkonzepte. Keith Sonnier, Richard Tuttle, F. E. Walther, Robert Barry, Joseph Kosuth und Lawrence Weiner zählen hierzu.

Sprengel Museum Hannover, Niki de Saint Phalle, Nana Maison II, 1966–87, Schenkung Niki de Saint Phalle

1993 wurde im Sprengel Museum Hannover eine eigenständige Abteilung für Fotografie und Medien eingerichtet. Das Haus zählt somit zu den wenigen Museen in Deutschland, die über eine umfassende fotografische Sammlung verfügen. Dieser Sammlungsbestand enthält als Dauerleihgabe die „Sammlung Ann und Jürgen Wilde“ sowie die Sammlung „Siemens Kulturprogramm“. Erstere umfasst Originalfotografien aus der Entstehungszeit (vintage prints) der bedeutendsten Fotografen des 20. Jh. und bietet dem Museum einen unschätzbaren Fundus für die Ausstellungstätigkeit dieses Bereichs. Letztere besteht aus Einzelwerken und Konvoluten von 55 bedeutenden zeitgenössischen Fotografen.
Das Sprengel Museum Hannover zeichnet sich durch eine rege an die unterschiedlichen Zielgruppen gerichtete Vermittlungsarbeit aus. Neben einem umfangreichen Kinderprogramm, das auch ein regelmäßiges Kinderforum, kindgerechte Ausstellungen, Spielaktionen und vieles andere mehr umfasst, werden Führungen, Lesungen, Konzerte und Diskussionen angeboten, die den Besuchern des Hauses eine aktive Auseinandersetzung mit der Kunst unseres Jahrhunderts ermöglichen. Eine umfassende Bibliothek steht der Öffentlichkeit zur Verfügung. Lo

## Theatermuseum Hannover

Prinzenstraße 9 (im Schauspielhaus), 30159 Hannover **Telefon** (05 11) 99 99 - 20 40 **Fax** (05 11) 99 99 29 40 **Internet** www.staatstheater-hannover.de **Geöffnet** Di. – Fr. 10 – 13 u. 15.30 – 19.30, Sa. 18 – 19.30, So. 10 – 13 u. 18 – 19.30 Uhr **Eintritt** 3,– DM (~ 1,53 €); Ermäßigungen **Träger** Niedersächsische Staatstheater Hannover GmbH **Leiter** Dr. Carsten Niemann

Das Leben in Hannover ist seit über 350 Jahren eng mit dem Theater verbunden. Der Weg führte vom französischen Hoftheater der Welfenherzöge über die Bühne der Wanderkomödianten, das Hoftheater auf Aktien, das Königliche Hoftheater und die Städtischen Bühnen bis zum heutigen Niedersächsischen Staatstheater.
Das Theatermuseum Hannover erinnert in seiner Schausammlung an diese lange kulturelle Tradition: Auf über 400 $m^2$ vermitteln Kostüme, Masken, Requisiten, Rollen- und Szenenfotos, Bühnenbildmodelle und Theaterzettel aus den Bereichen Oper, Schauspiel, Ballett und Konzert die bewegte Theatergeschichte Hannovers. Das Theatermuseum Hannover ist das einzige deutschsprachige Museum seiner Art, das sich in einem Theater befindet. Neben historischen Aspekten steht auch das heutige Theater im Mittelpunkt: Ein originales Bühnenbild von 1992 kann vom Besucher nicht nur besichtigt, sondern auch betreten und berührt werden.
Regelmäßig werden Sonderausstellungen zu regionalen und überregionalen Themen gezeigt. Zu den weiteren Attraktivitäten gehören der Film „Hinter den Kulissen", eine eigene Publikationsreihe, eine Leseecke mit Theaterzeitschriften und Informationen zu allen Produktionen des Niedersächsischen Staatstheaters sowie eine kleine Bühne für Lesungen und Veranstaltungen. Die Sammlungen werden ergänzt durch ein umfassendes Theaterarchiv. Lo

Theatermuseum Hannover, begehbares Bühnenbild

Veterinärmedizinhistorisches Museum der Tierärztlichen Hochschule Hannover, Landpraxis um 1930

## Veterinärmedizinhistorisches Museum der Tierärztlichen Hochschule Hannover

Bischofsholer Damm 15 (Haus-Nr. 120), 30173 Hannover **Telefon** (05 11) 8 56 - 75 03 **Fax** (05 11) 8 56 76 76 **Internet** www.tiho-hannover.de o. www.hannover.de **Geöffnet** Di. – Do. 10 – 16 Uhr **Eintritt** frei **Träger** Tierärztliche Hochschule Hannover **Leiter** Prof. Dr. Dr. Johann Schäffer

Die Tierärztliche Hochschule zu Hannover wurde 1778 als königliche Ross-Arzney-Schule von Georg III. gegründet. Die Ausstellung zeigt die Entwicklung der Lehrstätte über die königliche Tierarzneischule und deren Anerkennung als Universität 1913 bis heute. Neben Hochschul- und Wissenschaftsgeschichte zeigt die 1981 eröffnete Sammlung das historische Spektrum tierärztlicher Forschung und Praxis. Grundlage der Tiermedizin bildete die Pferdeheilkunde, die sich dann auf landwirtschaftliche Nutztiere und Haustiere ausweitete. Zu sehen sind zahlreiche Instrumente und Geräte zu Diagnostik, Operation, Aderlass, Zahnbehandlung, Geburtshilfe, Kastration, Schmerzausschaltung, Hufbehandlung und Seuchenbekämpfung. Der Tierarzt arbeitete als Veterinär im öffentlichen Gesundheitswesen, als Landtierarzt, in der Forschung, beim Militär und in der freien Wirtschaft. Die ausgewählten Objekte sind so präsentiert, dass sie auch Laien verständlich sind. Im Rahmen von Führungen (nach Voranmeldung) ist seit 1996 auch eine militärärztliche Spezialsammlung zu besichtigen. Lo

## Wilhelm-Busch-Museum Hannover
## Deutsches Museum für Karikatur und kritische Grafik

Georgengarten, 30167 Hannover **Telefon** (05 11) 7 00 00 44 **Fax** (05 11) 7 01 12 22
**E-Mail** information@w-busch-museum.h.shuttle.de
**Internet** www.wilhelm-busch-museum.de **Geöffnet** Di. – Fr. 10 – 17, Sa., So. u. feiertags 10 – 18 Uhr, Karfreitag, 24. u. 31. Dez. geschlossen **Eintritt** 8,– DM (~ 4,09 €); Ermäßigungen **Service** Aufzug, Museumscafé, Shop
**Trägerin** Wilhelm-Busch-Gesellschaft e.V. Hannover **Leiter** Dr. Hans Joachim Neyer

Das Wilhelm-Busch-Museum Hannover, früher ein kleines Museum von lokaler Bedeutung, ist heute das einzige deutsche Satiremuseum, das höchste internationale Anerkennung genießt.
Persönliche Erinnerungsstücke von Wilhelm Busch sowie Stiftungen und Ankäufe seiner Bilder bildeten den Grundstock des ersten Wilhelm-Busch-Museums, das in Hannover am Georgsplatz eröffnet wurde. Während das Museum in Hannover 1943 zerstört wurde, konnten die ausgelagerten Bestände gerettet werden. 1950 konnte das Museum in dem erhalten gebliebenen Teil des 1779 – 1782 erbauten Georgenpalais', im Georgengarten gelegen, wieder eröffnet werden. Neben Busch wurden auch andere Grafiker und Karikaturisten ausgestellt, so etwa Olaf Gulbransson, Alfred Kubin oder Adolf Oberländer. Mit dem Erfolg dieser Ausstellungen bahnte sich allmählich der zweite Schwerpunkt in der Tätigkeit des Wilhelm-Busch-Museums an: Karikatur und kritische Kunst. Nach dem Wiederaufbau des Westflügels und dem Zugewinn an räumlichen Möglichkeiten dehnte sich dieses Sammlungs- und Arbeitsgebiet aus, was schließlich 1986 in der Namenserweiterung „Deutsches Museum für Karikatur und kritische Grafik" seinen Niederschlag fand.
Die Sammlung Wilhelm Busch enthält 330 Ölgemälde, ca. 1200 Zeichnungen und Skizzen nach der Natur, über 2000 Originalzeichnungen zu Bildergeschichten, 900 Briefe und mehr als 750 Blätter Prosa- und Gedichthandschriften. Ergänzt wird diese Sammlung durch ein umfassendes Archiv sowie die auf Busch spezialisierte, 2500 Bände umfassende Bibliothek.

Wilhelm-Busch-Museum Hannover – Deutsches Museum für Karikatur und kritische Grafik, das Georgenpalais, erbaut 1779–1782, beherbergt das Museum seit 1950

Wilhelm-Busch-Museum Hannover – Deutsches Museum für Karikatur und kritische Grafik, Chas Addams, „Um Himmels Willen, kannst Du denn überhaupt nichts richtig machen?"

Die Bestände der Sammlung „Karikatur und kritische Grafik" umfassen ca. 18 000 Blätter. Schwerpunkte liegen hier u.a. bei den Vertretern des „Goldenen Zeitalters" der englischen Satire mit William Hogarth, George Cruikshank, James Gillray und Thomas Rowlandson, bei Künstlern des deutschen „Simplicissimus" und bei zeitgenössischen internationalen satirischen Künstlern wie F. K. Waechter, Tomi Ungerer, Jean-Jacques Sempé, Ronald Searle und André François.
Die größte Herausforderung für die private Gesellschaft war der Umbau ihres Museums bis zum Sommer 2000. Das renovierte Museum präsentiert sich Interessierten als attraktiver Ort, an dem hochrangige internationale satirische Kunst in zwei- bis dreimonatigem Wechsel in einem charmanten kulturellen Ensemble genossen werden kann: in einem historischen Palais inmitten seines neu gestalteten und den Besuchern offen stehenden Privatgartens. Lo

## Heimatmuseum Ahlem

Krugstraße 17, 30453 Hannover-Ahlem **Telefon** (05 11) 40 61 94 (Beckmeier) o. 48 38 25 (Eng) **Internet** www.hannover.de **Geöffnet** So. 15 – 18 Uhr, in den Schulferien geschlossen **Eintritt** frei **Träger** Heimatbund Niedersachsen, Ortsgruppe Ahlem **Leiter** Günter Eng

Das Heimatmuseum befindet sich seit 1982 in den Räumen der alten Volksschule von Ahlem. Gezeigt werden Inszenierungen einer Wohnküche eines Arbeiterhaushaltes, eines kleinbürgerlichen Wohnzimmers, eines Schulzimmers sowie ein Raum mit Erinnerungen an den Pastor Sackmann aus Limmer. Weitere Objektbereiche werfen ein Schlaglicht auf Fossilienfunde und die Asphaltindustrie des 19. Jh. auf Ahlemer Gebiet. Für Anfang 2001 ist der Umzug in das ehemalige Ahlemer Rathaus an der Wunstorfer Landstraße geplant. Lo

## Mahn- und Gedenkstätte Ahlem

Heisterbergallee 8, 30453 Hannover-Ahlem (Post: Landkreis Hannover, Postfach 147, 30001 Hannover) **Telefon** (05 11) 9 89 - 22 56 **Fax** (05 11) 9 89 - 24 99 **E-Mail** landkreis hannover@t-online.de **Internet** www.landkreis-hannover.de **Geöffnet** 2. So. im Monat 15 – 18 Uhr und für Gruppen n.V. **Eintritt** frei **Träger** Kulturamt des Landkreises Hannover **Leiterin** Gabriele Lehmberg

Auf dem Gelände der ehemaligen Israelitischen Gartenbauschule in Ahlem hat der Landkreis Hannover 1987 eine Mahn- und Gedenkstätte eingerichtet. Ihr Ziel ist es, an authentischem Ort an die Geschichte der 1893 gegründeten, europaweit anerkannten Ausbildungsstätte für junge Menschen jüdischen Glaubens zu erinnern, aber auch zu dokumentieren, wie aus dieser Bildungseinrichtung unter nationalsozialistischem Regime ein Ort des Schreckens wurde: von 1941 bis 1944 als zentrale Sammelstelle für die Deportation von Bürgern und Bürgerinnen der damaligen Regierungsbezirke Hannover und Hildesheim in die Konzentrationslager und vom Herbst 1943 an als Gestapo-Ersatzgefängnis für Zwangsarbeiter und Kriegsgefangene aus den sieben hannoverschen Außenlagern des KZ Neuengamme. Ein separater Gedenkraum, ein Mahnmal im Außengelände und ein Videoraum bieten Gelegenheit zur trauernden Erinnerung und zur mahnenden Auseinandersetzung mit dem Nationalsozialismus und dem Holocaust. Mß

## Fürstenhaus Herrenhausen-Museum

Alte Herrenhäuser Straße 14, 30419 Hannover-Herrenhausen (Post: Sekretariat Sr. K. H. des Prinzen von Hannover, Hausgut Calenberg, 30982 Pattensen) **Telefon** (05 11) 75 09 47 **Fax** (0 50 69) 78 52 **Geöffnet** 1. April – 30. Sept. Di. – So. 10 – 18, 1. Okt. – 31. März Di. – So. 10 – 17 Uhr **Eintritt** auf Anfrage **Träger** S. K. H. Ernst August Prinz von Hannover Herzog zu Braunschweig und Lüneburg **Leiter** Karl-Ludwig Riechert

Das Schloss Herrenhausen wurde seit 1665 zur Sommerresidenz der Welfen ausgebaut; alljährlich von Mai bis Oktober hielt sich hier der Hof auf, weswegen der Hochadel in dessen Nähe kleine Palais errichtete. Das

Fürstenhaus Herrenhausen-Museum

im 18. Jh. als „Delitzsches Palais" bekannte Fürstenhaus beherbergte bereits seit 1866 die historische Porträtsammlung der welfischen Herzöge und Könige von Hannover. Während das Schloss im Zweiten Weltkrieg zerstört wurde, blieb das Fürstenhaus weitgehend unversehrt. Die Exponate stammen auch aus den anderen welfischen Schlössern Blankenburg, Herzberg und → Marienburg. Zu sehen sind höfische Porträts, sonstige Gemälde, Skulpturen und Mobiliar. In einem Raum befinden sich die Einrichtung und Dekoration des „Falkenzimmers" des ehemaligen Herrenhäuser Schlosses mit der „Herzberger Jagdtapete" (um 1650) und weiteren Darstellungen zur Falken-, Hirsch- und Saujagd. Die Ausstellung des Fürstenhauses Herrenhausen vermittelt einen geschlossenen Eindruck vom höfischen Lebensstil des Barock. Lo

## Heimatmuseum hinter dem Berge

Kirchbichler Straße 6, 30539 Hannover **Telefon** (05 11) 51 21 88 (Leiter) **Fax** (05 11) 51 35 37 **Eintritt** frei **Geöffnet** Do. 18 – 20 Uhr **Träger** Bürgergemeinschaft Wülferode e.V. **Leiter** Kurt Hagemann

In Räumen der alten Dorfschule wird eine Sammlung diversen bäuerlichen Kulturgutes des dörflichen Stadtteils hinter dem Kronsberg gezeigt. Inszeniert sind eine Küche und ein Wohnzimmer der 1950er Jahre und eine Dorfschule. Lo

## Hufschmiedemuseum Frehrking

Alte Heerstraße 21, 31535 Neustadt-Helstorf **Telefon** (0 50 72) 15 75 (Hensel) **Fax** (0 50 72) 77 01 05 (Hensel) **E-Mail** Hensel-Helstorf@t-online.de **Internet** www.hufschmiedemuseum-helstorf.de **Geöffnet** März – Okt. jeden 3. So. im Monat 10 – 17 Uhr **Eintritt** frei; Führungen 2,– DM (~ 1,02 €) pro Person **Träger** Heimatverein Helstorf e.V. **Leiter** Diethardt Hensel

Mit der Restaurierung der bis 1965 betriebenen Hufschmiede Frehrking schuf der Heimatverein Helstorf 1989 zunächst ein Spezialmuseum, in dem Besucher die alte Schmiedekunst anschaulich vorgeführt bekommen oder selbst ausprobieren dürfen. Ungebremste Sammelleidenschaft hat jedoch mittlerweile daneben eine große Sammlung von Zeugnissen ländlicher Alltagskultur entstehen lassen, die das Museum nun zu einem Heimatmuseum macht. Neben Schuhmacherwerkstatt, Bauernküche, Kirchturmuhr und diversem landwirtschaftlichem Gerät ist dort in einem Scheunenanbau neuerdings auch ein ca. 500 Jahre alter, in der Leine gefundener Einbaum (Teil einer Fähre) zu sehen. MB

## Das kleine Dorfmuseum

Henstedter Straße 20, 28857 Syke-Henstedt **Telefon** (0 42 42) 5 06 45 **Geöffnet** Mai – Okt. jeder 1. So. 15 – 18 Uhr **Eintritt** frei **Trägerin** und **Leiterin** Waltraut Köhler

Wer den Weg in das „kleine Dorfmuseum" findet, wird mit einer Ausstellung als Ergebnis intensiver Aufarbeitung der Ortsgeschichte, die auch als Buch vorliegt, belohnt. Ein Luftschutzbunker aus dem Zweiten Weltkrieg für die Dorfbewohner ist auf dem Gelände erhalten. JL

## Dom-Museum Hildesheim

Domhof 4, 31134 Hildesheim **Telefon** (0 51 21) 1 79 16 - 3 **Fax** (0 51 21) 1 79 16 - 44 **E-Mail** dommuseum@bistum-hildesheim.de **Internet** Kulturserver.de/home/Dom-Museum.Hildesheim **Geöffnet** Di. – Sa. 10 – 17, So. u. feiertags 12 – 17 Uhr; bei Sonderausstellungen geänderte Öffnungszeiten **Eintritt** 4,– DM (~ 2,05 €); Ermäßigungen; bei Sonderausstellungen geänderte Eintrittspreise **Träger** Der Bischöfliche Stuhl der Diözese Hildesheim **Leiter** Dr. Michael Brandt

Das im Zweiten Weltkrieg völlig zerstörte und erst 1978 neu gegründete Hildesheimer Dom-Museum birgt – nicht zuletzt dank rechtzeitiger Auslagerung des Domschatzes in den Jahren 1942/43 – einen der landesweit ältesten Bestände sakraler Kunst. Seine Anfänge lassen sich bis in eine Schatzkammer der mittelalterlichen Kathedralkirche zurückverfolgen. Zu den ältesten Reliquiaren zählt eine kleine Silberkapsel aus dem frühen 9. Jh. Besondere Kostbarkeiten sind ferner der Bischofsstab des heiligen Bernward (Elfenbeinkrümme, evtl. um 993), das sog. Bernwardkreuz (um 1022/1150), das Kreuz Heinrichs des Löwen (um 1172) oder das Kopfreliquiar des heiligen Oswald (Ende 12. Jh.). Durch Funde aus Bischofsgräbern im 18. Jh., gezielte Ankäufe und Schenkungen aus säkularisierten Klöstern und Stiften des Hildesheimer Raums im 19. Jh. bis hin zum systematischen Sammlungsausbau in jüngerer Zeit wurde der Domschatz kontinuierlich erweitert. Nur ein kleiner Teil davon wird in

Dom-Museum Hildesheim, Reliquiar des heiligen Oswald, Niedersachsen, Ende 12. Jh.

einer nachempfundenen Schatzkammer in wechselnder Zusammenstellung gezeigt. Andere Exponate, wie z.B. Paramente, sind der Präsentation in befristeten Sonderausstellungen vorbehalten. MB

## Kunstverein Hildesheim

Galerie am Kehrwiederturm, Am Kehrwieder 2, 31134 Hildesheim **Telefon** (0 51 21) 3 01 - 2 70 (Ollech) **Geöffnet** Sa. 15 – 18, So. 11 – 18 Uhr während laufender Ausstellungen **Eintritt** frei **Träger** Verein zur Förderung der bildenden Kunst e.V. **Leiter** Klaus Dierßen (Vors.)

## Neisser Haus – Heimatmuseum und Archiv

Gelber Stern 21, 31134 Hildesheim **Telefon** (0 51 21) 13 27 56 (Museum) u. (0 51 21) 4 64 31 (Bruntz, Sonderführungen) **Geöffnet** Mi. 16 – 18 Uhr **Eintritt** frei **Träger** Neisser Kultur- und Heimatbund e.V., Hildesheim **Leiter** Bernward Trouw

Das 1974 im Waffenschmiedehaus in Hildesheim (1548) eröffnete Archiv und Museum dient der Bewahrung heimatlichen Kulturguts aus dem ehemaligen Fürstentum Neisse und der Information über die Geschichte dieser Region. Eine Gedenkstätte im Hof ist den Opfern von Krieg, Flucht und Vertreibung gewidmet. MB

Roemer- und Pelizaeus-Museum, Schreiber Heti, Ägypten, um 2300 v. Chr.

## Roemer- und Pelizaeus-Museum

Am Steine 1 – 2, 31134 Hildesheim **Telefon** (0 51 21) 93 69 - 0 **Fax** (0 51 21) 3 52 83 **E-Mail** rp-museum@t-online.de **Geöffnet** Mo. – Fr. 9 – 18, Sa. u. So. 10 – 18 Uhr **Eintritt** 14,– DM (~ 7,16 €) **Service** zugänglich für Behinderte, Café Nil, LUXOR Shop **Träger** Roemer- und Pelizaeus-Museums GmbH **Leitung** Leitende Direktorin und Geschäftsführerin Roemer- und Pelizaeus-Museum GmbH: Dr. Eleni Vassilika; Direktor des Roemer-Museums: Prof. Manfred Boetzkes

Das Roemer- und Pelizaeus-Museum, eines der ältesten Museen Niedersachsens, befindet sich zzt. in einer Phase weitreichender Umstrukturierungen. Grund dafür ist die Errichtung eines Neubaus. Im Anschluss an mehrere befristete Sonderausstellungsprojekte sollen nach und nach die international bedeutenden Sammlungen des Hauses mit veränderten Präsentationskonzepten den Besuchern wieder zugänglich gemacht werden.
Die reichen Bestände des Roemer-Museums umfassen folgende Themenkomplexe: Erd- und Naturgeschichte, europäische Ur- und Frühgeschichte, Kultur außereuropäischer Völker mit Schwerpunkt Südamerika, Afrika und Neuguinea, allgemeine Kunstgeschichte, Kulturgeschichte des Hildesheimer Raums, Numismatik, Grafik und Gemälde vom Mittelalter bis zur Gegenwart. Hiervon ist momentan nur die Alt-Peru-Abteilung zu besichtigen. Die übrigen Sammlungen werden bei der Neupräsentation dem Motto „Welt im Wandel" unterstellt. Ziel des didaktischen Konzepts ist es, den Umgang des Menschen mit der Natur in verschiedenen

Roemer- und Pelizaeus-Museum, Federmantel, Alt-Peru, Nazca, 400 – 600 n. Chr.

Kulturen zu unterschiedlichen Zeiten zu veranschaulichen. Damit wird eine Idee des Museumsmitbegründers Dr. Hermann Roemer wieder aufgegriffen, der bereits 1845 ein Universalmuseum verwirklicht sehen wollte, mit dem Anspruch, die Entwicklung der Erde und des Menschen „auf streng wissenschaftlicher Grundlage" darzustellen.
Das Pelizaeus-Museum wird seine Bestände voraussichtlich erst von 2001 an neu präsentieren. Die Altägypten-Sammlung zählt zu den bedeutendsten ihrer Art weltweit. Sie spannt den Bogen von der vordynastischen Zeit über die drei klassischen Epochen (Altes, Mittleres, Neues Reich) bis in die christlich-koptische Zeit des Mittelalters. Schwerpunkt der Sammlung bilden die Funde aus dem Alten Reich. Auch in Zukunft wird sich das Pelizaeus-Museum nicht primär als reines Kunstmuseum verstehen, sondern Wert darauf legen, die Kulturgeschichte der alten Ägypter farbig und lebendig zu zeigen. MB

## Stadtmuseum im Knochenhauer Amtshaus: Stadtgeschichtliche Sammlung des Roemer-Museums

Markt 7, 31134 Hildesheim **Telefon** (0 51 21) 3 01 - 1 63 **Fax** (0 51 21) 3 01 - 1 62
**E-Mail** sk.rp@t-online.de **Geöffnet** Di. – So. 10 – 18 Uhr **Eintritt** auf Anfrage
**Service** Aufzug, Restaurant **Träger** Stadt Hildesheim **Leiter** Prof. Manfred Boetzkes

Seit 1990 ist die Stadtgeschichtliche Abteilung des Roemer-Museums im Knochenhauer Amtshaus untergebracht, einem vollständig rekonstruierten Fachwerkgebäude an der Stelle seines 1529 errichteten und 1945 zerstörten prachtvollen Vorgängerbaus. Auf insgesamt vier Etagen werden vier Epochen der Stadtentwicklung vor Augen geführt, systematisch nach Themen gegliedert. Ein weiteres Geschoss ist für Sonderausstellungen reserviert. Die erste Ebene des Dauerausstellungsbereichs bietet Hildes-

Stadtmuseum im Knochenhauer Amtshaus: Stadtgeschichtliche Sammlung des Roemer-Museums, Nachbildungen aus dem Hildesheimer Silberfund, Galvanoplastik, um 1870

heimer Funde und Objekte aus Mittelalter und Früher Neuzeit, als die Bischofsstadt zu den wichtigsten Städten Deutschlands gehörte. Die nächste Ebene (18. Jh.) belegt anhand des barocken Tafelsilbers des Fürstbischofs Friedrich Wilhelm von Westphalen, dass Hildesheim zeitweise auch Residenzstadt mit aufgeklärtem Bildungsbürgertum und handwerklichen Traditionen war. Wiederum eine Etage höher (19./20. Jh.) gibt der komplette Satz von Nachbildungen des Hildesheimer Silberfundes, eines römischen Tafelgeschirrs, Zeugnis davon, wie im Historismus die Verbindung von Antike und Neuzeit gesucht wurde. Den Abschluss der chronologischen Übersicht bildet schließlich eine „Straßenbahnfahrt" durch das Hildesheim der Vorkriegszeit. MB

Stadtmuseum im Knochenhauer Amtshaus: Stadtgeschichtliche Sammlung des Roemer-Museums, Siegel des Knochenhauer-Amtes am Großen Markt

## Heimatmuseum Hoheneggelsen

Hauptstraße 28, 31185 Söhlde-Hoheneggelsen **Telefon** (0 51 29) 2 86 (Wulfes) **Geöffnet** Do. 15 – 17 Uhr **Eintritt** frei **Träger** Heimatverein e.V. Hoheneggelsen **Leiter** Georg Wulfes

Heimatkundliche Sammlung mit Zeugnissen zur Ortsgeschichte und zum ländlichen Leben. MB

## Heimatmuseum Holle

Bertholdstraße 16, 31188 Holle **Telefon** (0 50 62) 83 93 (Ohmes) o. 90 84 - 0 (Gemeinde Holle) **Fax** (0 50 62) 90 84 - 29 **Geöffnet** Sa. 16 – 18 Uhr **Eintritt** frei **Träger** Gemeinde Holle / Verein für Heimatpflege und Naturschutz Holle e.V. **Leiter** Wilhelm Ohmes

Als „Museum zum Anfassen" präsentiert sich das ehrenamtlich geführte gepflegte Museum. Der Rundgang eröffnet Einblicke in die ländliche Lebenswelt um 1900, besonders erwähnenswert ist eine außergewöhnlich gut ausgestattete Küche. In der landwirtschaftlichen Sammlung sind Huf- und Nagelschmiede, Schuhmacherei und Sattlerei herausgehoben. Eine besondere Augenweide ist die vollständige Einrichtung eines um 1950 eingerichteten „Tante-Emma-Ladens". Eine anschauliche Darstellung der heimischen Tierwelt und ihrer Lebensbedingungen in der Umgebung der Derneburger Teiche sowie eine informative geologische Sammlung mit Schwerpunkt auf fossilen Mammutfunden beschließen den Rundgang. He

## Heimatmuseum Hoya

Im Park 1, 27318 Hoya/Weser **Telefon** (0 42 51) 76 89 **Geöffnet** Sa. u. So. 15 – 17 Uhr **Eintritt** 2,– DM (~ 1,02 €); Ermäßigungen **Träger** Verein Heimatmuseum Grafschaft Hoya e.V. **Leiterin** Elfriede Hornecker

Das Museum befindet sich im ehemaligen Burgmannshof der Familie von Staffhorst. Die Dauerausstellung zeigt die Geschichte der Grafenstadt sowie Hoyaer Handwerks- und Sozialgeschichte. Ein weiterer Ausstellungsschwerpunkt ist dem in Hoya geborenen Johann Heinrich Beckmann, dem Begründer der Technologie, gewidmet. JL

## Nordhannoversches Bauernhaus Museum Isernhagen Wöhler-Dusche-Hof

Am Ortfelde 40, 30916 Isernhagen NB **Telefon** (05 11) 73 16 20 (Jeuther) **Geöffnet** 1. So. im Mai – 1. So. im Okt. 11 – 17 Uhr und n.V. **Eintritt** frei **Service** barrierefreier Zugang, jeden So. Kaffee und hausgemachter Kuchen **Träger** Nordhannoversches Bauernhaus Museum Isernhagen e.V. **Leiterin** Astrid Jeuther

Der Museumshof Wöhler-Dusche ist ein ländliches Baudenkmal des ausgehenden 16. Jh. Das Hofensemble mit Haupthaus (Zweiständerbau mit eindrucksvollem Schmuckgiebel), ehemaliger Unterfahrscheune, Bauerngarten, Weide und Backhaus im Eichenwald blieb an seinem Standort

Nordhannoversches Bauernhaus Museum Isernhagen – Wöhler-Dusche-Hof

recht ursprünglich erhalten und beherbergt seit 1994 eine kleine Sammlung bäuerlichen Kulturguts aus dem Ende des 19. Jh. Auf der Diele finden in jährlichem Wechsel qualitätvolle Ausstellungen zu Themen mit örtlichem Bezug statt. Mß

## Heimatstube des Heimatvereins Klein Escherde

Rudolfstraße 16, 31171 Nordstemmen-Klein Escherde **Telefon** u. **Fax** (0 50 69) 10 51 (Hauchstein) **E-Mail** Heimatverein@Klein-Escherde.de
**Internet** www.Klein-Escherde.de **Geöffnet** April – Sept. jeden 2. So. im Monat 15 – 17 Uhr **Eintritt** frei **Träger** Heimatverein Klein Escherde **Leiter** Siegfried Hauchstein

Die Heimatstube präsentiert Mobiliar und Ausstattung von Wohnküche, Schlafkammer und zwei Wohnstuben aus dem frühen 20. Jh., daneben handwerkliches und landwirtschaftliches Kleingerät. Interessant ist eine kleine Fotodokumentation zum Abbruch der ehemaligen Dorfkirche, die in das Niedersächsische Freilichtmuseum Cloppenburg transloziert wurde. Mß

## Kunstkreis Laatzen

Hildesheimer Straße 368, 30880 Laatzen-Rethen **Telefon** (0 51 02) 52 10
**Geöffnet** Di., Do. 16 – 18, So. 15 – 18 Uhr **Eintritt** frei **Träger** Kunstkreis Laatzen e.V.
**Leiter** Ingo Schwan (1. Vors.)

## Luftfahrt-Museum Laatzen-Hannover

Ulmer Straße 2, 30880 Laatzen **Telefon** (05 11) 8 79 17 91/92 **Fax** (05 11) 8 79 17 93
**E-Mail** Ursula.Leonhardt@t-online.de
**Internet** www.Luftfahrtmuseum-Hannover.de **Geöffnet** Di. – So. 10 – 17 Uhr
**Eintritt** 10,– DM (6,– €); Ermäßigungen; Führungen 60,– DM (35,– €)
**Service** Behindertenzugang **Träger** Luftfahrt-Museum Laatzen-Hannover e.V.
**Leiter** Günter Leonhardt

Das 1992 in Laatzen eröffnete Museum geht auf einen Personenkreis zurück, der sich 1985 – 1989 zwecks Bergung von vier Ju 52 in Nordnorwegen zusammenfand. Auf 4000 $m^2$ Hallenfläche und einem Freigelände bietet es einen auch für Laien anschaulichen Querschnitt durch 200 Jahre Luftfahrtgeschichte. Gezeigt werden über 30 Luftfahrzeuge, darunter im Original jeweils eine Me 109, FW 190, Spitfire, AN 2, MIG 15 und ein Starfighter F 104. Als Nachbauten sind u.a. ein Lilienthalgleiter, eine Fokker DR1 und der Spirit of St. Louis zu sehen. Dazu wird an vielen Beispielen die Entwicklung der Flugtriebwerke und des Luftfahrtzubehörs erläutert. Fliegerkleidung, eine umfangreiche Flugmodellsammlung und Dioramen runden die Ausstellung ab. Als Vergleichsobjekte zur Entwicklung des Straßenverkehrs finden sich zudem Automobile aus den Anfangsjahren (z.B. ein Benz Velo Comfortable von 1899) bis zur Gegenwart. Mß

Luftfahrt-Museum Laatzen-Hannover

## Heimatmuseum Lamspringe

Kloster 4, 31195 Lamspringe **Telefon** (0 51 83) 50 00 (Gemeindeverwaltung) **Fax** (0 51 83) 5 00 10 **Geöffnet** April – Sept. Sa. u. So. 16 – 17.30 Uhr **Eintritt** 1,– DM (~ –,51 €) bei Führungen; sonst frei **Service** zugänglich für Behinderte **Träger** Flecken Lamspringe **Leiter** Willi Fleige

In den Räumen des ehemaligen Benediktinerklosters, schön gelegen inmitten der heute parkartig gestalteten Klostergärten, wird die Entwicklung von Kloster und Marktflecken erläutert. Örtliche Einrichtungen (Webschule, Leinenlegge, Apotheke des frühen 19. Jh.) und ortstypische Handwerke (Putzmacherei, Drechslerhandwerk, Zigarrenmacherei und Buchbinderei) werden anschaulich dargestellt. Erinnert wird an die Geschichte der „Hannoverschen Porzellanfabrik", an eine von den Benediktinern bei Lamspringe gegründete Glashütte und die daraus hervorgegangene Glasmalerei. Auch Produkte eines bekannten Herstellers früher Dreschmaschinen finden in der Ausstellung Platz. He

## Dümmer-Museum

Götkers Hof, 49459 Lembruch **Telefon** (0 54 47) 3 41 **Träger** Heimat- und Verschönerungsverein Lembruch e.V. **Leiter** N.N.

Das Museum mit Ausstellungsthemen rund um den Dümmer wie Siedlungsgeschichte, Wasserwirtschaft und Naturschutz, Sport, Fauna und Flora des Sees ist zzt. geschlossen und wird nach erfolgtem Umbau voraussichtlich im Jahr 2001 mit veränderter Konzeption wieder eröffnet. JL

Heimatmuseum Seelze, Friseurstube um 1920

## Heimatmuseum Seelze

Im Sande 14, 30926 Seelze-Letter **Telefon** (05 11) 48 57 04 (Pfeiffer) u. (05 11) 40 45 55 (Henze) **E-Mail** mail@heimatmuseum-seelze.de
**Internet** www.heimatmuseum-seelze.de **Geöffnet** So. 14.30 – 17.30 Uhr
**Eintritt** frei **Service** Behindertenzugang, ebenerdig
**Träger** Museumsverein für die Stadt Seelze e.V. **Leiter** Karl-Heinz Pfeiffer

Das 1991 in Letter wieder eröffnete Heimatmuseum fand sein neues Domizil in einem 1856 für einen Schuhmacher als Handwerkerstelle errichteten Fachwerkhaus. An den Beruf dieses ersten Bewohners erinnert eine reich ausgestattete Schuhmacherwerkstatt. Die ständige Ausstellung in den übrigen Räumen, die von Zeit zu Zeit verändert wird, befasst sich mit folgenden Themen: Bader – Barbier – Friseur, Schule, regionales Eisenbahnwesen, Wohnen um 1900. Auf der Diele werden informative Sonderausstellungen zu kultur-, stadt- und regionalgeschichtlichen Aspekten gezeigt, in deren Kontext dann auch Exponate aus dem großen Magazinbestand präsentiert werden. Mß

## Heimatstube Linderte

Schulstraße 2, 30952 Ronnenberg-Linderte **Telefon** u. **Fax** (0 51 09) 37 00 (Voges)
**Geöffnet** jeden 1. So. im Monat 10 – 12 Uhr **Eintritt** frei **Träger** Historischer Verein Linderte e.V. **Leiter** Herbert Voges

Sammlung diversen bäuerlichen und handwerklichen Kulturguts. Mß

## Schloß Marienburg

30982 Pattensen-Schulenburg (Post: Sekretariat Sr. K.H. des Prinzen von Hannover, Hausgut Calenberg, 30982 Pattensen) **Telefon** (0 50 69) 4 07 u. 5 35 **Fax** (0 50 69) 78 52 **Geöffnet** Di. – So. 10 – 12 u. 13 – 18 sowie sonn- u. feiertags (außer 24.12. bis einschl. 1.1.) durchgehend 10 – 18 Uhr (letzter Einlass 17 Uhr); vom 1.12. bis Ende Febr. ist das Schloss, außer für Vereine und Schulklassen, nur Sa. u. So. zu besichtigen **Eintritt** auf Anfrage **Träger** S. K. H. Ernst August Prinz von Hannover Herzog zu Braunschweig und Lüneburg **Leitung**: Karl-Ludwig Riechert, c/o Sekretariat Sr. K. H. des Prinzen von Hannover

Wie Neuschwanstein im Süden so ist die Marienburg im Norden das, was man sich im 19. Jh. unter einer mittelalterlichen Burg vorstellte. Die Ortswahl bei Baubeginn 1857 durch König Georg V. bestimmten die romantische Lage und Aussicht. Er schenkte die Burg seiner Gemahlin Königin Marie, die hier ein Jahr lang lebte. Architekt war der bedeutende hannoversche Baumeister Conrad Wilhelm Hase, der eine großzügige neogotische, englisch beeinflusste Schlossanlage errichtete, deren Bau 1866 durch die preußische Annexion eingestellt werden musste. Das Museum im Schloss dokumentiert das adlige Wohnen der Erbauungszeit mit Mobiliar, Silber und Einrichtungsgut im Stil der Neogotik. Darunter gibt es zahlreiche Erinnerungsstücke an das letzte hannoversche Königspaar und dessen Familie. Ein großer Teil der Exponate ist älter als das Schloss selbst, darunter Gemälde, Möbel, Glas, Leuchter, Rüstungen und Waffen vom 16. – 19. Jh., zudem Porzellan aus Meißen und Fürstenberg. Einige Räume der Ausstellung bieten einen reizvollen Ausblick über das Leinetal. Lo

Schloß Marienburg

Kloster Mariensee, Erich Klahn, Tempel der Juno Lacinia, Agrigent; Aquarell 1928

## Kloster Mariensee

Höltystraße 1, 31535 Neustadt a. Rbge.-Mariensee **Telefon** (0 50 34) 47 77 **Fax** (0 50 34) 92 67 34 **Geöffnet** die Besichtigung ist nur im Rahmen einer Führung möglich. Führungen 15. April – 15. Okt. Mi. und Fr. 15 – 18, Sa. 10 – 12 und 15 – 18, So. 15 – 18 Uhr. Gruppen nur nach Voranmeldung **Eintritt** 3,– DM (~ 1,53 €); Ermäßigungen **Träger** Klosterkammer Hannover **Leitung** Äbtissin Ingmar-Elisabeth Hornschuh

Das Anfang des 13. Jh. gegründete Kloster Mariensee war ein Zisterzienserinnenkloster, seit dem 16. Jh. ist es evangelisches Damenstift. Während die Konventgebäude nach schweren, im Dreißigjährigen Krieg erlittenen Schäden durch einen barocken Neubau (1726 – 1729) ersetzt werden mussten, blieb die Backsteinkirche aus der Gründungszeit erhalten, wurde aber im 19. Jh. verändert. Bemerkenswert ist die Ausstattung der Kirche: ein Kruzifix (1. Hälfte 13. Jh.), vermutlich als Triumphkreuz verwendet, ein Taufstein (1545), ein Taufengel (1739), der Altar mit geschnitzter Predella (19. Jh.) sowie zwei in der Technik des Wienhäuser Klosterstichs gefertigte Wandteppiche (1984 und 1994/95). Die Damenempore schmücken eine Madonna, ein Holzkruzifix und Teile eines Flügelaltars (alles 15. Jh.). Im angrenzenden Museum werden Abendmahlsgerät, Bibeln und wertvolle Gebetbücher aufbewahrt. Der Kreuzgang und die Abtei dienen u.a. als Veranstaltungsräume, z.B. für Ausstellungen moderner Kunst. Im Mai 2001 soll eine ständige Kirchenkunstausstellung mit Werken des Künstlers Erich Klahn (1901 – 1978) eröffnet werden. MB

## Dinosaurier-Freilichtmuseum Münchehagen

Alte Zollstraße 5, 31547 Rehburg-Loccum **Telefon** (0 50 37) 20 73 **Fax** (0 50 37) 57 39 **E-Mail** dino-park@t-online.de **Internet** www.dino-park.de **Geöffnet** Febr. – Okt. tägl. 10 – 18, ab Mitte Jan. u. Nov. 10 – 16 Uhr **Eintritt** 13,– DM (~ 6,65 €); Ermäßigungen **Service** Behindertenzugang **Träger** und **Leiter** Bernd Wolter

In einem großen Freigelände tummeln sich auf Wiesen und nach Zeitaltern geordnet lebensgroße Nachbildungen von Dinosauriern u.a. in einem Kiefernwald. Informationen über erdgeschichtliche Entwicklungsprozesse sprechen den Leser an, die z.T. riesigen Tiere begeistern hauptsächlich Kinder, die sich wie in einem Freizeitpark fühlen können. Das Naturdenkmal „Saurierfährten" ist innerhalb des Museumsgeländes nur nach Entrichtung des Eintrittsgeldes zu erreichen. In einer separaten Halle können die Besucher die wissenschaftlichen Rekonstruktionen an Saurierskeletten verfolgen. Der pädagogische Dienst bietet für Kinder ein Mitmachprogramm an. JL

## Kunstverein Neustadt a. Rbge e.V.

Friedrich-Meyer-Straße 20, 31535 Neustadt a. Rbge **Telefon** (0 50 32) 37 95 **Fax** (0 50 32) 28 55 **Geöffnet** Artothek im Gymnasium: jeden Fr. 16.30 – 18.30 Uhr **Eintritt** Artothek-Jahresbeitrag 40,– DM (~ 20,45 €); Bildausleihe frei **Träger** Kunstverein Neustadt a. Rbge e.V. **Leiter** Rolf-Peter Mumm

## Museum zur Stadtgeschichte

An der Liebfrauenkirche 7, 31535 Neustadt a. Rbge **Telefon** (0 50 32) 9 43 18 **Internet** www.neustadt-rbge.de/museum.htm **Geöffnet** Di., Do. u. So. 15 – 18, Fr. 10 – 12 Uhr **Eintritt** frei **Träger** Museumsverein Neustädter Land e.V. **Leiter** Adolf Höhle

Museum zur Stadtgeschichte, Hochzeitskleid einer wohlhabenden Visbecker Braut aus dem Ende des 18. Jh.

Die 1997 eröffnete kleine Dauerausstellung des Museums zeichnet sich durch eine schlüssige Konzeption aus. Anhand weniger ausgewählter Exponate, informativer Bild-Text-Tafeln und behutsam eingesetzter Medien werden folgende Themenbereiche dargestellt: Hausgeschichte, Stadtgeschichte, Wirtschaftsgeschichte (am Beispiel von Blaudruck und Böttcherei) sowie Aussteuer und Aussteuermöbel. Wechselnde Sonderausstellungen dienen der Vertiefung und Ergänzung der Themen. Bedauerlich wäre es, wenn dieses in sich geschlossene Präsentationskonzept durch Hinzufügung weiterer, nicht themenbezogener Objekte beeinträchtigt würde. Mẞ

## Torfmuseum

Schloß Landestrost, Schloßstraße 1, 31535 Neustadt a. Rbge **Telefon** (0 50 32) 8 99 - 1 56 und - 1 58 **Fax** (0 50 32) 8 99 - 1 65 **Geöffnet** Mi., Do., Fr. 10 – 12 u. Di., Sa., So. 14 – 17 Uhr **Eintritt** frei; Führungen 2,– DM (~ 1,02 €); Ermäßigungen **Träger** Stiftung Forum Kultur **Leiterin** Christine Engelmann

Riesige Moorflächen waren einst charakteristisch für das Erscheinungsbild der norddeutschen Landschaft. Da sie als unwegsam galten und ganze Landstriche voneinander abgrenzten, wurden sie von den Menschen für unnützes, gefährliches Ödland gehalten. Erst ab 1750 nutzte man die Moore als Siedlungsland und Rohstoffreservoir. Besonders die Verwendung großer Torfmengen als Brennstoff in den Städten sowie die effektivere Ausnutzung der Moore seit der Einführung der Dampfkraft trugen dazu bei, dass immer großflächigere Eingriffe in diese einzigartige Kulturlandschaft sie bis auf wenige, heute geschützte Reste verschwinden ließen. Das 1991 in Räumen des Schlosses Landestrost neu eröffnete Torfmuseum basiert auf Leihgaben des Niedersächsischen Landesamts für Bodenforschung. Es zeigt in acht Abteilungen alle Aspekte der Moore

Torfmuseum

und des Torfes von ihrer Entstehung über die Verwertung und Weiterverarbeitung des Rohstoffs Torf bis zum Schutz der Moore in der Gegenwart. Die Ausstellung ist von vorbildlicher Konzeption und Gestaltung. Durch den Einsatz moderner Medien ist sie in den letzten Jahren noch informativer und ansprechender geworden. MB

## Museum Nienburg

Leinstraße 48, 31582 Nienburg **Telefon** (0 50 21) 1 24 61 **Fax** (0 50 21) 6 23 77
**E-Mail** info@museum-nienburg.de **Internet** www.museum-nienburg.de
**Geöffnet** Di. – Do. 10 – 17, Fr. 10 – 13, Sa. 11 – 13, So. 14 – 17 Uhr **Eintritt** 3,– DM (~ 1,53 €); Ermäßigungen **Service** Rampen für Erdgeschoss vorhanden, Shop
**Träger** Museumsverein für die Grafschaften Hoya, Diepholz u. Wölpe e.V.
**Leiter** Dr. Eilert Ommen

Dieses Regionalmuseum für den Raum zwischen Hannover und Bremen einerseits sowie Diepholz, Minden und Celle andererseits verbindet zwanglos die verschiedenen Aspekte ländlichen und städtischen, bäuerlichen und bürgerlichen Lebens. Sein Sammelgebiet erstreckt sich auf die ehemaligen Herrschaften der Grafen von Diepholz, Hoya und Wölpe. Im Fresenhof (Leinstraße 48), einem ehemaligen Burgmannshof, finden sich reiche und gut aufgearbeitete Bestände deutscher und niederländischer Fliesen. Präsentiert werden darüber hinaus zahlreiche Exponate zur Stadt- und Wirtschaftsgeschichte, insbesondere zur Nienburger Glashütte, der Seidenraupenzucht in Nienburg, aber auch zum Handwerk wie dem des Hutmachers. Bemerkenswert sind auch die Abteilungen Münzen und kirchliche Kunst mit Exponaten aus sieben Jahrhunderten. Wissenschaftlich aufgearbeitet und grafisch ansprechend werden die altsächsischen Funde (4.–9. Jh.) aus Liebenau präsentiert. Am früheren Leintor (Leinstraße 4) steht das Wohnhaus des seinerzeitigen Stadtbaumeisters Quaet-

Museum Nienburg, Inventar aus dem Gräberfeld in Liebenau

Museum Nienburg, Quaet-Faslem-Haus, Wohnzimmer um 1840

Faslem. Es wurde umfassend restauriert und zeigt im Raumzuschnitt der 1840er Jahre eine anschauliche Dauerausstellung zum bürgerlichen Wohnen im 18. und 19. Jh. Herausragend sind die frühbiedermeierlichen französischen Deckentapeten im „Spiegelsaal" und das für Norddeutschland in dieser Vollständigkeit einzigartige Tapetenzimmer aus dem Rokoko. Bemerkenswert ist die kürzlich restaurierte Rokoko-Kanzel von 1750 aus Wittlohe/Landkreis Verden. Das im Garten befindliche reetgedeckte Rauchhaus beherbergt thematische Ausstellungseinheiten zur ländlichen Wirtschaftsweise. Erwähnenswert ist die nur wenige Minuten entfernte regionalgeschichtliche Bibliothek an der Verdener Straße 24. Die Studiensammlung („begehbares Magazin") ist beispielhaft in Niedersachsen. JL

## Ostdeutsches Heimatmuseum

Weserstraße 5, 31582 Nienburg **Telefon** (0 50 21) 91 15 63 u. (0 50 23) 15 37 (Lonchant) **Fax** (0 50 21) 15 37 **Geöffnet** Sa. 10 – 13 Uhr **Eintritt** 2,– DM (~ 1,02 €); Ermäßigungen **Träger** Verein Ostdeutsches Heimatmuseum e.V. **Leiter** Dieter Lonchant

Das Ostdeutsche Heimatmuseum (Weserstraße 5) öffnet dem Besucher sonnabends von 10–13 Uhr den Blick in „800 Jahre deutsche Geschichte". JL

## Heimatmuseum Ronnenberg

Über den Beeken 13, 30952 Ronnenberg **Telefon** (0 51 09) 70 36 (Blume)
**Geöffnet** So. 15 – 17 Uhr, ausgenommen die Sommerferien **Eintritt** frei
**Träger** Museumsverein Stadt Ronnenberg e.V. **Leiter** Hans-Georg Blume

Den Schwerpunkt der Museumssammlung bilden Zeugnisse des Ronnenberger Kalibergbaus, der vornehmlich in seiner technischen Entwicklung dargestellt ist. Daneben finden sich Exponate aus Haushalt, Handwerk, Landwirtschaft, Schul-, Kirchen- und Vereinswesen sowie Archivalien zur Stadtgeschichte, u.a. zum Zwangsarbeiterlager Benthe und zum Flüchtlingslager Empelde. MB

## Haus am Junkernhof
## Museum und Veranstaltungszentrum

Vor der Kirche 5, 31157 Sarstedt **Telefon** u. **Fax** (0 50 66) 69 14 95 u. 6 42 66
**E-Mail** FriRud@AOL.com **Geöffnet** So. 15 – 17 Uhr; bei Sonderausstellungen zusätzliche Öffnungszeiten **Eintritt** frei; bei Sonderausstellungen besondere Regelungen
**Service** Behindertenzugang **Träger** Kulturgemeinschaft Sarstedt e.V.
**Leiter** Friedhelm Rudolph, Telefon (0 50 66) 32 10

Das 1999 am Junkernhof wieder eröffnete Sarstedter Museum versteht sich nicht mehr nur als Ort einer ständigen Ausstellung zur Stadtgeschichte, sondern vielmehr als kulturelles Veranstaltungszentrum in umfassenderem Sinne. Davon zeugt der neue Name des Hauses. Dennoch wird ein Teil der Sammlung auch weiterhin dauerhaft präsentiert werden, so vor allem das Handwerk und, als besonderer Blickfang, die in Teilen über 200 Jahre alte ehemalige Ratsapotheke. MB

Haus am Junkernhof, Museum und Veranstaltungszentrum, die 200 Jahre alte Sarstedter Ratsapotheke im neuen „Haus am Junkernhof"

Jagdschau im Jagdschloß Springe, Flugwildraum

## Jagdschau im Jagdschloß Springe

Niedersächsisches Forstamt Saupark, Jagdschloß, 31832 Springe **Telefon** (0 50 41) 94 68 - 0 **Fax** (0 50 41) 94 68 55 **E-Mail** Poststelle@nfa-sauparkNiedersachsen.de **Geöffnet** April – Sept. Di. – So. 10 – 17, Okt. – März Di. – So. 10 – 16 Uhr **Eintritt** 3,– DM (~ 1,53 €); Ermäßigungen **Träger** Land Niedersachsen/Landesforstverwaltung **Leiter** Joachim Menzel

Am Nordrand der 16 km langen und 2 m hohen Begrenzungsmauer des Sauparks entstand zwischen 1838 und 1842 für die hannoversche Königsfamilie das „Jagdhaus am Saupark". Seine Innenausstattung oblag dem bekannten Oberhofbaudirektor G. L. F. Laves. Wegen erhöhten Raumbedarfs bei den repräsentativen Kaiserjagden wurde das Gebäude 1875 – 1889 erheblich erweitert. In den grundlegend renovierten klassizistischen Räumen des Schlosses informiert die natur- und jagdkundliche Dauerausstellung mit Wandbildern und Dioramen über Lebensweise und Lebensräume einheimischer frei lebender Tiere sowie über Natur- und Umweltschutz als heute wichtige Tätigkeitsfelder des Jägers. Weitere Themen sind Jagdgeschichte und Genese des Jagdhundes. Mß

## Museum auf dem Burghof

Auf dem Burghof 1 A, 31832 Springe **Telefon** (0 50 41) 6 17 05 **Fax** (0 50 41) 6 35 36 **E-Mail** info@museum-springe.com **Internet** www.museum-springe.com **Geöffnet** Di. – Do. 10.30 – 13 u. 14 – 16, Fr. 10.30 – 13, So. 10.30 – 16 Uhr **Eintritt** 3,– DM (~ 1,53 €); Ermäßigungen; Führungen 25,– DM (~ 12,78 €) **Träger** Stadt Springe/Museum auf dem Burghof e.V. **Leiter** Vorsitzender des Trägervereins

Das Springer Museum nutzt für die Präsentation seiner umfangreichen Bestände drei Wirtschaftsgebäude einer ehemaligen Domäne auf dem

Museum auf dem Burghof, Perlstickereien, 1. Hälfte 19. Jh.

Gelände der mittelalterlichen Wasserburg der Grafen von Hallermunt. Die Ausstellungen im Hauptgebäude umfassen folgende Themen: Erd-, Ur- und Frühgeschichte der südlichen Deisterregion, Stadtgeschichte, Entwicklung der Beleuchtungstechnik (mit besonderem Bezug zu Heinrich Göbel und seiner Erfindung der elektrischen Glühlampe), Handwerk und Industrie, Wohnkultur und Hauswirtschaft. Im Seitenflügel ist seit 1995 eine große Sammlung zu textilen Techniken und Mode untergebracht, die durchaus überregionale Bedeutung für sich in Anspruch nehmen darf. Im Remisengebäude wurde ebenfalls 1995 die landwirtschaftliche Abteilung neu eröffnet, nun erweitert um landtechnische Großgeräte aus der Zeit zwischen 1850 und 1950. Im Obergeschoss dieses Nebengebäudes wird sich künftig die Wald- und Forstabteilung befinden, die zzt. mit grundlegend verändertem Konzept überarbeitet wird. Neu ist schließlich auch die jetzt behindertengerecht ausgestattete Galerie, in der ganzjährig wechselnde Sonderausstellungen gezeigt werden. Die Modernisierung der Abteilungen im Hauptgebäude ist für die nächsten Jahre geplant. MB

## Festung Wilhelmstein

31515 Wunstorf-Steinhude **Telefon** (0 50 33) 14 36 **Geöffnet** 1. April – 15. Okt. tägl. 9 – 18 Uhr **Eintritt** 6,– DM (~ 3,07 €); Ermäßigungen **Träger** Philipp-Ernst Fürst zu Schaumburg-Lippe **Leiter** Inselverwalter Ernst-August Schumann

Der Wilhelmstein ist eine künstlich aufgeschüttete Insel im Steinhuder Meer, auf der Graf Wilhelm zu Schaumburg-Lippe 1765 – 1767 eine kleine Musterfestung anlegen ließ. Sie diente zugleich als Kriegsschule, in der u.a. General Gerhard von Scharnhorst seine Militärausbildung erhielt und in der die ersten deutschen Entwürfe zum Bau eines U-Boots, des sog.

Festung Wilhelmstein im Steinhuder Meer

„Steinhuder Hechts" (1772), entstanden. Im 19. Jh. war die Festung schaumburg-lippisches Staatsgefängnis. Die Ausstellung in den Kasematten und in den Festungsräumen zeigt persönliche Gegenstände Graf Wilhelms sowie Kanonen, Waffen, Ausrüstungen der Soldaten und Lehrmaterialien der Kriegsschule. MB

## Fischer- und Webermuseum Steinhude

Neuer Winkel 8, 31515 Wunstorf-Steinhude **Telefon** (0 50 33) 55 99 **Geöffnet** März/April an Wochenenden u. feiertags, Mai – Okt. Di. – So., Nov./Dez. an Wochenenden bis 3. Advent 13 – 17 Uhr **Eintritt** 4,– DM (~ 2,05 €); Ermäßigungen **Träger** Förderverein Steinhuder Museen e.V. **Leiterin** Dr. Ingela Arua

Fischer- und Webermuseum Steinhude

Das Museum befindet sich in einem typischen Steinhuder Haus aus dem Jahr 1850, in dem sowohl Fischerei und Weberei als auch bäuerliches Wirtschaften und Wohnen unter einem Dach vereint waren. Bewohnt wurde das Haus bis 1984 von den Nachfahren des Erbauers. Das Besondere der Dauerausstellung liegt darin, dass sie zum Teil noch aus der Originaleinrichtung des Hauses aus einem Zeitraum von über 100 Jahren besteht und so anschaulich die Lebens- und Arbeitsverhältnisse der Familie zeigt. Zu den Exponaten zählen Fischereigerätschaften ebenso wie textile Kostbarkeiten, etwa das „Hemd ohne Naht" oder Steinhuder Damasttischzeug mit eingewebten Motiven vom Wilhelmstein. Monatlich wechselnde Sonderausstellungen zu haus- und ortsgeschichtlich relevanten Themen sowie alljährliche Schauvorführungen tragen zur Beliebtheit des Museums, nicht nur bei Touristen, bei. MB

## Insects World am Steinhuder Meer

Am Knick 5, 31515 Wunstorf-Steinhude **Telefon** (0 50 33) 93 94 51 - 53 **Fax** (0 50 33) 93 94 52 **E-Mail** Hleh903335@aol.com **Geöffnet** April – Nov. täglich 10 – 18 Uhr (Einlass bis 17 Uhr) **Eintritt** 7,– DM (~ 3,58 €); Ermäßigungen **Service** Behindertenzugang, Shop **Träger** und **Leiter** Hilmar Lehmann jun.

Das im Frühjahr 2000 neu eröffnete Insektenmuseum „Insects World" beherbergt eine Sammlung von über 100 000 Tierpräparaten. Nur ein geringer Teil der Sammlung, etwa 1000 besonders attraktive Schmetterlinge und Käfer aus Asien und Südamerika, werden in der Dauerausstellung als Präparate gezeigt. Daneben „bevölkern" lebende Nachtfalter der Art „Gigantischer Atlasfalter" mit einer Flügelspannweite von bis zu 25 cm eine Großvoliere, und in Terrarien sind u.a. Vogelspinnen, Skorpione und Gottesanbeterinnen zu beobachten. Leider sind weiter gehende Informationen zu den Insekten und ihren Lebensräumen derzeit noch nur im Rahmen einer Führung zu erhalten; die Publikation eines Katalogs zur Ausstellung ist aber beabsichtigt. MB

## Steinhuder Spielzeugmuseum im Scheunenviertel

Scheunenviertel Steinhude, Meerstraße 19, 31515 Wunstorf-Steinhude **Telefon** (0 50 33) 93 92 07 o. 55 99 **Geöffnet** ganzjährig an allen Wochentagen 13 – 18 Uhr **Eintritt** 4,– DM (~ 2,05 €); Ermäßigungen **Service** Behindertenzugang **Träger** Stadt Wunstorf **Leiterin** Dr. Ingela Arua

Im historischen Scheunenviertel Steinhudes wurde im Jahr 2000 in drei miteinander verbundenen Gebäuden ein neues Spielzeugmuseum eingerichtet. Die Ausstellung präsentiert eine Auswahl an Jungen- und Mädchenspielzeug vornehmlich aus der Zeit des späten 19. und des frühen 20. Jh. Beabsichtigt ist, anhand verschiedener Themenbereiche sowohl die Entwicklungsgeschichte der Spielgeräte als auch deren kulturgeschichtliche Funktion zu veranschaulichen. Ergänzt werden soll die Sammlung durch wechselnde Sonderausstellungen. MB

## Automuseum Störy

St.-Adriansplatz 5, 31167 Bockenem-Störy **Telefon** (0 50 67) 7 59 **Fax** (0 50 67) 6 92 96 **Geöffnet** 15. März – Okt. Sa., So. u. feiertags 10 – 18 Uhr, Gruppen ab 20 Pers. n.V. **Eintritt** 7,– DM (~ 3,58 €); Ermäßigungen **Service** Café
**Träger** Otto und Marianne Künnecke Automuseum Störy GmbH
**Leitung**: Otto und Marianne Künnecke

Wer kennt noch den Messerschmitt Kabinenroller, das Goggomobil oder gar den „Silberfloh"? Möchten Sie in einer Isetta Platz nehmen? Im Automuseum Störy haben diese und ca. 140 weitere Kleinwagen, oft nach jahrzehntelangem Vergessen, eine neue Heimat gefunden.
Das inzwischen wohl größte Museum seiner Art weltweit ist seit 1974 in den früheren Wirtschaftsgebäuden auf dem großen Hof der Familie Künnecke eingerichtet (ca. 2200 $m^2$ Ausstellungsfläche). Es präsentiert überwiegend Oldtimer, Kleinwagen bis 700 ccm Hubraum, und gewinnt ganz besonderen Reiz für Besucher, die noch eigene Erinnerungen daran knüpfen können.
Das kleinste deutsche nach 1945 gebaute „Schlaglochsuchgerät" war die 49 ccm Brütsch Mopetta. Sie erhielt nie den Segen des TÜV, die wenigen gebauten Exemplare wurden exportiert. Von diesem Anfang bis zum BMW 700 ist alles vertreten, was die Deutschen nach 1945 wieder „auf die Räder brachte". Die Kleinmobile längst vergessener Hersteller werden liebevoll gepflegt und in fahrfähigen Zustand versetzt, darunter zahlreiche englische, französische, tschechische, italienische und sogar japanische Modelle.
Viele Besucher dürften besonders beeindruckt sein von der Abteilung für Kleinwagen aus der ehemaligen DDR, eine exzellente Spezialausstellung zu dieser immer mehr in die Vergessenheit sinkenden Epoche.

In unmittelbarer Nachbarschaft des Museums entsteht zzt. das Technik Forum Hanomag. Hier soll künftig in modernen Ausstellungshallen die

Automuseum Störy, Fuldamobil S 1, Baujahr 1954, 360 ccm, 9 PS

Produktion des hannoverschen Unternehmens von Personenwagen über landwirtschaftliche Großmaschinen bis zum Lokomotivenbau präsentiert werden. Der erste Bauabschnitt ist 2000 eröffnet worden. He

## Museum am Stadtsee

Kurze Heide 19, 27232 Sulingen **Telefon** (0 42 71) 27 99 0. (0 42 71) 95 20 58 (Leymann / Motzner) **Geöffnet** jeden 3. So. im Monat 14 – 17 Uhr **Eintritt** frei **Service** Museums-Café **Träger** Heimatverein Sulingen e.V. **Leitung**: Wilfried Wohlers, Telefon (0 42 71) 23 70

Das dem Café am Stadtsee unmittelbar benachbarte Gebäude versammelt Sachzeugen der Sulinger Vergangenheit aus Wirtschaft und privatem Leben. JL

## Kreismuseum Syke

Herrlichkeit 65, 28857 Syke **Telefon** (0 42 42) 25 27 **Fax** (0 42 42) 31 18 **Internet** www.Diepholz.de **Geöffnet** Di. – Fr. 14 – 17, Sa. 14 – 18, So. u. feiertags 10 – 18 Uhr, Gruppen n.V. **Eintritt** frei **Service** zugänglich für Behinderte **Träger** Landkreis Diepholz **Leiter** Dr. Ralf Vogeding

Das als Kreismuseum des ehemaligen Landkreises Grafschaft Hoya 1938 gegründete Haus besteht heute aus verschiedenen Gebäuden des 19. Jh., die als historische Hofanlage erscheinen. In ihnen wird das ländliche Wohnen und Wirtschaften im 18. und in der ersten Hälfte des 19. Jh. gezeigt. Den Übergang zur Mechanisierung der landwirtschaftlichen Produktion deuten verschiedene Maschinen an. Dazu gehören auch der im Museumsgelände befindliche Göpel und das Sägegatter. Im Ausstellungsbau befinden sich neben einer Abteilung zur Vor- und Frühgeschichte verschiedene komplett in das Museum verbrachte Werkstätten ländlicher und landstädtischer Berufe, die als Guckkasten den Blick auf

Kreismuseum Syke, Kindergeburtstag

eine Vielzahl heute z.T. unbekannter Handwerkszeuge und Geräte zulassen. In einem Ackerbürgerhaus werden die Themen „Arbeit und Leben im Flecken Syke" gesondert behandelt. Ein Bauerngarten, eine Obstwiese und ein Waldlehrpfad ergänzen des Angebot dieses vielfältigen Museums, das in Konzeption und Darstellung mehr bietet als andere Einrichtungen. Mehrmals jährlich finden Aktionstage mit Vorführungen alter Arbeitstechniken statt; das umfangreiche museumspädagogische Programm ist auf Schülerinnen und Schüler ausgerichtet. JL

## Museum der Strohverarbeitung Twistringen

Kapellenweg 2, 27239 Twistringen **Telefon** (0 42 43) 44 92 u. 7 93 **Geöffnet** Sa. 14 – 18 Uhr, Gruppen n.V. **Eintritt** 2,50 DM (~ 1,28 €); Ermäßigungen **Service** zugänglich für Behinderte, Bewirtungsmöglichkeit, Shop **Träger** Förderverein Museum der Strohverarbeitung Twistringen e.V. **Leiter** Rudolf Kramer

Wer kennt sie noch, die Zeit, als Strohhalme noch Halme aus Stroh waren? Seit ungefähr dem Jahr 1700 beschäftigten sich die Einwohner Twistringens mit der Verarbeitung von Stroh. In den 1930er Jahren waren bis zu 2000 Personen des 6500 Einwohner zählenden Ortes mit Strohverarbeitung befasst. Die Arbeit, die Anforderungen an die Qualität des Rohstoffes und die breite Palette der Produkte werden dem Besucher in diesem bundesweit einmaligen Spezialmuseum präsentiert. In übergreifenden Fragestellungen versucht es nicht nur die Geschichte und naturräumlichen Bedingungen der Strohverarbeitung zu zeigen, sondern ebenso die zukünftigen Nutzungsmöglichkeiten dieses nachwachsenden Rohstoffes. Das Museum versteht seine Rolle als Mittler zwischen den Ideen der Vergangenheit und den möglichst umwelt- und sozialverträglichen Projekten der Zukunft. JL

## Hannoversches Straßenbahn-Museum

Hohenfelser Straße 16, 31319 Sehnde-Wehmingen **Telefon** (0 51 38) 45 75 o. (05 11) 55 86 35 (Leiter) **E-Mail** hsminfo@gmx.de **Internet** hsm.notrix.de **Geöffnet** 1. April – 3. Okt. So. und feiertags 11 – 17 Uhr **Eintritt** 10,– DM (~ 5,11 €); Ermäßigungen **Service** Bistro im Café-Wagen, Shop **Träger** Hannoversches Straßenbahn-Museum e.V. **Leiter** Klaus Wantier

Der Besuch dieses Spezialmuseums im Südosten Hannovers dürfte für Technikfans und nostalgisch veranlagte Laien mit Interesse an einer kurzen Fahrt in einem Straßenbahn-Oldtimer gleichermaßen reizvoll sein. Auf dem Gelände eines stillgelegten Kalibergwerks bietet die Sammlung von Straßenbahnen aus mehr als 40 deutschen und einigen ausländischen Städten einen Querschnitt durch die fast 100-jährige Geschichte dieses Verkehrsmittels. Das Spektrum reicht vom Pferdebahnwagen über die „Elektrische" bis zum U-Bahn-Waggon. Ein Teil der in Hallen und vor allem auf dem Freigelände stehenden Fahrzeuge wurde von den hannoverschen Verkehrsbetrieben ÜSTRA übernommen. Für den Fahrbetrieb steht eine Strecke von 1 km auf Gleisanlagen der ehemaligen Werksbahn des Kaliwerks zur Verfügung. Um das Museum für Besucher noch attrak-

Hannoversches Straßenbahn-Museum, Tu 236 aus Hannover

tiver zu machen, sind die Elektrifizierung einer Außenstrecke, der Bau einer Wendeschleife sowie die Errichtung einer weiteren Lager- oder Ausstellungshalle geplant. MB

## Heimatstube Wehrstedt

Am Sportplatz 8, 31162 Bad Salzdetfurth-Wehrstedt **Telefon** (0 50 63) 6 27 (Lüke) **Geöffnet** n.V. **Eintritt** frei **Träger** Heimatverein Wehrstedt e.V. **Leiter** Josef Lüke

Heimatkundliche Sammlung von handwerklichen und landwirtschaftlichen Geräten. Zur Heimatstube gehört auch eine unter Denkmalschutz stehende windradgetriebene Schmiede. MB

## Heimatstube Wendhausen

Dorfgemeinschaftshaus, Schulstraße 5, 31174 Schellerten-Wendhausen **Telefon** (0 51 21) 3 76 22 (Meyer) **Geöffnet** n.V. **Eintritt** frei **Träger** Gemeinde Schellerten **Leiterin** Ruth Meyer

Die kleine Heimatstube zeigt eine Schulstube (um 1900) mit diversem Zubehör sowie eine liebevoll eingerichtete Wohnküche, in der für angemeldete Besucher eigens die Petroleumlampen und das Herdfeuer entzündet werden. MB

## Heimatmuseum Wennigsen

Mühlenstraße 6, 30974 Wennigsen **Telefon** (0 51 03) 77 13 o. 23 28 (Leiter) **Geöffnet** So. 10 – 12.30 Uhr **Eintritt** frei **Träger** Förderkreis Heimatmuseum Wennigsen (Deister) e.V. **Leiter** Dirk Müller

Das Gebäude der um 1700 errichteten Oberen Mühle, einer Wassermühle mit erhaltenem Mühlrad, sowie der Ausstellungsbereich Mühlenwesen bilden einen Schwerpunkt des Heimatmuseums Wennigsen. Daneben werden Exponate zu folgenden Themen gezeigt: Steinkohlenbergbau, Landwirtschaft, ländliche Wohnkultur, Hauswirtschaft, Textilverarbeitung, Handwerk, Jagd- und Forstwirtschaft, Schulwesen sowie Drogerie- und Apothekenzubehör. Die Dokumentation zur Orts- und Vereinsgeschichte soll noch ausgeweitet werden. MB

## Kloster Wennigsen

Klosteramthof 3, 30974 Wennigsen **Telefon** (0 51 03) 4 54 **Fax** (0 51 03) 4 53 **Geöffnet** ganzjährig tägl. 15 – 17 Uhr o. n.V., Telefon (0 51 03) 71 20; Besichtigung nur mit Führung möglich **Eintritt** 3,– DM (~ 1,53 €) **Träger** Klosterkammer Hannover **Leitung** N.N.

Das Wennigser Kloster, um 1200 als Augustinerinnen-Stift gegründet, gewann im späten 13. Jh. Bedeutung als Marienwallfahrtsort. Nach der Reformation wurde es evangelisches Damenstift. Die Kirche weist Spuren eines romanischen Vorgängerbaus auf. Aus dieser Epoche stammen ein Tympanon mit einer Darstellung Christi zwischen Kain und Abel sowie ein Rundbogenportal als Zugang zur Stiftsempore. Von der vorreformatorischen Kirchenausstattung blieben z.B. erhalten: zwei Kreuzigungsgruppen (2. Hälfte 14. Jh. und Ende 15. Jh.), die Doppelskulptur einer Anna Selbdritt und einer Mondsichelmadonna (2. Hälfte 15. Jh.) sowie Reste der 1905 wieder entdeckten Chorausmalung (Ende 15. Jh.). Zur nachreformatorischen Ausstattung gehören die Holzkanzel (1671), ein Taufstein (1675) und die barocke Altarwand (um 1700). Der Priechengang beherbergt verschiedene wertvolle Holzskulpturen des 12. bis 15. Jh., darunter eine thronende Muttergottes in einem Mantel aus Seidensamt (12./17. Jh.), die vermutlich als Gnadenbildmadonna Ziel der Wallfahrten war. MB

## Dr. Nicola Borger-Keweloh

Geboren 1951; Studium der Kunstgeschichte, Archäologie und Volkskunde in Bonn; nach Museumstätigkeit am Westfälischen Landesmuseum für Kunst und Kulturgeschichte in Münster Arbeit in der Erwachsenenbildung und als freie Autorin; zahlreiche Veröffentlichungen zu kunst- und kulturgeschichtlichen Themen; lebt in Bremerhaven.

## Dr. Hedwig Hangen

Studium der Europäischen Ethnologie/Volkskunde in Marburg; Tätigkeit bei der Ostfriesischen Landschaft in Aurich von 1980 bis 1990, zunächst im museumspädagogischen Modellversuch MOBiLe und anschließend als Leiterin der Museumsfachstelle; lebt als freischaffende Kulturwissenschaftlerin in Aurich.

## Dr. Elke Heege

Geboren 1955 in Elmshorn; Studium der Ur- und Frühgeschichte, Klassischen Archäologie und Botanik in Hamburg und Göttingen; Volontariat am Niedersächsischen Landesmuseum Hannover; Ausstellungsmitarbeit im Schleswig-Holsteinischen Landesmuseum für Archäologie Schloß Gottorp in Schleswig; Museumspädagogin am Landesmuseum für Natur und Mensch, Oldenburg; 1991 Leiterin des Kreismuseums Oschersleben; seit 1992 Leiterin der Museen und des Stadtarchivs in Einbeck; archäologische, museumspädagogische und historisch-kulturwissenschaftliche Veröffentlichungen.

## Hilke Lamschus

Geboren 1956 in Emden; Studium der Geschichte, Germanistik und Erziehungswissenschaft an der Universität Hamburg 1974 bis 1980, 1. und 2. Staatsexamen für das Lehramt; freie Mitarbeiterin am Deutschen Salzmuseum in Lüneburg, zuständig für Konzeptionierung und Durchführung von Dauer- und Sonderausstellungen; Lehraufträge an der Universität Lüneburg, FB Kulturwissenschaften; Veröffentlichungen zur Lüneburger Stadtgeschichte und zu museologischen Themen.

## Hans Lochmann

Geboren 1955 in Frankfurt am Main; Studium der Geographie, Soziologie und Politik in Frankfurt am Main und Gießen; seit 1980 Tätigkeit in der Erwachsenenbildung und an verschiedenen Museen, u.a. Oberhessisches Museum Gießen und Freilichtmuseum Hessenpark, Neu-Anspach; seit 1987 Leiter der Geschäftsstelle des Museumsverbandes für Niedersachsen und Bremen in Hannover; museologische Veröffentlichungen zu verschiedenen Themen.

## Joachim Lück

Nach dem Studium der Geschichte, Kunstwissenschaft und Germanistik in Berlin Tätigkeiten in verschiedenen Berufsfeldern: so beim Landeskonservator in Berlin, an Museen in Niedersachsen und freiberuflich; seit 1992 beim Landkreis Osnabrück, zunächst als Museumskoordinator, heute als Abteilungsleiter Kultur.

## Martina Mußmann

Geboren 1957; Studium der Geschichte, Germanistik, Klassischen Philologie und Kunstgeschichte in Göttingen; Referendariat in Hessen; Teilnahme an einem Qualifizierungsprojekt in der freien Wirtschaft; Tätigkeit in der Erwachsenenbildung sowie im Ausstellungs- und Museumswesen an verschiedenen Einrichtungen; seit 1991 wissenschaftliche Mitarbeiterin im Museum auf dem Burghof, Springe, und Museumsbeauftragte des Landkreises Hannover.

## Ina Samel

Geboren 1969; Studium der Germanistik und Geschichte in Braunschweig; Auslandssemester als Erasmus-Stipendiatin in Stockholm; Studienassessorin; lebt in Braunschweig.

## Museumsverband für Niedersachsen und Bremen e.V.

Der Museumsverband für Niedersachsen und Bremen e.V. vertritt die Interessen der Museen in den Bundesländern Niedersachsen und Bremen durch Beratung, Betreuung, Information, Öffentlichkeitsarbeit und Weiterbildungsangebote. Die Mehrzahl der Museen gehört heute dem 1965 gegründeten Verband als Mitglied an. In seinen umfassenden Beratungs- und Betreuungsaufgaben wird der ehrenamtliche Vorstand von einer hauptamtlich geführten Geschäftsstelle mit Sitz in Hannover unterstützt. Der Verband wird gefördert von den Ländern Niedersachsen und Bremen.

## Niedersächsische Sparkassenstiftung

Die im Jahr 1985 errichtete Niedersächsische Sparkassenstiftung hat sich inzwischen zur größten Kulturstiftung Niedersachsens entwickelt. Als Ausdruck des kulturellen Engagements aller niedersächsischen Sparkassen und der Nord/LB fördert die Niedersächsische Sparkassenstiftung Projekte in den Bereichen Bildende Kunst, Musik, Museen und Denkmalpflege. Dabei verbindet sie regionale Kulturförderung mit überregionalem Anspruch. Bislang hat die Niedersächsische Sparkassenstiftung das kulturelle Leben in Niedersachsen mit mehr als 100 Millionen DM unterstützt.

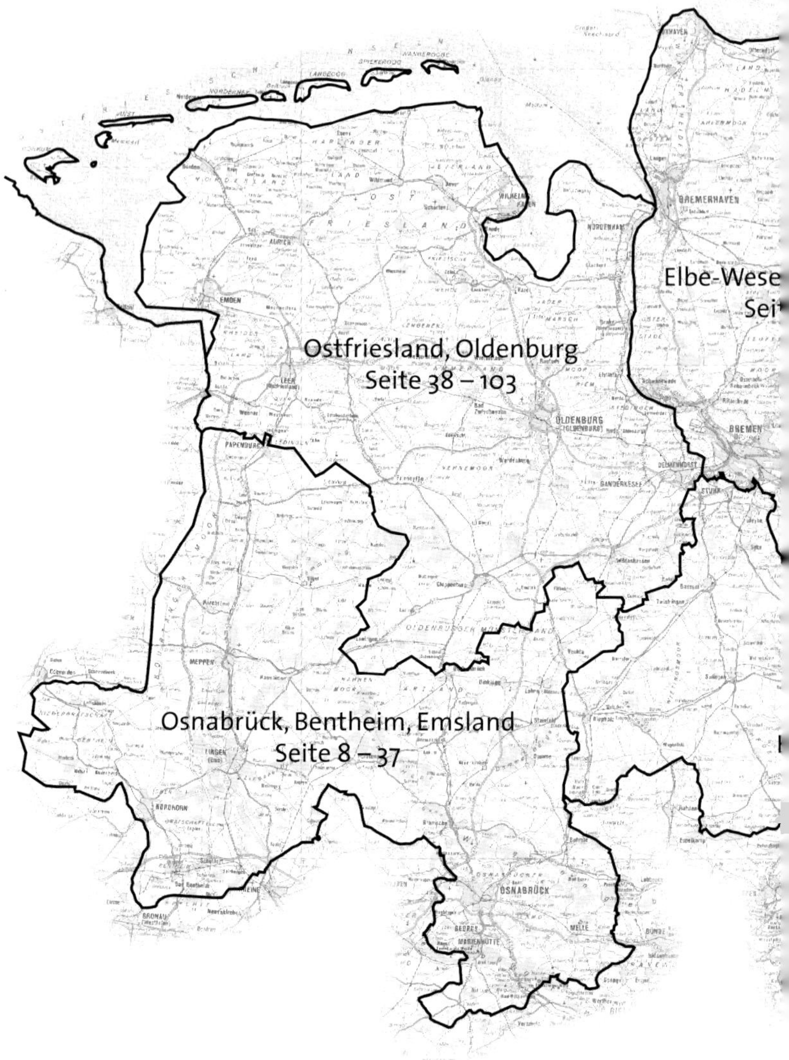
Ostfriesland, Oldenburg
Seite 38 – 103
Osnabrück, Bentheim, Emsland
Seite 8 – 37
Elbe-Wese
Sei

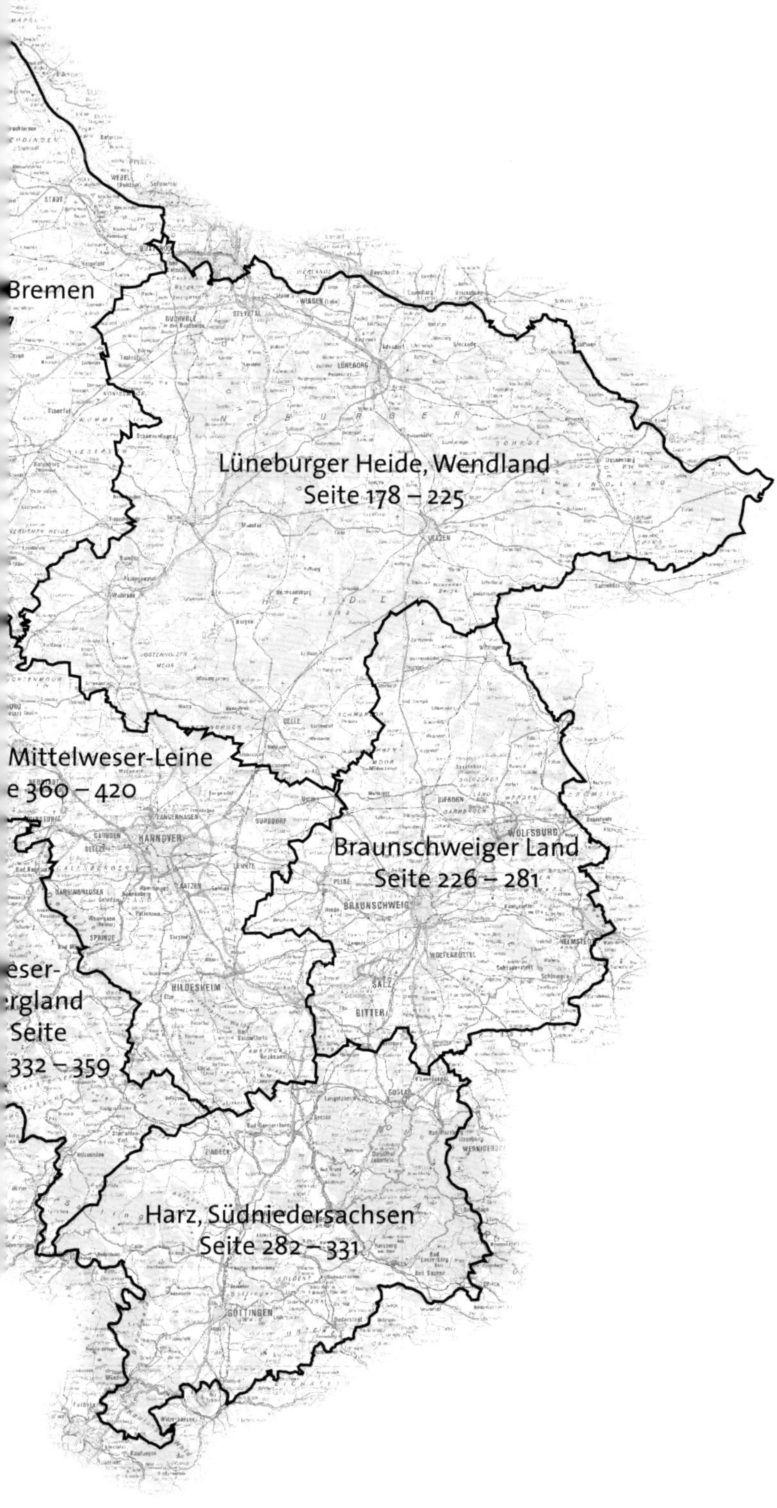
Bremen
Lüneburger Heide, Wendland
Seite 178 – 225
Mittelweser-Leine
e 360 – 420
Braunschweiger Land
Seite 226 – 281
eser-
rgland
Seite
332 – 359
Harz, Südniedersachsen
Seite 282 – 331

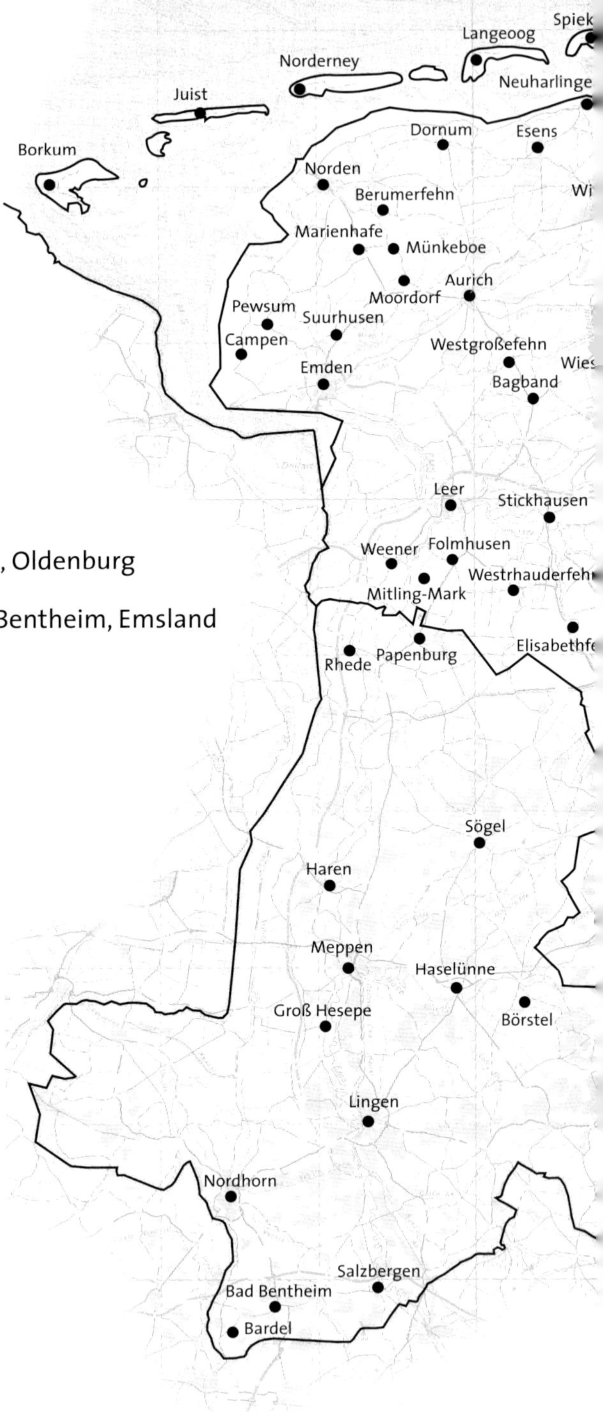


Ostfriesland, Oldenburg

Osnabrück, Bentheim, Emsland

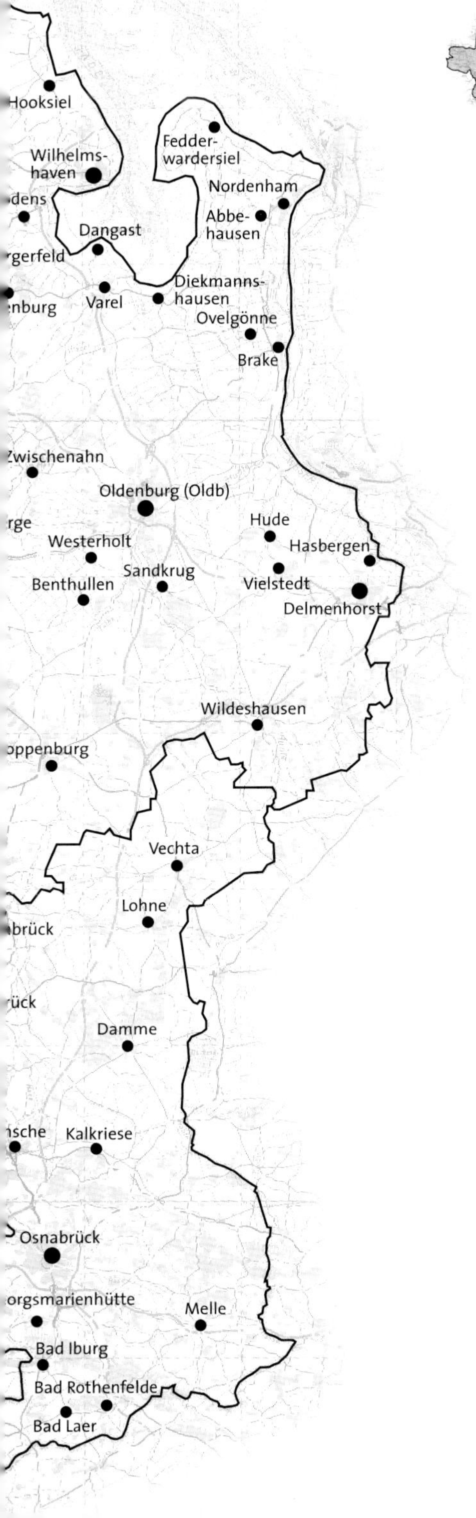
Hooksiel
Wilhelms-
haven
Fedder-
wardersiel
Nordenham
Abbe-
hausen
Dangast
Varel
Diekmanns-
hausen
Ovelgönne
Brake
Zwischenahn
Oldenburg (Oldb)
Hude
Hasbergen
Westerholt
Sandkrug
Vielstedt
Benthullen
Delmenhorst
Wildeshausen
Vechta
Lohne
Damme
Kalkriese
Osnabrück
Melle
Bad Iburg
Bad Rothenfelde
Bad Laer

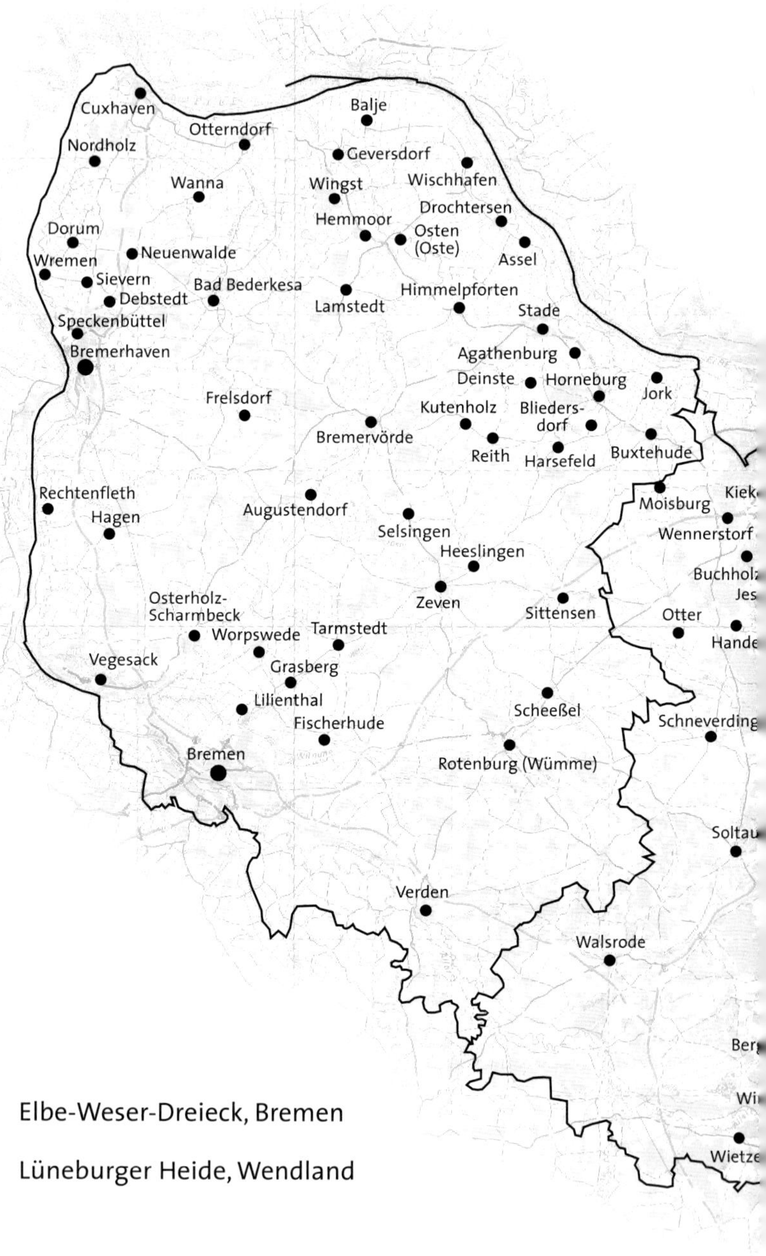


Elbe-Weser-Dreieck, Bremen

Lüneburger Heide, Wendland

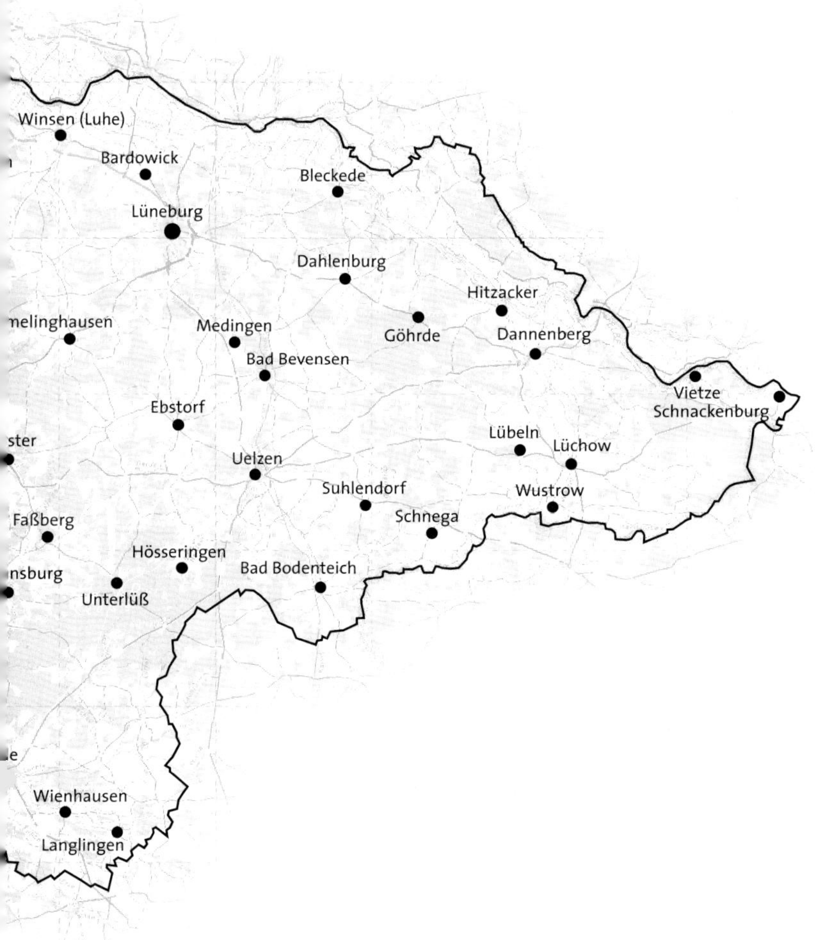

Winsen (Luhe)
Bardowick
Bleckede
Lüneburg
Dahlenburg
Hitzacker
Medingen
Göhrde
Dannenberg
Bad Bevensen
Vietze
Schnackenburg
Ebstorf
Lübeln
Lüchow
Uelzen
Suhlendorf
Wustrow
Faßberg
Schnega
Hösseringen
Bad Bodenteich
Unterlüß
Wienhausen
Langlingen

Hannover, Mittelweser-Leine

Braunschweiger Land

Weserbergland

Harz, Südniedersachsen

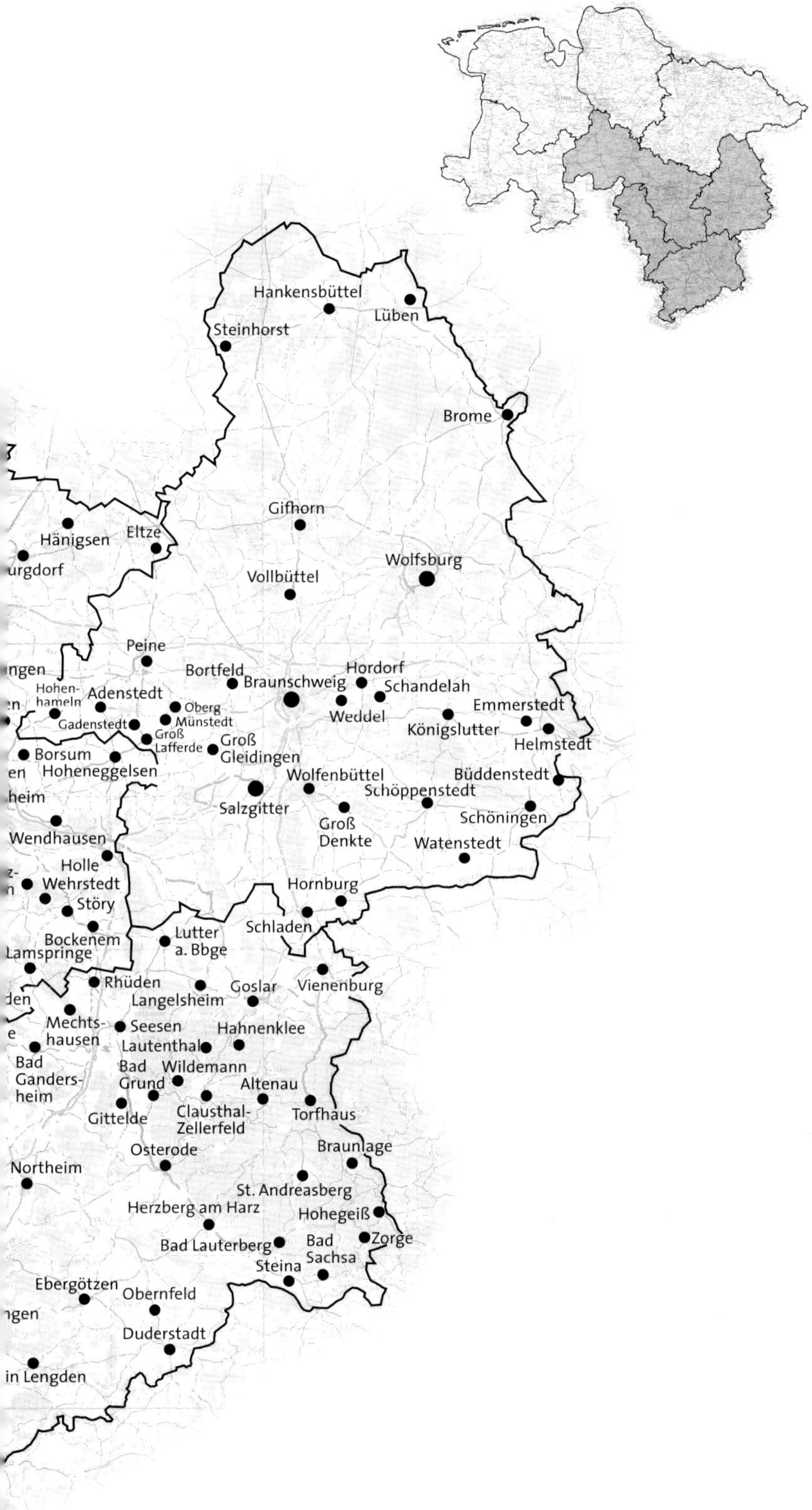
Hankensbüttel
Lüben
Steinhorst
Brome
Gifhorn
Hänigsen
Eltze
Wolfsburg
Vollbüttel
Peine
Bortfeld
Braunschweig
Hordorf
Schandelah
Hohen-
hameln
Adenstedt
Oberg
Münstedt
Gadenstedt
Groß
Lafferde
Weddel
Königslutter
Emmerstedt
Helmstedt
Borsum
Hoheneggelsen
Groß
Gleidingen
Wolfenbüttel
Büddenstedt
Schöppenstedt
Salzgitter
Groß
Denkte
Schöningen
Wendhausen
Watenstedt
Holle
Wehrstedt
Hornburg
Störy
Schladen
Lutter
a. Bbge
Bockenem
Lamspringe
Rhüden
Goslar
Vienenburg
Langelsheim
Mechts-
hausen
Seesen
Hahnenklee
Lautenthal
Bad
Ganders-
heim
Bad
Grund
Wildemann
Altenau
Gittelde
Clausthal-
Zellerfeld
Torfhaus
Osterode
Braunlage
Northeim
St. Andreasberg
Herzberg am Harz
Hohegeiß
Bad Lauterberg
Bad
Sachsa
Zorge
Steina
Ebergötzen
Obernfeld
Duderstadt

**Archäologische, ur- und frühgeschichtliche Museen**



**Außereuropäische Museen und Sammlungen**



**Burg- und Schlossmuseen, historische Rathäuser**



**Freilicht-, Bauernhof-, Mühlen- und landwirtschaftliche Museen**



**Gedenkstätten**

**Heimat- und Regionalmuseen**

**Historische Museen, Stadt- und Kreismuseen**

**Historische Bibliothek**



**Kirchliche Museen und Klöster mit Inventar**



**Kunstmuseen**

**Kulturgeschichtliche Spezialsammlungen**



**Naturkundliche und naturwissenschaftliche Museen und Sammlungen**

**Personenbezogene Museen und Sammlungen**



**Technik- und industriegeschichtliche Museen und Sammlungen**

**Verbundmuseen, komplexe Sammlungen**

Das Sachregister nennt Stichworte zu Sammlungsgebieten der Museen, die zum Teil über die im Text genannten hinausgehen. Die Stichworte sind als Hilfe zum Auffinden spezieller Sachgebiete gedacht. Die Zahlen verweisen auf die Seiten, auf denen der Museumsname aufgeführt ist.

Engelhardt 6, 397
Mecklenborg, Haren (Einband), 8, 20
Bitter & Bredt (Einband), 8, 29
Foto Strenger GmbH, Osnabrück 8, 21, 27
Rainer Klante, Dinklage 23
Niedersächsische Sparkassenstiftung 28, 337
Schöning Fotodesign, Haren 36
Nath, Vechta 37
Fotostudio Ekkenga, Norden 38, 64, 65
Foto Schmidt, Oldenburg 38, 83, 87, 88
Verlag Ferdinand Lagerbauer, Hamburg (Einband), 42
Schiffner, Borkum 46
E. Albrecht, Cloppenburg 51, 52
Verlag Ludwig, Kiel 54
Jörg Schwalfenburg, Hamburg 55
OOWV Werbeagentur Fastbinder, Oldenburg 57
art-studio Manitzke, Rhauderfehn 69
SKN Druck & Verlag GmbH Bildredaktion 80, 81
H. R. Wacker, Oldenburg (Einband), 84, 85, 86
Fotodesign Klaus Schreiber, Wilhelmshaven 100, 102
Egbert Laska, Bremerhaven 104, 132, 133, 134, 135, 139
Hero Lang, Bremerhaven 109, 155
Foto Dabrock, Wingst 111
Jürgen Nogai, Bremen 113, 114, 115
Kreativbüro Achim Tischer, Bremen 118
Joachim Fliegner, Bremen 122, 123, 124
Dirk Reinartz 142
PK Eigenverlag Peter Baltes 143
Karl Soia 144
Günter Wiese, Heeslingen 149
Heinz Kämena, Lilienthal 153
Mike Behrens, Hannover 158
Prof. Wilfried Inginger 159, 160
Rüdiger Lubricht 163
H. Blendermann, Stade, 165, 166, 167
Urs F. Kluyver 180
Wilfried Gerbert, Dannenberg 190
Peter Siegmund, Uelzen 195
Andreas Paschko, Suderburg 196
Margot Schmidt, Hamburg (Einband), 196
Grüner 198, 199
Söllner 199
Konrad Greineder, Griesbach 204
R. Ergbuth, Lüneburg 206
Gita Mundry, NDR 208
D. Breuer, Munster 211
Horst Wundschuh, Soltau 214
Matthiesen 221
Richter 222
Lars Landmann 226, 279
Ilona Döring, Braunschweig 230, 231, 269
Jutta Brüdern 232
Bernd-Peter Keiser 234, 235, 236
Henri Cartier-Bresson, Magnum Photos, Paris 237
Fotodesign Lutz Pape, Braunschweig 245
Dr. Hans Witte, Wallenhorst 251
R. Albers u. J. Mars 252
Peter Sierigk, Braunschweig 254
S. B. Tautz 255
Horst Siedentopf, Lahstedt-Münstedt 258
Hartmut Rosen 261
Heinz-Uwe Marquardt, Schöningen 265
Hans Werlemann 275
Helge Mundt, Wolfsburg 276, 277
Klaus G. Kohn (Einband), 278
Jochen Fritzsche 281
Eckhard 282, 301
Gutbrod GmbH, Einbeck 294, 298
hans Starosta, Göttingen 299, 300, 323
Monika Paulat 305
Fotostudio Volker Schadach 308, 310
W. Brock 309
Scheiter, Gleichen 326
Harzfoto Barke, Clausthal-Zellerfeld 330
Verlag Foto Wagner, Vlotho 341
Deutscher Kunstverlag, München-Berlin 345
Die Stadtfotografen, Stadtoldendorf 357
Dr. Bohne 359
D. Schambach 368
Walter Flieger 372
Reinhard Gottschalk, Hannover 375, 376, 380
M. Lindner, Hannover 377, 379
O. Teßmer 378
Dieter Leistner, Mainz 387, 388
Peter Gauditz, Hannover 392
Sh Shalchi 400
Christian Stahl, Barsinghausen 409, 410
Verlag Wort im Bild, Hammersbach 411
Photostudio Ulrike Nitsche, Springe 412, 413
Martina Vogeding, Syke 417
Andreas Lange, Barsinghausen 419



Museumsverband für Niedersachsen und Bremen e.V., Hans Lochmann (Einband), 6, 59, 227, 366

Dazu Eigenfotos der Museen

**Museumsführer Niedersachsen / Bremen**

**Herausgeber**
**Museumsverband für Niedersachsen und Bremen e.V. und**
**Niedersächsische Sparkassenstiftung**
Hans-Walter Keweloh
Dr. Heinz Schirnig
Dr. Sabine Schormann

Redaktion und Koordination
Dipl.-Geogr. Hans Lochmann
(verantwortlich)
Elke Meyer M.A.
Museumsverband für Niedersachsen und Bremen e.V.
Martina Fragge
Niedersächsische Sparkassenstiftung

Sekretariat
Susanne Gerlof
Alice Turek
Museumsverband für Niedersachsen und Bremen e.V.

Autoren
Dr. Nicola Borger-Keweloh (NBK)
Dr. Hedwig Hangen (Ha)
Dr. Elke Heege (He)
Hilke Lamschus (La)
Hans Lochmann (Lo)
Joachim Lück (JL)
Martina Mußmann (Mß)
Ina Samel (Sm)

Bildredaktion
Elke Meyer M.A.
Alice Turek

Kartenredaktion
Dipl.-Geogr. Hans Lochmann

Kartengrundlage
Übersichtskarte Niedersachsen 1:500 000
mit Genehmigung der Landesvermessung und Geobasisinformation Niedersachsen

Redaktionsschluss
15. Januar 2001

Gestaltung
Schilling Design Management, Hannover

Gesamtherstellung und Verlag
H. M. Hauschild GmbH, Bremen

Bremen 2001

ISBN 3-89757-095-5